만점왕 단원평가

한 권으로 끝내는 국·수·사·과 단원평가 + 수행평가

BOOK1 실전책
전과목 5-2

평생을 살아가는 힘, **문해력**을 키워 주세요!

문해력을 가장 잘 아는 EBS가 만든 문해력 시리즈

예비 초등 ~ 중학

문해력을 이루는 핵심 분야별 / 학습 단계별 교재

| 어휘 | 쓰기 | ERI 독해 | 배경지식 | 디지털독해 |

우리 아이의 **문해력 수준은?**

더욱 효과적인 문해력 학습을 위한
EBS 문해력 진단 테스트

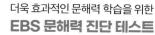

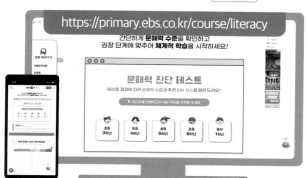

https://primary.ebs.co.kr/course/literacy

간단하게 문해력 수준을 확인하고
권장 단계에 맞추어 체계적 학습을 시작하세요!

등급으로 확인하는
문해력 수준

문해력
등급 평가
초1 - 중1

Book 1 실전책

초등 만점왕 단원평가 5-2

핵심 정리

1단원 마음을 나누며 대화해요

개념 1 공감하며 대화해야 하는 까닭

(1) 공감하는 대화를 하면 좋은 점
- 기분 좋게 대화할 수 있음.
- 사이가 좋아짐.
- 말할 내용이 풍부해짐.

> 상대의 마음을 이해하고, 상대가 느끼는 감정과 같이 느끼며 귀 기울여 듣고, 상대를 배려하며 말하는 대화

(2) 공감하며 대화해야 하는 까닭
- 상대의 처지를 이해할 수 있기 때문임.
- 처지를 바꾸어 생각하면 상대의 마음을 알 수 있기 때문임.
- 상대에게 공감하며 말하면 기분 좋은 대화를 할 수 있기 때문임.
- 대화를 즐겁게 이어 갈 수 있기 때문임.

개념 2 공감하며 대화하는 방법

방법	활동
경청하기	• 말하는 사람에게 주의를 기울여 집중해서 듣기 • 말이나 행동으로 맞장구치기 • 상대의 말 반복해 주기
처지를 바꾸어 생각하기	• 말하는 사람의 처지가 되어 생각하기 • 자신과 상대의 처지가 어떻게 다른지 생각하기
공감하며 말하기	• 상대의 기분을 고려해 말하기 • 자신의 잘못은 없는지 생각하며 말하기
생각을 정확히 전달하기	• 전하고 싶은 생각을 정확히 말하기 • 예의 바르게 또박또박 말하기
상대의 반응 살펴보기	• 자신의 말에 상대가 어떻게 반응하는지 살펴보기

개념 3 예절을 지키며 누리 소통망에서 대화하기

> '소셜 네트워크 서비스[SNS]'를 다듬은 말로, 온라인에서 자유롭게 글이나 사진 따위를 올리거나 나누는 것

> 누리 소통망에서 상대와 나누는 대화

(1) 누리 소통망 대화의 좋은 점
- 직접 말하기가 어색하고 서먹서먹할 때 누리 소통망 대화로 마음을 전할 수 있음.
- 여러 사람에게 동시에 의견을 알릴 수 있음.
- 시공간의 제약이 없음.

(2) 예절을 지키며 누리 소통망에서 대화하는 방법
- 말하고 싶은 내용을 정확하게 전달함.
- 이상한 말이나 줄임말을 쓰지 않음.
- 상대가 대화하고 싶은지 확인하고 말 걸어야 함.
- 혼자서 너무 많이 말하지 않도록 함.

개념 4 이야기를 읽고 공감하며 대화하기

예 「니 꿈은 뭐이가?」를 읽고 공감하며 대화하기
- 인물의 삶에 공감하며 이야기를 읽음.
- 자신의 꿈을 생각하며 이야기를 다시 읽음.
- 서로의 꿈에 공감하며 친구들과 대화해 봄.

2단원 지식이나 경험을 활용해요

개념 1 지식이나 경험을 활용해 글 읽기

(1) 지식이나 경험을 활용해 글을 읽으면 좋은 점
- 책을 읽을 때 이미 아는 지식이 나오면 더 재미있게 읽게 됨.
- 글 내용을 끝까지 집중해서 읽을 수 있음.
- 이미 아는 내용에 새롭게 안 내용을 더하니 글 내용이 더 오래 기억남.

(2) 지식이나 경험을 활용해 글을 읽는 방법
- 글과 관련 있는 내용을 조사함.
- 책을 고를 때 책 내용과 관련한 지식이나 경험을 떠올리며 읽을 수 있을지 생각함.
- 글을 읽다가 잘 모르는 내용이 나오면 먼저 관련 있는 지식을 공부함.
- 글을 골라 읽을 때에는 관련 있는 지식이나 경험이 많은 것으로 고름.

개념2 체험한 일을 떠올리며 감상이 드러나는 글을 쓰는 방법

(1) 체험한 일을 자세히 풀어 씀.
(2) 체험했을 때의 생각이나 느낌을 떠올려 봄.
(3) 체험한 일에 대한 감상을 생생하게 전하도록 씀.

개념3 지식이나 경험을 활용해 함께 글 고치기

(1) 지식이나 경험을 활용해 함께 글을 고치면 좋은 점
  • 배운 지식을 활용하면 글 내용을 더 정확하고 자세하게 나타낼 수 있음.
  • 서로의 경험을 활용해서 글 내용을 생생하게 고칠 수 있음.
  • 친구가 잘못 이해하고 쓴 내용을 다른 친구들이 바르게 고쳐 줄 수 있음.
(2) 친구의 글을 읽고 자신의 의견을 말할 때 주의할 점
  • 함께 만든 평가 기준에 맞추어 말해야 함.
  • 같은 의견이라도 상대가 기분 나쁘지 않게 말해야 함.
  • 고칠 점과 함께 좋은 점에 대한 의견도 제시하면 글을 고칠 때 도움이 됨.
(3) 다른 사람이 쓴 글에 대한 의견을 말하는 방법
  • 글 내용에서 보충할 부분을 말함.
  • 읽는 사람의 처지에서 이해하기 쉬운 방향으로 말해 줌.
  • 글의 목적이 분명한지 살펴보고 말해 줌.

개념4 지식이나 경험을 활용해 현장 체험 학습 계획하기

(1) 내가 가 본 곳 가운데에서 친구들이 좋아할 만한 곳을 추천함.
(2) 체험 학습 장소를 친구들에게 설명할 때 수업 시간에 배운 지식을 활용함.
(3) 활동을 계획할 때에도 지식이나 경험을 활용함.

3단원 의견을 조정하며 토의해요

개념1 의견을 조정해야 하는 까닭

(1) 문제를 합리적으로 해결하기 위해서임.
(2) 참여자 모두가 만족하도록 의견을 모으기 위해서임.

> 토의 절차: 주제 정하기 → 의견 마련하기 → 의견 모으기 → 의견 정하기

개념2 토의 과정에서 의견을 조정하는 방법

방법	내용
문제 파악하기	• 해결하려는 문제를 정확히 파악함. • 여러 사람의 다양한 의견을 들어 봄.
의견 실천에 필요한 조건 따지기	• 자료를 찾아 의견을 뒷받침함. • 문제를 해결하기에 적합한 의견인지 생각함.
결과 예측하기	• 의견대로 실천했을 때 결과를 생각함. • 의견을 실천했을 때 일어날 수 있는 문제점을 예측해 봄.
반응 살펴보기	• 어떤 의견을 더 따르고 싶어 하는지 살펴봄. • 의견에 대한 토의 참여자의 생각을 들음.

개념3 토의에서 자신의 의견을 뒷받침할 자료 찾아 읽기

	보기 자료	읽기 자료
종류	사진, 그림, 도표 등	책, 보고서, 설문 조사 등
특징	눈으로 확인하기 쉬움.	글을 읽어야 상세한 정보를 얻을 수 있음.
장점	• 의견과 근거를 한눈에 이해하기 쉬움. • 구체적인 숫자를 간단히 확인할 수 있음. • 얼마나 차지하는지, 어떻게 변하는지 알기 쉽게 확인할 수 있음.	• 의견에 대해 좀 더 자세한 정보를 읽어 볼 수 있음. • 발표 내용 이외에도 더욱 풍부한 정보를 얻을 수 있음.

개념4 찾은 자료를 정리해 알기 쉽게 표현하기

(1) 자료를 알기 쉽게 표현하기 위해 정해야 할 것
- 중요한 정보를 어떻게 요약할 것인가?
- 사진과 그림처럼 직접 볼 수 있도록 나타낼 수 있는가?
- 단계나 도표로 간단하게 나타낼 수 있는가?
- 자료 배치나 글씨 크기는 어떻게 할 것인가?

(2) 찾은 자료를 알기 쉽게 표현하는 방법

자료를 나타내는 방법	• 주어진 공간에 어떻게 자료를 나타낼지 생각함. • 글씨는 반 친구들이 모두 알아볼 수 있는 크기로 씀. • 제목과 내용의 크기를 다르게 함.
차례 또는 단계로 나타내는 방법	• 요약한 낱말들을 도형 안에 넣고, 도형을 화살표로 나타내거나 위아래로 쌓아서 단계를 표현함.
도표로 나타내는 방법	• 얼마나 차지하는지를 나타내려면 원 안에 크기를 표시함. • 기준에 따라 크기가 변하는지를 나타내려면 막대의 길이로 그 크기를 표시함.

4단원 겪은 일을 써요

개념1 문장의 호응 관계를 생각하며 글 읽기

(1) 주어, 목적어, 서술어와 같이 문장을 구성하는 부분을 '문장 성분'이라고 함.
(2) 문장 성분의 호응이 바르게 이루어지도록 글을 써야 문장의 뜻을 바르게 이해할 수 있음.
(3) 주어와 서술어, 시간을 나타내는 말과 서술어, 높임의 대상을 나타내는 말과 서술어의 호응 관계에 주의해야 함.
(4) 호응하는 서술어가 따로 있는 낱말은 서술어에 주의해야 함.
　예 '결코, 전혀, 별로'와 같은 낱말은 '–지 않다, –지 못하다'와 같은 부정적인 서술어 또는 '안', '못'이 꾸며 주는 서술어와 호응함.

개념2 겪은 일이 드러나게 글 쓰기

과정	내용
계획하기	• 글 쓸 준비를 하는 단계 • 글의 목적, 종류, 읽는 사람, 주제를 정함.
내용 생성하기	• 쓸 내용을 떠올리는 단계 • 글로 쓰고 싶은 일이나 생각을 생각그물로 정리함. • 글로 표현하기 힘든 것은 없는지 살펴본 다음, 어떤 글감으로 글을 쓸지 정함.
내용 조직하기	• 쓸 내용을 나누는 단계 • '처음–가운데–끝'으로 조직하는 방법, 시간 순서나 장소 변화에 따라 조직하는 방법, 일이 일어난 원인과 결과를 중심으로 조직하는 방법 등이 있음.
표현하기	• 직접 글을 쓰는 단계 • 글머리를 어떻게 시작할지 정한 뒤 자신의 생각을 확인하며 글을 씀. • 글머리는 날씨 표현, 대화 글, 인물 설명, 속담이나 격언, 의성어나 의태어, 상황 설명 등으로 시작할 수 있음.
고쳐쓰기	• 글을 고치는 단계 • 글의 내용(글의 주제, 주제와 관련한 내용 등), 조직(글의 구조, 내용 전개, 마무리 등), 표현(제목, 흥미, 낱말 사용, 문장 성분의 호응 등)을 평가함.

개념3 매체를 활용해 겪은 일이 드러나는 글 쓰기

5단원 여러 가지 매체 자료

개념1 여러 가지 매체 자료

(1) 매체가 달라지면서 내용을 전달하는 표현 방법이 달라짐.

(2) 매체 자료의 종류와 정보 전달 방법

	종류	정보 전달 방법
인쇄 매체 자료	잡지, 신문 등	글, 그림, 사진
영상 매체 자료	영화, 연속극 등	소리, 자막 등의 여러 가지 연출 방법
인터넷 매체 자료	휴대 전화 문자 메시지, 누리 소통망[SNS] 등	인쇄 매체 자료와 영상 매체 자료에서 사용하는 방식을 모두 사용함.

개념2 매체 자료의 특성을 생각하며 알맞은 방법으로 읽기

(1) 매체 자료별로 주의해서 봐야 할 요소들이 다름.

(2) 매체 자료별 읽기 방법

매체 자료	읽기 방법
인쇄 매체 자료	글로 표현한 내용을 머릿속으로 떠올리면서 내용을 꼼꼼히 확인하며 읽어야 함.
영상 매체 자료	다양한 표현 방법을 활용하기 때문에 활용한 요소(음향 효과, 화면 연출 등)들이 무엇을 나타내는지 생각하며 보아야 함.
인터넷 매체 자료	글과 그림, 사진이 주는 시각 정보를 잘 살펴볼 뿐만 아니라 화면 구성과 소리에 담긴 정보(음향 효과)도 탐색해야 함.

개념3 매체 자료의 특성을 생각하며 이야기를 읽고 현실 세계와 비교하기

(1) 이야기를 읽고 사건을 파악하여 사건의 원인 생각하기

(2) 등장인물과 비슷한 경험 떠올리기

(3) 인물의 말과 행동에 대해 생각해 보기

예 「마녀사냥」에 나오는 인물의 모습을 현실 세계 속 우리 모습과 비교하기

> 사실이 아닌 정보를 확인하지 않고 사실인 양 잘못된 정보를 퍼뜨려 다른 사람을 곤란하게 하거나, 그 사람을 괴롭히기 위해 일부러 사실이 아닌 내용을 퍼뜨리는 일이 있음.

개념4 인터넷 매체를 바르게 이용하는 방법

(1) 적절한 정보를 어디에서 어떻게 찾을지를 정확히 아는 자세가 필요함.

(2) 정보를 분별하는 능력이 있어야 함.

(3) 다른 사람에게 예의를 갖추는 것이 반드시 필요함.

개념5 친구들과 작품에 대해 대화할 때 지켜야 하는 예절

(1) 다른 사람의 말이 끝나기 전에 끼어들지 않기

(2) 이야깃거리와 관련 있는 내용을 말하기

(3) 친구의 말을 무시하거나 친구의 말에 기분 나쁘게 대꾸하지 않기

(4) 혼자 너무 길게 말하지 않기

> 찬성과 반대 양쪽이 나뉜 상태에서 양편 각각 자기 쪽의 의견을 받아들이도록 상대편을 설득하는 경쟁적 말하기

6단원 타당성을 생각하며 토론해요

개념1 일상생활에서 토론이 필요한 경우 예

(1) 학교 앞에 불법 주차를 하지 못하도록 단속 카메라를 설치하는 문제에 대해 서로 의견이 나뉠 때

(2) 학교 인사말을 바꾸는 문제에 대해 서로 의견이 나뉠 때

(3) 학교 운동장을 외부인에게 개방하는 문제에 대해 서로 의견이 나뉠 때

개념2 토론할 때 주의해야 할 점

(1) 우리 주변에서 일어나는 문제에 대해 '왜 이런 일이 생겼을까?', '이것을 바꿀 수는 없을까?'라고 생각해 봐야 토론이 이루어질 수 있음. 그것을 삐딱하다고 받아들이면 진정한 토론이 이루어질 수 없음.

(2) 자신의 의견을 상대가 받아들이도록 하기 위해서는 자신이 옳다고 우기기보다 타당한 근거를 들어 말해야 함.

개념3 글을 읽고 근거 자료의 타당성 평가하기

(1) 글쓴이의 주장을 뒷받침하는 근거 자료에는 전문가의 면담 자료, 설문 조사 자료 등이 있음.

(2) 면담 자료와 설문 조사 자료의 평가 기준

	평가 기준
면담 자료	• 자료가 주장을 잘 뒷받침하는지 살펴보아야 함. • 해당 분야 전문가를 면담한 것인지 따져 보아야 함.
설문 조사 자료	• 글의 주제에 맞는 자료여야 함. • 주장을 뒷받침하는 자료여야 함. • 자료가 믿을 만하고 자료의 출처가 분명해야 함. • 조사 대상과 조사 시기를 정확히 알 수 있고, 조사 대상과 범위가 적절해야 함.

개념4 토론 절차와 방법

(1) 토론에 참여하는 사람들의 역할: 사회자, 찬성편 토론자, 반대편 토론자

(2) 토론 주제: 찬성과 반대로 분명히 나누어질 수 있는 주제여야 함.

(3) 토론 절차: '주장 펼치기 → 반론하기 → 주장 다지기'의 차례로 진행함.

주장 펼치기	• 근거를 들어 주장을 펼침. • 근거와 관련해 구체적인 자료를 제시함.
반론하기	• 상대편의 주장을 요약함. • 상대편의 주장이 타당하지 않다는 것을 밝히기 위한 질문을 함. • 주장에 대한 근거나 그에 대한 자료가 타당하지 않다는 것을 밝힘.
주장 다지기	• 자기편의 주장을 요약함. • 상대편에서 제기한 반론이 타당하지 않음을 지적함. • 자기편 주장의 장점을 정리함.

7단원 중요한 내용을 요약해요

개념1 낱말의 뜻을 짐작하며 읽어야 하는 까닭

(1) 낱말의 뜻을 제대로 이해하지 못하면 글을 제대로 이해할 수 없음.

(2) 모르는 낱말이 나올 때마다 사전을 찾아볼 수 없음.

예 「내 귀는 건강한가요」를 읽고 밑줄 그은 낱말의 뜻 짐작하기

밑줄 그은 낱말	짐작한 뜻
어두워	귀가 잘 들리지 않아
뜬금없는	엉뚱한
걸림돌	방해물
힘	도움

개념2 낱말의 뜻을 짐작하며 읽기

(1) 뜻을 잘 모르는 낱말의 앞뒤 내용을 살펴봄.

(2) 해당 낱말의 뜻과 비슷하거나 반대인 낱말을 대신 넣어 봄.

(3) 낱말을 사용한 예를 떠올려 봄.

예 「존경합니다, 선생님」을 읽으며 낱말의 뜻 짐작하기

낱말	짐작한 뜻	국어사전에서 찾은 뜻
기척	누가 있는 줄을 알 만한 소리	누가 있는 줄을 짐작하여 알 만한 소리나 기색.
엄포	무섭게 으르는 짓	실속 없이 호령이나 위협으로 으르는 짓.
끼적이기	글씨를 대충 쓰기	글씨나 그림 따위를 아무렇게나 쓰거나 그리다.
깐깐한	까다로운	행동이나 성격 따위가 까다로울 만큼 빈틈이 없다.
쥐어짜도	세게 비틀어 짜도	이리저리 궁리하여 골똘히 생각하다.
꼴	모양	사람의 모양새나 행태를 낮잡아 이르는 말.
삼아도	대신 생각해도	무엇을 무엇이 되게 하거나 여기다.
들떠	기분이 좋아	마음이나 분위기가 가라앉지 아니하고 조금 흥분되다.

개념3 글을 요약하는 방법

(1) 글에서 여러 번 반복해서 나타나는 낱말을 찾아 전체를 대표하는 낱말로 바꾸기

(2) 필요 없는 부분 찾아 삭제하기

(3) 글 내용을 그대로 옮기지 않고 자신의 말로 바꾸어서 요약하기

개념4 글의 구조에 따라 요약하기

(1) 글을 읽고 구조를 파악한 뒤에 중심 내용을 간추림.

(2) 글의 구조에 적당한 틀을 골라 각 문단의 중심 내용을 정리한 뒤에 그 내용을 간결하게 다듬고 정리함.

주제에 대해 몇 가지 특징을 늘어놓는 글의 구조 ┐ ┌ 시간이나 공간의 순서에 따라 설명하는 글의 구조

예 글의 구조에 알맞은 틀을 그려 내용 정리하기

글의 구조	나열 구조	순서 구조
틀		

8단원 우리말 지킴이

개념1 우리말이 훼손된 사례 살펴보기

(1) 줄임말을 자주 사용함.

예 열공(→ 열심히 공부), 삼김(→ 삼각김밥)

(2) 사물을 높여서 우리말 규칙에 맞지 않게 표현함.

예 사과주스 나오셨습니다(→ 사과주스 나왔습니다).

(3) 외국어를 지나치게 많이 사용함.

예 sweet카페(→ 달콤한 찻집)

(4) 국적 불문의 신조어를 사용함.

예 노잼(→ 재미가 없음.), 핵꿀잼(→ 매우 재미있음.)

개념2 우리말을 바르게 사용해야 하는 까닭

(1) 뜻이 통하지 않을 수 있음.

(2) 아름다운 우리말이 사라질 수 있음.

(3) 말에 담긴 우리의 정신도 훼손될 수 있음.

개념3 발표 주제를 생각하며 자료를 조사하고 구성하기

(1) 조사 주제 정하기

(2) 조사 대상과 조사 방법 정하기

조사 방법	장점	단점
관찰	현장에서 조사 대상을 직접 파악할 수 있음.	시간이 많이 걸림.
설문지	여러 사람을 한꺼번에 조사할 수 있음.	답한 내용 외에는 자세한 내용을 알기 어려움.
면담	자세한 정보를 수집할 수 있음.	시간이 오래 걸리고 원하는 인물과 면담을 하지 못할 수도 있음.
책이나 글	정확하고 다양한 정보를 얻을 수 있음.	내가 찾고 싶은 정보를 쉽게 찾지 못할 수도 있음.

(3) 조사 계획에 맞게 조사하기

(4) 발표 원고 구성하기

	들어가야 할 내용
시작하는 말	모둠 이름, 조사 주제, 발표 제목
전달하려는 내용	자료, 설명하는 말
끝맺는 말	발표한 내용, 모둠의 의견이나 전망

└ 자료를 제시할 때에는 저작자나 출처를 밝혀야 함.

개념4 여러 사람 앞에서 조사한 내용 발표하기

(1) 발표할 때 주의할 점

• 듣는 사람과 눈을 맞추며 발표하기

• 바른 자세로 서서 진지하게 발표하기

• 알맞은 목소리, 크기, 빠르기, 표정과 몸짓을 생각하여 발표하기

• 자료를 모두가 볼 수 있게 제시하기

(2) 발표를 들을 때 주의할 점

• 발표 주제가 무엇인지 알고, 발표 내용이 주제와 관련 있는지 판단하며 듣기

• 과장되거나 거짓인 내용은 없는지, 자료는 정확한 것인지 판단하며 듣기

• 새롭게 알려 주는 내용에 집중하며 듣기

• 발표자에게 빨리하라고 하거나 야유 보내지 않기

01 다음 중 공감하며 대화해야 하는 까닭으로 알맞은 것에는 ○표, 알맞지 <u>않은</u> 것에는 ×표를 하시오.

(1) 상대의 처지를 이해할 수 있다. (　　)

(2) 대화를 즐겁게 이어 갈 수 있다. (　　)

(3) 자신의 의견을 상대에게 분명히 전달할 수 있다. (　　)

02 공감하며 대화하는 방법 중 다음 활동과 관계 있는 것에 ○표를 하시오.

> • 말하는 사람에게 주의를 기울여 집중해서 듣기
> • 말이나 행동으로 맞장구치기
> • 상대의 말 반복해 주기

(1) 경청하기 (　　)

(2) 공감하며 말하기 (　　)

(3) 처지를 바꾸어 생각하기 (　　)

03 다음 밑줄 친 '이것'은 무엇인지 쓰시오.

> • <u>이것</u>은 '소셜 네트워크 서비스[SNS]'를 다듬은 말로, 온라인에서 자유롭게 글이나 사진 따위를 올리거나 나누는 것을 뜻한다.
> • <u>이것</u>을 이용하면 만나지 않고도 대화할 수 있고, 언제나 빨리 연락해 대화할 수 있으며, 간편하게 편지를 보낼 수도 있다.

(　　　　　　)

04 「줄다리기, 모두 하나 되는 대동 놀이」를 읽으며 경험을 떠올린 것으로 알맞은 것에 ○표를 하시오.

(1) 우리나라 무형유산으로 지정되었다. (　　)

(2) 두 편이 나누어 힘을 겨루는 놀이이다. (　　)

(3) 텔레비전에서 영산 줄다리기 하는 장면을 본 적 있다. (　　)

05 지식이나 경험을 활용해 「조선의 냉장고 '석빙고'의 과학」을 읽을 때, 다음은 보기 중 무엇에 해당하는지 찾아 기호를 쓰시오.

> **보기**
>
> ㉮ 짐작한 것 　　　㉯ 알고 싶은 것
> ㉰ 새롭게 안 것

(1)
> '장대석'의 뜻을 국어사전에서 찾아봐야겠어.

(　　　　　　)

(2)
> 석빙고의 얼음을 왕겨나 짚에 싸서 보관했다는 것을 알았어.

(　　　　　　)

06 다음은 지식이나 경험을 활용해 함께 글을 고칠 때 필요한 평가표입니다. 평가 기준이 항목에 알맞게 제시된 것에는 ○표, 그렇지 <u>않은</u> 것에는 ×표를 하시오.

구분	평가 기준	○/×
(1) 내용	글 내용이 정확한가?	
(2) 조직	사실과 의견을 구분해 썼는가?	
(3) 표현	처음, 가운데, 끝으로 나누었는가?	

07 다음은 친구의 글에 대해 의견을 말할 때 주의할 점입니다. 빈칸에 들어갈 알맞은 말을 보기 에서 찾아 써넣으시오.

> **보기**
>
> 집중　　　의견　　　주의　　　기준

(1) 함께 만든 평가 (　　　　　)에 맞추어 말해야 한다.

(2) 고칠 점과 함께 좋은 점에 대한 (　　　　)도 제시하면 글을 고칠 때 도움이 될 수 있다.

08 다음은 의견을 조정해야 하는 까닭을 설명한 것입니다. ( ) 안의 알맞은 말에 ○표를 하시오.

(1) 문제를 (합리적 , 주관적)으로 해결하기 위해서이다.

(2) 참여자 모두가 만족하도록 (감상 , 의견)을 모으기 위해서이다.

09 다음은 토의 과정에서 의견을 조정하는 방법입니다. 빈칸에 들어갈 알맞은 말을 보기에서 찾아 써넣으시오.

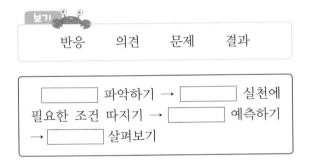

보기

반응   의견   문제   결과

[　　　] 파악하기 → [　　　] 실천에 필요한 조건 따지기 → [　　　] 예측하기 → [　　　] 살펴보기

10 토의 절차에 맞게 순서대로 기호를 나열하시오.

㉮ 주제 정하기   ㉯ 의견 정하기
㉰ 의견 모으기   ㉱ 의견 마련하기

(　) → (　) → (　) → (　)

11 토의에서 의견을 뒷받침할 다음 자료의 특징을 선으로 이으시오.

(1) 사진, 그림, 도표 ·

· ① 눈으로 확인하기 쉬움.

(2) 책, 보고서, 설문 조사 ·

· ② 글을 읽어야 상세한 정보를 얻을 수 있음.

12 다음 ( ) 안의 알맞은 말에 ○표를 하시오.

'어제저녁 우리 가족은 함께 동네 공원으로 산책을 나간다.'를 바르게 고치려면, 시간을 나타내는 말과 (주어 , 서술어)의 호응 관계를 고려하여, '어제저녁 우리 가족은 함께 동네 공원으로 산책을 나갔다.'로 고쳐야 한다.

13 '겪은 일이 드러나게 글 쓰기'에 대한 설명으로 알맞은 것에는 ○표, 알맞지 않은 것에는 ×표를 하시오.

(1) '결코', '전혀', '별로' 등은 '−지 않다', '−지 못하다'와 같은 긍정적인 서술어와 호응한다. (　)

(2) 겪은 일이 드러나는 글은 일반적으로 '처음−가운데−끝'의 세 부분으로 나눈다. (　)

(3) 글을 시작하는 첫 부분을 글머리라고 하는데, 글머리는 글의 전체 인상을 만들어 주므로 중요하다. (　)

14 다음 ( ) 안의 알맞은 말에 ○표를 하시오.

경험과 같이 글을 쓰는 재료가 되는 것을 (글감 , 주제)(이)라고 하고, 자신이 글로 나타내고 싶은 생각을 (글감 , 주제)(이)라고 한다.

15 글쓰기 과정에 맞게 순서대로 기호를 나열하시오.

㉮ 계획하기   ㉯ 고쳐쓰기
㉰ 표현하기   ㉱ 내용 조직하기
㉲ 내용 생성하기

(　) → (　) → (　) → (　) → (　)

01 다음 매체 자료의 종류를 선으로 이으시오.

(1) 인쇄 매체 자료 · · ① 신문, 잡지

(2) 영상 매체 자료 · · ② 영화, 연속극

(3) 인터넷 매체 자료 · · ③ 문자 메시지, 누리 소통망[SNS]

02 매체 자료의 특성에 알맞은 읽기 방법에 ○표를 하시오.

(1) 영상 매체 자료는 글로 표현한 내용을 머릿속으로 떠올리면서 내용을 꼼꼼히 확인하며 읽어야 한다. ( )

(2) 인쇄 매체 자료는 소리, 자막 등 여러 가지 연출 방법을 사용하기 때문에 활용한 요소들이 무엇을 나타내는지 생각해 보아야 한다. ( )

(3) 인터넷 매체 자료는 글과 그림, 사진이 주는 시각 정보뿐 아니라, 화면 구성과 소리에 담긴 정보(음향 효과)도 탐색해야 한다. ( )

03 매체 자료의 특성을 생각하며 이야기를 읽고 현실 세계와 비교하는 활동을 가장 알맞게 한 친구의 이름을 쓰시오.

유빈: 이야기에서 대화 예절을 가장 잘 지키며 대화하는 친구를 찾아보았어.
동현: 이야기의 장소를 다르게 바꾸어 보면 이야기가 어떻게 달라질지 생각해 보았어.
사라: 이야기에 등장하는 인물과 비슷한 경험을 떠올려 보고 나의 경험과 비교해 보았어.

( )

04 토론이 필요한 경우로 알맞은 것에 ○표를 하시오.

(1) 반 친구들과 청소 구역을 정하는 방법을 정할 때 ( )

(2) 학급 임원이 필요한가에 대해 서로 의견이 나뉠 때 ( )

05 다음은 어떤 자료를 평가하는 기준인지 보기 에서 찾아 기호를 쓰시오.

보기
㉠ 면담 자료   ㉡ 설문 조사 자료

• 자료의 출처가 정확한가?
• 조사 대상과 범위가 적절한가?

( )

06 토론 절차에 맞게 차례대로 번호를 쓰시오.

(1) 반론하기 ( )
(2) 주장 펼치기 ( )
(3) 주장 다지기 ( )

07 다음은 토론에서 주장을 펼치는 방법입니다. ( ) 안에 공통으로 들어갈 말에 ○표를 하시오.

• ( )을/를 들어 주장을 펼친다.
• ( )과/와 관련해 구체적인 자료를 제시한다.

(근거 , 상황 , 인물)

08 토론에서 반론하는 방법으로 알맞은 것을 찾아 기호를 쓰시오.

㉮ 상대편 주장에 대한 실천 방안을 제시한다.
㉯ 주장에 대한 근거나 그에 대한 자료가 타당하지 않다는 것을 밝힌다.

( )

09 낱말의 뜻을 짐작하며 읽는 방법으로 알맞은 것을 두 가지 찾아 기호를 쓰시오.

> ㉮ 글에서 뜻을 잘 아는 낱말만 바꾸어 본다.
> ㉯ 뜻을 모르는 낱말의 앞뒤 내용을 살펴본다.
> ㉰ 해당 낱말의 뜻과 비슷하거나 반대인 낱말을 대신 넣어 본다.

(,   )

10 ㉠의 뜻을 알맞게 짐작한 것에 ○표를 하시오.

> 　글쓰기반 수업 첫날, 켈러 선생님은 아무 기척도 없이 교실로 들어와 책상 사이를 왔다 갔다 하며 ㉠엄포부터 놓았다.
> 　"오늘부터, 나는 너희 한 사람 한 사람을 완전히 훈련시켜서 진짜 멋진 작가로 만들어 줄 생각이다. 정말 기적 같겠지? 하지만!"
> 　켈러 선생님은 특유의 진한 미국 남부 지방 억양으로 말을 이어 나갔다.
> 　"이 수업을 만만하게 생각했다면 지금 당장 저 문으로 나가도록. 보잘것 없이 짧은 너희의 인생 경험으로는 상상도 못 할 정도로 힘들 테니까. 아마 이 수업을 끝까지 따라오지 못하는 학생들도 나오겠지."

(1) 무섭게 으르는 짓   (   )

(2) 다정하게 가르침을 주는 짓   (   )

11 글을 요약하는 방법에 맞게, ( ) 안의 알맞은 말에 ○표를 하시오.

(1) 여러 번 반복해서 나타나는 낱말을 찾아 전체를 (대표 , 삭제)하는 낱말로 바꾸기

(2) 필요 (없는 , 있는) 부분 찾아 삭제하기

(3) 글 내용을 그대로 (옮겨서 , 옮기지 않고) 자신의 말로 바꾸어서 요약하기

12 오른쪽 틀로 정리하기에 알맞은 글의 구조에 ○표를 하시오.

(1) 나열 구조   (   )

(2) 순서 구조   (   )

13 우리말이 훼손되는 경우에 해당하지 <u>않는</u> 것을 찾아 기호를 쓰시오.

> ㉮ 줄임말을 사용하여 간단하게 대화한다.
> ㉯ 사물을 높이는 표현을 사용하지 않는다.
> ㉰ 대화 사이사이에 외국어를 사용하여 아름다운 대화를 한다.

(   )

14 다음과 같은 장점과 단점을 가진 조사 방법은 무엇인지 보기 에서 찾아 쓰시오.

> **보기**
>
> 관찰　　　면담　　　설문지　　　책이나 글

장점	단점
정확하고 다양한 정보를 얻을 수 있다.	내가 찾고 싶은 정보를 쉽게 찾지 못할 수도 있다.

(   )

15 자료를 조사하여 발표할 원고를 구성할 때, 다음 부분에 들어갈 내용을 각각 찾아 기호를 쓰시오.

> ㉮ 자료, 설명하는 말
> ㉯ 모둠 이름, 조사 주제, 발표 제목
> ㉰ 발표한 내용, 모둠의 의견이나 전망

(1) 시작하는 말: (   )

(2) 전달하려는 내용: (   )

(3) 끝맺는 말: (   )

16 여러 사람 앞에서 조사한 내용을 발표할 때 주의할 점으로 알맞지 <u>않은</u> 것에 ×표를 하시오.

(1) 발표할 원고를 보며 발표하기   (   )

(2) 자료를 모두가 볼 수 있게 제시하기   (   )

(3) 바른 자세로 서서 진지하게 발표하기   (   )

정답과 해설 **3**쪽

1단원 수의 범위와 어림하기

개념1 이상과 이하 알아보기

• 15와 같거나 큰 수를 15 이상인 수라고 합니다.

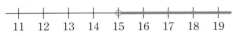

• 15와 같거나 작은 수를 15 이하인 수라고 합니다.

개념2 초과와 미만 알아보기

• 15보다 큰 수를 15 초과인 수라고 합니다.

• 15보다 작은 수를 15 미만인 수라고 합니다.

개념3 올림 알아보기

• 구하려는 자리의 아래 수를 올려서 나타내는 방법을 올림이라고 합니다.
　예 312를 올림하여 나타내기
　　십의 자리까지 나타내기: 312 ➡ 320
　　백의 자리까지 나타내기: 312 ➡ 400

개념4 버림 알아보기

• 구하려는 자리의 아래 수를 버려서 나타내는 방법을 버림이라고 합니다.
　예 598을 버림하여 나타내기
　　십의 자리까지 나타내기: 598 ➡ 590
　　백의 자리까지 나타내기: 598 ➡ 500

개념5 반올림 알아보기

• 구하려는 자리 바로 아래 자리의 숫자가 0, 1, 2, 3, 4이면 버리고, 5, 6, 7, 8, 9이면 올려서 나타내는 방법을 반올림이라고 합니다.
　예 763을 반올림하여 나타내기
　　십의 자리까지 나타내기: 763 ➡ 760
　　백의 자리까지 나타내기: 763 ➡ 800

01 수의 범위를 수직선에 나타내어 보세요.

(1)

50 이상인 수

47　48　49　50　51　52　53　54　55

(2)

25 이하인 수

21　22　23　24　25　26　27　28　29

02 **11 초과 16 미만인 수에 모두 ○표 하세요.**

10　11　12　13　14　15　16　17

03 수를 올림하여 백의 자리까지 나타내어 보세요.

(1) 426 ➡ (　　　　　　)
(2) 5708 ➡ (　　　　　　)

04 소수를 버림하여 주어진 자리까지 나타내어 보세요.

(1) 3.652(소수 첫째 자리) ➡ (　　　　　)
(2) 8.049(소수 둘째 자리) ➡ (　　　　　)

05 수를 반올림하여 주어진 자리까지 나타내어 보세요.

수	십의 자리	백의 자리	천의 자리
7245			

수학 **핵심** 정리와 **쪽지** 시험

2단원 분수의 곱셈

개념1 (분수)×(자연수) 알아보기

• (진분수)×(자연수)의 계산

방법1 $\dfrac{5}{6} \times 4 = \dfrac{5 \times 4}{6} = \dfrac{\overset{10}{20}}{\underset{3}{6}} = \dfrac{10}{3} = 3\dfrac{1}{3}$

방법2 $\dfrac{5}{6} \times \overset{2}{4} = \dfrac{5 \times 2}{3} = \dfrac{10}{3} = 3\dfrac{1}{3}$

• (대분수)×(자연수)의 계산

방법1 $2\dfrac{1}{4} \times 3 = \dfrac{9}{4} \times 3 = \dfrac{9 \times 3}{4} = \dfrac{27}{4} = 6\dfrac{3}{4}$

방법2 $2\dfrac{1}{4} \times 3 = (2 \times 3) + \left(\dfrac{1}{4} \times 3\right) = 6 + \dfrac{3}{4} = 6\dfrac{3}{4}$

개념2 (자연수)×(분수) 알아보기

• (자연수)×(진분수)의 계산

방법1 $6 \times \dfrac{4}{9} = \dfrac{6 \times 4}{9} = \dfrac{\overset{8}{24}}{\underset{3}{9}} = \dfrac{8}{3} = 2\dfrac{2}{3}$

방법2 $\overset{2}{6} \times \dfrac{4}{9} = \dfrac{2 \times 4}{3} = \dfrac{8}{3} = 2\dfrac{2}{3}$

• (자연수)×(대분수)의 계산

방법1 $2 \times 1\dfrac{1}{3} = 2 \times \dfrac{4}{3} = \dfrac{2 \times 4}{3} = \dfrac{8}{3} = 2\dfrac{2}{3}$

방법2 $2 \times 1\dfrac{1}{3} = (2 \times 1) + \left(2 \times \dfrac{1}{3}\right) = 2 + \dfrac{2}{3} = 2\dfrac{2}{3}$

개념3 (진분수)×(진분수) 알아보기

분자는 분자끼리, 분모는 분모끼리 곱합니다.

• $\dfrac{1}{5} \times \dfrac{1}{4} = \dfrac{1 \times 1}{5 \times 4} = \dfrac{1}{20}$

• $\dfrac{5}{8} \times \dfrac{4}{7} = \dfrac{5 \times \overset{1}{4}}{\underset{2}{8} \times 7} = \dfrac{5}{14}$

• $\dfrac{3}{4} \times \dfrac{1}{5} \times \dfrac{5}{8} = \dfrac{3}{20} \times \dfrac{\overset{1}{5}}{\underset{4}{8}} = \dfrac{3}{32}$

개념4 여러 가지 분수의 곱셈 알아보기

• $1\dfrac{1}{4} \times 2\dfrac{2}{5} = \dfrac{\overset{1}{5}}{\underset{1}{4}} \times \dfrac{\overset{3}{12}}{\underset{1}{5}} = 3$

• $3 \times \dfrac{4}{5} = \dfrac{3}{1} \times \dfrac{4}{5} = \dfrac{12}{5} = 2\dfrac{2}{5}$

---

01 그림을 보고 □ 안에 알맞은 수를 써넣으세요.

$\dfrac{4}{5} \times 2 = \dfrac{4 \times \boxed{}}{5} = \dfrac{\boxed{}}{5} = \boxed{}\dfrac{\boxed{}}{5}$

02 보기 와 같이 계산해 보세요.

보기
$\overset{2}{4} \times \dfrac{3}{\underset{5}{10}} = \dfrac{2 \times 3}{5} = \dfrac{6}{5} = 1\dfrac{1}{5}$

$7 \times \dfrac{8}{21}$

03 빈칸에 알맞은 수를 써넣으세요.

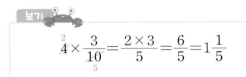

$1\dfrac{5}{8}$	5	
6	$2\dfrac{7}{9}$	

04 계산해 보세요.

(1) $\dfrac{1}{3} \times \dfrac{1}{7}$ (2) $\dfrac{4}{9} \times \dfrac{5}{14}$

05 ○ 안에 >, =, <를 알맞게 써넣으세요.

$1\dfrac{3}{5} \times 2\dfrac{3}{4} \ \bigcirc\ 4\dfrac{1}{5}$

정답과 해설 3쪽

3단원 합동과 대칭

개념1 도형의 합동 알아보기

• 모양과 크기가 같아서 포개었을 때 완전히 겹치는 두 도형을 서로 합동이라고 합니다.

• 서로 합동인 두 도형을 포개었을 때 완전히 겹치는 점을 대응점, 겹치는 변을 대응변, 겹치는 각을 대응각이라고 합니다. ― 서로 합동인 두 도형에서 각각의 대응변의 길이와 대응각의 크기가 서로 같습니다.

개념2 선대칭도형 알아보기

• 한 직선을 따라 접었을 때 완전히 겹치는 도형을 선대칭도형이라고 합니다. 이때 그 직선을 대칭축이라고 합니다.

• 대칭축을 따라 접었을 때 겹치는 점을 대응점, 겹치는 변을 대응변, 겹치는 각을 대응각이라고 합니다.

• 선대칭도형에서 각각의 대응변의 길이와 대응각의 크기가 서로 같습니다.

• 선대칭도형에서 대응점끼리 이은 선분은 대칭축과 수직으로 만납니다.

• 선대칭도형에서 대칭축은 대응점끼리 이은 선분을 둘로 똑같이 나눕니다.

개념3 점대칭도형 알아보기

• 한 도형을 어떤 점을 중심으로 180° 돌렸을 때 처음 도형과 완전히 겹치면 이 도형을 점대칭도형이라고 합니다. 이때 그 점을 대칭의 중심이라고 합니다.

• 대칭의 중심을 중심으로 180° 돌렸을 때 겹치는 점을 대응점, 겹치는 변을 대응변, 겹치는 각을 대응각이라고 합니다.

• 점대칭도형에서 각각의 대응변의 길이와 대응각의 크기가 서로 같습니다.

• 점대칭도형에서 대칭의 중심은 대응점끼리 이은 선분을 둘로 똑같이 나눕니다.

01 왼쪽 도형과 서로 합동인 도형을 찾아 기호를 써 보세요.

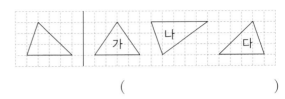

( )

02 선대칭도형을 모두 찾아 기호를 써 보세요.

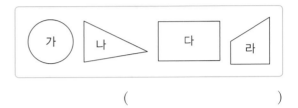

( )

03 오른쪽은 선대칭도형입니다. 대칭축을 찾아 기호를 써 보세요.

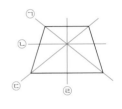

( )

04 점대칭도형을 모두 찾아 기호를 써 보세요.

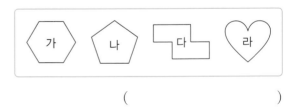

( )

05 점 ㅇ을 대칭의 중심으로 하는 점대칭도형입니다. 대응점, 대응변, 대응각을 각각 찾아 써 보세요.

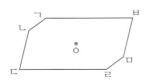

점 ㄱ의 대응점 ( )
변 ㄴㄷ의 대응변 ( )
각 ㄷㄹㅁ의 대응각 ( )

정답과 해설 **3**쪽

4단원 소수의 곱셈

개념1 (소수)×(자연수) 알아보기

• 0.6×3의 계산

방법1 덧셈식으로 계산하기

$0.6 \times 3 = 0.6 + 0.6 + 0.6 = 1.8$

방법2 0.1의 개수로 계산하기

$0.6 \times 3 = 0.1 \times 6 \times 3 = 0.1 \times 18$

0.1이 모두 18개이므로 $0.6 \times 3 = 1.8$

방법3 분수의 곱셈으로 계산하기

$0.6 \times 3 = \dfrac{6}{10} \times 3 = \dfrac{6 \times 3}{10} = \dfrac{18}{10} = 1.8$

개념2 (자연수)×(소수) 알아보기

• 8×0.4의 계산

방법1 분수의 곱셈으로 계산하기

$8 \times 0.4 = 8 \times \dfrac{4}{10} = \dfrac{8 \times 4}{10} = \dfrac{32}{10} = 3.2$

방법2 자연수의 곱셈으로 계산하기

$8 \times ④ = ㉜$

$\dfrac{1}{10}$배 $\dfrac{1}{10}$배

$8 \times (0.4) = (3.2)$

개념3 (소수)×(소수) 알아보기

• 0.3×0.7의 계산

방법1 분수의 곱셈으로 계산하기

$0.3 \times 0.7 = \dfrac{3}{10} \times \dfrac{7}{10} = \dfrac{3 \times 7}{10 \times 10} = \dfrac{21}{100}$

$= 0.21$

방법2 자연수의 곱셈으로 계산하기

$③ \times ⑦ = ㉑$

$\dfrac{1}{10}$배 $\dfrac{1}{10}$배 $\dfrac{1}{100}$배

$(0.3) \times (0.7) = (0.21)$

개념4 곱의 소수점 위치 알아보기

• $1.25 \times 1 = 1.25$
  $1.25 \times 10 = 12.5$
  $1.25 \times 100 = 125$
  $1.25 \times 1000 = 1250$

• $4190 \times 1 = 4190$
  $4190 \times 0.1 = 419$
  $4190 \times 0.01 = 41.9$
  $4190 \times 0.001 = 4.19$

01 □ 안에 알맞은 수를 써넣으세요.

$0.5 \times 7 = \dfrac{\boxed{}}{10} \times 7 = \dfrac{\boxed{} \times 7}{10} = \dfrac{\boxed{}}{10}$

$= \boxed{}$

02 □ 안에 알맞은 수를 써넣으세요.

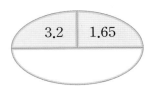

$6 \times 9 = \boxed{}$

$\dfrac{1}{100}$배 $\dfrac{1}{\boxed{}}$배

$6 \times 0.09 = \boxed{}$

03 계산해 보세요.

(1) 0.7×0.4 (2) 1.3×2.8

04 빈칸에 두 수의 곱을 써넣으세요.

| 3.2 | 1.65 |

05 □ 안에 알맞은 수를 써넣으세요.

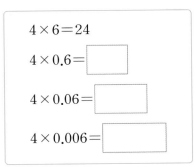

$4 \times 6 = 24$

$4 \times 0.6 = \boxed{}$

$4 \times 0.06 = \boxed{}$

$4 \times 0.006 = \boxed{}$

<u>5단원</u> 직육면체

개념1 **직육면체와 정육면체 알아보기**

• 직육면체: 직사각형 6개로 둘러싸인 도형
• 정육면체: 정사각형 6개로 둘러싸인 도형

꼭짓점
면
모서리

직육면체   정육면체

– 면: 선분으로 둘러싸인 부분
– 모서리: 면과 면이 만나는 선분
– 꼭짓점: 모서리와 모서리가 만나는 점

개념2 **직육면체의 성질 알아보기**

직육면체에서 평행한 두 면을 직육면체의 밑면이라고 하고, 밑면과 수직인 면을 직육면체의 옆면이라고 합니다.

밑면   밑면   옆면

개념3 **직육면체의 겨냥도 알아보기**

• 직육면체의 모양을 잘 알 수 있도록 나타낸 그림을 직육면체의 겨냥도라 고 합니다.
• 겨냥도에서는 보이는 모서리는 실선으로, 보이지 않는 모서리는 점선으로 그립니다.

개념4 **정육면체와 직육면체의 전개도 알아보기**

정육면체의 모서리를 잘라서 펼친 그림을 정육면체의 전개도라고 합니다.

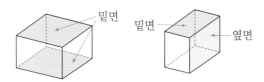

정육면체의 전개도	직육면체의 전개도

01 □ 안에 알맞은 말을 써넣으세요.

직육면체의 면의 모양은 [   ]이고,

정육면체의 면의 모양은 [   ]입니다.

02 직육면체를 보고 빈칸에 알맞은 수를 써넣으세요.

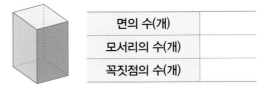

면의 수(개)	
모서리의 수(개)	
꼭짓점의 수(개)	

03 직육면체에서 면 ㄴㅂㅅㄷ과 수직인 면은 모두 몇 개인가요?

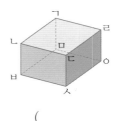

(   )

04 그림에서 빠진 부분을 그려 넣어 직육면체의 겨냥도를 완성해 보세요.

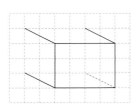

05 전개도를 접어서 정육면체를 만들었을 때 면 가와 평행한 면을 찾아 색칠해 보세요.

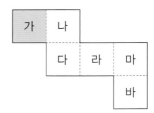

가	나		
	다	라	마
			바

정답과 해설 3쪽

6단원 평균과 가능성

개념1 평균 알아보기

각 묶음의 꽃의 수 6, 11, 8, 7을 모두 더하여 묶음 수 4로 나눈 수 8은 한 묶음당 꽃의 수를 대표하는 값으로 정할 수 있습니다. 이 값을 평균이라고 합니다.

개념2 평균 구하는 방법 알아보기

서희네 반 동아리별 학생 수

동아리	코딩부	독서부	댄스부	만화부
학생 수(명)	4	2	6	4

방법1 평균을 예상한 후 수를 옮기고 짝 지어 자료의 값을 고르게 하여 평균 구하기
➡ 평균을 4명으로 예상한 후 (4, 4), (2, 6)으로 수를 옮기고 짝 지어 자료의 값을 고르게 하면 동아리별 평균 학생 수는 4명입니다.

방법2 자료의 값을 모두 더한 후 자료의 수로 나누어 평균 구하기
➡ 학생 수의 합은 4+2+6+4=16(명)이고 동아리 수는 4개이므로 동아리별 평균 학생 수는 16÷4=4(명)입니다.

(평균)=(자료의 값을 모두 더한 수)÷(자료의 수)

개념3 일이 일어날 가능성을 말로 표현하기

• 가능성은 어떠한 상황에서 특정한 일이 일어나길 기대할 수 있는 정도를 말합니다.
• 가능성의 정도는 불가능하다, ~아닐 것 같다, 반반이다, ~일 것 같다, 확실하다 등으로 표현할 수 있습니다.

개념4 일이 일어날 가능성을 수로 표현하기

가능성의 정도가 불가능하면 0, 반반이면 $\frac{1}{2}$, 확실하면 1로 표현할 수 있습니다.

[01~02] 민주네 학교 5학년의 반별 학생 수를 나타낸 표입니다. 물음에 답하세요.

반별 학생 수

반	1반	2반	3반	4반
학생 수(명)	23	26	27	24

01 한 반당 학생 수의 평균을 구하려고 합니다. □ 안에 알맞은 수를 써넣으세요.

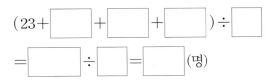

02 한 반당 학생 수의 평균은 몇 명인가요?

(   )

[03~04] 일이 일어날 가능성을 생각해 보고, 알맞게 표현한 곳에 ○표 하세요.

03
새로 태어난 아기는 여자일 것입니다.

(불가능하다, 반반이다, 확실하다)

04
내년 7월에는 11월보다 비가 더 자주 내릴 것입니다.

(~아닐 것 같다, ~일 것 같다)

05 찜기에 슈크림 찐빵 5개와 팥 찐빵 5개가 들어 있습니다. 찐빵 한 개를 꺼낼 때 꺼낸 찐빵이 팥 찐빵일 가능성을 수로 표현해 보세요.

(   )

1단원　옛사람들의 삶과 문화

개념1　고조선의 건국과 발전 과정

(1) 고조선의 성립

① 청동기가 보급된 이후 한반도와 주변 지역에 있던 강한 세력이 주변 집단을 정복하는 과정에서 우리 역사 속 최초의 국가인 고조선이 세워짐(기원전 2333년).

② 고조선의 건국 이야기: 『삼국유사』에 전함, 곰을 받드는 부족과 환웅 부족이 연합하여 큰 세력이 되었음을 알 수 있음, 농업을 중요하게 생각함, 홍익인간의 정신이 나타남.

(2) 고조선의 문화 범위

① 오늘날 중국의 동북쪽 지역과 한반도 북부 지역을 중심으로 발전하였음.

② 비파형 동검, 탁자식 고인돌 등의 분포를 통해 고조선의 문화 범위를 알 수 있음.

(3) 고조선의 법(8조법)

① 사회 질서를 유지하기 위해 여덟 개의 법 조항을 만들었는데, 세 개만 전해짐.

② 법 조항을 통해 고조선 사람들의 생활 모습을 짐작할 수 있음.

법 조항	생활 모습
사람을 죽인 사람은 사형에 처한다.	큰 죄를 엄격하게 다스렸음.
남을 다치게 한 사람은 곡식으로 갚는다.	개인의 재산을 중요하게 여겼고, 농경을 실시하였음.
도둑질한 사람은 노비로 삼되, 용서받으려면 50만 전을 내야 한다.	노비가 존재하는 신분제 사회였고, 재산을 갖고 있었음.

개념2　삼국과 가야의 성립과 발전 과정

(1) 삼국의 성립: 철기 문화를 바탕으로 생겨남.

백제	고구려	신라
고구려에서 내려온 온조가 한강 유역에 세움.	부여에서 내려온 주몽이 압록강 유역의 졸본에 세움.	박혁거세가 금성(경주 지역)에 세움.

(2) 삼국의 발전

백제 (4세기)	근초고왕: 남쪽으로 남해안까지 진출, 고구려 공격, 중국·왜(일본) 등과 활발한 교류
고구려 (5세기)	• 광개토 대왕: 백제를 공격해 남쪽으로 영토 확장, 요동 지역으로 세력 확장 • 장수왕: 평양으로 수도 옮김, 백제의 수도인 한성 함락, 한강 유역 모두 차지
신라 (6세기)	진흥왕: 한강 유역 모두 차지, 대가야를 정복하여 가야 영토 흡수

(3) 가야의 성립과 발전

성립	낙동강 유역의 여러 작은 나라들이 연맹을 이룸.
발전	• 금관가야, 대가야 등이 가야 연맹을 이끌었음. • 풍부한 철을 바탕으로 철기 문화가 발달함. • 중국이나 왜(일본)와 활발히 교류함. • 신라의 공격을 받아 신라에 흡수됨.

개념3　삼국 통일과 발해의 발전 과정

신라는 김춘추를 당에 보내 당과 연합함.　　김유신이 이끄는 신라군과 당군이 연합하여 백제를 멸망시킴.

(1) 삼국의 통일 과정: 신라와 당의 동맹 → 백제 멸망(660년) → 고구려 멸망(668년) → 매소성 전투와 기벌포 전투에서 신라가 당을 물리침. → 삼국 통일(676년)
└ 당이 한반도 전체를 차지하려고 함.

(2) 발해의 성립과 발전

성립	대조영이 고구려 유민과 말갈족 일부를 이끌고 동모산 일대에 세움(698년).
발전	• 고구려를 계승한 나라임을 내세우며 고구려의 옛 땅을 거의 되찾음. • 당, 일본 등 주변 나라들과 활발히 교류하며 발전함. → 당에서 '해동성국'이라고 불렀음.

(3) 발해의 고구려 문화 계승: 고구려 문화와 발해 문화가 비슷함(예 온돌, 기와 등). → 발해는 고구려를 계승한 나라로 우리나라의 역사임.

개념4　삼국과 가야의 문화유산

(1) 고구려의 문화유산

고분 벽화	고분의 벽면과 천장에 남겨진 벽화를 통해 당시 사람들의 생각과 생활 모습을 알 수 있음. 예 무용총 무용도, 무용총 수렵도 등

불교 문화유산	금동 연가 7년명 여래 입상: 불상 뒷면에 불상을 만든 시기와 나라를 알 수 있는 내용이 새겨져 있음.

(2) 백제의 문화유산

불교 문화유산	• 익산 미륵사지 석탑: 우리나라에 남아 있는 석탑 중 가장 크며, 목탑의 모습과 비슷해 우리나라 석탑의 초기 모습을 보여 줌. • 서산 용현리 마애 여래 삼존상: 자비로운 인상 때문에 '백제의 미소'라고 불림.
고분	무령왕릉: 벽돌을 쌓아 방을 만든 무덤으로, 무령왕 금제 관식, 중국 도자기와 화폐, 일본 소나무로 만든 나무 관의 일부 등이 발견됨.
공예	백제 금동 대향로: 부여에서 발견된 문화유산으로, 산과 동물, 연꽃 등이 정교하게 표현되어 있어 백제 사람의 뛰어난 공예 기술을 알 수 있음.

(3) 신라의 문화유산

불교 문화유산	불교의 힘을 빌려 나라를 다스리고자 함. → 수도 금성(경주 지역)을 중심으로 황룡사와 분황사 등 많은 절을 지었음.
고분	금관과 금장식, 천마도, 서역에서 만들어진 유리그릇 등이 발견됨.
첨성대	천체의 움직임을 관측했던 건축물

(4) 가야의 문화유산

① 철제 갑옷과 투구, 칼, 창 등이 많이 발견됨.

② 가야금(가야 악기)은 오늘날까지 전해짐.

(5) 주변 국가와 활발하게 교류한 삼국과 가야

① 중국으로부터 불교와 한자 등을 받아들임.

② 삼국과 가야의 문화는 일본의 문화가 발전하는 데 영향을 끼침. ▶ 삼국의 금동 미륵보살 반가 사유상과 일본의 목조 미륵보살 반가 사유상의 자세와 표정이 비슷함.

개념5 통일 신라와 발해의 문화유산

(1) 통일 신라의 문화유산

불국사	• 신라 사람들이 바라는 부처의 나라를 표현한 절임. • 경주 불국사 삼층 석탑, 경주 불국사 다보탑, 청운교와 백운교 등이 남아 있음. • 불국사 삼층 석탑의 보수 과정에서 현재 남아 있는 목판 인쇄물 중 가장 오래된 『무구정광대다라니경』이 발견됨.
석굴암	• 돌을 쌓아 동굴처럼 만든 절임. • 본존불 등을 통해 신라의 우수한 과학 기술과 건축 기술을 알 수 있음.

(2) 발해의 문화유산: 불교문화 발달 – 발해의 수도였던 상경성 일대에서 탑, 불상, 석등 등이 발견됨.

개념6 고려의 건국과 후삼국 통일

(1) 후삼국의 성립과 고려의 건국

① 신라 말의 상황: 귀족들의 왕위 다툼으로 정치가 혼란스러워지면서 지방에서 경제력과 군사력을 갖춘 호족이 등장함.

② 후삼국의 성립: 견훤이 완산주(전주)에서 후백제를, 궁예가 송악(개성)에서 후고구려를 세워 신라와 함께 후삼국을 이룸.

③ 고려 건국: 송악의 호족 출신인 왕건과 신하들이 난폭해진 궁예를 몰아내고 고려를 세움(918년).

(2) 고려의 후삼국 통일: 고려가 후백제와의 전투에서 승리 → 신라 항복(935년) → 후백제를 물리치고 후삼국 통일(936년)

(3) 태조 왕건의 정책

① 세금을 줄여 주고 가난한 사람을 돕도록 함.

② 불교를 장려하고 불교 행사를 개최함.

③ 호족들과 혼인 관계를 맺는 등 호족과 공신을 견제하되 존중하며 정치를 안정시킴.

④ 서경(평양)을 중시하고 북진 정책을 펼침.

⑤ 발해 유민을 받아들임.

(4) 태조 왕건이 죽은 후의 정책: 능력 있는 관리를 뽑기 위해 유교적 지식을 평가하는 과거제를 실시함, 유교 이념에 바탕을 둔 다양한 제도를 마련함.

개념7 북방 민족의 침입과 극복

(1) 거란의 1차 침입과 서희의 외교 담판

거란의 1차 침입	고려가 송과 가까이 지내고 거란을 멀리하자 거란이 고려에 침입함.
서희의 외교 담판	거란의 소손녕과 담판을 벌여 거란과 교류를 약속하고 강동 6주 지역을 확보함.

(2) 거란의 3차 침입과 강감찬의 귀주 대첩

① 거란의 3차 침입: 강동 6주 지역을 돌려 달라는 거란의 요구를 고려가 거절하자 다시 침입함.
→ 강감찬이 귀주에서 거란군을 물리침(귀주 대첩).

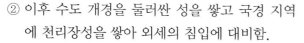

② 이후 수도 개경을 둘러싼 성을 쌓고 국경 지역에 천리장성을 쌓아 외세의 침입에 대비함.

(3) 여진의 침입과 별무반

① 여진의 성장: 고려의 국경 지역에서 흩어져 살던 여진이 점차 세력을 키워 고려를 위협함.

② 별무반의 편성: 윤관이 별무반을 이끌고 여진을 정벌한 후 동북 9성을 쌓음.

개념8 몽골의 침입과 극복 과정

(1) 몽골의 침략

몽골의 침입	고려에 온 몽골의 사신이 귀국길에 죽자 이를 구실로 고려에 침입함. → 이후 약 30년에 걸쳐 여러 차례 고려에 침입함.
고려의 저항	• 수도를 강화도로 옮김. • 지방의 주민들에게는 산성이나 섬으로 들어가도록 함. • 승려 김윤후가 처인성과 충주성에서 백성과 함께 몽골군을 물리침.
고려가 입은 피해	• 국토가 황폐화되고, 많은 백성이 죽거나 몽골에 포로로 끌려감. • 황룡사 9층 목탑과 초조대장경 등 많은 문화유산이 파괴됨.

(2) 몽골과의 강화와 삼별초의 저항

① 몽골과 강화: 고려 정부는 몽골과 강화를 맺고 도읍을 다시 개경으로 옮김. 이후 몽골의 정치적 간섭을 받음.

② 삼별초의 저항: 고려 정부가 몽골과 강화를 맺고 개경으로 돌아가는 것에 반대하여 강화도－진도－제주도로 옮겨 가며 항전함. → 고려와 몽골의 연합군에 진압됨.

개념9 고려 문화의 우수성

(1) 고려청자

① 특징

• 고려 시대를 대표하는 공예품임.

• 가마 시설, 유약을 만드는 기술, 청자를 구워 내는 기술 등을 갖추어야 만들 수 있었음.

• 고려의 지배층이 주로 생활용품으로 사용함(예 찻잔, 접시, 베개, 기와, 의자, 향로 등).

② 상감 청자: 상감 기법으로 표면에 무늬를 새기고 다른 색의 흙을 채워 넣어 만듦. → 고려의 독창적이고 수준 높은 공예 기술을 알 수 있음.

(2) 팔만대장경

① 몽골의 침입을 부처의 힘으로 이겨 내려고 만듦.

② 글자의 형태가 고르고 잘못된 글자가 거의 없음. → 고려 시대 목판 인쇄술의 우수함이 드러남.

③ 팔만대장경판은 조선 시대에 지어진 합천 해인사 장경판전에 보관되어 있음.
▸유네스코 세계 기록 유산

(3) 금속 활자

① 책의 내용에 따라 필요한 활자를 골라 짜 맞춰 여러 종류의 책을 인쇄할 수 있었으며, 단단하여 오래 사용할 수 있었음.

② 『직지심체요절』은 오늘날 전해지는 금속 활자 인쇄본 중 세계에서 가장 오래된 것임.
▸유네스코 세계 기록 유산

개념10 조선의 건국 과정

(1) 고려 말의 상황: 외적의 침입과 권문세족의 횡포로 나라가 혼란스러움. 신진 사대부와 신흥 무인 세력 등 새로운 정치 세력이 등장함.

(2) 조선 건국: 위화도 회군 → 이성계와 신진 사대부의 권력 차지 → 토지 제도 개혁 → 신진 사대부 안에서 갈등 발생 → 이성계와 정도전 등이 반대 세력을 제거하고 조선 건국(1392년)

(3) 한양 천도와 유교 이념
▸고조선을 잇는다는 의미임.

천도	나라 이름을 '조선', 수도를 한양(한성)으로 옮김.
유교 이념	유교를 바탕으로 나라의 기틀을 세움. → 유교 사상에 따라 한양(한성)의 주요 건물의 위치와 이름을 정하고(경복궁, 숭례문, 종묘, 사직단 등), 백성을 위한 정치를 하려고 노력함.

개념11 세종 대의 발전

(1) 학문 연구

집현전 확대·개편	집현전을 확대·개편하여 학문을 연구하고 뛰어난 학자들을 길러 냈음.
훈민정음 창제	글자를 몰라 어려움을 겪는 백성을 위해 훈민정음 28자를 만들어 세상에 알림.

(2) 과학 기술의 발달

측우기	비가 내린 양을 측정하는 기구
앙부일구	해의 그림자를 관측해 시각을 재는 기구
자격루	자동으로 종을 치거나 북소리를 내어 시각을 알려 주는 물시계
혼천의, 간의	해, 달, 별의 움직임과 위치를 관찰하는 천문 관측기구
『칠정산』	천문 관측 내용을 바탕으로 조선의 날짜와 계절의 변화를 계산한 역법서

(3) 다양한 책의 편찬: 『삼강행실도』, 『농사직설』, 『향약집성방』 등

(4) 영토 확장: 대마도(쓰시마섬) 정벌, 4군 6진 지역 개척(압록강과 두만강을 경계로 하는 오늘날의 국경선이 만들어짐.)

개념12 조선 전기의 사회와 문화

(1) 조선 전기의 사회 ▶『경국대전』을 기본 법전으로 삼음.

① 유교 중심 사회: 유교 윤리를 바탕으로 나라를 다스리고, 일상생활에서도 유교 윤리를 실천하도록 함.

② 유교 윤리에 따른 신분 질서

양반	유학을 공부하고, 관리가 되어 나랏일을 함.
중인	관청에서 일을 하거나 의학, 법률에 관한 일, 통역 등을 함.
상민	대부분 농사를 짓고 나라에 세금을 냄.
천민	대부분 나라나 주인에게 속한 노비로, 재산으로 여겨짐.

(2) 조선 전기의 문화

① 양반 중심의 문화 발달: 유교의 가르침에 따라 검소함을 강조하여 소박한 느낌의 분청사기와 백자가 인기를 끌었음.

② 신사임당: 율곡 이이의 어머니로 시, 그림, 글씨에 뛰어났으며 「초충도」 등이 전해짐.

개념13 임진왜란

(1) 임진왜란의 발발(1592년): 일본을 통일한 도요토미 히데요시가 명을 정복하러 가는 길을 빌려 달라는 구실로 조선을 침략함. → 선조는 의주로 피란하고 명에 지원군을 요청함.

(2) 수군과 의병의 활약

수군	이순신이 이끄는 수군이 판옥선, 거북선 등을 이용해 옥포, 사천, 한산도 등지에서 일본군을 크게 이김(배, 무기 등을 미리 만들어 전쟁 대비).
의병	전국 각지에서 양반부터 노비까지 여러 신분의 사람들이 의병에 참여해 일본군에 승리함(예 곽재우). ▶자기 고장의 지형을 활용하여 승리함.

(3) 명의 참전

① 조선과 명의 연합군이 평양성에서 승리함.

② 행주 대첩: 행주산성에서 권율의 지휘 아래 관군, 승병, 백성이 힘을 합쳐 일본군에 승리함.

(4) 정유재란

① 행주 대첩 이후 일본이 강화 회담을 제안함. → 회담 실패 후 일본이 다시 침략함(정유재란).

② 명량 대첩: 이순신이 명량 앞바다에서 일본군에 크게 승리함.

③ 일본군을 노량에서 물리치면서(노량 해전) 7년간의 전쟁이 끝남.

(5) 전쟁으로 입은 피해

① 많은 사람이 죽거나 다쳤고 일본에 포로로 끌려갔으며, 땅이 황폐해져 식량이 부족해짐.

② 불국사, 경복궁 등이 불타고, 도자기 등 많은 문화유산을 일본에 빼앗김.

개념14 병자호란

(1) 광해군의 중립 외교: 전쟁을 피하기 위해 후금과 명 사이에서 중립 외교 정책을 펼침. → 이를 비판한 세력들이 광해군을 몰아내고 인조를 왕으로 세움.

(2) 정묘호란: 조선이 명을 가까이하고 후금을 멀리하자 후금이 조선을 침략함(정묘호란). → 조선과 형제 관계를 맺고 돌아감.

(3) 병자호란

① 후금이 나라 이름을 '청'으로 바꾸고 임금과 신하의 관계를 요구하였으나 조선이 이를 거절하자 청이 조선을 침략함(1636년).

② 상황이 어려워지자 남한산성으로 피신하였던 인조가 삼전도에서 청 태종에게 항복함.

③ 조선과 청은 신하와 임금의 관계를 맺었고, 세자를 비롯한 많은 백성이 청에 인질로 끌려감.

사회 **쪽지** 시험

01 고조선에 대한 설명으로 맞으면 ○표, 틀리면 ×표 하시오.

(1) 철기 문화를 바탕으로 세워진 국가이다. ( )

(2) 사회 질서를 유지하기 위해 여덟 개의 법 조항을 만들었다. ( )

02 삼국의 대표적인 왕과 각 왕의 업적을 알맞게 연결하시오.

(1) 근초고왕 •　　• ㉠ 수도를 평양으로 옮김.

(2) 장수왕 •　　• ㉡ 가야 세력을 완전히 정복함.

(3) 진흥왕 •　　• ㉢ 백제의 전성기를 이룸.

03 당에서는 발해를 '바다 동쪽의 융성한 나라'라는 뜻으로 (　　　)(이)라고 불렀다.

04 다음에서 설명하는 문화유산의 이름을 쓰시오.

- 신라의 문화유산
- 천체의 움직임을 관측했던 건축물

( )

05 신라 말 정치가 혼란스러워지면서 지방에서 경제력과 군사력을 갖춘 (　　　)이/가 등장하였다.

06 (　　　)은/는 고려군을 이끌고 귀주에서 거란군을 크게 물리쳤다.

07 고려의 문화에 대한 설명으로 맞으면 ○표, 틀리면 ×표 하시오.

(1) 석굴암 본존불 등을 통해 우수한 과학·건축 기술을 알 수 있다. ( )

(2) 고려는 상감 기법으로 표면에 무늬를 새기고 다른 색의 흙을 채워 넣은 청자를 만들었다. ( )

08 다음에서 설명하는 인물의 이름을 쓰시오.

- 고려 말 외세의 침략을 물리치며 새로운 세력으로 성장하였다.
- 위화도 회군으로 권력을 잡았다.
- 반대 세력을 제거하고 조선을 건국하였다.

( )

09 세종은 (　　　)을/를 창제하여 누구나 쉽게 글을 배울 수 있도록 하였다.

10 임진왜란에 대한 설명으로 맞으면 ○표, 틀리면 ×표 하시오.

(1) 조선과 청이 신하와 임금의 관계를 맺었다. ( )

(2) 이순신이 이끄는 수군이 한산도에서 승리하였다. ( )

2단원 **사회의 새로운 변화와 오늘날의 우리**

개념1 영조와 정조의 개혁 정치

영조	• 탕평책 실시: 붕당과 관계없이 인재를 고루 뽑음. → 탕평의 의지를 널리 알리려고 탕평비를 세움. • 신문고 다시 설치, 세금 감면
정조	• 규장각 육성: 개혁 정치를 뒷받침할 젊고 유능한 관리를 길러 냄. • 수원 화성 건설: 개혁 정치를 뒷받침할 계획도시 → 정치, 군사, 경제의 중심지로 삼으려 함.

개념2 조선 후기의 사회 변화와 생활 모습

(1) 실학: 조선의 현실 문제를 해결하기 위한 학문

농업에 관심을 두었던 실학자	• 토지 제도를 개혁하여 농촌 사회를 안정시키려고 함. • 유형원, 정약용 등
상업과 공업에 관심을 두었던 실학자	• 청의 발달된 문물을 받아들여 백성의 삶을 풍요롭게 하자고 주장함. • 박지원, 박제가 등
우리나라의 고유한 것을 중요하게 여겼던 실학자	• 중국 중심의 생각에서 벗어나 우리의 언어, 역사, 지리 등을 연구함. • 안정복의 『동사강목』, 김정호의 「대동여지도」 등

(2) 정약용
① 농업, 정치, 경제 등 다양한 분야를 연구함.
② 『목민심서』 등의 책을 남김.
③ 거중기를 개발해 수원 화성 건설에 도움을 줌.

(3) 서민 문화의 발달: 경제적으로 여유가 생긴 사람들이 문화와 예술에 관심을 갖게 됨.

한글 소설	『홍길동전』, 『춘향전』, 『흥부전』 등
민화	동물, 나무, 꽃, 문자 등을 그린 그림
풍속화	• 당시 사람들의 생활 모습을 담고 있음. • 대표적인 풍속화가: 김홍도, 신윤복
탈놀이(탈춤)	탈을 쓰고 하는 연극이나 춤
판소리	이야기를 노래로 들려주는 공연

▸ 주로 이름이 알려지지 않은 화가들이 그린 그림임.

개념3 흥선 대원군의 정책과 강화도 조약

(1) 조선의 상황: 외세의 통상 요구와 세도 정치 문제로 사회가 혼란스러웠음.

(2) 흥선 대원군의 정책: 인재를 고루 뽑음, 서원을 정리함, 양반에게 세금을 내게 함, 왕실의 권위를 높이려고 경복궁을 다시 지음.

(3) 서양 세력의 침입과 대응

병인양요 (1866년)	프랑스가 천주교인들이 처형된 사건을 구실로 강화도를 침략함. → 프랑스군이 물러가면서 외규장각 도서 등을 약탈해 감.
신미양요 (1871년)	미국이 통상을 요구하며 강화도를 침략함. → 어재연이 이끄는 조선군이 저항함. → 미군이 스스로 물러남.
척화비 건립	전국에 척화비를 세워 서양과 통상 거부 의지를 밝힘.

(4) 강화도 조약 체결(1876년)
① 일본이 강화도를 침입해 무력으로 조선에 통상을 요구함. → 일본과 조약을 맺고 개항함.
② 조선이 외국과 맺은 최초의 근대적 조약이지만 불평등 조약임.

개념4 갑신정변과 동학 농민 운동

갑신 정변	김옥균, 서재필 등이 일본의 지원을 약속받고 정변을 일으킴. → 3일 만에 실패로 끝남.
동학 농민 운동	전봉준이 고부 군수의 횡포에 저항하여 봉기함. → 정부 요청으로 청군 파병, 이어서 일본군 파병 → 동학 농민군이 정부와 협상해 개혁을 약속받고 물러남. → 청일 전쟁이 일어남. → 일본이 조선의 정치에 간섭하자 동학 농민군이 다시 일어남. → 우금치 전투에서 동학 농민군이 크게 패함.

개념5 독립 협회와 대한 제국

(1) 을미사변(1895년): 일본이 경복궁을 침입해 명성 황후를 시해함. → 고종은 러시아 공사관으로 거처를 옮김(아관 파천).

(2) 독립 협회 설립(1896년): 서재필이 정부의 지원으로 「독립신문」을 창간하고, 정부 관료 등과 함께 독립 협회를 설립함. → 독립문을 건립하고 만민 공동회를 개최함.

(3) 대한 제국

대한 제국 선포	고종이 환구단에서 황제로 즉위하고 대한 제국을 선포함(1897년).
근대적 개혁 추진	공장과 회사 설립 지원, 근대적 시설 마련(전차, 철도, 전화 등), 학교 설립, 유학생 파견 등

개념6 을사늑약 체결과 항일 의병

(1) 을사늑약 체결(1905년)

① 내용: 러일 전쟁에서 이긴 일본이 을사늑약을 체결하여 대한 제국의 외교권을 빼앗음.

② 고종의 헤이그 특사 파견 ◁ 네덜란드 헤이그에서 열린 만국 평화 회의에 특사 파견

의도	을사늑약 체결이 무효임을 알리고자 함.
결과	일제는 헤이그 특사 파견을 구실로 고종을 강제로 물러나게 하고 대한 제국 군대를 해산함.

(2) 항일 의병의 노력

① 을미사변과 단발령에 반발해 처음으로 일어남.

② 을사늑약 체결 후 전국에서 의병이 일어남. → 평민 출신 의병장도 활약함(예 신돌석).

③ 군대 해산 이후 더욱 강하게 전개되었으나, 일제의 탄압으로 만주나 연해주로 이동함.

(3) 안중근: 하얼빈역에서 이토 히로부미를 저격함.

개념7 일제의 통치와 독립운동

(1) 1910년대

일제의 통치	• 1910년에 국권을 강제로 빼앗고 조선 총독부를 설치함. • 헌병 경찰제를 실시하고, 토지 조사 사업을 시행함.
독립 운동	• 이회영, 최재형, 안창호 등이 일제의 손길이 덜 미치는 나라 밖에서 활동함. • 1919년에 3·1 운동이 일어남(탑골 공원에서 독립 선언서를 낭독함, 유관순은 천안에서 만세 시위를 함 등). • 대한민국 임시 정부가 중국 상하이에 수립됨.

(2) 1920년대

일제의 통치	친일 세력을 늘려 민족을 분열시키려 함.
독립 운동	• 대한민국 임시 정부는 비밀 연락망을 조직하였고, 독립운동 자금을 모음. • 만주와 연해주에 많은 독립군 부대가 조직되어 일본군을 무찌름(예 봉오동 전투, 청산리 대첩). • 국내에서 6·10 만세 운동, 광주 학생 항일 운동이 일어남.

(3) 1930년대 이후

일제의 통치	• 우리나라의 민족정신을 없애려고 우리말 사용 금지, 일본식 이름 사용, 신사 참배 등을 강요함. • 우리나라 사람들을 중일 전쟁에 동원함.
독립 운동	▷ 우리말 『큰사전』 편찬을 위해 노력함. • 민족 문화를 지키려는 노력을 전개함(예 조선어 학회, 신채호 등). • 김구가 한인 애국단을 조직함(이봉창, 윤봉길이 활동). • 한국광복군을 창설함(태평양 전쟁 발발 후 일본에 선전 포고, 연합국의 일원으로 전쟁에 참여).

개념8 8·15 광복과 광복 후의 상황

(1) 광복(1945년 8월 15일): 제2차 세계 대전에서 연합국의 승리와 우리 민족의 끊임없는 독립운동의 결과로 광복을 맞이함.

(2) 국내외 동포의 귀국: 국내외에서 새로운 나라를 만들기 위한 노력이 이루어지고, 이승만, 김구 등 대한민국 임시 정부 주요 인물들이 귀국함.

(3) 대한민국 정부의 수립 과정: 미국과 소련이 일본군의 무장 해제를 위해 38도선을 경계로 남과 북에 각각 주둔함. → 모스크바 3국 외상 회의에서 신탁 통치에 관한 방안 작성 등이 결정됨(신탁 통치를 두고 갈등 발생). → 미소 공동 위원회가 열렸지만 합의에 이르지 못함. → 국제 연합(UN)이 남한에서만 총선거를 실시하기로 함(남한만의 총선거 실시에 대해 이승만은 지지, 김구는 반대). → 5·10 총선거가 실시되어 제헌 국회가 구성됨. → 제헌 헌법이 만들어지고 이승만이 대통령으로 선출되어 대한민국 정부가 수립됨(1948년 8월 15일).

▷ 우리나라 최초의 민주적인 선거임.

▷ 한반도에 임시 민주 정부 수립, 미소 공동 위원회 구성, 최고 5년간 신탁 통치에 관한 방안 작성 등이 결정됨.

개념9 6·25 전쟁의 전개 과정

(1) 전쟁의 전개 과정

북한군의 남침	1950년 6월 25일 북한이 남한을 기습적으로 공격함. → 3일 만에 서울이 함락됨. → 국군이 낙동강 부근까지 후퇴함.
국군과 국제 연합군의 반격	인천 상륙 작전에 성공하여 서울을 되찾고 압록강까지 진격함.
중국군의 개입	중국군이 개입하면서 다시 서울을 빼앗기고 후퇴함(1·4 후퇴).
정전 협정 체결	38도선 부근에서 전선 고착 → 정전 협정 체결(1953년 7월) → 휴전선이 그어짐.

(2) 전쟁의 피해: 전쟁고아와 이산가족이 발생하고 많은 인명 피해가 생겼으며 국토가 황폐화됨.

사회 쪽지 시험

2단원 사회의 새로운 변화와 오늘날의 우리

01 왕과 왕의 업적을 알맞게 연결하시오.

(1) 영조 •

(2) 정조 •

• ㉠ 수원 화성을 건설함.

• ㉡ 탕평비를 세움.

02 김정호는 우리나라의 산, 강, 길 등을 자세히 표시한 (　　　　)을/를 만들었습니다.

03 강화도 조약에 대한 설명으로 맞으면 ○표, 틀리면 ×표 하시오.

(1) 조선이 미국과 체결한 조약이다. (　　　)
(2) 조선에 불리한 내용을 담은 조약이다. (　　　)

04 (　　　　)은/는 전라도 고부 군수가 횡포를 부리자 농민군을 이끌고 봉기하였습니다.

05 다음에서 설명하는 단체의 이름을 쓰시오.

• 서재필이 정부 관료 등과 함께 설립하였다.
• 독립문을 세우고, 만민 공동회를 개최하였다.

(　　　　　　　)

06 일제는 고종이 동의하지 않았음에도 을사늑약을 강제로 체결하여 대한 제국의 (　　　　)을/를 빼앗았습니다.

07 을사늑약이 일어나자 양반뿐만 아니라 신돌석과 같은 (　　　　) 출신 의병장도 활약하였습니다.

08 일제 강점기의 독립운동에 대한 설명으로 맞으면 ○표, 틀리면 ×표 하시오.

(1) 3·1 운동을 계기로 대한민국 임시 정부가 수립되었다. (　　　)
(2) 김좌진과 홍범도 등이 일본군을 청산리 일대에서 크게 무찔렀다. (　　　)

09 다음에서 설명하는 인물의 이름을 쓰시오.

• 일제의 탄압으로 대한민국 임시 정부의 활동이 힘들어지자 한인 애국단을 조직하였다.
• 광복 이후 남한만의 총선거 실시에 반대하였다.

(　　　　　　　)

10 6·25 전쟁에 대한 설명으로 맞으면 ○표, 틀리면 ×표 하시오.

(1) 북한군의 남침으로 전쟁이 시작되었다.
(　　　)
(2) 전쟁 당시 민간인은 거의 피해를 입지 않았다.
(　　　)

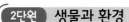

2단원 생물과 환경

개념 1 생태계의 구성 요소

(1) **생태계**: 어떤 장소에서 생물 요소와 비생물 요소가 서로 영향을 주고받으며 상호 작용하는 것

(2) 생태계의 구성 요소
① 생물 요소: 동물, 식물 등과 같이 살아 있는 것
② 비생물 요소: 공기, 물, 햇빛 등과 같이 살아 있지 않은 것

(3) 숲 생태계의 구성 요소 예

생물 요소	매, 토끼, 뱀, 다람쥐, 나무, 버섯 등
비생물 요소	햇빛, 공기, 돌, 흙, 물 등

(4) 숲, 바다, 사막, 갯벌, 습지, 화단 등과 같이 생태계의 종류와 규모는 다양함.

개념 2 생물 요소 분류하기

생물 요소는 양분을 얻는 방법에 따라 생산자, 소비자, 분해자로 분류할 수 있음.

(1) **생산자**: 햇빛 등을 이용하여 살아가는 데 필요한 양분을 스스로 만드는 생물
예 벼, 옥수수, 사과나무, 잣나무 등

(2) **소비자**: 스스로 양분을 만들지 못하고 다른 생물을 먹이로 하여 살아가는 생물
예 다람쥐, 참새, 거미, 사마귀 등

(3) **분해자**: 주로 죽은 생물이나 동물의 배출물 등을 분해하여 양분을 얻는 생물
예 버섯, 곰팡이, 세균 등

개념 3 생태계를 구성하는 생물의 먹이 관계

(1) 생물 요소 사이의 관계: 먹고 먹히는 관계
① 먹이 사슬: 생물의 먹이 관계가 사슬처럼 연결되어 있는 것을 말함.
예 메뚜기는 풀을 먹고, 개구리는 메뚜기를 먹고, 뱀은 개구리를 먹음.
② 먹이 그물: 여러 개의 먹이 사슬이 얽혀 그물처럼 연결되어 있는 것을 말함.

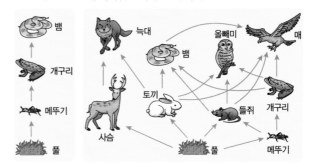

▲ 먹이 사슬　　　　　▲ 먹이 그물

(2) 먹이 그물이 먹이 사슬보다 생물이 살아가기에 유리한 까닭: 먹이 한 종류가 없어져도 생태계에 있는 다른 종류의 먹이를 먹고 살 수 있기 때문임.

개념 4 생태계 평형

(1) **생태계 평형**: 생태계를 구성하는 생물의 수나 양이 균형을 이루며 안정된 상태를 유지하는 것

생산자(벼)　1차 소비자(메뚜기)　2차 소비자(개구리)　최종 소비자(매)

(2) 메뚜기의 수가 갑자기 늘어났을 경우 생태계 평형이 유지되는 과정: 1차 소비자(메뚜기)의 수가 갑자기 증가 → 생산자(벼)의 수 감소 → 먹이(메뚜기) 증가로 2차 소비자(개구리)의 수 증가 → 먹이(개구리) 증가로 최종 소비자(매)의 수도 증가 → 생산자(벼)의 수 감소로 1차 소비자(메뚜기)의 수 감소 → 오랜 시간이 지나면 생태계는 원래 상태로 회복

개념 5 비생물 요소가 생물에 미치는 영향

(1) 햇빛과 물이 콩나물의 자람에 미치는 영향 실험

> ㈎ 자른 페트병 네 개의 입구를 거꾸로 하고, 콩나물을 탈지면으로 감싸 페트병에 넣음.
> ㈏ 콩나물이 담긴 페트병 두 개는 햇빛이 잘 드는 곳에 두고, 그중 한 개에만 물을 자주 줌.
> ㈐ 콩나물이 담긴 나머지 페트병 두 개는 바닥에 나무젓가락을 놓고 어둠상자를 덮은 후, 그중 한 개에만 물을 자주 줌.
> ㈑ 콩나물이 자라는 모습을 일주일 이상 관찰함.

(2) 실험에서 다르게 해야 할 조건과 같게 해야 할 조건

구분	햇빛이 콩나물의 자람에 미치는 영향	물이 콩나물의 자람에 미치는 영향
다르게 해야 할 조건	콩나물이 받는 햇빛의 양	콩나물에 주는 물의 양
같게 해야 할 조건	물의 양과 횟수, 콩나물의 양과 길이, 페트병의 크기 등	콩나물이 받는 햇빛의 양, 콩나물의 양과 길이, 페트병의 크기 등

(3) 햇빛과 물이 콩나물의 자람에 미치는 영향 실험 결과

비생물 요소 햇빛	비생물 요소 물	실험 결과
○	○	• 떡잎, 몸통: 초록색으로 변함. • 떡잎 아래 몸통: 길어지고 굵어짐.
○	×	• 떡잎: 연두색으로 변함. • 떡잎 아래 몸통: 가늘어지고 시듦.
×	○	• 떡잎: 노란색 • 떡잎 아래 몸통: 길게 자람.
×	×	• 떡잎: 노란색 • 떡잎 아래 몸통: 매우 가늘어지고 시듦.

➡ 알게 된 점: 식물이 자라는 데 햇빛과 물이 필요함.

(4) 비생물 요소가 생물에 미치는 영향

햇빛	• 식물이 양분을 만들고, 동물이 물체를 볼 때 필요함. • 꽃이 피는 시기에 영향을 줌.
물	• 생물이 생명을 유지하는 데 필요함. • 식물은 물이 없으면 시들거나 말라 죽음.
온도	• 추워지면 단풍이 들거나 낙엽이 짐. • 철새들이 먹이를 구하기 쉽고 온도가 적절한 곳으로 이동함.

개념 6 환경에 적응하며 살아가는 생물

(1) 적응: 생물이 특정한 서식지에서 오랜 기간에 걸쳐 살아남기에 유리한 생김새와 생활 방식을 갖게 되는 것

(2) 환경에 적응된 생물의 예

사막여우

대벌레

북극곰

사막여우	몸집이 작고, 귀가 크고 얇아서 열이 잘 배출되어 더운 환경에 살아남기 유리함.
대벌레	주변 환경과 생김새가 비슷해 몸을 숨기기에 유리함.
북극곰	길고 뻣뻣한 털과 안쪽에 짧고 부드러운 털이 촘촘히 있어 온도가 낮은 환경에 적응하기 유리함.
선인장	잎이 가시 모양으로 변하여 수분 손실이 적어 건조한 환경에 적응하기에 유리함.

개념 7 환경 오염이 생물에 미치는 영향

(1) 환경 오염: 사람들의 활동으로 자연환경이나 생활 환경이 훼손되는 현상

(2) 환경 오염의 종류와 생물에 미치는 영향

대기 오염

수질 오염

토양 오염

▲ 공기 오염으로 질병 증가   ▲ 쓰레기로 인한 바다생물 피해   ▲ 쓰레기 배출로 훼손된 생활 환경

개념 8 생태계 보전을 위한 노력

(1) 생태계 보전: 원래 상태의 생태계를 온전하게 보호하고 유지하는 것

(2) 생태계 보전을 위해 개인이 할 수 있는 노력
   ① 일회용품 사용 줄이기 및 쓰레기 분리배출하기
   ② 가까운 거리는 걸어 다니거나 대중교통 이용하기

(3) 생태계 보존을 위해 국가나 사회가 할 수 있는 노력: 생태계 보전을 위한 법 만들기, 국립공원 및 개발 제한 구역 지정, 동물들의 서식지를 보전하며 환경 개발하기 등

(4) 생태계 보전 실천 홍보 자료 만들기: 생태계 보전을 위한 방법과 홍보 자료 형태 정하기 → 전달하고자 하는 내용이 잘 드러나도록 자료 제작 → 안전에 유의하여 포스터, 미니 책자 등 자료 제작

과학 쪽지 시험

01 어떤 장소에서 생물 요소와 비생물 요소가 서로 영향을 주고받으며 상호 작용하는 것을 (　　　)(이)라고 합니다.

02 다음 연못 생태계에서 비생물 요소를 네 가지 골라 쓰시오.

(　　　,　　　,　　　,　　　)

03 햇빛, 물, 갈매기, 조개 등은 (숲 , 연못 , 바다) 생태계의 구성 요소입니다.

04 생물 요소는 양분을 얻는 방법에 따라 (　　　), (　　　), (　　　)(으)로 분류할 수 있습니다.

05 (　　　)은/는 여러 개의 먹이 사슬이 그물처럼 복잡하게 얽혀 있는 먹이 관계로, 생태계에서 소비자가 한 종류의 생물뿐만 아니라 여러 종류의 생물을 먹으며 살 수 있습니다.

06 생태계를 구성하는 생물의 수나 양이 균형을 이루며 안정된 상태를 유지하는 것을 (　　　)(이)라고 합니다.

07 다음에서 설명하는 비생물 요소는 무엇인지 쓰시오.

> • 꽃이 피는 시기에 영향을 준다.
> • 식물이 양분을 만드는 데 필요하고, 동물이 물체를 볼 때 필요하다.

(　　　　　　　)

08 (　　　)은/는 생물이 특정 서식지에서 오랜 기간에 걸쳐 살아남기에 유리한 생김새와 생활 방식을 갖게 되는 것을 말합니다.

09 사람들의 활동으로 자연환경이나 생활 환경이 훼손되는 것을 (　　　)(이)라고 합니다.

10 원래 상태의 생태계를 온전하게 보호하고 유지하는 것을 무엇이라고 하는지 쓰시오.

(　　　　　　　)

3단원 날씨와 우리 생활

개념1 습도

(1) 습도: 공기 중에 수증기가 포함된 정도(단위: %)

(2) 건습구 습도계: 건구 온도계와 습구 온도계의 온도 차이를 이용하여 습도를 측정하는 도구

(3) 습도표 읽는 방법

[건구 온도가 21 ℃, 습구 온도가 19 ℃일 때]

건구 온도 (℃)	건구 온도와 습구 온도의 차(℃)					
	0	1	❷2	3	4	5
19	100	91	82	74	65	57
20	100	91	83	74	66	59
❶21	100	91	❸83	75	67	60
22	100	92	83	75	68	61
23	100	92	84	76	69	62

❶ 세로줄에서 건구 온도를 찾기
➡ 건구 온도: 21 ℃

❷ 가로줄에서 건구 온도와 습구 온도의 차를 찾기
➡ 건구 온도−습구 온도: 21 ℃−19 ℃=2 ℃

❸ ❶과 ❷가 만나는 곳의 숫자가 현재 습도를 나타냄.
➡ 현재 습도: 83 %

개념2 습도가 우리 생활에 미치는 영향

습도가 높을 때	습도가 낮을 때
• 음식이 상하기 쉬움. • 빨래가 잘 마르지 않음. • 곰팡이가 잘 생김.	• 피부가 건조해짐. • 산불이 발생하기 쉬움. • 감기와 같은 호흡기 질환이 잘 생김.

개념3 이슬, 안개, 구름

(1) 이슬: 공기 중의 수증기가 차가워진 물체 표면에서 응결해 물방울로 맺힌 것

(2) 안개: 지표면 가까이에 있는 공기 중의 수증기가 응결해 작은 물방울로 떠 있는 것

[이슬 발생 실험]
차가워진 집기병 표면에 물방울이 맺힘.

얼음

[안개 발생 실험]
집기병 안이 뿌옇게 흐려짐.

향 연기를 넣은 따뜻한 집기병

(3) 구름: 공기 중의 수증기가 응결해 작은 물방울이나 작은 얼음 알갱이로 하늘에 무리지어 떠 있는 것

(4) 이슬, 안개, 구름은 모두 공기 중의 수증기가 응결하여 나타나는 현상이지만, 만들어지는 위치가 서로 다름.

개념4 비와 눈이 내리는 과정

(1) 비: 구름 속에서 크기가 점점 커져 무거워진 얼음 알갱이가 떨어지면서 녹은 것이나, 구름 속에서 크기가 점점 커져 무거워진 물방울이 그대로 떨어지는 것

(2) 눈: 구름 속에서 크기가 점점 커져 무거워진 얼음 알갱이가 녹지 않은 채 떨어지는 것

▲ 비가 내리는 과정   ▲ 눈이 내리는 과정

개념5 고기압과 저기압

(1) 기압: 공기의 무게로 생기는 힘

(2) 고기압: 주변보다 기압이 높은 곳 ➡ 주변보다 온도가 낮은 공기는 상대적으로 무거워 고기압이 됨.

(3) 저기압: 주변보다 기압이 낮은 곳 ➡ 주변보다 온도가 높은 공기는 상대적으로 가벼워 저기압이 됨.

상대적으로 차가운 공기가 따뜻한 공기보다 더 무거워 기압이 더 높음.

차가운 공기

따뜻한 공기

고기압

저기압

▲ 공기의 온도에 따른 무게와 기압의 비교

개념6 바람

(1) 바람: 기압 차 때문에 공기가 이동하는 것

(2) 온도가 다른 두 지역 사이에서 부는 바람: 두 지역의 온도 차이로 기압 차이가 생기고, 기압 차이로 인해 고기압에서 저기압으로 바람이 붐.

개념7 바람 발생 모형실험 하기

구분	따뜻한 물 위	얼음물 위
기압	저기압	고기압
향 연기의 이동 방향	향 연기가 얼음물 쪽에서 따뜻한 물 쪽으로 이동함. ➡ 공기는 고기압에서 저기압으로 이동함.	

개념8 바닷가에서 낮과 밤에 부는 바람의 방향

(1) 맑은 날 육지와 바다의 하루 동안 기온 변화

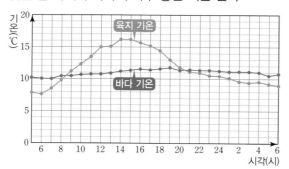

낮	밤
육지가 바다보다 기온이 높음.	바다가 육지보다 기온이 높음.

(2) 맑은 날 바닷가에서 낮과 밤에 부는 바람의 방향

낮	밤
육지 위는 저기압, 바다 위는 고기압이 됨. ➡ 바다에서 육지로 바람이 붐.	육지 위는 고기압, 바다 위는 저기압이 됨. ➡ 육지에서 바다로 바람이 붐.

▲ 맑은 날 바닷가에서 낮에 부는 바람의 방향　　▲ 맑은 날 바닷가에서 밤에 부는 바람의 방향

개념9 우리나라 계절별 날씨의 특징

(1) 봄, 가을: 남서쪽의 따뜻하고 건조한 공기 덩어리의 영향으로 날씨가 따뜻하고 건조함.

(2) 여름: 남동쪽의 덥고 습한 공기 덩어리의 영향으로 날씨가 덥고 습함.

(3) 겨울: 북서쪽의 차갑고 건조한 공기 덩어리의 영향으로 날씨가 춥고 건조함.

▲ 우리나라의 계절별 날씨에 영향을 주는 공기 덩어리

개념10 날씨와 우리 생활

봄	초봄 꽃샘추위, 황사, 꽃가루 알레르기 조심 등
여름	해수욕, 짧은 옷차림, 일사병·열사병 조심 등
가을	단풍놀이, 건조한 기후로 인한 산불 조심 등
겨울	따뜻한 옷차림, 폭설 및 빙판길, 감기 조심, 동상 조심, 수도의 동파 방지 등

개념11 생활기상지수

기상청에서 계절별 특징에 따라 일상생활에 영향을 미치는 날씨 요소들을 분석해 지수로 표현한 것

➡ 종류: 식중독 지수, 감기 가능 지수, 동파 가능 지수, 자외선 지수, 대기 정체 지수, 꽃가루 농도 위험 지수 등

과학 쪽지 시험

01 공기 중에 수증기가 포함된 정도를 (   ) (이)라고 합니다.

02 건구 온도가 23 °C, 습구 온도가 20 °C일 때, 현재 습도는 얼마인지 다음 습도표에서 찾아 쓰시오.

(단위: %)

건구 온도 (°C)	건구 온도와 습구 온도의 차(°C)					
	0	1	2	3	4	5
21	100	91	83	75	67	60
22	100	92	83	75	68	61
23	100	92	84	76	69	62
24	100	92	84	77	69	62

(   )

03 습도는 우리 생활에 밀접한 영향을 미칩니다. 특히 습도가 (높으면 , 낮으면) 산불이 발생하기 쉬우므로 주의해야 합니다.

04 지표면 가까이에 있는 공기 중의 수증기가 응결해 작은 물방울로 떠 있는 것을 (이슬 , 안개 , 구름) (이)라고 합니다.

05 공기 중의 수증기가 응결해 작은 물방울이나 작은 얼음 알갱이로 하늘에 무리지어 떠 있는 것을 (이슬 , 안개 , 구름)(이)라고 합니다.

06 구름 속에서 크기가 점점 커져 무거워진 얼음 알갱이가 떨어지면서 녹거나 구름 속에서 크기가 점점 커져 무거워진 물방울이 그대로 떨어지는 것을 (비 , 눈)(이)라고 합니다.

07 다음과 같이 얼음물이 담긴 집기병에서 나타나는 변화는 실제 자연에서 (이슬 , 안개)이/가 생기는 과정과 비슷합니다.

얼음물 ─

차가워진 집기병 표면에 물방울이 맺힌다.

08 공기의 무게로 생기는 힘을 (   )(이)라고 합니다. 주변보다 온도가 높은 공기는 상대적으로 가벼워 (   )이/가 됩니다.

09 온도가 다른 두 지역 사이에 기압 차이로 인해 고기압에서 저기압으로 공기가 이동하는 것을 무엇이라고 하는지 쓰시오.

(   )

10 우리나라의 여름과 겨울 날씨에 영향을 주는 공기 덩어리의 특징으로 알맞은 말에 ○표 하시오.

(1) 여름: 덥고 (습한 , 건조한) 공기 덩어리

(2) 겨울: 차갑고 (습한 , 건조한) 공기 덩어리

4단원 물체의 운동

개념 1 물체의 운동

(1) 물체의 운동: 시간이 지남에 따라 물체의 위치가 변하는 것을 말하며, 물체의 위치가 변하지 않는 경우 그 물체는 운동하지 않는다고 함.

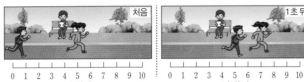

운동한 물체	운동하지 않은 물체
달리는 여자, 달리는 남자	나무, 긴 의자, 긴 의자에 앉아 있는 남자

(2) 물체의 운동을 나타내는 방법: 물체가 이동하는 데 걸린 시간과 이동 거리로 나타냄.

(3) 물체의 운동을 나타내는 예

> 달리는 여자는 1초 동안 2 m를 이동함.
> (걸린 시간) (이동 거리)

개념 2 운동하는 물체의 빠르기

(1) 빠르기가 일정한 운동: 운동하는 물체의 빠르기가 변하지 않는 운동

(2) 빠르기가 변하는 운동: 운동하는 물체의 빠르기가 빨라지거나 느려지는 운동

(3) 운동하는 물체의 예

빠르기가 일정한 운동을 하는 물체	케이블카, 자동길, 자동계단 등

	▲ 케이블카　　▲ 자동길
빠르기가 변하는 운동을 하는 물체	이륙하는 비행기, 출발하는 자전거 등

	▲ 이륙하는 비행기　▲ 출발하는 자전거

(4) 운동하는 물체의 빠르기를 나타내는 예

① 케이블카의 빠르기는 일정함.

② 자동계단의 빠르기는 변하지 않음.

③ 이륙하는 비행기의 빠르기는 점점 빨라짐.

④ 달리다가 멈추는 버스의 빠르기는 점점 느려짐.

개념 3 운동하는 물체의 빠르기 비교하기

(1) 같은 거리를 이동한 물체의 빠르기 비교 방법: 같은 거리를 이동하는 데 걸린 시간을 측정해서 비교함.
➡ 걸린 시간이 짧을수록 빠르기가 더 빠른 물체임.
예 수영, 스피드 스케이팅, 100 m 달리기 등

▲ 수영　　　　　　▲ 스피드 스케이팅

(2) 같은 시간 동안 이동한 물체의 빠르기 비교 방법: 같은 시간 동안 이동한 거리를 이용하여 물체의 빠르기를 비교함. ➡ 이동 거리가 길수록 빠르기가 더 빠른 물체임.

[1초 동안 이동한 거리 비교]

사람 10 m　호랑이 22 m　돛새치 31 m　드론 72 m　매 108 m

0 m　10 m　20 m　30 m　40 m　50 m　60 m　70 m　80 m　90 m　100 m　110 m

• 1초 동안 10 m를 이동한 사람보다 1초 동안 72 m를 이동한 드론이 더 빠름.

• 가장 긴 거리를 이동한 매가 가장 빠름.

개념 4 물체의 빠르기를 속력으로 나타내는 방법

(1) 속력: 1초, 1분, 1시간 등과 같은 단위 시간 동안 물체가 이동한 거리

(2) 속력을 구하는 까닭: 이동 거리와 걸린 시간이 모두 다른 경우 이동 거리나 걸린 시간만으로 빠르기를 비교하기 어려우므로 걸린 시간을 1초, 1분, 1시간 등과 같이 단위 시간으로 만들어 비교하면 편리하기 때문임.

(3) 속력을 구하는 방법: 물체가 이동한 거리를 걸린 시간으로 나누어 구함.

$$(속력)＝(이동 거리)÷(걸린 시간)$$

나타내는 방법	속력의 크기와 단위를 함께 씀. 예 2시간 동안 100 km를 이동한 자동차의 속력 구하기: (속력)＝100 km÷2 h＝50 km/h ➡ 1시간 동안 50 km를 이동한 물체의 빠르기를 나타냄.
읽는 방법	예 50 km/h: '오십 킬로미터 매 시' 또는 '시속 오십 킬로미터'라고 읽음. 예 5 m/s: '오 미터 매 초' 또는 '초속 오 미터'라고 읽음.

(4) 속력의 단위: m/s(미터 매 초), km/h(킬로미터 매 시) 등의 단위를 쓰며, 초속은 1초 동안 이동한 거리로, 시속은 1시간 동안 이동한 거리로 나타냄.

(5) 속력이 클수록 단위 시간 동안 이동한 거리가 긺.

(6) 일상생활에서 속력을 나타내는 예

① 자동차의 빠르기를 나타낼 때

② 일기 예보에서 바람의 빠르기를 나타낼 때

③ 테니스 경기에서 공의 빠르기를 나타낼 때

▲ 자동차의 제한 속력을 나타낼 때

▲ 테니스 경기에서 공의 속력을 나타낼 때

➡ 속력으로 다양한 물체의 빠르기를 비교할 수 있음.

개념 5 속력과 관련된 안전장치와 교통안전 수칙

(1) 자동차의 속력이 클 때의 위험성

① 자동차의 속력이 크면 운전자가 제동 장치를 밟더라도 자동차를 바로 멈출 수 없어 위험함.

② 운전자가 도로의 위험 상황에 바로 대처하기 어려움.

③ 보행자가 빠르게 접근하는 자동차를 쉽게 피할 수 없어 자동차와 부딪칠 수 있음.

④ 자동차의 속력이 클수록 충돌할 때 큰 충격을 받아 사람이 크게 다칠 수 있음.

(2) 속력과 관련된 안전장치와 기능

도로에 설치된 안전장치	횡단보도	보행자가 안전하게 길을 건널 수 있도록 함.
	과속 방지 턱	자동차의 속력을 줄여서 사고를 예방함.
	어린이 보호 구역 표지판	어린이 보호 구역에서 자동차의 속력을 30 km/h 이하로 제한해 사고를 예방함. ➡ 속력을 30 km/h 이하로 제한한 까닭: 자동차의 속력이 클수록 보행자가 입을 피해가 크므로 사람과 자동차가 부딪치더라도 피해를 최소화하기 위함.
자동차에 설치된 안전장치	안전띠	긴급 상황에서 탑승자의 몸을 고정함.
	에어백	충돌 사고가 일어났을 때 순식간에 부풀어 탑승자의 몸에 가해지는 충격을 줄여 줌.
	자동 긴급 제동 장치	앞차와의 충돌 위험이 있을 때 자동차를 멈춤.
	차간 거리 유지 장치	가속 발판을 밟지 않아도 자동차를 운전자가 원하는 속력으로 운행하여 안전거리를 유지함.
자전거, 킥보드 등을 탈 때 사용하는 보호 장구	안전모, 팔꿈치 보호대, 무릎 보호대와 같은 보호 장구는 부상을 줄일 수 있음.	

▲ 과속 방지 턱

▲ 안전띠

(3) 교통 표지판 종류

▲ 어린이 보호 구역

▲ 보행자 전용 도로

▲ 최고 속력 제한

(4) 학교 도로 주변에서 지켜야 할 교통안전 수칙

① 길을 건널 때에는 신호등을 확인하고, 횡단보도로 건너야 함.

② 횡단보도를 건널 때에는 책이나 휴대 전화를 보지 않아야 함.

③ 차도 주변에서 공놀이를 하지 않고, 공은 공 주머니에 넣고 다님.

④ 인도와 횡단보도에서는 자전거에서 내려 끌고 감.

과학 쪽지 시험

01 물체의 운동이란 ( )이/가 지남에 따라 물체의 ( )이/가 변하는 것을 말합니다.

02 다음은 자동차의 운동을 자동차가 이동하는 데 걸린 시간과 이동 거리로 나타낸 것입니다. ( ) 안에 들어갈 알맞은 수를 쓰시오.

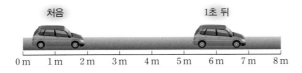

처음   1초 뒤

0 m 1 m 2 m 3 m 4 m 5 m 6 m 7 m 8 m

> 자동차는 ( )초 동안 ( ) m를 이동하였다.

03 다음 중 빠르기가 일정한 운동을 하는 물체를 모두 골라 쓰시오.

> 롤러코스터, 케이블카,
> 자동계단, 이륙하는 비행기

( )

04 물체의 빠르기에 대한 설명으로 옳은 것은 ○표, 옳지 <u>않은</u> 것은 ×표 하시오.

(1) 같은 거리를 이동한 물체의 빠르기는 걸린 시간을 측정해서 비교한다. ( )

(2) 같은 거리를 이동한 물체의 빠르기는 걸린 시간이 길수록 더 빠르다. ( )

(3) 1초 동안 10 m를 이동한 자전거보다 1초 동안 20 m를 이동한 호랑이가 더 빠르다. ( )

05 속력은 물체의 ( )을/를 ( )(으)로 나누어 구합니다.

06 다음 물체의 속력을 구하시오.

> 3시간 동안 150 km를 이동한 자동차

( )

07 다음 (가)~(다) 중 단위 시간 동안 이동한 거리가 가장 긴 물체를 골라 기호를 쓰시오.

> ㈎ 속력이 80 km/h인 버스
> ㈏ 속력이 30 km/h인 자전거
> ㈐ 속력이 100 km/h인 자동차

( )

08 1시간 동안 80 km를 이동한 물체의 속력은 '팔십 킬로미터 매 ( )' 또는 '( ) 팔십 킬로미터'라고 읽습니다.

09 속력과 관련된 안전장치를 한 가지 쓰시오.

( )

10 도로 주변에서 지켜야 할 교통안전 수칙으로 옳은 것은 ○표, 옳지 <u>않은</u> 것은 ×표 하시오.

(1) 횡단보도를 건널 때에는 휴대 전화를 보지 않는다. ( )

(2) 횡단보도를 건널 때 초록색 불로 바뀌면 좌우를 살피지 않고 건너도 된다. ( )

(3) 어린이 보호 구역에 사람들이 없는 경우에는 속력을 줄이지 않고 지나간다. ( )

5단원 산과 염기

개념1 여러 가지 용액 분류하기

(1) 여러 가지 용액

(2) 용액의 분류 기준: 용액의 색깔, 냄새, 투명도 등

냄새가 남.	식초, 레몬즙, 빨랫비누 물, 유리 세정제, 묽은 염산
투명함.	식초, 탄산수, 유리 세정제, 석회수, 묽은 염산, 묽은 수산화 나트륨 용액, 제빵 소다 용액

개념2 지시약

(1) 지시약: 용액에 넣었을 때, 그 용액의 성질에 따라 색깔 변화가 나타나는 물질

(2) 지시약의 종류: 푸른색 리트머스 종이, 붉은색 리트머스 종이, 페놀프탈레인 용액 등

(3) 산성 용액: 푸른색 리트머스 종이를 붉은색으로 변하게 하고, 페놀프탈레인 용액의 색깔을 변하게 하지 않는 용액

(4) 염기성 용액: 붉은색 리트머스 종이를 푸른색으로 변하게 하고, 페놀프탈레인 용액을 붉은색으로 변하게 하는 용액

개념3 지시약을 이용하여 여러 가지 용액 분류하기

[실험 과정]
❶ 푸른색 리트머스 종이와 붉은색 리트머스 종이에 여러 가지 용액을 떨어뜨리고 색깔 변화를 관찰함.
❷ 여러 가지 용액에 페놀프탈레인 용액을 떨어뜨리고 색깔 변화를 관찰함.

[실험 결과]

구분	산성 용액	염기성 용액
푸른색 리트머스 종이	붉은색으로 변함.	변화가 없음.
붉은색 리트머스 종이	변화가 없음.	푸른색으로 변함.
페놀프탈레인 용액	변화가 없음.	붉은색으로 변함.

[지시약을 이용한 용액의 분류]

구분	산성 용액	염기성 용액
예	식초, 레몬즙, 탄산수, 묽은 염산 등	빨랫비누 물, 석회수, 유리 세정제, 묽은 수산화 나트륨 용액, 제빵 소다 용액 등
리트머스 종이	푸른색 리트머스 종이가 붉은색으로 변함.	붉은색 리트머스 종이가 푸른색으로 변함.
페놀프탈레인 용액	변화가 없음.	붉은색으로 변함.

개념4 붉은 양배추 지시약을 이용하여 여러 가지 용액 분류하기

(1) 붉은 양배추 지시약 만드는 방법
❶ 붉은 양배추를 잘게 잘라 잠길 정도로 물을 넣고 가열하여 우러냄.
❷ 불을 끄고 충분히 식힌 다음 체로 걸러 사용함.
➡ 가열하지 않고 붉은 양배추를 잘게 잘라 뜨거운 물을 부어서 만들 수도 있음.

(2) 붉은 양배추 대신 지시약을 만들 수 있는 천연 재료의 예: 포도 껍질, 검은콩, 자주색 양파, 자주색 고구마, 비트, 붉은 장미 꽃잎 등

(3) 붉은 양배추 지시약의 색깔 변화

구분	산성 용액	염기성 용액
예	식초, 레몬즙, 탄산수, 묽은 염산 등	석회수, 유리 세정제, 빨랫비누 물, 묽은 수산화 나트륨 용액, 제빵 소다 용액 등
붉은 양배추 지시약	붉은색 계열의 색깔로 변함.	푸른색이나 노란색 계열의 색깔로 변함.

산성이 강함. ◄──────────────────► 염기성이 강함.

▲ 붉은 양배추 지시약의 색깔 변화표

개념 5 산성 용액과 염기성 용액의 성질

(1) **산성 용액의 성질**: 묽은 염산에 대리석 조각, 달걀 껍데기, 조개 껍데기, 탄산 칼슘 가루를 넣으면 기포가 발생하면서 녹아 없어짐.

▲ 기포가 발생하면서 녹아 없어짐.

(2) **염기성 용액의 성질**: 묽은 수산화 나트륨 용액에 삶은 달걀흰자, 두부를 넣으면 시간이 지나면서 흐물흐물해지고 용액이 뿌옇게 흐려짐.

▲ 흐물흐물해지고 용액이 뿌옇게 흐려짐.

(3) 대리석으로 만든 석탑이나 조각상은 산성을 띤 빗물이나 새들의 배설물에 녹을 수 있기 때문에 실내나 유리로 만든 보호 장치 안에 보관하는 것이 좋음.

개념 6 산성 용액과 염기성 용액 섞기

(1) 산성 용액과 염기성 용액을 섞었을 때 붉은 양배추 지시약의 색깔 변화 관찰하기

① 묽은 염산에 붉은 양배추 지시약을 떨어뜨린 다음, 묽은 수산화 나트륨 용액을 계속 넣으면 지시약의 색깔이 붉은색에서 보라색을 거쳐 푸른색이나 노란색으로 변함. ➡ 산성 용액에서 염기성 용액으로 변함.

② 묽은 수산화 나트륨 용액에 붉은 양배추 지시약을 떨어뜨린 다음, 묽은 염산을 계속 넣으면 지시약의 색깔이 노란색에서 청록색, 보라색을 거쳐 붉은색으로 변함. ➡ 염기성 용액에서 산성 용액으로 변함.

(2) 산성 용액과 염기성 용액을 섞으면 용액의 성질이 약해지다가 변함.

(3) 산성 용액과 염기성 용액을 섞었을 때 페놀프탈레인 용액의 색깔 변화 관찰하기

① 묽은 염산에 페놀프탈레인 용액을 떨어뜨린 다음, 묽은 수산화 나트륨 용액을 계속 넣으면 무색에서 붉은색으로 변함.

② 묽은 수산화 나트륨 용액에 페놀프탈레인 용액을 떨어뜨린 다음, 묽은 염산을 계속 넣으면 붉은색에서 무색으로 변함.

개념 7 생활 속에서 산성 용액을 사용하는 예

식초	• 생선 요리에 사용한 도마를 소독함. • 신맛을 내기 위해 음식에 넣음.
구연산	싱크대를 소독하고 냄새를 없앰.
린스	머리카락을 윤기 나고 건강하게 하기 위하여 헹굴 때 사용함.
변기용 세제	변기를 청소할 때 사용함.
레몬즙	생선 비린내를 줄이기 위하여 뿌림.

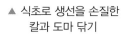

▲ 식초로 생선을 손질한 칼과 도마 닦기　　▲ 변기용 세제로 변기 청소하기

개념 8 생활 속에서 염기성 용액을 사용하는 예

유리 세정제	유리를 닦음.
제산제	산성 용액인 위액이 많이 나와 속이 쓰릴 경우에 먹음.
하수구 세정제	머리카락으로 막힌 하수구를 뚫음.
차량용 이물질 제거제	자동차에 묻은 오물이나 벌레 자국 등을 닦음.
욕실용 세제	욕실을 청소할 때 사용함.
치약	충치를 일으키는 산성 물질을 없앰.

▲ 유리 세정제로 유리창 청소하기　　▲ 욕실용 세제로 욕실 청소하기

과학 쪽지 시험

01 다음은 어떤 기준으로 용액을 분류한 것인지 ( ) 안에 들어갈 알맞은 말에 ○표 하시오.

기준	(색깔이 있는가? , 투명한가?)	
결과	그렇다.	그렇지 않다.
용액	식초, 유리 세정제, 레몬즙, 빨랫비누 물	석회수, 탄산수

02 다음 ( ) 안에 들어갈 용액의 성질을 쓰시오.

> 푸른색 리트머스 종이를 붉은색으로 변하게 하고 페놀프탈레인 용액의 색깔을 변하게 하지 않는 용액을 ( ) 용액이라 하고, 붉은색 리트머스 종이를 푸른색으로 변하게 하고 페놀프탈레인 용액을 붉은색으로 변하게 하는 용액을 ( ) 용액이라고 한다.

03 다음 ( ) 안에 들어갈 알맞은 색깔을 쓰시오.

구분	산성 용액	염기성 용액
( ) 리트머스 종이	붉은색으로 변함.	변화가 없음.
붉은색 리트머스 종이	변화가 없음.	( )으로 변함.
페놀프탈레인 용액	변화가 없음.	붉은색으로 변함.

04 붉은 양배추 지시약은 산성 용액과 만나면 ( ) 계열의 색깔로 변하고, 염기성 용액과 만나면 푸른색이나 ( ) 계열의 색깔로 변합니다.

05 다음 중 붉은 양배추 대신 지시약을 만들 때 사용할 수 있는 천연 재료가 <u>아닌</u> 것을 골라 ○표 하시오.

> 비트   완두콩   포도 껍질
> 자주색 양파   자주색 고구마

06 묽은 염산이 들어 있는 두 개의 비커에 달걀 껍데기와 삶은 달걀흰자를 각각 넣었습니다. 기포가 발생하는 것을 골라 ○표 하시오.

(1)
▲ 달걀 껍데기를 넣었을 때
( )

(2)
▲ 삶은 달걀흰자를 넣었을 때
( )

07 (산성 , 염기성) 용액은 대리석 조각을 녹입니다.

08 다음 용액에 붉은 양배추 지시약을 각각 넣었을 때 지시약의 색깔 변화를 바르게 선으로 연결하시오.

(1) 묽은 염산 •

(2) 묽은 수산화 나트륨 용액 •

• ㉠ 붉은색으로 변함.

• ㉡ 푸른색이나 노란색으로 변함.

09 (묽은 염산 , 묽은 수산화 나트륨 용액)에 붉은 양배추 지시약을 떨어뜨린 다음, (묽은 염산 , 묽은 수산화 나트륨 용액)을 넣으면 붉은색 계열에서 푸른색이나 노란색 계열로 변합니다.

10 우리 생활에서 산성 용액을 사용하는 예를 골라 ○표 하시오.

(1) 속이 쓰릴 때 먹는 제산제   ( )

(2) 유리를 닦을 때 사용하는 유리 세정제
( )

(3) 변기를 청소할 때 사용하는 변기용 세정제
( )

초등 만점왕 단원평가 5-2

국어 단원평가

※ 점수 표시가 없는 문항은 10점입니다.

[01~03] 다음 그림을 보고, 물음에 답하시오.

01 그림 **가**와 **나**에서 지윤이의 행동에 대한 설명으로 알맞은 것을 두 가지 고르시오. (　　, 　　)

① 자신만 생각하는 말을 했다.
② 상대의 마음을 배려하며 말했다.
③ 상대의 기분을 생각하지 않고 말했다.
④ 상대가 듣고 싶어 하는 말을 해 주었다.
⑤ 상대가 궁금해하는 질문에 자세히 대답했다.

02 그림 **가**와 **나**에서 명준이가 지윤이에게 느꼈을 마음과 가장 거리가 먼 것은 무엇입니까? (　　　)

① 불쾌한 마음
② 긴장되는 마음
③ 화가 나는 마음
④ 무시당한 것 같은 마음
⑤ 말을 하기 싫어지는 마음

03 그림 **나**의 상황에서 다음과 같이 대화하면 좋은 점으로 알맞지 <u>않은</u> 것에 ×표를 하시오.

(1) 상대와 사이가 좋아진다. (　　　)
(2) 말할 내용이 풍부해진다. (　　　)
(3) 상대와 기분 좋게 대화할 수 있다. (　　　)
(4) 멀리 떨어져 있어도 소통할 수 있다. (　　　)

04 ^{중요} 공감하며 대화해야 하는 까닭으로 알맞지 <u>않은</u> 것은 무엇입니까? (　　　)

① 상대의 처지를 이해할 수 있기 때문이다.
② 대화를 즐겁게 이어 갈 수 있기 때문이다.
③ 자신이 듣고 싶은 말만 들을 수 있기 때문이다.
④ 처지를 바꾸어 생각하면 상대의 마음을 알 수 있기 때문이다.
⑤ 상대에게 공감하며 말하면 기분 좋은 대화를 할 수 있기 때문이다.

05 다음 그림에서 윤서가 사용한 대화 방법으로 알맞은 것에 ○표를 하시오.

(1) 경청하기 (　　　)
(2) 공감하며 말하기 (　　　)
(3) 처지를 바꾸어 생각하기 (　　　)

06 다음과 같은 누리 소통망 대화의 좋은 점으로 알맞지 **않은** 것은 무엇입니까? ( )

〈공지〉 국악 동아리 친구들에게 알립니다. 내일 9시까지 학교 체육관으로 오세요.

네, 선생님.

네, 내일 열심히 할게요. 😄

우리 늦지 말자!

① 급한 연락을 쉽게 할 수 있다.
② 간편하게 편지를 보낼 수 있다.
③ 언제나 빨리 연락해 대화할 수 있다.
④ 많은 사람에게 소식을 전할 수 있다.
⑤ 가까이에서 얼굴을 직접 보며 대화할 수 있다.

[07~10] 다음 글을 읽고, 물음에 답하시오.

그때는 일본이 조선을 다스리고 있었어. 일본이 조선 땅을 빼앗았거든. 조선 사람들은 거리로 몰려나와 소리쳤어. 나도 친구들과 거리로 몰려나와 소리쳤어.
"일본은 물러가라!"
"조선 땅에서 물러가라."
사람이 많이 잡혔네. 나도 일본 경찰에게 잡혔네. 경찰이 학교에 못 다니게 하네. 조선 사람들은 힘을 모아 싸웠어. 나는 무기를 나르고 돈을 모으다가 또 잡혔어. 깜깜한 감옥으로 끌려갔어. 내 손으로 내 나라를 되찾는 게 죄야? / 우리 땅에서 또 싸우다 잡히면 죽을 거야. 나는 가족을 떠나 중국으로 가는 배를 탔지. 깜깜한 밤바다, 빼앗긴 내 나라 이제 다시는 못 갈지 몰라. 못 가는 곳이 없던데, 저 비행기란 놈은…….
'그래! 진짜로 비행사가 되는 거야. 비행기를 타고 날아가서 일본과 싸우는 거야!'
㉠니 꿈은 뭐이가?
나는 하늘을 훨훨 날고 싶었어야.

07 이 글에서 '나'와 관련 있는 사건이 **아닌** 것은 무엇입니까? ( ) [8점]

① 감옥으로 끌려갔다.
② 일본 경찰에게 잡혔다.
③ 무기를 나르고 돈을 모았다.
④ 거리에서 독립운동을 하였다.
⑤ 학교에 열심히 다니며 꿈을 키웠다.

08 '내'가 중국으로 가는 배를 타게 된 까닭은 무엇입니까? ( )

① 중국에서 학교를 다니고 싶어서
② 가족이 모두 중국으로 끌려가서
③ 중국의 비행기를 구경하고 싶어서
④ 일본 경찰이 '나'를 중국으로 보내서
⑤ 우리 땅에서는 더 이상 독립운동을 할 수 없어서

09 '내'가 비행사가 되고 싶었던 까닭은 무엇입니까?
( )

① 사람들의 존경을 받고 싶어서
② 비행기에 가족을 태워 주고 싶어서
③ 비행기를 타고 일본과 싸우기 위해서
④ 비행기가 작동되는 원리를 알고 싶어서
⑤ 비행기를 타고 전 세계를 여행하고 싶어서

서술형
10 ㉠에 어떤 대답을 할지 생각해 보고, 자신의 꿈과 그 꿈을 가지게 된 까닭을 함께 쓰시오. [12점]

국어 단원평가 2회

01 지윤이의 말을 공감하는 대화가 되도록 알맞게 바꾼 것을 찾아 기호를 쓰시오.

지난번 질서 지키기 그림 대회에서 내가 그린 그림이 뽑히지 않아서 무척 서운했어.

그게 그렇게 중요한 일이니?

명준   지윤

> ㉮ 그게 나랑 무슨 상관이야?
> ㉯ 나 지금 바쁜데 나중에 이야기하자.
> ㉰ 그랬구나. 내가 너처럼 그림 그리기를 좋아하면 나도 서운했을 것 같아.

(   )

[02~05] 다음 글을 읽고, 물음에 답하시오.

흐뭇한 얼굴로 부엌을 둘러보시던 엄마께서 놀란 표정으로 물으셨다.

"현욱아, 혹시 프라이팬도 닦았니?"

"예. 제가 철 수세미로 문질러 깨끗이 닦았어요."

"뭐라고? 철 수세미로 문질렀다는 말이니?"

"예. 수세미로는 잘 닦이지 않아서 철 수세미를 썼어요."

㉠엄마는 한숨을 한 번 쉬시고는 다시 웃음을 띠고 말씀하셨다.

"㉡우리 아들이 집안일을 도와주려는 마음으로 설거지를 열심히 했구나. 그렇지만 금속으로 프라이팬 바닥을 긁으면 바닥이 벗겨져서 못 쓰게 된단다."

엄마의 말씀을 듣고 나니 부모님의 일을 도와드렸다는 생각에 뿌듯했던 나는 금세 부끄러워졌다.

"죄송해요, 엄마. 집안일을 도와드리려다가 오히려 프라이팬만 망가뜨렸어요."

엄마는 웃으며 나를 꼭 안아 주셨다.

㉢"미안해하지 않아도 돼. 집안일을 도와주려고 한 현욱이 마음이 엄마는 정말 고마워."

엄마의 말씀을 듣고 내 마음은 한순간에 봄눈 녹듯 풀렸다.

02 이 글에서 일어난 중요한 사건은 무엇입니까?

(   ) [8점]

① 현욱이가 집 청소를 하였다.
② 현욱이가 동생과 함께 밥을 먹었다.
③ 현욱이가 동생에게 설거지를 시켰다.
④ 현욱이가 부모님께 저녁밥을 차려 드렸다.
⑤ 현욱이가 철 수세미로 프라이팬을 닦았다.

03 엄마가 ㉠처럼 행동한 까닭으로 알맞은 것을 찾아 기호를 쓰시오.

> ㉮ 현욱이가 심부름을 잘못해서 화가 났기 때문이다.
> ㉯ 현욱이가 쓸데없는 일을 벌여서 어이가 없었기 때문이다.
> ㉰ 현욱이가 실수를 해서 번거로운 일이 생겼지만 집안일을 도와주려는 착한 마음씨에 고마움을 느꼈기 때문이다.

(   )

04 ㉡에 사용된 대화 방법으로 알맞은 것에 ○표를 하시오.

(1) 공감하며 말하기 (   )
(2) 상대의 말을 경청하기 (   )
(3) 처지를 바꾸어 생각하기 (   )

05 ㉢에 어울리는 엄마의 표정이나 행동이 아닌 것은 무엇입니까? (   )

① 온화한 표정
② 친절하게 웃는 표정
③ 어깨를 토닥여 주는 행동
④ 주먹을 불끈 쥐고 노려보는 행동
⑤ 눈을 맞추고 몸을 가까이하는 행동

06 다음 누리 소통망 대화에서 지켜야 할 예절로 알맞은 것은 무엇입니까? ( )

> 왜 나한테 물어보지도 않고 대화방에 초대하니?

> 같이 놀자는 건데 뭘. ㅋㅋ

> 중요한 일을 하는데 자꾸 신경 쓰이잖아!

① 그림말을 쓰지 않는다.
② 이상한 말을 쓰지 않는다.
③ 혼자서 너무 많이 말하지 않는다.
④ 말하고 싶은 내용을 정확하게 전달한다.
⑤ 상대가 대화하고 싶은지 확인하고 말을 건다.

[07~10] 다음 글을 읽고, 물음에 답하시오.

(가) 구름처럼 몰려온 저 사람들 좀 봐. 구름을 뚫고 ㉠ 쇳덩이 괴물이 혼자만 날아올라. 이 산 위로 쑥, 저 하늘로 쌩 솟구치고 돌아 나와 못 가는 곳이 없네.
"사람들아, 이 날개를 봐. 정말 자유로워."
저 비행기란 놈이 그러네. 나는 땅에 딱 붙어 서서 두 발만 동동 굴렀어.
(나) 당계요 장군은 많이 놀랐지.
"여자가 어떻게 여기 왔나?"
"세상을 돌고 돌아 왔어요."
"여자가 왜 여기 왔나?"
"하늘을 날고 싶어서요."
"여자가 왜 비행사가 되려 하나?"
"내 나라를 빼앗아 간 일본과 싸우려고요!"
"…… 좋다!"
당 장군은 비행 학교에다 편지를 썼어. 여자가 자기 나라를 되찾으려고 왔으니 꼭 들여보내라고 썼어.
(다) 드디어 비행 학교 학생이 되었어. 남학생들과 똑같이 훈련했지. 빙글빙글 어지러움을 견디는 훈련, 비행기를 조종하고 고치는 기술까지 배웠어. 너무 힘들고 위험했어야. 학생들이 많이 떠났지만 나는 하루하루가 행복했어. 내 꿈을 따라서 산다는 게 꿈만 같았거든.

07 이 글에서 '내'가 가진 꿈을 두 가지 고르시오.
(,)

① 비행사가 되는 것
② 직접 만든 비행기를 타는 것
③ 일본에게서 우리나라를 되찾는 것
④ 비행 학교에서 학생들을 가르치는 것
⑤ 당계요 장군과 함께 중국의 독립을 돕는 것

08 이 글에서 '내'가 꿈을 이루기 위해 한 일이 아닌 것은 무엇입니까? ( )

① 비행 학교에 들어갔다.
② 당계요 장군을 찾아갔다.
③ 비행 학교에 편지를 보냈다.
④ 남학생들과 똑같이 훈련을 받았다.
⑤ 비행기를 조종하고 고치는 기술을 배웠다.

09 ㉠이 뜻하는 것은 무엇인지 세 글자로 쓰시오.
( )

서술형
10 다음은 글 (나)에서 당계요 장군의 대화를 공감하는 대화로 바꾸어 말한 것입니다. 당계요 장군이 '나'의 처지를 생각한다면 어떻게 말할지 빈칸에 알맞은 내용을 쓰시오. [12점]

경청하기	왜 비행사가 되려 하나?
처지를 바꾸어 생각하기	
공감하며 말하기	좋다. 비행 학교에 들어갈 수 있게 편지를 써 주겠다.

※ 점수 표시가 없는 문항은 10점입니다.

[01~05] 다음 글을 읽고, 물음에 답하시오.

　줄다리기는 줄을 당길 때보다 ㉠줄다리기를 준비하는 과정에 더 많은 뜻이 있습니다. 영산 줄다리기는 어른들보다 아이들이 먼저 겨룹니다. 작은 줄을 만들어 어른들이 하는 것처럼 아이들이 경기를 벌이지요. 아이들 줄다리기가 끝나고 어느 편이 이겼다는 소리가 돌면 그제야 장정들이 나섭니다. 장정들은 집집을 돌면서 짚을 모아 마을 사람들과 함께 줄을 만들지요. 음력 정월은 농한기라서 마을 사람이 모두 모여 줄을 만드는 일에만 매달릴 수 있어요.

　줄다리기하는 모습을 실제로 본 적 있나요? 줄다리기에 쓰이는 줄은 엄청나게 굵답니다. 옛날에는 어른이 줄 위에 걸터앉으면 발이 땅에 닿지 않을 정도였다고 해요. 요즈음 영산 줄다리기에 쓰는 줄은 예전에 비하여 훨씬 가늘고 짧아졌는데도 굵기가 1.5미터, 길이가 40미터가 넘습니다. 또 암줄, 수줄로 나누어져 있지요.

　줄을 다 만들면 여러 마을에서 모인 농악대가 앞장을 서고, 그 뒤로 수백 명의 장정이 줄을 어깨에 메고서 줄다리기할 곳으로 줄을 옮깁니다. 그리고 노인들과 아이들, 여자들이 행렬 끝에 서서 쫓아갑니다. 이렇게 줄을 메고 가는 모습을 멀리서 보면, 마치 용이 꿈틀거리는 것 같답니다.

　드디어 줄을 당길 장소에 다다르면 양편에서는 상대의 기를 누르려고 있는 힘을 다하여 함성을 질러요. 이 소리에 영산 지방 전체가 쩌렁쩌렁 울릴 정도이지요.

　그렇지만 장소에 도착하자마자 줄을 당기는 것은 아닙니다. 한동안 암줄과 수줄을 합하지 않고 어르기만 하다가 어느 정도 시간이 지난 뒤에야 암줄에 수줄을 끼우고 비녀목을 지릅니다. 그러고 나서 양편에서 서로 힘차게 줄을 당겨서 승부를 가리지요. 이때 모두 신이 나서 자기 편을 응원합니다.

01 이 글에서 설명하는 것은 무엇인지 여섯 글자로 쓰시오.
[8점]

(　　　　　　　　　)

02 이 글의 내용으로 알맞지 **않은** 것은 무엇입니까?

(　　　　)

① 줄다리기 줄은 장정들이 어깨에 메고 옮긴다.
② 줄다리기에 쓰이는 줄은 암줄과 수줄로 나뉜다.
③ 줄을 옮길 때 여러 마을에서 모인 농악대가 앞장을 선다.
④ 줄다리기 장소에 도착하면 양편의 줄다리기가 바로 시작된다.
⑤ 요즈음 영산 줄다리기에 쓰는 줄은 예전에 비하여 훨씬 가늘고 짧아졌다.

03 ㉠에 해당하는 것을 **모두** 고르시오.

(　　　　　　　　　)

① 상대편과 힘을 겨루며 힘껏 줄을 당긴다.
② 줄다리기의 승리를 기원하는 제사를 지낸다.
③ 줄이 다 만들어지면 수백 명의 사람들이 함께 줄을 옮긴다.
④ 어른들보다 먼저 아이들이 작은 줄을 만들어 경기를 벌인다.
⑤ 장정들이 짚을 모으고 마을 사람들이 모두 모여 줄을 만든다.

04 음력 정월에 마을 사람들이 모여 함께 줄을 만드는 까닭으로 알맞은 것에 ○표를 하시오.

(1) 음력 정월에 줄을 만들면 더 튼튼해서 (　　　)
(2) 일 년 중 음력 정월에만 줄다리기를 할 수 있어서

(　　　)

(3) 농사일을 잠시 쉬는 시기여서 함께 줄을 만들 시간이 있기 때문에

(　　　)

05 이 글을 읽고 줄다리기에 관한 자신의 경험을 말한 친구의 이름을 쓰시오.

진욱: 줄다리기의 역사에 대해 찾아보고 싶어.
세미: 지역 축제에서 줄다리기를 본 적이 있어.
종현: 줄다리기는 조상들이 풍년을 기원하기 위해 정월 대보름에 하던 놀이야.

(　　　　　　　　　)

[06~09] 다음 글을 읽고, 물음에 답하시오.

우리나라에서 얼음을 보관하기 시작했다는 기록은 『삼국사기』에 나타난다. 또한 신라 시대 때에는 얼음 창고에 관한 일을 맡아보던 '빙고전'이라는 기관이 있었다고 한다. 고려 시대에 얼음을 보관하여 사용한 기록은 『고려사』에 나타나는데, 음력 4월에 임금에게 얼음을 진상한 기록이 있고 또 법으로 해마다 6월부터 입추까지 신하들에게 얼음을 나누어 준 기록이 있다.

조선 시대에는 서울 한강가에 얼음 창고를 만들었는데, 동빙고와 서빙고를 두었다. 동빙고는 왕실의 제사에 쓰일 얼음을 보관했고, 서빙고는 음식 저장용, 식용, 또는 의료용으로 쓸 얼음을 왕실과 고급 관리들에게 공급했다. ㉠조선 시대의 빙고는 정식 관청이었으며, 얼음의 공급 규정을 법으로 엄격히 규정할 만큼 얼음의 공급을 중요하게 여겼다.

한겨울의 얼음을 보관했다가 쓰는 기술을 장빙이라고 했다. 우리나라는 여름과 겨울의 기온 차가 커서 옛날부터 장빙 기술이 크게 발달했다. 장빙 기술을 활용한 석빙고는 현재 일곱 개가 남아 있는데, 남한에는 경주, 안동, 영산, 창녕, 청도, 현풍에 각각 한 개가, 북한 해주에 한 개가 남아 있다. 그중 가장 완벽한 것이 바로 경주의 석빙고이다.

06 이 글에서 알 수 있는 우리나라의 얼음 창고에 대한 기록으로 알맞은 것에 ○표를 하시오.

(1) 신라 시대 때 얼음 창고에 관한 일을 맡아보던 기관은 '빙고전'이다. ( )

(2) 고려 시대에 얼음을 보관하여 사용한 기록은 『삼국사기』에 나타나 있다. ( )

(3) 우리나라에서 얼음을 보관하기 시작했다는 기록은 『고려사』에 나타나 있다. ( )

07 ㉠에 대한 설명으로 알맞지 <u>않은</u> 것은 무엇입니까?
( )

① 조선 시대의 정식 관청이었다.
② 서울 한강가에 위치하고 있었다.
③ 동빙고는 음식 저장용 얼음을 보관하였다.
④ 얼음 공급 규정을 법으로 엄격히 규정하였다.
⑤ 서빙고는 식용이나 의료용 얼음을 공급하였다.

08 다음에서 설명하는 기술을 찾아 두 글자로 쓰시오.

한겨울의 얼음을 보관했다가 쓰는 기술을 가리키는 말로, 우리나라는 여름과 겨울의 기온 차가 커서 옛날부터 이 기술이 크게 발달했다.

( )

 09 지식이나 경험을 활용해 이 글을 읽을 때, 다음에 해당하는 것을 보기 에서 찾아 기호를 쓰시오.

 보기
㉮ 짐작한 것 ㉯ 알고 싶은 것 ㉰ 새롭게 안 것

(1) 얼음을 나누어 주는 법이 있었다니 신기해.
( )

(2) 빙고는 얼음을 보관하는 창고라는 뜻인 것 같아.
( )

(3) 경주에 있는 석빙고에 간 적이 있어. 무덤처럼 생겼는데 어떻게 냉장고의 역할을 하는지 궁금했어.
( )

 10 다음은 체험한 일을 떠올리며 감상이 드러나는 글을 쓴 것입니다. 고쳐야 할 점은 무엇인지 쓰시오. [12점]

국립한글박물관을 찾았다. 국립한글박물관은 '한글'로만 기록한 한글 자료와 한글을 활용한 작품들을 전시해 놓은 곳이다. 국립한글박물관은 용산 국립중앙박물관 옆에 있다. 우리 가족은 집 근처에서 지하철을 타고 가서 '박물관 나들길'을 이용해 박물관까지 걸어갔다. 이정표를 따라 걷다 보니 큰 박물관 건물이 눈에 들어왔다.

※ 점수 표시가 없는 문항은 10점입니다.

[01~05] 다음 글을 읽고, 물음에 답하시오.

(가) 오랜 세월 동안 농사를 지어 온 우리 조상들의 가장 큰 소망은 풍년이었어요. 농사가 잘되려면 물이 가장 중요하고요. 그런데 우리 조상들은 용이 물을 다스리는 신이라고 생각했답니다. 그래서 용을 닮은 줄을 만들고 흥겹게 줄다리기를 해서 용을 기쁘게 하려고 했어요. 물의 신인 용을 즐겁고 기쁘게 해야 풍년이 들 테니까요.

또 조상들은 계절이 바뀌는 이유가 신들끼리 힘겨루기를 하기 때문이라고 생각했답니다. 봄부터 가을까지는 착한 신들의 힘이 세지만 추운 겨울에는 악한 신들의 힘이 더 세진다고 여겼어요. 그래서 새해의 첫 달인 정월에 힘이 약해진 착한 신들을 도울 수 있는 놀이를 했답니다. 그것이 바로 여럿이 힘을 모아 겨루는 윷놀이나 줄다리기였던 거예요.

(나) 온 마을이 참여해서 집집마다 짚을 거두고 놀이에 필요한 돈과 일손을 내어 줄을 만들어 놀이를 한다는 게 생각처럼 쉬운 일은 아니랍니다. 그런데도 해마다 줄다리기를 거르는 법이 없었어요. 여기에는 봄기운이 시작되는 정월에 풍년을 기원하고, 줄다리기라는 큰 행사를 치르면서 마을 사람들이 마음을 한데 모아 무사히 한 해 농사를 지으려는 지혜가 담겨 있어요. 영산 줄다리기는 1969년에 국가 무형 문화재(무형유산)로 지정되었답니다.

01 조상들이 용을 닮은 줄을 만들어 줄다리기를 한 까닭은 무엇입니까? (　　) [8점]

① 용이 마을을 지켜 준다고 생각해서
② 용이 해로운 것을 막아 준다고 생각해서
③ 용을 닮은 훌륭한 인물이 나오기를 바라서
④ 용처럼 건강하고 강한 사람이 되기를 바라서
⑤ 물의 신인 용을 즐겁고 기쁘게 해야 풍년이 들 것이라고 생각해서

**** 정월에 윷놀이나 줄다리기를 한 까닭은 무엇인지 쓰시오. [12점]

_____

03 이 글을 통해 알 수 있는 줄다리기에 담긴 조상들의 지혜를 두 가지 고르시오. (　　,　　)

① 농사에 필요한 체력을 기르는 것
② 이웃 마을과 따뜻한 정을 나누는 것
③ 공정한 경쟁을 통해 힘을 키우는 것
④ 봄기운이 시작되는 정월에 풍년을 기원하는 것
⑤ 마을 사람들이 마음을 한데 모아 무사히 한 해 농사를 짓는 것

04 1969년에 영산 줄다리기는 무엇으로 지정되었는지 글 (나)에서 찾아 쓰시오.

(　　　　　　　　　　　　　　　)

**** 윤지가 이 글을 읽은 방법으로 알맞은 것은 무엇입니까? (　　)

> 우리나라의 민속놀이 가운데 풍물놀이도 풍년을 기원하며 많이 해 왔다고 배웠어.
>
> 윤지

① 글 내용을 짐작하며 읽었다.
② 어려운 낱말에 주의하며 읽었다.
③ 궁금한 내용을 생각하면서 읽었다.
④ 각 문단의 중심 내용을 찾으며 읽었다.
⑤ 이미 아는 지식을 활용해 글을 읽었다.

06 지식이나 경험을 활용해 글을 읽으면 좋은 점으로 알맞지 않은 것은 무엇입니까? (　　)

① 글 내용을 쉽게 이해할 수 있다.
② 글 내용에 재미를 느낄 수 있다.
③ 글 내용을 더 오래 기억할 수 있다.
④ 이미 아는 내용과 비교하며 글을 읽을 수 있다.
⑤ 글을 끝까지 읽지 않아도 글 내용을 모두 알 수 있다.

[07~09] 다음 글을 읽고, 물음에 답하시오.

보물 제66호인 ㉠경주 석빙고는 1738년에 만들었으며, 입구에서부터 점점 깊어져 창고 안은 길이 14미터, 너비 6미터, 높이 5.4미터이다. 석빙고는 온도 변화가 적은 반지하 구조로 한쪽이 긴 흙무덤 모양이며, 바깥 공기가 들어오지 않도록 출입구의 동쪽은 담으로 막고 지붕에는 구멍을 뚫었다.

지붕은 이중 구조인데 바깥쪽은 열을 효과적으로 막아 주는 진흙으로, 안쪽은 열전달이 잘되는 화강암으로 만들었다. 천장은 반원형으로 기둥 다섯 개에 장대석이 걸쳐 있고, 장대석을 걸친 곳에는 밖으로 통하는 공기구멍이 세 개가 나 있다. 이 구멍은 아래쪽이 넓고 위쪽은 좁은 직사각형 기둥 모양인데, 이렇게 함으로써 바깥에서 바람이 불 때 빙실 안의 공기가 잘 빠져나온다. 즉, 열로 데워진 공기와 출입구에서 들어오는 바깥의 더운 공기가 지붕의 구멍으로 빠져나가기 때문에 빙실 아래의 찬 공기가 오랫동안 머물 수 있어 얼음이 적게 녹는 것이다. 또한 지붕에는 잔디를 심어 태양열을 차단했고, 내부 바닥 한가운데에 배수로를 5도 경사지게 파서 얼음에서 녹은 물이 밖으로 흘러 나갈 수 있는 구조를 갖추어 과학적이다.

여기에다가 석빙고의 얼음을 왕겨나 짚으로 싸 보관했다. 왕겨나 짚은 단열 효과를 높이기도 하지만, 얼음이 약간 녹을 때 주변 열도 흡수하므로 왕겨나 짚의 안쪽 온도가 낮아져 얼음을 오랫동안 보관할 수 있다.

석빙고는 자연 그대로의 순환 원리에 맞춰 계절의 변화와 돌, 흙, 바람, 지형 등을 활용해 자연 상태에서 가장 효과적으로 얼음을 오랫동안 저장할 수 있는 구조로 되어 있다. 이러한 시설은 세계적으로도 드문데 조상들의 과학적인 지혜를 한껏 엿볼 수 있다.

07 ㉠에 대한 설명으로 알맞지 않은 것은 무엇입니까?
( )

① 지붕이 이중 구조로 되어 있다.
② 온도 변화가 적은 반지하 구조이다.
③ 보물 제66호이며 1738년에 만들어졌다.
④ 천장은 반원형이며 다섯 개의 기둥이 있다.
⑤ 바깥쪽 열이 잘 흡수되도록 담에 구멍을 뚫었다.

08 석빙고의 얼음을 오랫동안 보관하기 위해 얼음을 싸는 데 사용한 것을 두 가지 찾아 쓰시오.
(,)

09 다음은 주원이가 지식이나 경험을 활용해 이 글을 읽고 생각한 것입니다. 해당하는 항목에 ○표를 하시오.

주원: 주위보다 온도가 높은 기체는 위로 올라가는 성질이 있어서 빙고 속의 온도가 낮아졌을 것이다. 그래서 얼음을 오랫동안 보관할 수 있었을 것 같다.

(1) 짐작한 것 ( )
(2) 알고 싶은 것 ( )
(3) 새롭게 안 것 ( )

10 민주가 다음 글을 읽은 방법으로 알맞은 것은 무엇입니까? ( )

처음 발끝이 닿은 장소는 2층 '한글이 걸어온 길' 상설 전시실이었다. 전시실 이름처럼 '한글이 걸어온 길'을 주제로 마련한 상설 전시실은 총 3부로 구성되었다. 1부 주제는 '새로 스물여덟 자를 만드니'로, 세종 25년 한글이 그 모습을 드러내던 때를 살펴볼 수 있었고, 2부 주제는 '쉽게 익혀서 편히 쓰니'이며, 마지막으로 3부 주제는 '세상에 널리 펴져 나아가니'이다. 상설 전시실의 이름이 한글의 역사를 잘 말해 주는 것 같았다.

'상설 전시실'이라는 낱말의 뜻이 조금 어려워 보여. 간단히 뜻을 설명해 주면 좋겠어.

민주

① 글 내용을 짐작하며 읽었다.
② 어려운 낱말에 주의하며 읽었다.
③ 궁금한 내용을 생각하면서 읽었다.
④ 각 문단의 중심 내용을 찾으며 읽었다.
⑤ 이미 아는 지식을 활용해 글을 읽었다.

※ 점수 표시가 없는 문항은 10점입니다.

[01~04] 다음 그림을 보고, 물음에 답하시오.

01 이 그림에서 친구들은 문제를 해결하기 위해 무엇을 하고 있는지 알맞은 것에 ○표를 하시오. [8점]

(토론 , 토의 , 연설)

02 그림 ④와 ⑤에 나타나 있는 문제는 무엇입니까?

( )

① 의견을 분명하게 밝히지 않았다.
② 상대에게 예의를 지키지 않았다.
③ 문제 상황을 정확히 파악하지 못했다.
④ 상대가 말할 때 집중하여 듣지 않았다.
⑤ 상대의 의견은 들으려 하지 않고 비판만 하였다.

03 _{중요} 그림 ⑦의 친구가 주의해야 할 점으로 알맞은 것은 무엇입니까? ( )

① 상대를 바라보며 말해야 한다.
② 발언권을 얻고 나서 말해야 한다.
③ 알맞은 크기의 목소리로 말해야 한다.
④ 상대를 배려하고 예의를 지켜야 한다.
⑤ 상대가 말하는 도중에 끼어들지 않아야 한다.

04 그림 ⑧과 ⑨에서 친구들이 고쳐야 할 점을 알맞게 말한 친구의 이름을 쓰시오.

> 병현: 적극적으로 참여하는 태도가 필요해.
> 민정: 의견을 뒷받침하는 까닭도 말하면 좋겠어.
> 현진: 토의 주제를 잘 파악하여 의견을 말해야 해.

( )

05 토의에서 의견을 조정하지 않으면 일어날 수 있는 일을 <u>모두</u> 고르시오. ( )

① 토의를 원활하게 진행할 수 없다.
② 말하는 사람들끼리 갈등이 생긴다.
③ 문제를 합리적으로 해결할 수 없다.
④ 사회자 마음대로 의견을 결정하게 된다.
⑤ 찬성편과 반대편으로 의견이 나뉘게 된다.

[06~07] 다음 그림을 보고, 물음에 답하시오.

06 그림 에서 사용한 자료는 무엇인지 빈칸에 알맞은 말을 써넣으시오.

• ( )에 실린 전문가의 의견

07 그림 **가**와 비교해 그림 **나**와 같이 자료를 제시하면 어떤 점이 좋은지 쓰시오. [12점]

_____

_____

[08~10] 다음 자료를 보고, 물음에 답하시오.

가 세계보건기구[WHO]는 아동 비만을 21세기 최대 건강 문제 가운데 하나로 꼽고 있다. 한국도 예외는 아니다. 교육부에 따르면 2017년을 기준으로 우리나라 초중고 비만 학생은 100명당 약 17.3명인데 해마다 꾸준히 증가하고 있다.

영국의 한 초등학교에서 실시한 건강 달리기 프로그램이 성공을 거두어 큰 관심을 끌고 있다. 이 학교는 날마다 적절한 시간을 정해 1.6킬로미터를 달리게 하고 있다. 학생들을 관찰한 □□대학의 ○ 박사는 "이 학교의 학생들에게는 비만 문제가 보이지 않는다."라고 했다.

미국 일리노이주의 한 학교 역시 건강 달리기로 하루를 시작한다. 이 학교의 학생들은 건강은 물론 집중력도 향상되었고, 우울증과 불안감은 줄어들었다고 한다.

『○○신문』

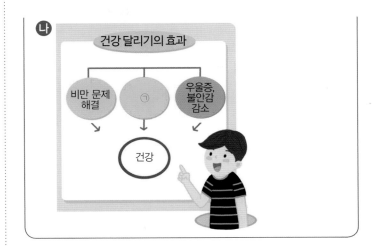

08 자료 **가**는 무엇의 효과에 대해 설명하는 것인지 다섯 글자로 쓰시오.

( )

09 자료 **가**를 자료 **나**로 새롭게 표현하면서 사용한 방법을 **두 가지** 고르시오. (,)

① 내용을 간단히 줄여서 썼다.
② 숫자와 함께 단계를 표시했다.
③ 설문 조사 결과를 도표로 나타냈다.
④ 도형과 선, 화살표를 이용해 서로 연결했다.
⑤ 크기의 변화를 나타내기 위해 그래프를 사용했다.

10 자료 **가**의 내용으로 볼 때, 자료 **나**의 ㉠에 들어갈 내용으로 알맞은 것은 무엇입니까? ( )

① 상상력 향상   ② 창의력 향상
③ 사고력 향상   ④ 집중력 향상
⑤ 판단력 향상

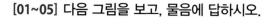

※ 점수 표시가 없는 문항은 10점입니다.

[01~05] 다음 그림을 보고, 물음에 답하시오.

1 의견을 모으지 않으면 갈등이 더 심해질 것 같습니다. / 의견을 조정할 필요가 있습니다. / 동의합니다. 처음에 우리가 토의로 해결하려고 했던 문제는 무엇이었죠?

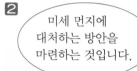

2 미세 먼지에 대처하는 방안을 마련하는 것입니다.

3 그렇군요. 토의로 해결하려는 문제를 정확히 파악해야 했습니다.

4 맞아요. 그리고 의견을 실천하려면 무엇이 필요한지 따질 필요가 있겠군요. 자세한 자료를 찾아 각자 의견을 뒷받침해 봅시다.

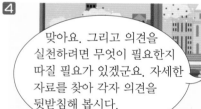
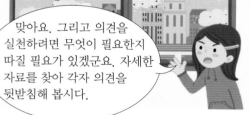

5
6

7 만약 의견을 실천한다면 어떤 결과가 따를까요? 의견대로 실천했을 때 일어날 문제점을 예측해 봅시다.

8 공기 청정기를 설치하는 데 비용이 많이 들 수 있습니다.

9 미세 먼지 마스크는 일회용이라 쓰레기 문제가 일어날 수 있습니다.

10 다른 분들의 생각은 어떠한가요? 어떤 의견이 더 좋나요? 결정한 의견에서 자신이 해야 하는 역할은 무엇일까요?

01 친구들이 해결하고자 하는 문제는 무엇인지 빈칸에 알맞은 말을 써넣으시오. [8점]

• ( )에 대처하는 방안을 마련하는 것

02 이 그림에서 친구들이 의견을 조정할 때 가장 먼저 한 일은 무엇입니까? ( )

① 자료를 찾아 의견을 뒷받침하였다.
② 해결하려는 문제를 정확히 파악하였다.
③ 의견대로 실천했을 때의 결과를 생각해 보았다.
④ 어떤 의견을 더 따르고 싶어 하는지 알아보았다.
⑤ 의견이 문제를 해결하기에 적합한지 판단하였다.

03 다음 의견을 따를 때 일어날 수 있는 문제점을 찾아 선으로 이으시오.

(1) 공기 청정기를 설치하자. • • ① 비용이 많이 들 수 있다.

(2) 미세 먼지 마스크를 쓰자. • • ② 쓰레기 문제가 일어날 수 있다.

04 그림 10은 의견을 조정하는 방법 중 무엇에 해당하는지 알맞은 것에 ○표를 하시오.

(1) 문제 파악하기 ( )
(2) 결과 예측하기 ( )
(3) 반응 살펴보기 ( )
(4) 의견 실천에 필요한 조건 따지기 ( )

05 이 그림에서 친구들이 보인 태도로 알맞지 <u>않은</u> 것은 무엇입니까? ( )

① 의견과 발언에 집중하였다.
② 해결 방안을 끝까지 알아보았다.
③ 자신의 생각을 적극적으로 표현하였다.
④ 의견을 뒷받침하기 위해 자료를 제시하였다.
⑤ 자신과 생각이 다른 친구의 의견을 무시하였다.

[06~08] 다음 그림을 보고, 물음에 답하시오.

06 연서와 민호의 의견을 찾아 선으로 이으시오.

(1) 연서 · · ① 식물을 기르자.

(2) 민호 · · ② 건강 달리기를 하자.

07 연서가 자신의 의견을 뒷받침하기 위해 찾아야 할 자료의 내용으로 가장 알맞은 것은 무엇입니까? ( )

① 달리기의 종류
② 달리기의 부작용
③ 달리기로 이름을 날린 인물
④ 세계에서 열리는 달리기 대회
⑤ 달리기가 건강에 미치는 효과

08 이 그림에서 연서와 민호가 자료를 찾으며 곤란해한 까닭은 무엇인지 각각 쓰시오. [12점]

(1) 연서	
(2) 민호	

[09~10] 다음 그림을 보고, 물음에 답하시오.

09 이 그림 속 문제 상황과 관련이 <u>없는</u> 경험을 말한 친구의 이름을 쓰시오.

> 종현: 여러 반이 하나의 축구 골대를 사용했던 적이 있어.
> 장우: 운동장에 쓰레기가 많아서 전교생이 함께 청소한 적이 있어.
> 소라: 지난주에 운동장에서 학생들끼리 서로 부딪치는 안전사고가 일어났어.

( )

10 이 그림에 나타난 문제를 해결하기 위한 토의 주제로 알맞은 것은 무엇입니까? ( )

① 운동장에서 떠들지 말자.
② 운동장을 깨끗이 사용하자.
③ 건강을 위해 운동을 열심히 하자.
④ 운동장을 다 같이 안전하게 쓰자.
⑤ 운동장의 낡은 운동 기구를 교체하자.

※ 점수 표시가 없는 문항은 10점입니다.

[01~04] 다음 글을 읽고, 물음에 답하시오.

"아함! 졸려."

㉠어제저녁에 방에서 컴퓨터를 하는데 졸음이 밀려온다. 안방으로 가서 가만히 누워 있는데 내 동생 용준이가 나를 툭툭 치며 장난을 걸어왔다. 나는 용준이가 또 덤빌까 봐 용준이 손을 잡고 안 놓아주었다. 그러다가 그만 내 눈에 쇳덩어리(용준이 머리)가 '쿵' 하고 부딪쳤다.

"아야!"

나는 너무 아파서 눈물을 글썽였다. 그랬더니 용준이가 혼날까 봐 따라 울려고 그랬다. 나는 결코 용준이를 아프게 한 적이 없는데도 말이다.

"야, 네가 왜 울어?"

그때였다. 아버지께서 눈을 크게 뜨며

"진윤서, 너 왜 동생 울려?"

하고 큰소리를 내셨다. 나한테만 뭐라고 하시는 아버지를 이해할 수 없었다. 나는 화가 나서 울며 내 방으로 들어가 침대에 누웠다.

㉡'쳇, 나한테만 뭐라고 하고……'

용준이가 문을 똑똑 두드렸다.

"누나야, 문 열어 봐."

"싫어."

나는 앞으로 용준이와 놀아 주지 않겠다고 다짐했다. 한참 있다가 어머니께서 오셨다. 문을 열어 보라고 하시는데 어머니의 표정이 ㉢별로 좋아 보였다. 나는 혼이 날까 봐 살짝 문을 열었다.

"윤서야, 너 좋아하는 연속극 해."

"일기 쓸래요."

그때 안방에서 아버지가 불렀다.

"윤서야, 이리 와 봐."

나는 입을 쭉 내밀고 절대 앉기 싫다는 표정으로 아버지 옆에 앉았다.

01 ㉠에서 문장 성분의 호응이 바르게 이루어지도록 고쳐야 할 낱말은 무엇입니까? ( )

① 방에서 ② 하는데
③ 졸음이 ④ 컴퓨터를
⑤ 밀려온다

02 ㉡에 담긴 '나'의 마음으로 알맞지 <u>않은</u> 것은 무엇입니까? ( ) [8점]

① 서러운 마음
② 억울한 마음
③ 섭섭한 마음
④ 지루한 마음
⑤ 화가 나는 마음

03 ㉢을 문장 성분의 호응 관계에 맞게 고친 것은 무엇입니까? ( )

① 좋아 보였다
② 별로 좋았다
③ 별로 좋을 것이다
④ 별로 좋아 보인다
⑤ 별로 좋아 보이지 않았다

04 다음 그림에서 윤서가 생각한 내용과 관련 있는 글쓰기 과정은 무엇입니까? ( )

① 계획하기
② 고쳐쓰기
③ 표현하기
④ 내용 생성하기
⑤ 내용 조직하기

05 문장 성분의 호응 관계에 맞게 다음 밑줄 친 부분을 바르게 고쳐 쓰시오. [12점]

> (1) 나는 책 읽기를 <u>별로 좋아하는</u> 편이다.
> (2) 선생님 말씀은 <u>전혀 들어 본</u> 내용이었다.
> (3) 나는 친구가 거짓말을 한 것이 <u>결코 바른 행동이라고</u> 생각한다.

(1) → (   )
(2) → (   )
(3) → (   )

[06~07] 다음 문장을 읽고, 물음에 답하시오.

> (가) ㉠할아버지는 얼른 밥을 다 먹고 또 일하러 나가셨다.
> (나) 어제저녁 우리 가족은 함께 동네 공원으로 산책을 나간다.

06 문장 성분의 호응 관계에 맞게 ㉠을 고쳐 쓸 때, 고쳐야 할 낱말을 <u>모두</u> 고르시오. (   )

① 다   ② 얼른   ③ 밥을
④ 먹고   ⑤ 할아버지는

07 다음은 (나)가 잘못된 문장인 까닭을 설명한 것입니다. 빈칸에 들어갈 말로 알맞은 것은 무엇입니까?
(   )

> [   ]와/과 서술어의 호응 관계가 바르지 않기 때문이다.

① 주어
② 목적어
③ 시간을 나타내는 말
④ 서술어를 꾸며 주는 말
⑤ 높임의 대상을 나타내는 말

08 다음은 글머리를 시작하는 방법 중 무엇에 해당합니까? (   )

> "가는 날이 장날"이라더니 해변은 축제 때문에 사람들로 가득했다.

① 속담으로 시작하기
② 대화 글로 시작하기
③ 인물 설명으로 시작하기
④ 상황 설명으로 시작하기
⑤ 의성어나 의태어로 시작하기

09 매체를 활용해 겪은 일이 드러나는 글을 쓰는 과정 중 다음 활동을 하는 단계는 무엇입니까? (   )

> ※선택하거나 해결한 항목의 □ 안에 ∨표 하기
>
> | 친구가 쓴 글에 의견 쓰기 | □ 잘한 점 칭찬하기
□ 자신이 쓴 글과 비교하고 새롭게 생각한 것 쓰기 |
> |---|---|
> | 친구가 남긴 의견 읽기 | □ 친구 의견에 대한 생각 쓰기
□ 친구 의견에서 반영할 부분 생각하기 |

① 고쳐쓰기
② 의견 주고받기
③ 활용할 매체 정하기
④ 매체를 활용해 글 쓰기
⑤ 매체를 활용할 때 주의할 점 알기

10 다음은 글 모음집을 만들기 전에 정해야 할 것 중 무엇에 해당합니까? (   )

> • 표지: 직접 그리기   • 내용: 컴퓨터 편집

① 읽을 사람   ② 펴낼 시기
③ 만드는 목적   ④ 만드는 방법
⑤ 들어갈 내용

※ 점수 표시가 없는 문항은 10점입니다.

[01~03] 다음 글을 읽고, 물음에 답하시오.

나는 앞으로 용준이와 놀아 주지 않겠다고 다짐했다. 한참 있다가 어머니께서 오셨다. 문을 열어 보라고 하시는데 어머니의 표정이 별로 좋아 보였다. 나는 혼이 날까 봐 살짝 문을 열었다.

"윤서야, 너 좋아하는 연속극 해."

"일기 쓸래요."

㉠그때 안방에서 아버지가 불렀다.

"윤서야, 이리 와 봐."

나는 입을 쭉 내밀고 절대 앉기 싫다는 표정으로 아버지 옆에 앉았다.

"왜 울었어?"

"잘못은 용준이가 했는데 저만 야단맞아서요."

"서러웠니?"

"예."

"윤서가 다 컸다고 아빠가 쉽게 생각했어. 미안하구나."

"……."

"용준이 너 이리 와."

아버지의 호령에 용준이가 똥 마려운 아이처럼 쭈뼛쭈뼛 다가왔다.

"누나……, 미안."

용준이가 씩 웃으며 나를 쳐다보았다. 웃음이 나오려는 것을 참고 아버지 쪽으로 얼굴을 돌렸는데 아버지께서 손으로 하트 모양을 만들고 계셨다. ㉡그만 웃음이 피식 웃어 버렸다. 아버지께서도 웃으셨다. 내 마음이 녹아 버렸다.

01 ㉠이 잘못된 문장인 까닭으로 알맞은 것은 무엇입니까? (   )

① 서술어에 호응하는 목적어가 없어서

② 주어와 서술어의 호응 관계가 바르지 않아서

③ 시간을 나타내는 말과 서술어의 호응 관계가 바르지 않아서

④ 서술어가 따로 있는 낱말과 서술어의 호응 관계가 바르지 않아서

⑤ 높임의 대상을 나타내는 말과 서술어의 호응 관계가 바르지 않아서

02 중요 ㉡을 바르게 고쳐 쓴 것에는 ○표, 바르게 고쳐 쓰지 못한 것에는 ×표를 하시오.

(1) 그만 웃음이 피식 웃었다.   (   )

(2) 그만 나는 피식 웃어 버렸다.   (   )

(3) 그만 웃음이 나서 피식 웃어 버렸다. (   )

03 다음은 윤서가 이 글을 쓰면서 생각한 것입니다. 윤서가 하고 있는 일은 무엇입니까? (   )

① 글을 고치는 일

② 직접 글을 쓰는 일

③ 글을 쓸 준비를 하는 일

④ 글을 쓸 내용을 나누는 일

⑤ 글을 쓸 내용을 떠올리는 일

04 글쓰기 과정 중 다음 내용을 생각해야 하는 단계는 무엇입니까? (   )

• 읽는 사람이 이해하기 어려운 내용은 없는가?
• 문장 성분의 호응이 바르지 않은 부분은 없는가?

① 계획하기

② 고쳐쓰기

③ 표현하기

④ 내용 생성하기

⑤ 내용 조직하기

[05~06] 다음 문장을 읽고, 물음에 답하시오.

> **(가)** 선생님께서는 이번 시험 문제가 쉽다고 말씀하셨는데 전혀 쉬워서 친구들이 모두 놀랐다.
> **(나)** 평소 은주는 바른 말을 쓰고 친구들을 잘 이해하는 친구였기 때문에 나는 결코 그것이 은주가 한 행동이라고 생각했다.

05 문장 (가)와 (나)에서 호응하는 서술어가 따로 있어 주의해야 하는 낱말을 각각 찾아 쓰시오.

(1) 문장 (가): (   )

(2) 문장 (나): (   )

서술형
06 문제 **05**에서 답한 것을 바탕으로, 문장 (가)와 (나)가 잘못된 문장인 까닭을 쓰시오. [12점]

_____

_____

07 다음은 겪은 일이 드러나게 글을 쓰기 위해 계획을 세운 것입니다. 빈칸에 들어갈 말로 알맞은 것은 무엇입니까? (   ) [8점]

> • ☐☐☐☐☐: 글 모음집에 실으려고
> • 글의 종류: 겪은 일을 표현하는 글
> • 읽는 사람: 친구, 부모님
> • 주제: 가족의 사랑, 명절 문화 바꾸기

① 제목 ② 내용

③ 목적 ④ 차례

⑤ 분량

08 겪은 일이 드러나는 글을 쓰기 위해 글감을 고를 때, 좋은 글감은 무엇입니까? (   )

① 누구나 경험할 만한 것

② 주제가 잘 드러나지 않는 것

③ 내용을 자세히 풀어 쓸 수 없는 것

④ 글을 읽는 사람이 흥미를 느낄 만한 것

⑤ 장소나 등장인물의 변화가 너무 많은 것

중요
09 다음은 글머리를 시작하는 방법 중 무엇에 해당하는지 보기 에서 찾아 기호를 쓰시오.

> **보기**
> ㉮ 의태어로 시작하기
> ㉯ 상황 설명으로 시작하기
> ㉰ 날씨 표현으로 시작하기

글머리	방법
(1) 꼼지락꼼지락, 희조는 이불 속에서 나올 생각을 안 한다.	
(2) 하늘에서 물을 바가지로 퍼붓는 듯 비가 내리는 날이었다.	
(3) 10월의 어느 날, 드디어 반 대항 축구 대회가 열리는 날이었다.	

10 매체를 활용해 겪은 일이 드러나는 글을 쓰는 과정 중 고쳐쓰기 단계에서 할 일로 알맞지 않은 것은 무엇입니까? (   )

① 처음 썼던 글과 달라진 점 생각하기

② 처음 썼던 글보다 좋아진 점 생각하기

③ 고쳐 쓸 부분을 찾아 고치고 저장하기

④ 의견을 조정하는 방법으로 활용할 매체 정하기

⑤ 문장 성분의 호응이 잘 이루어졌는지 확인하기

※ 점수 표시가 없는 문항은 10점입니다.

[01~03] 다음 그림을 보고, 물음에 답하시오.

01 그림 **가**에서 민준이가 이용한 매체 자료와 성격이 비슷한 것은 무엇입니까? (   )

① 영화　　　　② 잡지　　　　③ 연속극
④ 누리 소통망　⑤ 휴대 전화 문자 메시지

02 그림 **나**에서 민준이가 이용한 매체 자료의 종류와 매체가 알맞게 짝지어진 것은 무엇입니까? (   )

① 영상 매체 자료 – 책
② 영상 매체 자료 – 영화
③ 인터넷 매체 자료 – 신문
④ 인쇄 매체 자료 – 백과사전
⑤ 인터넷 매체 자료 – 휴대 전화 문자 메시지

03 그림 **나**의 매체 자료에서 사진과 동영상을 사용하는 까닭으로 알맞은 것에 ○표를 하시오.

(1) 대화하는 친구에게 자신의 마음을 감추고 싶기 때문이다.　　　　　　　　　　　　(　　)

(2) 대화하는 친구가 하고 싶은 말을 미리 알고 싶기 때문이다.　　　　　　　　　　　(　　)

(3) 문자로만 내용을 전달하는 것보다 훨씬 실감 나고 정확하게 생각을 전달할 수 있기 때문이다.
　　　　　　　　　　　　　　　　　(　　)

04 영상 매체 자료에서 다음과 같은 상황을 표현하기에 가장 알맞은 방법은 무엇입니까? (   )

인물이 처한 상황	주인공이 밤새도록 환자를 치료한다.

① 치료 장면을 연달아 보여 준다.
② 주인공을 기다리는 환자를 보여 준다.
③ 경쾌하고 밝은 느낌의 음악을 사용한다.
④ 설렘을 나타내는 그림말을 자막으로 표현한다.
⑤ 친구와 사이좋게 대화하는 주인공을 보여 준다.

[05~07] 다음 글을 읽고, 물음에 답하시오.

　김득신은 열 살에 처음 글을 배우기 시작했다. 김득신은 정삼품 부제학을 지낸 김치의 아들로 태어났다. 주변에서는 우둔한 김득신을 포기하라고 했다. 하지만 김득신의 아버지는 공부를 포기하지 않는 김득신을 대견스럽게 여겼다.
　김득신은 스무 살에 처음으로 작문을 했다. 김득신의 아버지는 공부란 꼭 과거를 보기 위한 것만이 아니니 더욱 노력하라고 김득신을 격려했다. 김득신은 같은 책을 반복해서 여러 번 읽으며 공부했으나 하인도 외우는 내용을 기억하지 못하는 한계를 드러냈다. 김득신은 자신의 한계를 극복하기 위해 만 번 이상 읽은 책에 대한 기록을 남겼다.
　김득신은 59세에 문과에 급제해 성균관에 입학했다. 김득신은 많은 책과 시를 읽었지만 자신만의 시어로 시를 썼다. 많은 사람이 김득신의 시를 높이 평가했다.

05 김득신의 공부 방법으로 알맞은 것은 무엇입니까?
　　　　　　　　　　　　　　　　　(　　)

① 하루에 만 권씩 책을 읽었다.
② 자신만의 필기 방법을 생각해 냈다.
③ 주변 사람들에게 설명하며 공부했다.
④ 배워서 안 내용을 직접 실천해 보았다.
⑤ 같은 책을 반복해서 여러 번 읽으며 공부했다.

06 김득신에게 본받을 점으로 알맞은 것은 무엇입니까? ( )

① 뛰어난 전술로 적을 물리친 점
② 뛰어난 머리로 새로운 학문을 연구한 점
③ 베푸는 마음으로 어려운 사람을 도운 점
④ 꾸준히 노력해서 자신의 한계를 극복한 점
⑤ 자신을 희생하며 부모님을 극진히 모신 점

07 이 글의 내용을 영상 매체로 표현할 때, 마무리 부분에 어울리는 음악과 그 음악이 주는 효과를 보기 와 같이 쓰시오. [12점]

> 보기
> • 도입부(앞부분)에 어울리는 음악: 아련한 느낌을 주는 음악을 넣어 묵묵히 노력하는 인물의 모습이 더욱 강조되도록 한다.

• 마무리 부분에 어울리는 음악: _____

[08~10] 다음 글을 읽고, 물음에 답하시오.

(가)

> 민서영의 두 번째 거짓말!
> 여러분, 민서영은 또 한 번 여러분을 우롱하고 있습니다. 민서영이 내놓은 사진들을 살펴보면 단박에 그걸 알 수 있습니다.
> 민서영 아빠가 의료 봉사를 하고 있는 사진은 인터넷 여기저기에서 얼마든지 퍼 올 수 있는 사진들입니다. 사진 속 의사가 민서영 아빠라는 걸 누가 증명해 줄까요?

(나) 흑설 공주는 마치 먹이를 문 사자처럼 좀처럼 서영이를 잡고 놓아주지 않았다. 그러자 ㉠핑공 카페는 점점 더 흑설 공주와 민서영의 싸움을 구경하려는 구경꾼들로 가득 찼다. 흑설 공주와 민서영이 올린 글의 조회 수는 점점 더 올라가고, 모두들 민서영이 어떤 반격을 해 올지 기다리는 눈치였다.

08 이 글에서 일어난 사건은 무엇입니까? ( )

① 교실에서 친구들이 자료를 이용해 발표했다.
② 친구들이 흑설 공주와 민서영을 화해시켰다.
③ 흑설 공주와 민서영이 직접 만나서 이야기했다.
④ 핑공 카페에서 흑설 공주가 올린 글에 민서영이 칭찬하는 글을 달았다.
⑤ 핑공 카페에서 흑설 공주와 민서영의 진실 싸움이 벌어져 친구들이 관심을 가지고 보고 있다.

09 ㉠이 해당하는 매체의 종류에 ○표를 하시오. [8점]

(1) 인쇄 매체 ( )
(2) 영상 매체 ( )
(3) 인터넷 매체 ( )

10 이 글에 등장하는 인물들의 말과 행동에 대하여 자신의 생각을 알맞게 말한 친구의 이름을 쓰시오.

> 여진: 친구와 다정하게 인사말을 주고받고 있어.
> 샘물: 친구들이 자기 일이 아닌데 너무 관심을 가지고 있어.
> 우현: 친구가 하는 일을 열심히 응원해 주는 모습이 보기 좋아.

( )

※ 점수 표시가 없는 문항은 10점입니다.

[01~04] 다음 그림을 보고, 물음에 답하시오.

01 그림 **가**의 매체 자료에 대해 알맞게 말하지 <u>못한</u> 것은 무엇입니까? ( )

① 인쇄 매체 자료이다.
② 글로 중요한 정보를 전달한다.
③ 성격이 비슷한 매체 자료로 잡지가 있다.
④ 소리에 담긴 정보를 잘 탐색하여야 한다.
⑤ 사진을 함께 실어서 읽는 사람의 관심을 끈다.

02 그림 **나**의 매체 자료와 성격이 비슷한 매체 자료를 두 가지 고르시오. (,)

① 잡지   ② 영화
③ 신문   ④ 연속극
⑤ 누리 소통망

03 민준이가 그림 **나**의 매체 자료 내용을 잘 이해하기 위해 주의하며 읽거나 보아야 할 부분이 <u>아닌</u> 것은 무엇입니까? ( )

① 그림말의 의미
② 연출 기법의 의미
③ 영상과 소리의 관계
④ 장면과 어우러지는 음악
⑤ 자막에서 알려 주는 내용

04 그림 **다**의 매체 자료를 읽는 방법으로 알맞은 것은 무엇입니까? ( )

① 그림말이 전하는 정보만 읽는다.
② 앞부분에 있는 차례를 중심으로 읽는다.
③ 머리말에 나타난 내용을 자세히 읽는다.
④ 자세하고 긴 글만 골라서 꼼꼼히 읽는다.
⑤ 글과 그림이 주는 시각 정보와 화면 구성 및 소리에 담긴 정보를 읽는다.

[05~07] 다음 글을 읽고, 물음에 답하시오.

김득신은 열 살에 처음 글을 배우기 시작했다. 김득신은 정삼품 부제학을 지낸 김치의 아들로 태어났다. 주변에서는 우둔한 김득신을 포기하라고 했다. 하지만 김득신의 아버지는 공부를 포기하지 않는 김득신을 대견스럽게 여겼다.

김득신은 스무 살에 처음으로 작문을 했다. 김득신의 아버지는 공부란 꼭 과거를 보기 위한 것만이 아니니 더욱 노력하라고 김득신을 격려했다. 김득신은 같은 책을 반복해서 여러 번 읽으며 공부했으나 하인도 외우는 내용을 기억하지 못하는 한계를 드러냈다. 김득신은 자신의 한계를 극복하기 위해 만 번 이상 읽은 책에 대한 기록을 남겼다.

김득신은 59세에 문과에 급제해 성균관에 입학했다. 김득신은 많은 책과 시를 읽었지만 자신만의 시어로 시를 썼다. 많은 사람이 김득신의 시를 높이 평가했다.

05 이 글을 읽고 알 수 있는 김득신의 성격은 어떠합니까? (　　　)

① 사람들과 잘 사귄다.
② 다른 사람을 잘 배려한다.
③ 쉽게 실망하거나 기죽지 않는다.
④ 부모님의 말씀을 잘 따르지 않는다.
⑤ 어려운 일을 만나면 쉽게 포기한다.

06 이 글의 내용을 영상 매체로 표현할 때, 도입부(앞부분)에 다음과 같은 음악을 사용하려고 합니다. 그 효과로 알맞은 것에 ○표를 하시오.

장면	음악
태몽에 나온 '노지(老子)'의 정령을 받은 아이	잔잔하고 차분한 느낌, 아련한 느낌의 음악

(1) 책의 내용이 잘 이해되어 뿌듯한 김득신의 마음이 강조된다. (　　　)
(2) 이야기의 시작을 알린다. 묵묵히 노력하는 인물의 모습이 더욱 강조된다. (　　　)
(3) 읽은 내용을 자꾸 잊어버리는 우스꽝스러우면서도 안타까운 김득신의 모습이 강조된다. (　　　)

07 다음은 문제 06과 같이 인쇄 매체를 영상 매체로 표현했을 때, 읽는 방법과 자세가 어떻게 달라지는지 정리한 것입니다. 빈칸에 알맞은 내용을 이어 쓰시오. [12점]

인쇄 매체 자료는 글로 표현한 내용을 머릿속으로 떠올리면서 내용을 꼼꼼히 확인하며 읽어야 하지만 영상 매체 자료는 _____

[08~10] 다음 글을 읽고, 물음에 답하시오.

(가) 민주는 자기 생각을 당당하게 밝힐 줄 아는 서영이의 용기가 몹시 부러웠다. 하지만 핑공 카페에 들어와 서영이가 올린 글을 읽은 아이들은 저마다 자기 의견을 달아 놓았다. 그중에는 서영이를 두둔하는 선플도 있었지만, 흑설 공주를 비방하는 악플과 함께 여전히 흑설 공주 편을 드는 아이들도 있었다.

(나)
흑설 공주의 글이 사실이 아니라는 증거 두 가지
　여러분, 저는 흑설 공주에게 모함을 받고 있는 민서영입니다.
　여러분 중에서도 흑설 공주의 글을 읽고 여전히 제가 거짓말쟁이라고 의심하는 분들이 있다는 걸 알고 매우 슬펐습니다. 만약 아직도 저에 대한 의심과 오해를 풀지 못한 분이 있다면 아래에 있는 사진을 참조해 주시기 바랍니다.

08 이 글에서 인물들이 이야기를 나누는 공간은 어디입니까? (　　　) [8점]

① 교실
② 교무실
③ 학급 문집
④ 단체 대화방
⑤ 인터넷 카페

09 서영이를 비난하는 글을 올린 인물의 이름을 이 글에서 찾아 쓰시오.

(　　　　　　　　　)

10 이 글에 등장하는 인물의 모습을 현실 세계 속 우리 모습과 비교해 알맞게 말한 친구의 이름을 쓰시오.

수한: 가까운 곳에 사는 친구들하고만 대화를 나눠.
정별: 선생님과 편지를 주고받으며 대화하는 경우가 많아.
유나: 사실이 아닌 정보를 확인하지 않고 사실인 양 퍼뜨리는 일이 있어.

(　　　　　　　　　)

※ 점수 표시가 없는 문항은 10점입니다.

[01~02] 다음 그림을 보고, 물음에 답하시오.

01 이 그림에 나타난 문제 상황은 무엇입니까? ( )
[8점]

① 학교 운동장에 운동 시설이 부족하다.
② 학교 운동장을 사용하는 사람이 너무 많다.
③ 학교 운동장에 잔디가 깔리지 않아 불편하다.
④ 밤에 학교 운동장을 열지 않아 운동할 수 없다.
⑤ 학교 운동장을 외부인에게 개방해서 쓰레기가 더 많아졌다.

02 문제 **01**에 대한 의견이 서로 다를 때 알맞은 해결 방법을 말한 친구의 이름을 쓰시오.

> 진우: 나의 의견에 따르라고 강하게 말해야 해.
> 아영: 주장을 뒷받침하는 근거를 마련해 토론해야 해.

( )

[03~05] 다음 글을 읽고, 물음에 답하시오.

(가) 직업은 생활 수단이자 자신의 능력을 발휘하고 꿈을 실현할 수 있는 기회이기도 하다. 그런데 자신이 희망하는 직업을 유행에 따라 결정하는 일이 과연 옳은 것일까?
(나) 실제로 자신의 꿈이 '연예인'으로 바뀌었다고 하는 한 학생을 면담한 결과, "요즘에는 연예인이 대세이다."라면서도 "사실은 한 해에도 여러 번 바뀌는 희망 직업 때문에 고민이 많다. 무엇을 준비해야 할지 모르겠다."라고 털어놓았다.
(다) 이와 같은 현실과 관련해 직업 평론가 ○○○ 씨와

면담한 결과, 그는 "자신이 원하는 일이 무엇인지 모르며 사회에 어떤 다양한 직업이 있는지 알아보려고 하지 않는 사실이 문제"라며 우려를 나타냈다. 직업은 미래에 자기 삶을 유지해 줄 수 있는 수단 가운데 하나이다. 직업으로 사람들은 소득을 얻기도 하고, 행복과 보람을 느끼기도 한다. 그러므로 유행보다는 자신의 흥미와 적성, 특기를 알고, 이것을 바탕으로 하여 직업을 고르려고 노력해야 한다.

03 글쓴이의 주장은 무엇입니까? ( )

① 직업은 생활 수단이다.
② 직업의 변화를 잘 알아야 한다.
③ 직업의 선택은 유행에 따라야 한다.
④ 직업으로 사람들은 소득을 얻기도 하고 행복과 보람을 느끼기도 한다.
⑤ 직업의 선택은 자신의 흥미와 적성, 특기를 고려해서 이루어져야 한다.

04 글 (나)와 (다) 중 더 믿을 만한 자료가 쓰인 것과 그 까닭이 알맞게 짝지어진 것에 ○표를 하시오.

(1) 글 (나) – 나와 친한 사람의 말이어서 ( )
(2) 글 (다) – 해당 분야 전문가의 말이어서 ( )

05 서술형 다음 자료를 이 글의 근거 자료로 활용할 수 있는지 평가하고, 그렇게 생각한 까닭은 무엇인지 쓰시오. [12점]

학부모가 희망하는 자녀 직업
* 단위: 퍼센트

직업	퍼센트
선생님/교사	12.2
공무원	8.0
의사/의료인	6.5
경찰	4.2
요리사/셰프/셰프테이너	3.0
아나운서/아나테이너	2.2
과학자/교수	2.1
기타 전문직	1.9
초등학교 교사	1.8
기타	58.1

* 출처: 한국직업능력연구원(2017), 학부모가 희망하는 자녀 직업(희망 직업이 있다고 응답한 학부모 4733명 대상), 「초·중등 진로 교육 현황 조사」.

(1) 근거 자료로 활용할 수 (있다 , 없다).

(2) 까닭:

[06~10] 다음 글을 읽고, 물음에 답하시오.

(가) 사회자: 이번에는 찬성편이 반론을 펴고, 반대편에서 찬성편의 반론을 반박해 주시기 바랍니다.

찬성편: 반대편은 학급 임원을 뽑는 기준이 올바르지 않은 까닭을 근거로 들었습니다. 하지만 반대편에서 첫 번째 자료로 제시한 설문 조사 결과는 다른 학교를 조사한 것입니다. 따라서 우리 학교의 상황과 설문 조사 결과가 반드시 같다고는 볼 수 없습니다. ㉠우리 학교 사정을 고려해서 근거를 말씀해 주셔야 하지 않을까요?

반대편: 네, 저희가 다른 학교에서 조사한 결과를 활용한 것은 맞습니다. 그러나 그 자료는 학급 임원을 뽑는 기준에 문제가 있다고 생각하는 학생이 많다는 점을 보여 드리려는 자료입니다. 여기 우리 학교 선생님을 면담한 결과를 보여 드리겠습니다. 그 선생님께서는 "봉사 정신이 뛰어나거나 모범적인 행동을 보이는 학생보다는 인기가 많은 학생이 학급 임원이 되는 경우가 종종 있다."라고 말씀하셨습니다. 이러한 점을 모두 고려해 학생 대표로서의 학급 임원이 필요한지 의문입니다.

(나) 사회자: 이제 토론의 마지막 단계인 주장 다지기입니다. 먼저 찬성편이 발언해 주시기 바랍니다.

찬성편: 학급 임원은 반드시 필요합니다. 공정한 선거로 학생 대표를 뽑고, 그 대표를 도와 학교생활이 잘 이루어지도록 하는 경험을 해 보는 것은 큰 의미가 있습니다. ㉡학급 임원을 뽑는 기준에 문제가 있다면 그 문제를 해결하면 됩니다. 반대편의 대안처럼 할 경우 원하지 않는 학생이 학생 대표를 맡게 되는 또 다른 문제가 발생할 수 있습니다. 공정한 경쟁과 올바른 선택을 거쳐 학급 임원을 뽑는다면 문제를 원만히 해결할 수 있을 것이라고 생각합니다.

06 글 (가)와 (나)는 토론 절차 중 어느 단계에 해당하는지 각각 쓰시오.

(1) 글 (가): (   )

(2) 글 (나): (   )

07 찬성편이 제시한 반론 내용은 무엇입니까? (   )

① 전문가의 면담 자료가 아니다.

② 근거 자료를 제시하지 않았다.

③ 토론 주제와 관련이 없는 근거이다.

④ 근거로 든 잡지 내용이 너무 오래된 것이다.

⑤ 설문 조사 결과가 우리 학교의 상황과 반드시 같다고 볼 수 없다.

08 ㉠에 대한 답변으로 반대편이 제시한 것은 무엇인지 (   ) 안의 알맞은 말에 차례대로 ○표를 하시오.

> 우리 학교 (선생님 , 학급 임원)을 (선거 , 면담) 한 결과

09 글 (나)의 찬성편 발언을 정리할 때 주장과 근거로 알맞은 것을 보기 에서 각각 찾아 기호를 쓰시오.

> **보기**
> ㉮ 학급 임원은 반드시 필요하다.
> ㉯ 학급 임원이 반드시 필요하지는 않다.
> ㉰ 학급 임원을 뽑는 기준에 문제가 있고, 학생들 간 동등한 관계에 부정적인 영향을 끼친다.
> ㉱ 공정한 선거로 학생 대표를 뽑고, 그 대표를 도와 학교생활이 잘 이루어지도록 하는 경험을 해 보는 것은 큰 의미가 있다.

(1) 주장: (   )

(2) 근거: (   )

10 글 (나)에서 찬성편이 ㉡과 같이 말한 까닭은 무엇입니까? (   )

① 토론의 마침을 알리려고

② 자기편 주장을 요약하려고

③ 자기편 주장의 장점을 정리하려고

④ 근거와 관련한 자료를 제시하려고

⑤ 반대편에서 제기한 반론을 반박하려고

※ 점수 표시가 없는 문항은 10점입니다.

01 토론이 필요한 경우로 가장 알맞은 것은 무엇입니까? (　　　) [8점]

① 친구의 의견을 응원할 때
② 청소 당번 구역을 정할 때
③ 학교에서 새로운 인사말을 정할 때
④ 학급 회장이 되어 친구들에게 인사할 때
⑤ 학교 앞 단속 카메라에 대해 서로 의견이 엇갈릴 때

[02~05] 다음 글을 읽고, 물음에 답하시오.

(가) 직업은 생활 수단이자 자신의 능력을 발휘하고 꿈을 실현할 수 있는 기회이기도 하다. 그런데 자신이 희망하는 직업을 유행에 따라 결정하는 일이 과연 옳은 것일까?

우리 반 친구들이 희망하는 직업

* 단위: 명

직업명	교사	요리사	과학자	의사	디자이너	연예인	운동선수	기타
전체 32명	3	5	3	4	2	9	3	3

(나) 실제로 자신의 꿈이 '연예인'으로 바뀌었다고 하는 한 학생을 면담한 결과, "요즘에는 연예인이 대세이다."라면서도 "사실은 한 해에도 여러 번 바뀌는 희망 직업 때문에 고민이 많다. 무엇을 준비해야 할지 모르겠다."라고 털어놓았다.

(다) 이와 같은 현실과 관련해 직업 평론가 ○○○ 씨와 면담한 결과, 그는 "자신이 원하는 일이 무엇인지 모르며 사회에 어떤 다양한 직업이 있는지 알아보려고 하지 않는 사실이 문제"라며 우려를 나타냈다. 직업은 미래에 자기 삶을 유지해 줄 수 있는 수단 가운데 하나이다. 직업으로 사람들은 소득을 얻기도 하고, 행복과 보람을 느끼기도 한다. 그러므로 유행보다는 자신의 흥미와 적성, 특기를 알고, 이것을 바탕으로 하여 직업을 고르려고 노력해야 한다.

02 글 (가)에서 사용한 근거 자료에 대해 알맞게 말하지 못한 것은 무엇입니까? (　　　)

① 조사 대상은 우리 반 친구들이다.
② 친구들이 가장 희망하는 직업은 연예인이다.
③ 조사 범위가 글쓴이가 속한 반의 친구들 32명이다.
④ 주장에 대한 근거 자료로 설문 조사 결과를 활용하였다.
⑤ 전체 초등학생들의 장래 희망에 대한 근거 자료로 적절하다.

03 글 (나)와 (다)에서 면담한 대상은 누구인지 쓰시오.

(1) 글 (나): (　　　　　　　　　　　)
(2) 글 (다): (　　　　　　　　　　　)

04 글 (나)보다 글 (다)에서 활용한 근거 자료가 더 믿을 만하다면 그 까닭으로 알맞은 것은 무엇입니까? (　　　)

① 면담 내용이 더 많기 때문이다.
② 더 오랜 시간 면담했기 때문이다.
③ 해당 분야 전문가의 말이기 때문이다.
④ 더 면담하기 어려운 사람이기 때문이다.
⑤ 글쓴이가 더 좋아하는 사람의 말이기 때문이다.

05 이 글에서 근거 자료들이 뒷받침하고 있는 글쓴이의 주장은 무엇인지 쓰시오. [12점]

[06~08] 다음 글을 읽고, 물음에 답하시오.

(가) 찬성편: 둘째, 학교 안에서 선거를 경험할 수 있습니다. 어린이 사회 교육 잡지에 실린 한 전문가의 면담에 따르면, "민주 시민 교육은 초등학교 때부터 이루어져야 한다. 사회를 미리 경험한다는 점에서 학급 임원 선거는 학생들에게 소중한 경험이 될 수 있다."라고 했습니다.

(나) 반대편: 학급 임원 제도는 반드시 필요하다고 할 수 없습니다. 저희는 다음과 같은 까닭으로 "학급 임원은 반드시 필요하다."라는 주제에 반대합니다.

첫째, 학급 임원을 뽑는 기준이 올바르다고 보기 어렵습니다. 한 매체에서 설문 조사를 한 결과에 따르면 70퍼센트 정도의 학생들이 "후보들의 능력보다 친분을 우선으로 투표한 적이 있다."라고 응답했습니다.

06 반대편의 주장을 뒷받침하는 근거를 찾아 기호를 쓰시오.

㉮ 학교 안에서 선거를 경험할 수 있다.
㉯ 학급 임원을 뽑는 기준이 올바르다고 보기 어렵다.

( )

07 찬성편에서 제시한 근거 자료에 ○표를 하시오.

(1) 설문 조사 결과 ( )
(2) 전문가의 면담 자료 ( )

08 다음은 찬성편과 반대편 중 어느 쪽이 근거로 활용하기에 더 좋은 내용인지 쓰시오.

저희가 설문 조사를 한 결과에 따르면 우리 지역의 초등학교 가운데에서 95퍼센트가 넘는 학교가 학급 임원을 뽑고 있다고 합니다. 이렇게 많은 학교가 학급 임원을 뽑는다는 것은 실제로 학급 임원이 필요하기 때문이 아니겠습니까?

( )

[09~10] 다음 글을 읽고, 물음에 답하시오.

사회자: 이번에는 상대편이 펼친 주장에서 잘못된 점이나 궁금한 점을 지적하고 이에 답하는 반론하기 시간입니다. 먼저 반대편이 반론과 질문을 하고 이에 대해 찬성편이 답변하도록 하겠습니다. 시간은 2분입니다. 시작해 주십시오.

반대편: 찬성편에서는 학급을 위해 봉사하고, 학생 대표가 되어 우리의 뜻을 학교에 전하는 역할을 할 학급 임원이 필요하다고 했습니다. 하지만 학급을 위해 봉사하는 것은 몇 명의 학생이 아니라 전체 학생이 다 할 수 있는 일입니다. 또 요즘은 기술이 발달해서 여러 사람이 동시에 회의에 참여할 수 있습니다. 굳이 학생 대표 한두 명만 회의에 참여하도록 할 필요가 없습니다. 따라서 찬성편의 근거는 학급 임원이 반드시 필요하다는 주장을 뒷받침하는 근거라고 보기 어렵습니다. ㉠오히려 모든 학생이 학급 임원을 경험할 수 있도록 돌아가며 하는 게 좋지 않을까요?

09 찬성편의 주장에 대한 반대편의 반론으로 알맞은 것은 무엇입니까? ( )

① 학급을 위해 봉사할 필요가 없다.
② 근거로 든 면담 자료가 믿을 만하지 않다.
③ 학생 대표만 학교 회의에 참석할 수 있다.
④ 근거로 든 설문 조사 자료의 조사 범위가 적절하지 않다.
⑤ 요즘은 기술이 발달해서 여러 사람이 동시에 회의에 참여할 수 있다.

10 반대편이 ㉠과 같이 질문을 한 까닭은 무엇입니까?

( )

① 토론 주제를 알리기 위해서이다.
② 상대편의 주장을 요약하기 위해서이다.
③ 상대편 주장의 장점을 밝히기 위해서이다.
④ 자기편 의견의 고칠 점을 밝히기 위해서이다.
⑤ 상대편의 주장이 타당하지 않다는 것을 밝히기 위해서이다.

※ 점수 표시가 없는 문항은 10점입니다.

[01~02] 다음 글을 읽고, 물음에 답하시오.

> 귀가 ㉠어두워 무슨 말을 해도 제대로 알아듣지 못하는 만화 주인공 '사오정'을 아시나요? 만화 주인공 사오정과 비슷한 사람이 우리 주변에 많이 생겨나고 있습니다. 사오정이 ㉡뜬금없는 말로 우리에게 재미와 웃음을 주지만 요즘에 사오정들은 귀 건강을 위협받는 아주 위험한 상황에 놓여 있습니다.
> 귀가 건강하지 못하다는 사실은 소리 듣기로 가장 쉽게 알 수 있습니다. 소리가 잘 들리지 않는다면 그만큼 귀가 건강하지 못하다는 의미입니다.

01 이 글을 민찬이와 같이 읽었을 때의 문제점을 알맞게 말한 친구의 이름을 쓰시오.

> 귀가 어둡다는 말은 무슨 뜻일까? 귀 색깔이 검은색이라는 뜻이겠지. 그냥 대충 읽어야겠다.

민찬

> 서연: 글의 중요한 내용을 더 빨리 알 수 있어.
> 동희: 글의 내용을 잘 이해해서 글의 구조도 쉽게 알 수 있어.
> 나루: 낱말의 뜻을 제대로 짐작하지 못해서 글 내용을 잘 이해하지 못하게 돼.

(   )

02 ㉠과 ㉡의 낱말 뜻을 알맞게 짐작한 것끼리 짝지어진 것은 무엇입니까? (   )

	㉠	㉡
①	깜깜해	명백한
②	못 들어	생각한
③	잘 들려	확실한
④	잘 안 들려	당연한
⑤	귀가 잘 들리지 않아	엉뚱한

[03~05] 다음 글을 읽고, 물음에 답하시오.

> "퍼트리샤, 슐로스 할아버지에게 바치는 글은 정말 놀라웠다. 자신이 겪은 일 쓰기의 모범으로 ㉠삼아도 좋을 만큼 말이다."
> 반으로 접힌 기말 과제 종이를 손에 꼭 쥐고 집으로 달려가는 내내, 나는 기대에 ㉡들떠 가슴이 부풀어 올랐다.
> 언덕길에서는 잠깐 멈추어 서서 슐로스 할아버지의 집을 올려다보았다.
> "슐로스 할아버지! 지금은 사랑하는 아내와 함께 계시겠지요?"
> 나는 거의 속삭이듯 물었다. 이런 생각만으로도 가슴이 따뜻해졌다.
> 나는 드디어 기말 과제 종이를 펼쳤다. 맨 위쪽 빈 공간에 빨간색 글씨가 가득했다.
> '퍼트리샤, 맞춤법은 아직 손보아야 할 곳이 많지만, 낱말에 날개가 달려 있구나. 채점 기준만 고집할 수 없을 정도로. 그래서…… 네게 글쓰기반 최초로 에이(A) 점수를 주마.'

03 '내'가 쓴 글에 대해 알맞게 말하지 **못한** 것은 무엇입니까? (   )

① 자신이 겪은 일을 쓴 글이다.
② 낱말을 다양하게 잘 사용한 글이다.
③ 맞춤법에 맞게 정확하게 쓴 글이다.
④ 슐로스 할아버지에게 바치는 글이다.
⑤ 글쓰기반 최초로 에이(A) 점수를 받은 글이다.

04 ㉠과 바꾸어 쓸 수 있는 낱말은 무엇입니까? (   )

① 걸어도   ② 없애도   ③ 버려도
④ 사라져도   ⑤ 생각해도

05 ㉡의 낱말 뜻을 짐작하여, 그렇게 짐작한 까닭과 함께 쓰시오. [12점]

_____

[06~07] 다음 글을 읽고, 물음에 답하시오.

(가) 사람들은 많은 물건을 한꺼번에 나르려고 바구니를 이용한다. 그렇다면 동물들은 한꺼번에 먹이를 나르려고 무엇을 이용할까?

다람쥐는 볼주머니를 이용한다. 볼주머니는 입안 좌우에 있는 큰 주머니를 말한다. 다람쥐는 먹이를 입에 넣은 다음 볼에 차곡차곡 담는데 밤처럼 너무 큰 먹이는 이빨로 잘라서 넣기도 한다. 다람쥐의 경우 도토리 같은 열매 열 개 이상을 볼주머니에 잠시 저장할 수 있다.

원숭이도 볼주머니가 있다. 원숭이의 볼주머니에는 사과 한 개 정도가 들어갈 수 있는 공간이 있다. 원숭이는 먹이를 발견하면 대충 씹어 그곳에 잠시 저장한다. 그런 다음 다른 원숭이에게 먹이를 빼앗기지 않으려고 안전한 장소로 이동한 뒤 먹이를 조금씩 꺼내어 먹는다.

(나) 사람들이 바구니를 이용해 물건을 나르는 것처럼 볼주머니를 이용해 먹이를 나르는 동물들이 있다. 다람쥐는 도토리 같은 열매 열 개 이상을 볼주머니에 잠시 저장해 먹이를 나른다. 원숭이도 먹이를 볼주머니에 잠시 저장해 안전한 장소로 이동해서 먹는다.

06 글 (가)에서 여러 번 반복해서 나타나는 중심 낱말은 무엇인지 쓰시오.

(   )

07 글 (가)를 (나)와 같이 요약하는 방법으로 알맞은 것을 두 가지 고르시오. (,   )

① 필요 없는 부분을 찾아 삭제한다.
② 어려운 낱말을 쉬운 낱말로 바꾼다.
③ 글에서 문장 몇 개를 골라 그대로 옮긴다.
④ 설명이 부족한 부분을 찾아 자세히 설명한다.
⑤ 반복해서 나타나는 낱말을 찾아 전체를 대표하는 낱말로 바꾼다.

[08~10] 다음 글을 읽고, 물음에 답하시오.

(가) 나는 숨을 쉬니까 집 단장에도 좋아. 더운 날에는 찬 공기 들여 시원하게 하고, 추운 날에는 더운 공기 잡아 따뜻하게 하지. 또 습한 날은 젖은 공기 머금어 방 안을 보송보송하게 하고, 건조한 날은 젖은 공기 내놓아 방 안을 상쾌하게 하지.

(나) 낡은 옷장에 나를 겹겹이 붙이면 새 옷장이 되고, 요리조리 모양 잡으면 ㉠안경집, 벼룻집, 갓집이 되지. 바늘, 실, 골무 같은 바느질 도구 넣는 ㉡반짇고리도 될 수 있어.

(다) 나는 흥겨운 놀이에도 빠지지 않아. 방패연, 가오리연이 되어 하늘을 훨훨 날 수도 있고, 제기가 되어 이리 펄쩍 저리 펄쩍 뛰기도 해. 풍물패 고깔 위에 알록달록 핀 예쁜 꽃도 바로 나야. 나는야 못 하는 게 없는 재주꾼, 한지돌이!

08 이 글에 대해 알맞게 말한 것을 두 가지 고르시오.

(,   )

① 일의 순서가 잘 드러나 있다.
② 한지의 쓰임새에 대해 쓴 글이다.
③ 원인과 결과의 구조로 쓴 글이다.
④ 생각이나 느낌이 잘 드러나 있다.
⑤ 특징을 나열하는 방법으로 쓴 글이다.

09 다음 중 ㉠을 대표하는 낱말로 알맞은 것에 ○표를 하시오. [8점]

⑴ 놀이용품 (   )   ⑵ 생활용품 (   )
⑶ 식품 재료 (   )

10 ㉡의 낱말 뜻을 알맞게 짐작한 친구의 이름을 쓰시오.

오현: "낡은 옷장"과 "새 옷장"이라는 말을 통해 '옷을 넣는 상자'라고 짐작했어.
새마: "바느질 도구 넣는"이라는 말을 통해 '바느질 도구를 넣는 상자'라고 짐작했어.
윤석: "겹겹이 붙이면"이라는 말을 통해 '바느질 도구 여러 개를 붙이는 상자'라고 짐작했어.

(   )

※ 점수 표시가 없는 문항은 10점입니다.

[01~02] 다음 글을 읽고, 물음에 답하시오.

> 우리 귀 건강에 가장 큰 ㉠걸림돌은 '이어폰'입니다. 사람들 대부분이 이어폰으로 음악을 들으면 집중을 잘하기 때문에 학습하는 데 큰 힘이 될 것이라고 생각합니다. 하지만 이는 사실과 다릅니다. 양쪽 귀 바로 위쪽 부위에는 언어 중추가 있는 뇌 측두엽이 존재하는데 측두엽과 가까운 귀에 이어폰을 꽂으면 언어 중추가 음악 소리에 자극을 받기 때문에 학습 내용이 기억에 잘 남지 않습니다. 왜냐하면 측두엽은 기억력과 청각을 담당하기 때문입니다. 다시 말해 노래를 들으며 공부를 하면 뇌는 이 두 가지를 한꺼번에 처리해야 하기 때문에 어려움을 겪습니다.

01 ㉠과 바꾸어 쓸 수 있는 낱말로 가장 알맞은 것은 무엇입니까? (　　) [8점]

① 도움　　② 선생님　　③ 으름장
④ 마중물　　⑤ 방해물

02 문제 **01**과 같이 낱말의 뜻을 짐작하는 방법으로 알맞은 것은 무엇입니까? (　　)

① 가장 어려운 낱말로 바꾸어 본다.
② 가장 자주 나오는 낱말로 바꾸어 본다.
③ 잘 모르는 낱말의 글자 수를 세어 본다.
④ 잘 모르는 낱말이 나오는 횟수를 세어 본다.
⑤ 잘 모르는 낱말 앞뒤의 내용을 자세히 살펴본다.

03 밑줄 친 '손'이 다음 뜻으로 쓰인 문장에 ○표를 하시오.

> • 뜻: 어떤 사람의 영향력이나 권한이 미치는 범위

(1) 간송 선생, 드디어 이것을 손에 넣으셨군요. (　　)

(2) 할아버지의 손에서 자란 제가 오늘 초등학교를 졸업합니다. (　　)

[04~06] 다음 글을 읽고, 물음에 답하시오.

(가) 켈러 선생님은 나를 똑바로 보며 말을 이었다.
　"글을 읽는 사람이 글쓴이의 '진짜' 감정을 느낄 수 있어야 해. 물론 평범한 방식으로는 절대 안 되지. 독자들이 전혀 예상하지 못한 방식으로, 깜짝 놀라도록. 한마디로 독창적이어야 한다는 말이야!"
　어느 순간, 켈러 선생님은 내 눈을 뚫어져라 바라보고 있었다.
　"퍼트리샤, 넌 이미 낱말을 아주 많이 알고 있어. 이제 그 낱말에 날개를 달아 줄 때란다."

(나) "학교에서 가장 ㉠깐깐한 선생님한테 배우게 됐어요."
　"설마 '마녀 켈러' 말이니?"
　슐로스 할아버지가 짐짓 충격받은 척 머리를 감싸며 물었다. 나는 고개를 끄덕였다.

(다) 훗날, 켈러 선생님은 내가 슐로스 할아버지에게 받은 유의어 사전을 가지고 기말 과제를 썼다는 사실에 굉장히 감동했다고 말했다. 나는 슐로스 할아버지가 유의어 사전 가장자리에 직접 적어 놓은 글들을 여전히 기억한다. 그 글들을 읽을 때마다 슐로스 할아버지가 내 곁에 있는 것만 같았다.
　나는 분명히 '사랑'이라는 낱말을 썼지만, 그 낱말이 빚어낼 수 있는 모든 형태를 마지막 과제에 담았다. 지금도 슐로스 할아버지와 켈러 선생님을 생각하면 가슴이 벅찰 만큼 갖가지 낱말이 떠오른다. 왜냐하면 내가 늘 '존경하고 사랑해 마지않는' 두 분이니까.

04 켈러 선생님께서 글쓰기에서 강조한 것을 알맞게 말한 친구의 이름을 쓰시오.

> 별리: 친숙한 글이 좋다고 하셨어.
> 한준: 꾸며 주는 말을 많이 사용하여 상대의 마음에 들려는 글을 쓰라고 하셨어.
> 서훈: 다양한 낱말을 활용해 자신의 진실한 감정이 담긴 글을 써야 한다고 강조하셨어.

(　　　　　　　　)

05 글을 읽으며 짐작한 ⊙의 뜻과 그렇게 짐작한 까닭은 무엇인지 각각 쓰시오. [12점]

(1) 뜻:

(2) 까닭:

06 글 (다)에서 켈러 선생님에 대한 '나'의 마음은 어떠합니까? (   )

① 두렵다   ② 잊고 싶다
③ 알 수 없다   ④ 친해지고 싶다
⑤ 존경하고 사랑한다

[07~10] 다음 글을 읽고, 물음에 답하시오.

제일 먼저 닥나무를 베어다 푹푹 찐 뒤, 나무껍질을 훌러덩훌러덩 벗겨서 물에 불려. 그러고는 다시 거칠거칠한 겉껍질을 닥칼로 긁어내고 보들보들 하얀 속껍질만 모아. / 이렇게 모은 속껍질은 삶아서 더 보드랍게, 더 하얗게 만들어야 해. 먼저 닥솥에 물을 붓고 속껍질을 담가. 그리고 콩대를 태워 만든 잿물을 붓고 보글보글 부글부글 삶아. 푹 삶은 다음에는 건져 내서 찰찰찰 흐르는 맑은 물에 깨끗이 씻어.

이제 보드랍고 하얗게 바랜 속껍질을 나무판 위에 올려놓고 닥 방망이로 찧어 가닥가닥 곱게 풀어야 해. 쿵쿵쾅쾅! 솜처럼 풀어진 속껍질은 다시 물에 넣고 잘 풀어지라고 휘휘 저어. 그런 다음 닥풀을 넣고 다시 잘 엉겨 붙으라고 휘휘 저어 주지.

아, 한지를 물들이려면 지금 준비해야 해. 잇꽃으로 물들이면 붉은 한지 되고 치자로 물들이면 노랑, 쪽물은 파랑, 먹으로 물들이면 검은 한지 되지. / 이번에는 엉겨 붙은 속껍질을 물에서 떠내야 해. 촘촘한 대나무 발을 외줄에 걸어서 앞뒤로 찰방, 좌우로 찰방찰방 건져 올리면 물은 주룩주룩 빠지고 발 위에는 하얀 막만 남아. 젖은 종이처럼 말이야. 이렇게 한 장 한 장 떠서 차곡차곡 쌓은 다음 무거운 돌로 하루 정도 눌러서 남은 물기를 빼.

마지막으로 차곡차곡 눌러둔 걸 한 장 한 장 떼어서 판판하게 말려야 해. 따뜻한 온돌 방바닥이나 판판한 벽에 쫙쫙 펴서 말리면 드디어 숨 쉬는 종이, 한지 완성!

07 이 글에서 설명하는 내용으로 알맞은 것은 무엇입니까? (   )

① 한지의 역사
② 한지의 우수성
③ 한지의 쓰임새
④ 한지를 만드는 사람
⑤ 한지가 만들어지는 과정

08 한지의 재료로 알맞은 것은 무엇입니까? (   )

① 닥나무의 잎   ② 닥나무의 뿌리
③ 닥나무의 수액   ④ 닥나무의 겉껍질
⑤ 닥나무의 속껍질

09 이 글에서 대상을 설명하기 위해 사용한 방법으로 알맞은 것은 무엇입니까? (   )

① 시간의 순서대로 소개했다.
② 공통점과 차이점을 비교하였다.
③ 장소의 변화에 따라 소개하였다.
④ 주제에 대한 특징을 나열하였다.
⑤ 대상의 뜻을 여러 가지 소개하였다.

10 이 글의 구조에 알맞은 틀에 ○표를 하시오.

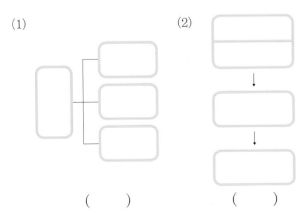

(1)   (   )

(2)   (   )

※ 점수 표시가 없는 문항은 10점입니다.

[01~03] 다음 그림을 보고, 물음에 답하시오.

가
수업 시간에 열공했더니 배고프다.

나도 배고픈데 편의점에서 삼김 사 먹을까?

나
「거북이」라는 영화 봤어?

응, 노잼이었어.

㉠주문하신 사과주스 나오셨습니다.

CAFE

01 그림 **가**에 쓰인 표현을 알맞게 고쳐 쓴 것에 ○표를 하시오. [8점]

(1) 열공했더니 → 열심히 공부했더니　　　(　　　)
(2) 삼김 → 사탕　　　　　　　　　　　　(　　　)

02 ㉠이 문제가 되는 까닭은 무엇입니까? (　　　)

① 외국어를 사용하였다.
② 줄임말을 사용하였다.
③ 국적 불문의 신조어를 사용하였다.
④ 손님에게 높임 표현을 사용하지 않았다.
⑤ 사물을 높이는 표현으로 우리말 규칙에 어긋난다.

중요
03 그림 **가**, **나**에서처럼 우리말을 바르게 사용하지 않을 때에 생길 수 있는 일을 <u>모두</u> 고르시오.
(　　　　　)

① 뜻이 통하지 않을 수 있다.
② 우리말의 소중함을 알릴 수 있다.
③ 외국어의 필요성을 깨달을 수 있다.
④ 아름다운 우리말이 사라질 수 있다.
⑤ 말에 담긴 우리의 정신도 훼손될 수 있다.

[04~06] 다음 그림을 보고, 물음에 답하시오.

1
우리 모둠은 '우리말이 있는데도 영어를 사용하는 예'를 조사하기로 했어. 영어를 무분별하게 사용하는 예로 무엇이 있을까?
여진

2
영어를 새긴 옷이 너무 많아.

방송에서 영어를 가장 많이 사용하는 것 같아.

3
이 가운데에서 어떤 것을 조사해 볼까?

4
그럼 방송을 조사해 보면 어떨까? 방송은 아이들에게 영향을 많이 주잖아.

조사한 결과를 방송사에 알려 주고 영어 사용을 자제해 달라고 요청할 수도 있어.

옷에 새긴 영어는 조사 대상으로 알맞지 않은 것 같아. 만약 옷이 수입된 것이라면 영어가 있는 것은 당연할지도 몰라.

5
그럼 방송에서 영어를 얼마나 사용하는지 조사해 보자.

6
그래.

04 옷에 새긴 영어가 조사 대상으로 알맞지 <u>않은</u> 까닭은 무엇입니까? (　　　)

① 조사 기간이 너무 오래 걸려서
② 옷에 새긴 영어를 조사하기 어려워서
③ 옷은 새겨진 글자보다 디자인이 더 중요해서
④ 수입된 옷이라면 영어가 있는 것이 당연해서
⑤ 옷에 새긴 영어에 친구들의 관심이 별로 없어서

서술형
05 여진이네 모둠의 조사 대상은 무엇인지 쓰고, 조사 대상을 어떻게 정하였는지 '주제, 영향, 범위'라는 낱말을 <u>모두</u> 넣어 쓰시오. [12점]

(1) 조사 대상: _____

(2) 정한 방법: _____

06 문제 **05**의 조사 대상을 조사하는 방법 중 다음과 같은 특징을 가진 것은 무엇입니까? (　　)

장점	자세한 정보를 수집할 수 있다.
단점	시간이 오래 걸리고 원하는 인물과 하지 못할 수도 있다.

① 책 　　② 글 　　③ 면담
④ 관찰 　　⑤ 설문지

[07~08] 다음 글을 읽고, 물음에 답하시오.

(가) 우리 샛별 모둠에서는 영어를 지나치게 많이 사용하는 실태를 조사했습니다. 발표 제목은 「영어가 아름다운 우리말을 사라지게 해요」입니다.
(나) 지금까지 영어를 지나치게 많이 사용하는 실태를 발표했습니다. 아름다운 우리말을 보존할 수 있도록 우리말을 바르게 사용하는 습관을 기릅시다.
(다) 방송 프로그램 가운데에서 영어를 지나치게 많이 사용하는 동영상 보여 주기(출처: 샛별방송사 「다 같이 요리」 프로그램)
(라) 샛별방송사에서 방송한 「다 같이 요리」 프로그램을 짧게 보여 드리겠습니다. 이 동영상에서 "김○○ 셰프 출연"이라는 자막이 보입니다. '셰프'는 요리사를 뜻하는 영어입니다. 또 프로그램에 나오는 출연자가 '메인 디시'라는 영어를 지나치게 많이 사용하는데 그것을 편집하지 않고 그대로 방송했습니다.

07 〈중요〉 이 글은 조사한 내용을 발표하려고 구성한 원고입니다. 글 (가)~(라)는 어느 부분에 들어갈 내용인지 선으로 이으시오.

(1) 글 (가) ·
(2) 글 (나) ·
(3) 글 (다) ·
(4) 글 (라) ·

· ① 시작하는 말
· ② 전달하려는 내용
· ③ 끝맺는 말

08 글 (나)에서 알 수 있는 것은 무엇입니까? (　　)

① 자료 　　② 조사 대상 　　③ 발표 제목
④ 자료의 출처 　　⑤ 모둠의 의견

[09~10] 다음 그림을 보고, 물음에 답하시오.

09 그림 ㉮~㉰에서 여자아이가 발표할 때 잘못한 점으로 알맞은 것을 모두 고르시오.
(　　　　)

① 너무 빠른 속도로 발표했다.
② 발표 내용만 보면서 읽듯이 발표했다.
③ 바른 자세로 서서 진지하게 발표했다.
④ 한 화면에 너무 많은 내용을 제시했다.
⑤ 듣는 사람이 알아듣지 못하게 작게 말했다.

10 이 그림에서 발표를 듣는 친구들이 주의할 점으로 알맞지 <u>않은</u> 것은 무엇입니까? (　　)

① 발표 주제가 무엇인지 알아야 한다.
② 자료는 정확한 것인지 판단하며 들어야 한다.
③ 발표자가 잘못한 점을 작은 소리로 알려 줘야 한다.
④ 발표 내용이 주제와 관련 있는지 판단하며 들어야 한다.
⑤ 과장되거나 거짓인 내용은 없는지 판단하며 들어야 한다.

[01~02] 다음 그림을 보고, 물음에 답하시오.

01 그림 **가**, **나**와 같은 간판이 많아질 때의 문제점을 알맞게 말한 친구의 이름을 쓰시오.

> 유연: 줄임말이 서툰 사람은 의사소통이 되지 않아.
> 소린: 사물을 높이는 표현을 써서 기분이 상할 수 있어.
> 설하: 영어를 모르는 사람은 가게를 잘 찾지 못할 수도 있어.

( )

02 그림에 나온 간판을 우리말 간판으로 알맞게 고친 것에 ○표를 하시오.

(1) BOOK적BOOK적 → 북 스토어 ( )
(2) 4U음식점 → 여러분을 위한 음식점 ( )

03 우리 주변에서 우리말을 바르게 사용하지 못한 경우를 찾아보고, 와 같이 바르지 못한 까닭이 드러나게 쓰시오. [12점]

> **보기**
> 나는 "휴대 전화가 고장 나셨습니다."라고 사물을 높이는 표현을 사용하는 경우를 본 적이 있다.

_____

_____

[04~06] 다음 그림을 보고, 물음에 답하시오.

04 여진이네 모둠의 조사 주제로 알맞은 것은 무엇입니까? ( ) [8점]

① 높임 표현을 잘못 사용하는 예
② 영어가 적힌 간판을 사용하는 예
③ 국적 불문의 신조어를 사용하는 예
④ 친구들이 자주 사용하는 외국어의 예
⑤ 우리말이 있는데도 영어를 사용하는 예

05 다음은 여진이네 모둠에서 조사 대상을 어떻게 정하였는지 정리한 것입니다. ( ) 안의 알맞은 말에 ○표를 하시오.

> 주제에 맞는 조사 대상을 생각하고 아이들에게 영향을 (1) (많이 , 적게) 주는 것으로 범위를 (2) (넓혀, 좁혀) 정했다.

06 여진이네 모둠의 조사 대상은 무엇인지 빈칸에 알맞은 말을 쓰시오.

조사 대상	( )에서 사용하는 영어

07 다음과 같은 특징을 가진 조사 방법으로 알맞은 것은 무엇입니까? ( )

장점	여러 사람을 한꺼번에 조사할 수 있다.
단점	답한 내용 외에는 자세한 내용을 알기 어렵다.

① 글
② 책
③ 관찰
④ 면담
⑤ 설문지

08 다음 중 여진이가 다른 사람 앞에서 발표할 때 잘못한 점으로 알맞은 것은 무엇입니까? ( )

① 자료를 제시하지 않았다.
② 천장을 보고 발표하였다.
③ 손으로 화면을 가리키지 않았다.
④ 바르게 서지 않고 책상에 기대어 섰다.
⑤ 한 화면에 너무 많은 내용을 제시하였다.

[09~10] 다음 그림을 보고, 물음에 답하시오.

09 그림 **3**에서 편의점 주인이 당황한 까닭으로 알맞은 것은 무엇입니까? ( )

① 남자아이가 영어로 말해서
② 남자아이가 인사를 하지 않아서
③ 남자아이가 작은 목소리로 말해서
④ 남자아이가 높임 표현을 사용하지 않아서
⑤ 남자아이가 말한 줄임말을 알아듣지 못해서

10 이 그림과 같이 우리말 바르게 사용하기를 설명하는 만화를 그리려고 합니다. 주제로 가장 알맞은 것은 무엇입니까? ( )

① 인터넷 사용 예절을 지키자.
② 우리 전통문화를 바르게 알자.
③ 우리 지역의 자랑거리를 알리자.
④ 아름다운 외국어를 많이 사용하자.
⑤ 외국어를 지나치게 많이 사용하지 말자.

초등 만점왕 단원평가 5-2

수학 단원평가

[01~02] 어느 육상 대회에 출전한 선수들의 높이뛰기 기록을 나타낸 표입니다. 물음에 답하세요.

높이뛰기 기록

이름	기록(cm)	이름	기록(cm)	이름	기록(cm)
진구	115.9	중기	137.4	성태	125.2
원재	126.8	상아	118.8	도윤	130.0

01 높이뛰기 기록이 125 cm 이상인 선수들의 이름을 모두 써 보세요. [6점]

( )

02 높이뛰기 기록이 130 cm 미만인 선수들의 이름을 모두 써 보세요. [6점]

( )

03 수직선에 나타낸 수의 범위를 써 보세요. [6점]

39 40 41 42 43 44 45 46 47 48

( )

04 자연수 부분이 1 초과 3 이하이고 소수 첫째 자리 수가 6 이상 9 미만인 소수 한 자리 수를 만들려고 합니다. 만들 수 있는 소수 한 자리 수는 모두 몇 개인지 풀이 과정을 쓰고 답을 구해 보세요. [7점]

풀이

_____

_____

_____

답

05 62를 포함하는 수의 범위를 찾아 기호를 써 보세요. [7점]

┌─────────────────────────────┐
│ ㉠ 61 이하인 수   ㉡ 62 초과인 수 │
│ ㉢ 61 이상인 수   ㉣ 62 미만인 수 │
└─────────────────────────────┘

( )

[06~07] 어느 택배 회사의 무게별 택배 요금을 나타낸 표입니다. 물음에 답하세요.

무게별 택배 요금

무게(kg)	요금(원)
5 이하	5500
5 초과 10 이하	6500
10 초과 15 이하	7500
15 초과 20 이하	8500

06 지민이가 보낼 택배의 무게는 15 kg입니다. 지민이는 택배 요금으로 얼마를 내야 하나요? [6점]

( )

07 지환이가 택배 요금으로 6500원을 냈습니다. 지환이가 낸 요금이 속한 무게의 범위를 수직선에 나타내어 보세요. [7점]

0   5   10   15   20   25(kg)

08 승준이네 학교 5학년 학생들이 체험 학습을 가려면 정원이 40명인 버스가 최소 7대 필요하다고 합니다. 승준이네 학교 5학년 학생은 몇 명 이상 몇 명 이하인가요? [7점]

( )

09 3184를 올림하여 주어진 자리까지 바르게 나타낸 것을 찾아 ○표 하세요. [7점]

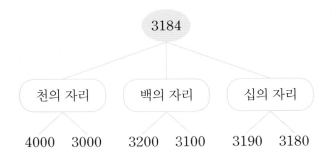

천의 자리	백의 자리	십의 자리
4000 3000	3200 3100	3190 3180

10 올림하여 백의 자리까지 나타내면 6100이 되는 수는 모두 몇 개인가요? [7점]

6000 5920 6100 6109 6047

(   )

11 수 카드 4장을 한 번씩만 사용하여 만들 수 있는 네 자리 수 중 버림하여 천의 자리까지 나타내면 2000이 되는 수는 모두 몇 개인가요? [7점]

8 2 6 4

(   )

12 연필의 길이는 몇 cm인지 반올림하여 일의 자리까지 나타내어 보세요. [6점]

0 1 2 3 4 5 6 7 8 9 10 11 12

(   )

13 어림한 수의 크기를 비교하여 크기가 큰 순서대로 기호를 써 보세요. [7점]

> ㉠ 1.485를 올림하여 일의 자리까지 나타낸 수
> ㉡ 2.143을 버림하여 소수 첫째 자리까지 나타낸 수
> ㉢ 2.039를 반올림하여 소수 둘째 자리까지 나타낸 수

(   )

14 농장에서 귤을 2476개 땄습니다. 이 귤을 한 상자에 100개씩 담아 판다면 팔 수 있는 귤은 최대 몇 개인가요? [7점]

(   )

서술형
15 빵 한 개의 가격은 다음과 같습니다. 현우가 단팥빵, 식빵, 크림빵을 각각 한 개씩 사고 1000원짜리 지폐로 빵값을 내려면 적어도 얼마를 내야 하는지 풀이 과정을 쓰고 답을 구해 보세요. [7점]

단팥빵	식빵	크림빵
1800원	3000원	1500원

풀이

답

01 75 미만인 수는 모두 몇 개인가요? [6점]

70	78.2	69.2	71	80
	67	75	76.5	73.9

( )

02 수의 범위를 수직선에 나타내어 보세요. [6점]

24 이상 29 이하인 수

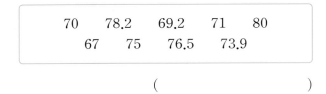

03 신선식품별 유통기한을 나타낸 표입니다. 오늘이 2023년 9월 27일일 때 유통기한을 초과한 신선식품을 찾아 써 보세요. [6점]

신선식품별 유통기한

신선식품	유통기한	신선식품	유통기한
어묵	2023년 9월 30일까지	우유	2023년 9월 27일까지
치즈	2023년 9월 28일까지	두부	2023년 9월 25일까지

( )

서술형
04 엘리베이터에 탈 수 있는 최대 인원은 17명 미만입니다. 현재 5명이 탔다면 몇 명까지 더 탈 수 있는지 풀이 과정을 쓰고 답을 구해 보세요. [7점]

풀이

_____

_____

_____

답 _____

[05~06] 어느 문화센터에서 강좌별로 신청할 수 있는 나이를 나타낸 표입니다. 물음에 답하세요.

강좌별 신청 가능 나이

강좌	나이(세)
유아 무용	7 이하
우쿨렐레	8 이상 11 이하
수학 보드게임	12 이상 18 이하
성인 수영	19 이상

05 도영이는 올해 12세입니다. 도영이가 신청할 수 있는 강좌를 써 보세요. [6점]

( )

06 우쿨렐레를 신청할 수 있는 나이를 모두 써 보세요. [7점]

( )

07 두 수의 범위에 공통으로 속하는 자연수는 모두 몇 개인가요? [7점]

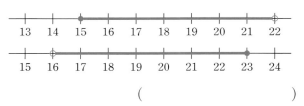

( )

08 6.108을 올림하여 주어진 자리까지 나타내어 보세요. [6점]

(1) 일의 자리

(2) 소수 둘째 자리

09 어떤 수를 올림하여 십의 자리까지 나타내었더니 340이 되었습니다. 어떤 수가 될 수 있는 수의 범위를 수직선에 바르게 나타낸 것을 찾아 기호를 써 보세요. [7점]

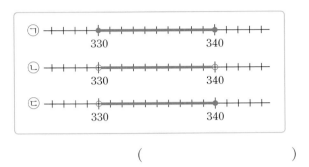

(   )

10 어림한 수의 크기를 비교하여 ○ 안에 >, =, <를 알맞게 써넣으세요. [7점]

11 수를 올림, 버림, 반올림하여 백의 자리까지 나타내어 보세요. [7점]

수	올림	버림	반올림
1903			

12 다음 수를 반올림하여 십의 자리까지 나타낸 수가 7250일 때 □ 안에 들어갈 수 있는 숫자를 모두 써 보세요. [7점]

724□

(   )

13 제기차기 잘하는 방법을 올린 인터넷 동영상 조회 수를 보고 잘못 말한 사람의 이름을 써 보세요. [7점]

미현: 조회 수를 올림하여 천의 자리까지 나타내면 39000번 정도 봤어.
현빈: 조회 수를 반올림하여 백의 자리까지 나타내면 38400번 정도 봤어.
연재: 조회 수를 버림하여 십의 자리까지 나타내면 38450번 정도 봤어.

(   )

14 섬에 들어가려는 관광객 5348명이 정원이 100명인 배에 모두 타려고 합니다. 배는 적어도 몇 번 운행해야 하는지 구해 보세요. [7점]

(   )

서술형
15 초콜릿 357개를 한 상자에 10개씩 담아 팔려고 합니다. 한 상자에 6000원씩 판다면 초콜릿을 팔아서 받을 수 있는 돈은 최대 얼마인지 풀이 과정을 쓰고 답을 구해 보세요. [7점]

풀이

_____

_____

_____

답 _____

01 여러 가지 방법으로 계산한 것입니다. □ 안에 알맞은 수를 써넣으세요. [6점]

방법 1 $\dfrac{3}{8} \times 6 = \dfrac{3 \times 6}{8} = \dfrac{18}{8} = \dfrac{\boxed{}}{4} = \boxed{}$

방법 2 $\dfrac{3}{8} \times 6 = \dfrac{3 \times \cancel{6}}{\cancel{8}} = \dfrac{\boxed{}}{4} = \boxed{}$

방법 3 $\dfrac{3}{8} \times \cancel{6} = \dfrac{\boxed{}}{4} = \boxed{}$

02 계산이 잘못된 부분을 찾아 바르게 고쳐 보세요. [6점]

$$2\dfrac{3}{4} \times 5 = \dfrac{11}{4} \times 5 = \dfrac{11}{4 \times 5} = \dfrac{11}{20}$$

$2\dfrac{3}{4} \times 5$

서술형

03 희윤이는 물을 하루에 $1\dfrac{7}{8}$ L씩 마십니다. 희윤이가 일주일 동안 마신 물은 모두 몇 L인지 풀이 과정을 쓰고 답을 구해 보세요. [7점]

풀이

_____

_____

_____

답 _____

04 계산해 보세요. [6점]

(1) $\dfrac{4}{5} \times 10$ (2) $3 \times \dfrac{2}{7}$

05 직사각형의 넓이는 몇 m^2인가요? [7점]

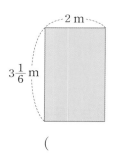

2 m

$3\dfrac{1}{6}$ m

(   )

06 계산 결과가 4보다 작은 식을 찾아 ○표 하세요. [7점]

4×1 $4 \times \dfrac{6}{7}$ $4 \times \dfrac{4}{3}$ $4 \times 1\dfrac{1}{10}$

07 바르게 나타낸 것을 찾아 기호를 써 보세요. [7점]

㉠ 1시간의 $\dfrac{1}{3}$은 30분입니다.

㉡ 1 m의 $\dfrac{2}{5}$는 40 cm입니다.

㉢ 1 L의 $\dfrac{1}{4}$은 200 mL입니다.

(   )

08 빈칸에 두 수의 곱을 써넣으세요. [6점]

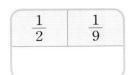

$\dfrac{1}{2}$	$\dfrac{1}{9}$

09 관계있는 것끼리 이어 보세요. [7점]

(1) $\dfrac{5}{6} \times \dfrac{2}{3}$ •

(2) $\dfrac{1}{3} \times \dfrac{3}{5}$ •

(3) $\dfrac{9}{10} \times \dfrac{5}{8}$ •

• ㉠ $\dfrac{9}{16}$

• ㉡ $\dfrac{5}{9}$

• ㉢ $\dfrac{1}{5}$

10 가장 큰 분수와 가장 작은 분수의 곱을 구해 보세요. [7점]

$\dfrac{4}{5}$	$\dfrac{10}{11}$	$\dfrac{3}{4}$

(   )

11 주희네 반 전체 학생의 $\dfrac{4}{9}$는 여학생입니다. 여학생 중 $\dfrac{2}{5}$는 미술을 좋아하고, 그중 $\dfrac{1}{8}$은 만들기를 좋아합니다. 만들기를 좋아하는 여학생은 주희네 반 전체 학생의 몇 분의 몇인가요? [7점]

(   )

12 빈칸에 알맞은 수를 써넣으세요. [6점]

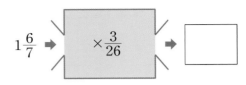

$1\dfrac{6}{7}$ ➡ $\times \dfrac{3}{26}$ ➡ ☐

13 계산 결과를 비교하여 ○ 안에 >, =, <를 알맞게 써넣으세요. [7점]

$$2\dfrac{1}{3} \times 2\dfrac{3}{7} \bigcirc 4\dfrac{1}{2} \times 1\dfrac{3}{5}$$

14 수 카드를 한 번씩만 사용하여 만들 수 있는 가장 큰 대분수와 가장 작은 대분수의 곱을 구해 보세요. [7점]

3	6	5

(   )

서술형
15 철민이는 한 시간에 $3\dfrac{1}{3}$ km를 걸을 수 있습니다. 같은 빠르기로 2시간 30분 동안에는 몇 km를 걸을 수 있는지 풀이 과정을 쓰고 답을 구해 보세요. [7점]

풀이

_____

_____

_____

답 _____

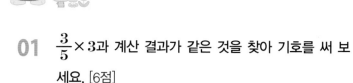

01 $\frac{3}{5} \times 3$과 계산 결과가 같은 것을 찾아 기호를 써 보세요. [6점]

$$\ominus \frac{9}{15} \qquad \ominus \frac{3}{5}+\frac{3}{5}+\frac{3}{5} \qquad \ominus \frac{3}{15}$$

(   )

02 보기 와 같이 계산해 보세요. [6점]

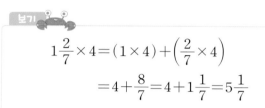

보기

$$1\frac{2}{7} \times 4 = (1 \times 4) + \left(\frac{2}{7} \times 4\right)$$
$$= 4 + \frac{8}{7} = 4 + 1\frac{1}{7} = 5\frac{1}{7}$$

$3\frac{1}{2} \times 5$

03 두 식의 계산 결과의 합을 구해 보세요. [7점]

$$\frac{7}{9} \times 12 \qquad\qquad 1\frac{3}{4} \times 8$$

(   )

04 $6 \times \frac{2}{3}$의 계산 결과만큼 색칠해 보세요. [6점]

| 0 | 1 | 2 | 3 | 4 | 5 | 6 |

05 바르게 계산한 사람의 이름을 써 보세요. [7점]

은주: $2 \times \frac{9}{14} = 1\frac{2}{7}$

소민: $8 \times 1\frac{2}{3} = 8\frac{2}{3}$

근표: $4 \times 2\frac{1}{5} = 8\frac{1}{5}$

(   )

06 계산 결과가 자연수인 것을 찾아 ○표 하세요. [7점]

$$16 \times \frac{5}{6} \qquad 24 \times \frac{7}{8} \qquad 5 \times 1\frac{3}{10}$$

(   )   (   )   (   )

서술형
07 어느 놀이공원의 입장료는 15000원입니다. 할인 기간에는 전체 입장료의 $\frac{4}{5}$만큼만 내면 된다고 합니다. 할인 기간에 입장권 3장을 샀다면 얼마를 내야 하는지 풀이 과정을 쓰고 답을 구해 보세요. [7점]

풀이

_____

_____

_____

답 _____

08 빈칸에 알맞은 수를 써넣으세요. [6점]

×	$\dfrac{1}{6}$	$\dfrac{4}{11}$
$\dfrac{5}{9}$		

09 빈칸에 알맞은 수를 써넣으세요. [7점]

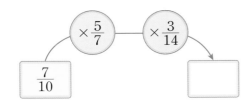

10 밑변의 길이가 $\dfrac{5}{8}$ cm이고 높이가 $\dfrac{3}{4}$ cm인 평행사변형의 넓이는 몇 cm^2인가요? [7점]

( )

11 수 카드 중 두 장을 골라 한 번씩만 사용하여 분수의 곱셈식을 만들려고 합니다. 계산 결과가 가장 작은 식을 만들어 보세요. [7점]

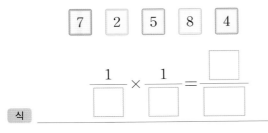

식

12 계산해 보세요. [6점]

(1) $1\dfrac{4}{9} \times \dfrac{6}{7}$

(2) $1\dfrac{3}{5} \times 3\dfrac{1}{8}$

13 계산 결과가 큰 것부터 차례로 기호를 써 보세요. [7점]

> ㉠ $1\dfrac{2}{3} \times 2\dfrac{2}{5}$
>
> ㉡ $2\dfrac{1}{5} \times 1\dfrac{3}{7}$
>
> ㉢ $1\dfrac{1}{2} \times 4$

( )

14 □ 안에 들어갈 수 있는 가장 큰 자연수를 구해 보세요. [7점]

$$\square < 6\dfrac{2}{9} \times 1\dfrac{3}{8}$$

( )

서술형
15 진수는 집에서 $3\dfrac{1}{3}$ km 떨어진 도서관에 가고 있습니다. 지금까지 전체의 $\dfrac{3}{4}$ 을 갔다면 남은 거리는 몇 km인지 풀이 과정을 쓰고 답을 구해 보세요. [7점]

풀이

_____

_____

_____

답 _____

※ 점수 표시가 없는 문항은 5점입니다.

01 서로 합동인 두 도형을 찾아 기호를 써 보세요. [4점]

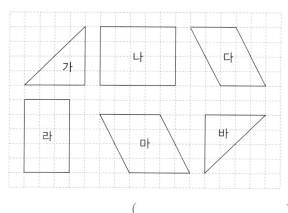

(   )

02 두 도형은 서로 합동이 아닙니다. 그 이유를 써 보세요.

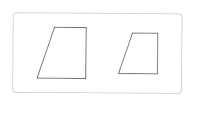

이유

_____

_____

_____

03 주어진 도형과 서로 합동인 도형을 그려 보세요.

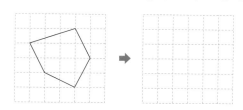

[04~05] 두 삼각형은 서로 합동입니다. 물음에 답하세요.

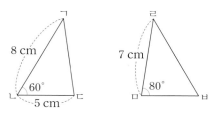

04 변 ㄹㅂ은 몇 cm인가요? [4점]

(   )

05 각 ㅁㄹㅂ은 몇 도인가요?

(   )

06 두 사각형은 서로 합동입니다. 사각형 ㄱㄴㄷㄹ의 둘레는 몇 cm인가요? [6점]

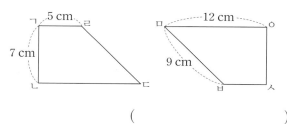

(   )

07 선대칭도형이 아닌 것은 어느 것인가요? (   )
[4점]

08 선대칭도형입니다. 대칭축은 모두 몇 개인가요?

( )

[09~10] 직선 ㅅㅇ을 대칭축으로 하는 선대칭도형입니다. 물음에 답하세요.

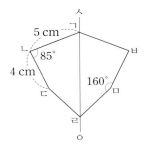

09 각 ㄴㄷㄹ은 몇 도인가요? [4점]

( )

10 선대칭도형의 둘레가 26 cm일 때 변 ㄷㄹ은 몇 cm 인가요?

( )

11 직선 ㅅㅇ을 대칭축으로 하는 선대칭도형입니다. 각 ㄱㄴㄷ은 몇 도인가요? [6점]

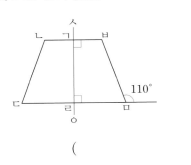

( )

12 선대칭도형이 되도록 그림을 완성해 보세요.

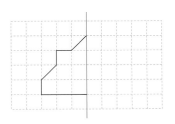

13 직선 ㄱㄴ을 대칭축으로 하는 선대칭도형을 완성하려고 합니다. 완성한 선대칭도형의 넓이는 몇 cm^2인 가요? [6점]

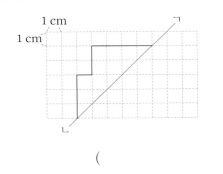

( )

14 점대칭도형인 블록을 모두 찾아 기호를 써 보세요.

[4점]

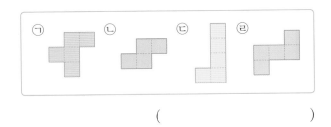

( )

15 점대칭도형입니다. 대칭의 중심을 찾아 표시해 보세요.

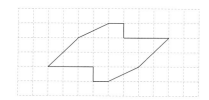

16 점 ㅇ을 대칭의 중심으로 하는 점대칭도형입니다. □ 안에 알맞은 수를 써넣으세요.

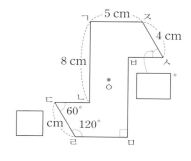

17 점 ㅇ을 대칭의 중심으로 하는 점대칭도형입니다. 선분 ㅁㅂ은 몇 **cm**인가요?

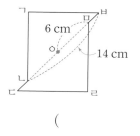

(   )

18 점 ㅇ을 대칭의 중심으로 하는 점대칭도형입니다. 도형의 둘레는 몇 **cm**인가요? [6점]

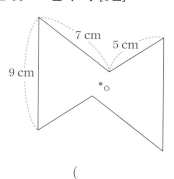

(   )

서술형
19 점 ㅇ을 대칭의 중심으로 하는 점대칭도형입니다. 각 ㄹㄱㄴ은 몇 도인지 풀이 과정을 쓰고 답을 구해 보세요. [6점]

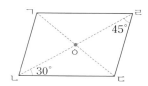

풀이

_____

_____

_____

답 _____

20 점대칭도형이 되도록 그림을 완성해 보세요.

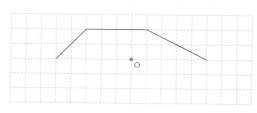

수학 단원평가 2 회

※ 점수 표시가 없는 문항은 5점입니다.

01 점선을 따라 잘랐을 때 잘린 두 도형이 서로 합동이 되는 것을 모두 찾아 기호를 써 보세요. [4점]

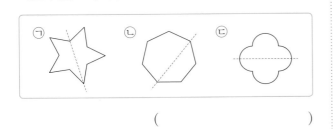

( )

[04~05] 두 사각형은 서로 합동입니다. 물음에 답하세요.

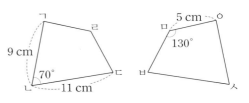

04 각 ㅂㅅㅇ은 몇 도인가요? [4점]

( )

05 사각형 ㄱㄴㄷㄹ의 둘레가 30 cm일 때 변 ㄷㄹ은 몇 cm인가요?

( )

02 주어진 도형과 서로 합동인 도형을 그려 보세요.

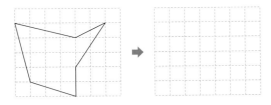

06 삼각형 ㄱㄴㄷ과 삼각형 ㄹㄷㄴ은 서로 합동입니다. 각 ㄹㄴㄷ은 몇 도인가요? [6점]

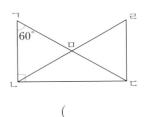

( )

03 두 오각형은 서로 합동입니다. 대응점, 대응변, 대응 각은 각각 몇 쌍인가요?

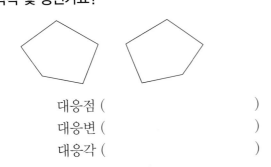

대응점 ( )
대응변 ( )
대응각 ( )

07 선대칭도형인 문양을 모두 찾아 기호를 써 보세요.

[4점]

( )

08 선대칭도형입니다. 대칭축을 그려 보세요.

서술형
12 직선 ㅁㅂ을 대칭축으로 하는 선대칭도형입니다. 각 ㄱㄹㄴ은 몇 도인지 풀이 과정을 쓰고 답을 구해 보세요. [6점]

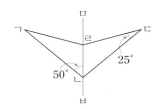

풀이

_____

_____

_____

답 _____

09 선대칭도형인 알파벳입니다. 대칭축이 각각 몇 개인지 써 보세요.

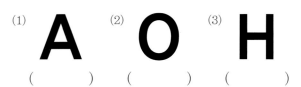

(1) A   (2) O   (3) H

(　　　) (　　　) (　　　)

13 도진이는 미술 시간에 다음과 같이 그림을 그린 후 잘라서 나무 카드를 만들었습니다. 그림을 펼친 모양이 선대칭도형이 되도록 그림을 완성해 보세요.

[10~11] 직선 ㅅㅇ을 대칭축으로 하는 선대칭도형입니다. 물음에 답하세요.

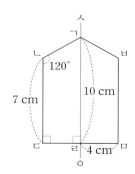

10 각 ㄱㅂㅁ은 몇 도인가요? [4점]

(　　　　　　　)

14 선대칭도형도 되고 점대칭도형도 되는 글자를 모두 고르세요. (　　　　)

①   ②   ③

④   ⑤

11 오각형 ㄱㄴㄷㅁㅂ의 넓이는 몇 cm²인가요? [6점]

(　　　　　　　)

15 점대칭도형입니다. 대칭의 중심을 찾아 기호를 써 보세요. [4점]

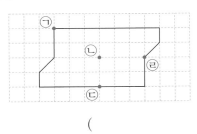

( )

16 점대칭도형에 대한 설명으로 잘못된 것을 찾아 기호를 써 보세요.

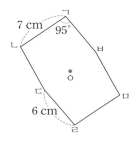

⊙ 대칭의 중심은 점 ㅇ입니다.
ⓒ 점 ㄱ의 대응점은 점 ㄹ입니다.
ⓒ 변 ㄱㅂ은 7 cm입니다.
ⓒ 각 ㄷㄹㅁ은 95°입니다.

( )

17 점 ㅇ을 대칭의 중심으로 하는 점대칭도형입니다. 각 ㄴㄷㅂ은 몇 도인가요?

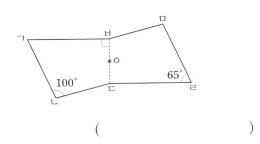

( )

 18 점 ㅇ을 대칭의 중심으로 하는 점대칭도형입니다. 두 대각선의 길이의 합이 **42 cm**일 때 선분 ㄱㅇ은 몇 **cm**인지 풀이 과정을 쓰고 답을 구해 보세요. [6점]

풀이

답

19 점대칭도형이 되도록 그림을 완성해 보세요.

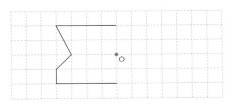

20 점 ㅇ을 대칭의 중심으로 하는 점대칭도형을 완성하려고 합니다. 완성한 점대칭도형의 넓이는 몇 **cm²**인가요? [6점]

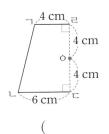

( )

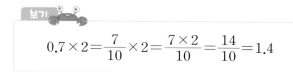

01 보기 와 같이 계산해 보세요. [6점]

$$0.7 \times 2 = \frac{7}{10} \times 2 = \frac{7 \times 2}{10} = \frac{14}{10} = 1.4$$

0.8×9

02 두 수의 곱을 구해 보세요. [6점]

| 0.63 | 5 |

(   )

03 마름모의 둘레는 몇 cm인가요? [6점]

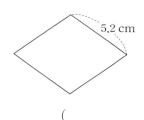

5.2 cm

(   )

04 윤재는 다음과 같이 운동 계획을 세웠습니다. 윤재가 일주일 동안 운동하는 거리는 모두 몇 km인가요? [7점]

운동＼횟수	일주일에 1번	일주일에 3번	일주일에 5번
운동장 1.2 km 달리기		○	
자전거 4.03 km 타기			○

(   )

서술형 05 계산 결과를 잘못 어림한 사람을 찾아 이름을 쓰고, 바르게 고쳐 보세요. [7점]

> 도현: 3×0.49는 3×0.5로 어림할 수 있으므로 계산 결과는 1.5쯤입니다.
> 상철: 6×0.71은 6×0.7로 어림할 수 있으므로 계산 결과는 42쯤입니다.

이름 _____

바르게 고치기

_____

_____

06 빈칸에 알맞은 수를 써넣으세요. [6점]

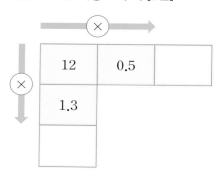

	×→	
12	0.5	
1.3		

07 계산 결과를 비교하여 ○ 안에 >, =, <를 알맞게 써넣으세요. [7점]

| 7×1.9 | | 5×2.84 |

08 알맞은 행성을 골라 ○표 하세요. [7점]

> • 금성에서 잰 몸무게는 지구에서 잰 몸무게의
>   약 0.91배입니다.
> • 수성에서 잰 몸무게는 지구에서 잰 몸무게의
>   약 0.38배입니다.

지구에서 몸무게가 40 kg이라면 (금성 , 수성)에서 몸무게를 재면 약 15 kg일 것입니다.

09 계산해 보세요. [6점]

(1)
```
    0.6
  × 1.4
```

(2)
```
    3.7 1
  ×   2.9
```

10 빈칸에 알맞은 수를 써넣으세요. [7점]

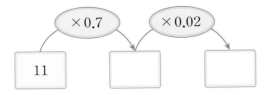

```
×0.7    ×0.02

 11  →  □   →  □
```

 서술형

11 계산 결과의 소수 첫째 자리 숫자가 0인 것을 찾아 기호를 쓰려고 합니다. 풀이 과정을 쓰고 답을 구해 보세요. [7점]

> ㉠ 1.26 × 5.5   ㉡ 0.25 × 0.17

풀이

_____

_____

_____

답 _____

12 4장의 수 카드를 한 번씩만 사용하여 계산 결과가 가장 큰 곱셈식을 만들어 계산해 보세요. [7점]

```
5   4   8   3
```

□.□ × □.□ = □

13 계산 결과가 다른 것은 어느 것인가요? (   ) [7점]

① 1.6 × 10
② 160 × 0.1
③ 0.16 × 100
④ 0.016의 1000배
⑤ 1600의 0.001

14 계산 결과가 같은 것끼리 이어 보세요. [7점]

(1) 0.8 × 0.2 •   • ㉠ 80 × 0.02

(2) 0.8 × 2 •   • ㉡ 8 × 0.02

(3) 0.8 × 200 •   • ㉢ 800 × 0.2

15 수애가 7.1 × 5.3을 계산하려고 계산기로 곱셈식을 눌렀는데 수 하나의 소수점 위치를 잘못 눌러서 계산 결과가 3.763이 나왔습니다. 수애가 누른 곱셈식이 될 수 있는 두 가지 경우를 모두 써 보세요. [7점]

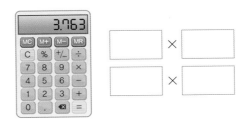

□ × □

□ × □

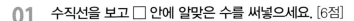
01 수직선을 보고 □ 안에 알맞은 수를 써넣으세요. [6점]

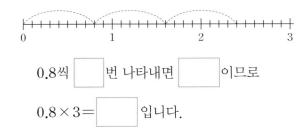

0.8씩 □ 번 나타내면 □ 이므로

0.8×3= □ 입니다.

02 빈칸에 알맞은 수를 써넣으세요. [6점]

0.74 ➡ ×2 ➡ □

03 □ 안에 들어갈 수 있는 자연수는 모두 몇 개인가요? [7점]

$$1.9 \times 5 > □$$

( )

04 10분에 8.03 m를 기어가는 애벌레가 있습니다. 이 애벌레가 같은 빠르기로 1시간 동안 기어가는 거리는 몇 m인가요? [7점]

( )

05 어림하여 계산한 결과가 2보다 큰 것을 모두 찾아 기호를 써 보세요. [6점]

㉠ 2×0.9 ㉡ 0.78×3
㉢ 0.41×5 ㉣ 6×0.22

( )

06 평행사변형의 넓이는 몇 m^2인가요? [7점]

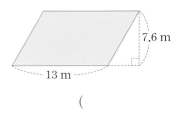

( )

서술형
07 주원이는 6000원으로 손 세정제를 사려고 합니다. 손 세정제의 가격표가 찢어져 있을 때 주원이가 가진 돈으로 손 세정제를 살 수 있을지 알아보고, 그 이유를 써 보세요. [7점]

1 g당 13.2원
중량 500 g
00원

손 세정제를 살 수 (있습니다 , 없습니다).

이유

_____

_____

08 계산이 <u>잘못된</u> 부분을 찾아 바르게 고쳐 보세요. [6점]

$$0.2 \times 0.5 = \frac{2}{10} \times \frac{5}{10} = \frac{2 \times 5}{10} = \frac{10}{10} = 1$$

0.2×0.5

09 가장 큰 소수와 가장 작은 소수의 곱을 구해 보세요. [7점]

1.8	0.92	3.1	2.7

( )

10 계산 결과가 큰 것부터 차례로 기호를 써 보세요. [7점]

⊙ 12×0.43 ⓛ 4.78×2
ⓒ 9.3×0.9 ⓔ 2.66×1.5

( )

11 1 L의 페인트로 0.95 m^2의 벽을 칠할 수 있습니다. 5.6 L의 페인트로는 몇 m^2의 벽을 칠할 수 있나요? [7점]

식 _____

답 _____

서술형 12 어떤 수에 3.9를 곱해야 할 것을 잘못하여 뺐더니 4.28이 되었습니다. 바르게 계산한 값은 얼마인지 풀이 과정을 쓰고 답을 구해 보세요. [7점]

풀이

_____

_____

_____

답 _____

13 계산해 보세요. [6점]

5300×1
5300×0.1
5300×0.01
5300×0.001

14 보기 를 이용하여 곱셈식을 완성해 보세요. [7점]

보기
$917 \times 32 = 29344$

(1) $91.7 \times \boxed{} = 293.44$

(2) $\boxed{} \times 320 = 2934.4$

15 ⊙은 ⓛ의 몇 배인지 구해 보세요. [7점]

・$0.086 \times ⊙ = 8.6$
・$17.4 \times ⓛ = 0.174$

( )

수학 단원평가 1 회

01 직육면체는 어느 것인가요? ( ) [4점]

①
②
③
④
⑤

02 □ 안에 알맞은 수를 써넣으세요. [4점]

정육면체의 면의 수는 □ 개, 모서리의 수는

□ 개, 꼭짓점의 수는 □ 개입니다.

03 직육면체와 정육면체에 공통으로 해당되는 설명으로 잘못된 것은 어느 것인가요? ( )

① 사각형으로 둘러싸여 있습니다.
② 면의 수가 같습니다.
③ 모서리의 수가 같습니다.
④ 꼭짓점의 수가 같습니다.
⑤ 모서리의 길이가 모두 같습니다.

04 직육면체의 모든 모서리의 길이의 합은 몇 cm인가요? [6점]

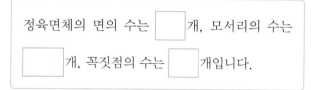

( )

05 정육면체 모양의 상자를 포장하기 위해 모든 모서리에 테이프를 붙였습니다. 테이프 6 m로 상자를 몇 개까지 포장할 수 있는지 구해 보세요. (단, 겹치는 부분은 겹쳐지게 붙입니다.) [6점]

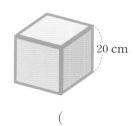
20 cm

( )

06 정육면체에서 면 ㅁㅂㅅㅇ과 수직이 아닌 면을 찾아 써 보세요. [4점]

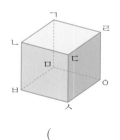

( )

서술형
07 직육면체에서 평행한 면의 성질에 대해 잘못 설명한 사람을 찾아 이름을 쓰고 바르게 고쳐 보세요.

태서: 서로 평행한 면은 모양과 크기가 같아.
수정: 서로 평행한 면은 계속 늘여도 만나지 않아.
건우: 평행한 면은 각각 밑면이 될 수 있어.
은미: 직육면체에서 서로 평행한 면은 2쌍 있어.

이름 _____

바르게 고치기

_____
_____

08 직육면체에서 면 ㄱㅁㅇㄹ과 평행한 면의 네 변의 길이의 합은 몇 cm인가요?

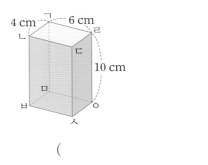

(   )

09 그림에서 빠진 부분을 그려 넣어 직육면체의 겨냥도를 완성해 보세요.

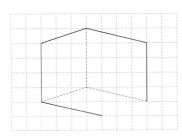

10 정육면체의 겨냥도를 보고 ㉠과 ㉡의 차를 구해 보세요. [6점]

• 보이는 꼭짓점은 ㉠개입니다.
• 보이지 않는 면은 ㉡개입니다.

(   )

11 직육면체에서 보이는 모서리의 길이의 합은 몇 cm인가요?

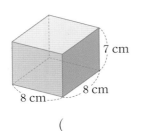

(   )

12 직육면체를 위, 앞, 옆에서 본 모양입니다. 직육면체의 겨냥도를 그린 후 서로 다른 세 모서리의 길이를 나타내어 보세요.

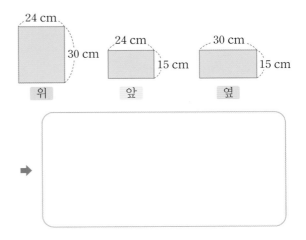

➡

13 정육면체에서 보이지 않는 모서리의 길이의 합은 24 cm입니다. ☐ 안에 알맞은 수를 써넣으세요.

[6점]

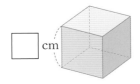

14 직육면체의 전개도가 아닌 이유를 써 보세요.

서술형

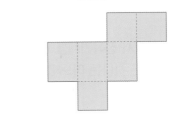

이유

_____

_____

[15~16] 직육면체의 전개도를 보고 물음에 답하세요.

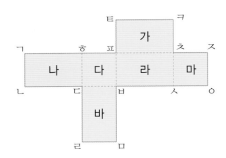

15 전개도를 접었을 때 면 다와 평행한 면을 찾아 써 보세요. [4점]

( )

16 전개도를 접었을 때 주어진 선분과 겹치는 선분을 각각 찾아 써 보세요. [4점]

선분 ㄱㅎ과 ( )

선분 ㅁㅂ과 ( )

17 전개도를 접어서 정육면체를 만들었을 때 두 면 사이의 관계가 <u>다른</u> 하나는 어느 것인가요? ( )

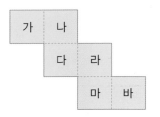

① 면 가와 면 다
② 면 나와 면 라
③ 면 다와 면 바
④ 면 라와 면 마
⑤ 면 바와 면 나

18 한 모서리의 길이가 **3 cm**인 정육면체의 전개도를 그려 보세요.

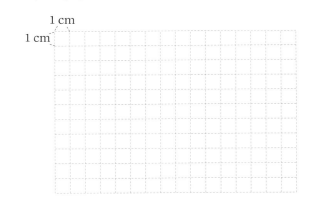

19 주사위에서 마주 보는 면의 눈의 수의 합은 **7**입니다. 전개도의 빈 곳에 주사위의 눈을 알맞게 그려 넣으세요.

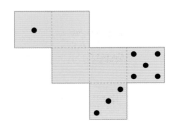

20 직육면체의 전개도를 접었을 때 꼭짓점 ㄱ에서 만나는 세 면의 넓이의 합은 몇 **cm²**인가요? [6점]

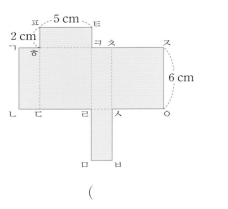

( )

수학 단원평가 2 회

01 정육면체를 모두 찾아 기호를 써 보세요. [4점]

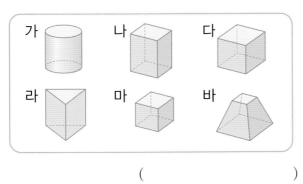

( )

02 직육면체의 모서리의 수와 꼭짓점의 수의 합은 몇 개인가요?

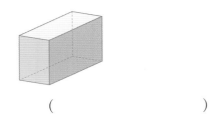

( )

03 정육면체에서 면 ㄷㅅㅇㄹ의 네 변의 길이의 합은 몇 cm인가요?

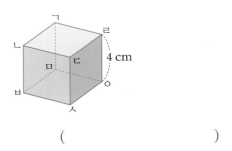

( )

서술형 04 직육면체와 정육면체에 대해 잘못 설명한 사람을 찾아 이름을 쓰고, 바르게 고쳐 보세요.

> 수영: 직육면체와 정육면체는 면, 모서리, 꼭짓점의 수가 각각 같아.
> 혜린: 직육면체의 모서리의 길이는 같을 수도 있고 다를 수도 있어.
> 우영: 직육면체는 정육면체라고 할 수 있어.

이름 _____

바르게 고치기

_____

_____

05 오른쪽 직육면체의 모든 모서리의 길이의 합이 44 cm일 때 □ 안에 알맞은 수를 써넣으세요. [6점]

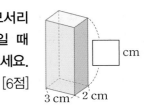

06 직육면체에서 면 ㄱㄴㄷㄹ과 면 ㄴㅂㅅㄷ이 만나서 이루는 각도는 몇 도인가요? [4점]

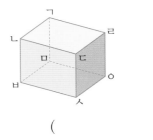

( )

07 직육면체 모양의 상자에 평행한 면끼리 같은 종류의 스티커를 붙이려고 합니다. 스티커는 모두 몇 가지 필요한가요? [4점]

( )

08 오른쪽 직육면체에서 면 ㄱㅁㅇㄹ 과 면 ㄴㅂㅁㄱ에 동시에 수직인 면을 모두 찾아 써 보세요.

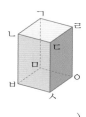

( )

09 1부터 6까지의 수가 쓰여진 주사위를 두 방향에서 본 그림입니다. 5가 쓰여진 면과 평행한 면에 쓰여진 수를 구해 보세요. [6점]

( )

10 그림에서 빠진 부분을 그려 넣어 직육면체의 겨냥도 를 완성해 보세요.

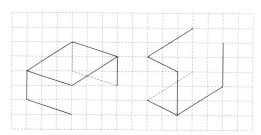

11 직육면체의 겨냥도를 잘못 그린 이유를 써 보세요.

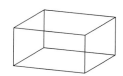

이유

_____

12 직육면체의 겨냥도에서 나타내는 수가 다른 하나를 찾아 기호를 써 보세요.

> ㉠ 보이는 면의 수
> ㉡ 보이지 않는 면의 수
> ㉢ 보이지 않는 모서리의 수
> ㉣ 보이지 않는 꼭짓점의 수

( )

13 직육면체에서 보이지 않는 모서리의 길이의 합이 26 cm일 때 모든 모서리의 길이의 합은 몇 cm인 가요? [6점]

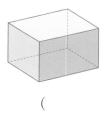

( )

14 직육면체의 전개도를 찾아 ○표 하세요. [4점]

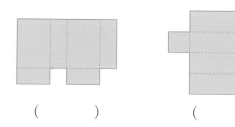

( ) ( )

15 전개도를 접어서 직육면체를 만들었을 때 면 나와 평행한 면은 어느 것인가요? [4점]

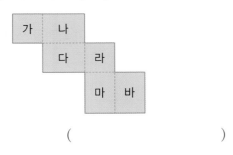

(   )

16 정육면체의 전개도에서 나머지 한 면의 위치로 알맞은 곳을 모두 찾아 기호를 써 보세요.

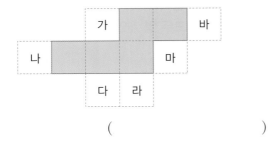

(   )

17 정육면체의 모서리를 잘라서 정육면체의 전개도를 만들었습니다. ☐ 안에 알맞은 기호를 써넣으세요.

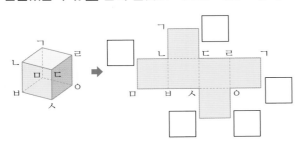

18 직육면체의 겨냥도를 보고 전개도를 그려 보세요.

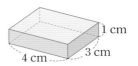

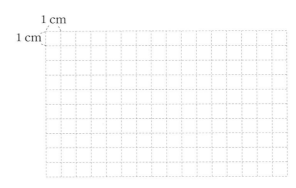

19 직육면체의 전개도에서 ☐ 안에 알맞은 수를 써넣으세요. [6점]

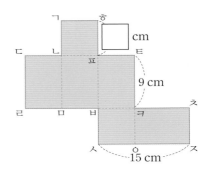

20 오른쪽 그림과 같이 무늬(◆) 3개가 그려져 있는 정육면체를 만들 수 있도록 아래의 전개도에 무늬(◆) 1개를 그려 넣으세요. [6점]

(1)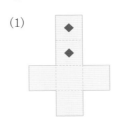

(2)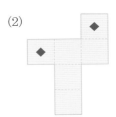

수학 단원평가 1 회

01 혜교의 턱걸이 기록을 나타낸 표입니다. 혜교의 턱걸이 기록의 평균을 정하는 올바른 방법에 ◯표 하세요. [6점]

턱걸이 기록

회	1회	2회	3회	4회	5회
기록(번)	17	18	19	16	20

방법	◯표
턱걸이 기록 17, 18, 19, 16, 20 중 가장 작은 수인 16으로 정합니다.	
턱걸이 기록 17, 18, 19, 16, 20 중 가장 큰 수인 20으로 정합니다.	
턱걸이 기록 17, 18, 19, 16, 20을 고르게 하면 18, 18, 18, 18, 18이므로 18로 정합니다.	

[02~03] 수지네 반 세 모둠 학생들은 투호에 참가하여 한 사람당 10개씩 화살을 던졌습니다. 표를 보고 물음에 답하세요.

모둠별 투호 기록

모둠	학생 수(명)	넣은 화살 수(개)	넣은 화살 수의 평균(개)
가	4	28	
나	5	30	
다	4	24	

02 넣은 화살 수의 평균을 구하여 표를 완성해 보세요.
[6점]

03 세 모둠이 넣은 화살 수에 대해 바르게 설명한 사람을 찾아 이름을 써 보세요. [7점]

> 도희: 넣은 화살 수가 가장 적은 다 모둠이 가장 못했어.
> 사랑: 학생 수가 같을 때는 넣은 화살 수가 더 많은 모둠이 더 잘했어.
> 대한: 넣은 화살 수의 평균을 보면 나 모둠이 가장 잘했어.

( )

04 ^{서술형} 재하네 모둠 학생들이 한 학기 동안 읽은 책 수를 나타낸 표입니다. 평균보다 책을 더 많이 읽은 학생은 모두 몇 명인지 풀이 과정을 쓰고 답을 구해 보세요.
[7점]

한 학기 동안 읽은 책 수

이름	재하	나경	시우	혜리	성민
책 수(권)	20	29	16	24	26

풀이

답

05 어느 제과점에서는 하루 평균 140개의 마카롱을 만든다고 합니다. 이 제과점에서 일주일 동안 만든 마카롱은 모두 몇 개인가요? [7점]

( )

06 서준이네 모둠 학생들의 발 길이를 나타낸 표입니다. 발 길이의 평균이 213 mm일 때 빈칸에 알맞은 수를 써넣으세요. [7점]

서준이네 모둠 학생들의 발 길이

이름	서준	영호	은서	소원	도윤
발 길이 (mm)	230	220	205		210

07 성훈이의 과목별 수행평가 점수를 나타낸 표입니다. 전체 점수의 평균이 90점 이상 되려면 영어 수행평가 점수를 몇 점 이상 받아야 하나요? [7점]

과목별 수행평가 점수

과목	국어	수학	사회	과학	영어
점수(점)	93	82	86	94	

( )

08 정호네 학교 농구부 학생들의 키를 나타낸 표입니다. 농구부에 한 명이 더 들어와서 키의 평균이 **1 cm** 커졌다면 새로 들어온 학생의 키는 몇 **cm**인가요? [7점]

농구부 학생들의 키

이름	정호	경민	휘빈	은주
키(cm)	159	157	153	163

(   )

[09~10] 일이 일어날 가능성을 알아보려고 합니다. 물음에 답하세요.

> ㉠ 불가능하다   ㉡ ~아닐 것 같다
> ㉢ 반반이다   ㉣ ~일 것 같다
> ㉤ 확실하다

09 올해 12살이면 내년에 13살이 될 가능성을 찾아 기호를 써 보세요. [6점]

(   )

10 동전 3개를 던졌을 때 모두 숫자 면이 나올 가능성을 찾아 기호를 써 보세요. [6점]

(   )

서술형
11 명수가 말한 일이 일어날 가능성을 말로 표현한 것에 ○표 하고, 일이 일어날 가능성이 '반반이다'가 되도록 말을 바꿔 보세요. [7점]

> 음악 재생 목록에 K-pop이 10곡, 클래식이 5곡 있을 때 랜덤 재생 버튼을 누르면 K-pop이 나올 거야.

명수

(~아닐 것 같다 , ~일 것 같다)

바꾼 말

_____

_____

12 빨간색, 파란색, 노란색으로 이루어진 회전판과 회전판을 100회 돌려 화살이 멈춘 횟수를 나타낸 표입니다. 일이 일어날 가능성이 비슷한 것끼리 이어 보세요. [7점]

(1)    ·

색깔	빨강	파랑	노랑
횟수(회)	33	33	34
㉠

(2)    ·

색깔	빨강	파랑	노랑
횟수(회)	24	25	51
㉡

13 정우는 동생과 영화를 보기 위해 영화 티켓을 샀습니다. 정우가 A3, A4 좌석 중에서 A3 좌석에 앉을 가능성을 ↓로 나타내어 보세요. [6점]

```
├──────────┼──────────┤
0          1/2         1
```

14 수 카드 4장 중에서 한 장을 뽑았습니다. 뽑은 카드에 쓰인 수가 8 이하일 가능성을 수로 표현해 보세요. [7점]

3   8   1   5

(   )

15 바둑돌 50개가 들어 있는 통에서 검은색 바둑돌 2개를 빼냈더니 바둑돌 한 개를 꺼낼 때 흰색 바둑돌이 나올 가능성이 $\frac{1}{2}$이 되었습니다. 바둑돌을 빼내기 전 통에 들어 있던 검은색 바둑돌은 모두 몇 개인가요? [7점]

(   )

수학 단원평가 2회

01 경태의 운동 시간을 나타낸 표입니다. □ 안에 알맞은 수를 써넣으세요. [6점]

운동 시간

요일	월	화	수	목	금
운동 시간(분)	45	50	35	40	55

평균을 □ 분으로 예상한 후

45, (50, □), (35, □)(으)로 수를 옮기고 짝 지어 자료의 값을 고르게 하여 구한 경태의 하루 평균 운동 시간은 □ 분입니다.

02 5개의 병에 담긴 물을 모아 다시 5개의 컵에 똑같이 나누어 담는다면 한 컵에 몇 L씩 담아야 하나요? [6점]

0.2 L　　0.6 L　　0.7 L　　0.5 L　　1 L

(　　　　　　　)

[03~04] 은표네 모둠과 준기네 모둠 학생들의 몸무게를 나타낸 표입니다. 물음에 답하세요.

은표네 모둠 학생들의 몸무게

이름	은표	다솜	인서	재연
몸무게(kg)	42	50	40	44

준기네 모둠 학생들의 몸무게

이름	준기	수빈	서형	승헌	혜민
몸무게(kg)	43	41	39	55	32

03 은표네 모둠과 준기네 모둠 학생들의 몸무게의 평균을 각각 구해 보세요. [7점]

은표네 모둠 (　　　　　　　)
준기네 모둠 (　　　　　　　)

04 어느 모둠 학생들이 더 무겁다고 볼 수 있나요? [6점]

(　　　　　　　)

05 희망 가게와 믿음 가게 중 어느 가게의 공책이 더 비싸다고 할 수 있나요? [7점]

〈희망 가게〉
6권에 9000원

〈믿음 가게〉
4권에 7200원

(　　　　　　　)

서술형 06 세준이네 과수원에는 감나무가 64그루 있습니다. 감나무 한 그루에 감이 평균 90개씩 열렸을 때 감을 한 개에 500원씩 받고 판다면 감을 판 금액은 모두 얼마인지 풀이 과정을 쓰고 답을 구해 보세요. [7점]

풀이

답 _____

07 민하가 5일 동안 외운 영어 단어 수를 나타낸 표입니다. 민하가 금요일에 영어 단어를 10개 더 외웠다면 5일 동안 외운 영어 단어 수의 평균은 몇 개 더 많아지나요? [7점]

민하가 외운 영어 단어 수

요일	월	화	수	목	금
영어 단어 수(개)	14	25	23	14	9

(　　　　　　　)

08 어느 문화센터 코딩부 회원 4명의 평균 나이는 11살입니다. 신입 회원 2명이 더 들어와 평균 나이가 12살이 되었다면 새로 들어온 회원 2명의 평균 나이는 몇 살인가요? [7점]

(　　　　　　　)

[09~10] 글을 읽고 물음에 답하세요.

┌───┐
│ ㉠ 고래가 하늘을 날아다닐 가능성
│ ㉡ 계산기에 '4＋5＝'를 누르면 9가 나올 가능성
│ ㉢ 은행에서 번호표를 뽑으면 짝수가 나올 가능성
│ ㉣ 분홍색 공 3개와 초록색 공 1개가 들어 있는 상자에
│   서 공을 1개 꺼낼 때 분홍색일 가능성
└───┘

09 일이 일어날 가능성이 '확실하다'인 것을 찾아 기호를 써 보세요. [6점]

(   )

10 일이 일어날 가능성이 높은 순서대로 기호를 써 보세요. [7점]

(   )

11 화살이 빨간색에 멈출 가능성이 높은 순서대로 기호를 써 보세요. [6점]

가　　　　나　　　　다

(   )

12 1부터 6까지의 눈이 그려진 주사위를 굴렸을 때 일이 일어날 가능성을 수로 표현해 보세요. [7점]

(1) 눈의 수가 4의 약수로 나올 가능성
(   )

(2) 눈의 수가 6 이하인 수로 나올 가능성
(   )

13 [조건]에 알맞은 회전판이 되도록 색칠해 보세요. [7점]

[조건]

• 화살이 빨간색에 멈출 가능성은 $\frac{1}{2}$입니다.

• 화살이 노란색에 멈출 가능성은 파란색에 멈출 가능성과 같습니다.

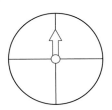

서술형
14 딸기 맛 사탕이 2개, 복숭아 맛 사탕이 2개 있습니다. 사탕 한 개를 뽑을 때 딸기 맛 사탕을 뽑을 가능성과 포도 맛 사탕을 뽑을 가능성을 각각 수로 표현하여 그 차를 구하려고 합니다. 풀이 과정을 쓰고 답을 구해 보세요. [7점]

풀이

_____

_____

_____

답 _____

15 20개의 제비가 들어 있는 상자에 당첨 제비가 6개 들어 있습니다. 이 상자에서 제비를 1개 뽑을 때 당첨 제비를 뽑을 가능성이 $\frac{1}{2}$이 되게 하려면 당첨 제비가 아닌 제비를 몇 개 빼내야 하나요? [7점]

(   )

초등 만점왕 단원평가 5-2

사회
단원평가

01 다음 ( ) 안에 들어갈 나라 이름은 무엇입니까?

( )

> ( )은/는 청동기 문화를 바탕으로 세워진 우리 역사 속 최초의 국가이다.

① 백제   ② 발해   ③ 신라
④ 고구려   ⑤ 고조선

02 다음 ㉠에 들어갈 말로 알맞은 것은 어느 것입니까?

( )

> 선생님: 고조선의 법 조항 중 '남을 다치게 한 사람은 곡식으로 갚는다.'는 내용을 통해 알 수 있는 사실은 무엇인가요?
>
> 학 생: _____ ㉠

① 노비가 존재하였어요.
② 화폐의 개념이 있었어요.
③ 큰 죄를 엄격하게 다스렸어요.
④ 개인의 재산을 중요하게 여겼어요.
⑤ 곰을 받드는 부족과 환웅 부족이 연합하였어요.

03 밑줄 친 '이 나라'의 이름을 쓰시오. [6점]

> 이 나라는 고구려에서 내려온 온조가 한강 유역에 세웠어요.
>
> 선생님

( )

04 다음 ㉠에 들어갈 백제의 왕은 누구입니까? ( )

> × +
>
> < > ↻ | (㉠)의 업적 | 검색
>
> 〈검색 결과〉
> • 남쪽으로 남해안까지 진출함.
> • 고구려를 공격하여 영토를 넓힘.
> • 주변 나라들과 활발하게 교류함.

① 장수왕   ② 진흥왕   ③ 근초고왕
④ 박혁거세   ⑤ 광개토 대왕

05 가야에 대해 바르게 말한 친구를 모두 고른 것은 어느 것입니까? ( )

> 윤아: 경주를 수도로 삼았어요.
> 준성: 철의 생산지로 유명하였어요.
> 희주: 신라의 공격으로 멸망하였어요.

① 윤아   ② 준성
③ 희주   ④ 윤아, 준성
⑤ 준성, 희주

06 신라와 당이 전쟁을 벌인 까닭으로 알맞은 것은 어느 것입니까? ( )

① 발해가 건국되었기 때문에
② 신라가 삼국을 통일하였기 때문에
③ 신라가 고구려를 멸망시켰기 때문에
④ 신라가 한강 유역을 차지하였기 때문에
⑤ 당이 한반도 전체를 차지하려고 하였기 때문에

07 다음 퀴즈의 정답을 쓰시오. [6점]

〈인물 퀴즈〉

고구려의 장군 출신으로, 당이 정치적으로 혼란한 틈을 타서 고구려 유민과 말갈족을 이끌고 동모산 일대에 발해를 세운 인물은 누구인가요?

( )

08 다음 내용을 통해 알 수 있는 사실을 쓰시오. [12점]

- 발해의 왕은 일본에 보낸 외교 문서에 자신을 '고려(고구려) 국왕'이라고 표현하였다.
- 고구려의 유적과 발해의 유적에서 비슷한 형태의 온돌 유적을 찾아볼 수 있다.
- 고구려의 기와와 발해의 기와는 모양이 매우 비슷하다.

09 다음 문화유산에 대한 설명으로 알맞은 것을 두 가지 고르시오. (,)

① 불교 문화유산이다.
② 서역에서 만들어졌다.
③ 무령왕릉에서 발견되었다.
④ 금동 연가 7년명 여래 입상이다.
⑤ 백제 사람들의 정교한 공예 기술을 알 수 있다.

10 다음 문화유산을 통해 알 수 있는 사실을 한 가지 쓰시오. [12점]

▲ 삼국의 금동 미륵보살 반가 사유상 　　▲ 일본의 목조 미륵보살 반가 사유상

11 다음에서 설명하는 문화유산은 무엇입니까? ( )

우리나라에 남아 있는 석탑 중 가장 크며, 목탑의 모습과 비슷해 우리나라 석탑의 초기 모습을 보여 주는 백제의 문화유산이다.

① 무령왕릉
② 경주 첨성대
③ 경주 불국사 다보탑
④ 익산 미륵사지 석탑
⑤ 경주 불국사 삼층 석탑

12 다음 ( ) 안에 들어갈 문화유산은 무엇입니까?
( )

( )은/는 경주 불국사 삼층 석탑을 보수할 때 탑 속에서 발견된 불교 경전으로, 현재 남아 있는 목판 인쇄물 중 가장 오래된 것이다.

① 천마도　　　　② 석굴암
③ 무용도　　　　④ 백제 금동 대향로
⑤ 무구정광대다라니경

사회 단원평가 2 회

01 고조선에 대해 바르게 조사한 친구는 누구입니까?
( )

① 민수: 가야를 멸망시켰어.
② 선우: 고구려를 계승하였어.
③ 윤지: 삼국 통일을 완성하였어.
④ 정윤: 박혁거세가 경주 지역에 세웠어.
⑤ 선호: 『삼국유사』에 건국 이야기가 실려 있어.

서술형
02 다음 고조선의 법 조항을 통해 알 수 있는 고조선의 생활 모습을 두 가지 쓰시오. [12점]

> 도둑질한 사람은 노비로 삼되, 용서받으려면 50만 전을 내야 한다.

03 다음 ( ) 안에 들어갈 인물의 이름을 쓰시오. [6점]

> 고구려는 부여에서 내려온 ( )이/가 압록강 유역의 졸본에 세운 나라입니다.

선생님

( )

04 다음 지도에 나타난 시기에 있었던 사실로 알맞은 것은 어느 것입니까? ( )

고구려
백두산
광개토 대왕릉비
국내성
평양
동해
한성
충주 고구려비
웅진
신라
황해
백제 가야
금성
탐라

→ 수도 이동
→ 고구려의 진출 방향

① 신라와 당이 동맹을 맺었다.
② 백제가 고구려를 공격하였다.
③ 대조영이 발해를 건국하였다.
④ 신라가 대가야를 정복하였다.
⑤ 고구려가 한강 유역을 모두 차지하였다.

05 삼국의 전성기에 나타난 공통점을 두 가지 고르시오.
(,)

① 수도를 옮겼다.
② 서역과 교류하였다.
③ 왜의 침입을 받았다.
④ 영토를 크게 넓혔다.
⑤ 한강 유역을 차지하였다.

06 다음에서 설명하는 나라의 이름은 무엇입니까?
( )

> • 낙동강 유역의 여러 작은 나라들로 이루어진 연맹 국가였다.
> • 풍부한 철을 바탕으로 철기 문화가 발달하였다.

① 왜   ② 가야   ③ 백제
④ 발해   ⑤ 신라

07 다음 사건들을 일어난 순서대로 나열할 때, 두 번째에 해당하는 사건의 기호를 쓰시오. [6점]

> ㉠ 백제가 멸망하였다.
> ㉡ 고구려가 멸망하였다.
> ㉢ 신라와 당이 동맹을 맺었다.
> ㉣ 신라가 삼국 통일을 이루었다.
> ㉤ 매소성과 기벌포에서 신라군이 당군을 물리쳤다.

(   )

08 다음 (   ) 안에 들어갈 인물은 누구입니까?

(   )

> 고구려 멸망 후 (   )은/는 고구려 유민과 말갈족을 이끌고 동모산 일대에서 발해를 건국하였다.

① 주몽   ② 대조영   ③ 장수왕
④ 근초고왕   ⑤ 박혁거세

09 (가) 나라에 대한 설명으로 알맞은 것은 어느 것입니까? (   )

① '해동성국'이라 불렸다.
② 한강 유역을 차지하였다.
③ 진흥왕 때 신라에 흡수되었다.
④ 백제의 수도인 한성을 함락시켰다.
⑤ 고구려에서 내려온 온조가 세웠다.

 서술형 10 고분에 그려진 다음과 같은 형식의 벽화를 통해 알 수 있는 것을 쓰시오. [12점]

▲ 무용총 수렵도

_____

_____

_____

11 다음 (   ) 안에 들어갈 문화유산은 무엇입니까?

(   )

> (   )은/는 벽돌을 쌓아 방을 만든 무덤으로 금제 관식, 중국 도자기와 화폐, 일본 소나무로 만든 나무 관의 일부 등이 발견되었다.

① 천마도   ② 첨성대   ③ 무용총
④ 무령왕릉   ⑤ 안악 3호분

12 다음 문화유산에 대한 설명으로 알맞은 것은 어느 것입니까? (   )

① 부여에서 발견된 문화유산이다.
② 석굴 안에 거대한 본존불이 있다.
③ 고구려 문화를 계승하여 만들었다.
④ 천체의 움직임을 관측했던 건축물이다.
⑤ 불상 뒷면에 불상을 만든 시기가 새겨져 있다.

01 다음 ㉠, ㉡에 들어갈 나라를 순서대로 바르게 나열한 것은 어느 것입니까? (   )

> 신라 말에 등장한 여러 호족 중에서 힘을 키운 사람들이 나라를 세웠다. 견훤이 세운 나라는 (㉠)이고, 궁예가 세운 나라는 (㉡)이다.

① 가야 – 백제
② 발해 – 후백제
③ 고구려 – 가야
④ 후백제 – 후고구려
⑤ 후고구려 – 후백제

02 왕건이 궁예를 몰아내고 새로운 나라를 세운 까닭을 쓰시오. [12점]

03 선생님의 질문에 대한 답변으로 알맞지 <u>않은</u> 것은 어느 것입니까? (   )

태조 왕건이 실시한 정책을 발표해 볼까요?

선생님

① 세금을 줄여 주었어요.
② 과거제를 실시하였어요.
③ 불교 행사를 개최하였어요.
④ 발해 유민을 받아들였어요.
⑤ 호족들과 혼인 관계를 맺었어요.

04 다음 (   ) 안에 들어갈 알맞은 말을 쓰시오. [6점]

> 거란의 1차 침입 때 서희가 거란 장수를 만나 담판을 벌인 결과, 고려는 거란과 외교 관계를 맺고 압록강 동쪽의 (   ) 지역을 확보하게 되었다.

(   )

05 거란의 침입을 모두 물리친 후 고려가 한 일이 무엇인지 쓰시오. [12점]

06 다음 내용에 해당하는 인물은 누구입니까? (   )

나는 별무반을 이끌고 여진을 정벌한 후 동북 9성을 쌓았습니다.

① 서희
② 윤관
③ 대조영
④ 소손녕
⑤ 김윤후

07 다음 ㉠에 들어갈 내용으로 알맞은 것은 어느 것입니까? ( )

> 몽골은 ＿＿＿＿＿＿㉠＿＿＿＿＿＿ 이를 구실로 고려에 침입하였다.

① 고려가 송과 가까이 지내자
② 고려가 수도를 강화도로 옮기자
③ 세력이 커진 여진이 고려를 위협하자
④ 고려에 온 몽골 사신이 돌아가는 길에 죽자
⑤ 강동 6주 지역을 돌려달라는 요구를 고려가 거절하자

08 몽골의 침입과 극복 과정에서 있었던 일로 알맞지 <u>않은</u> 것은 어느 것입니까? ( )

① 국토가 황폐해졌다.
② 강감찬이 귀주에서 승리하였다.
③ 황룡사 9층 목탑이 파괴되었다.
④ 많은 백성이 몽골에 포로로 끌려갔다.
⑤ 처인성과 충주성에서 몽골군을 물리쳤다.

09 다음 ( ) 안에 들어갈 알맞은 말을 쓰시오. [6점]

이 지도는 고려 정부가 몽골과 강화하고 도읍을 개경으로 옮기는 것에 반대해 강화도－진도－제주도로 옮겨 가며 고려와 몽골 연합군에 맞선 ( )의 이동 경로를 나타낸 것입니다.

선생님

( )

10 상감 청자에 대한 설명으로 알맞은 것은 어느 것입니까? ( )

① 신라를 대표하는 문화유산이다.
② 일반 백성들도 널리 사용하였다.
③ 현재 남아 있는 목판 인쇄물 중 가장 오래된 것이다.
④ 무늬를 새기고 다른 색의 흙을 채워 넣어 만든 공예품이다.
⑤ 백제 사람들의 뛰어난 공예 기술을 보여 주는 문화유산이다.

11 다음 문화유산에 대해 바르게 말한 친구를 모두 고른 것은 어느 것입니까? ( )

▲ 팔만대장경판

> 세리: 상감 기법으로 무늬를 새겨 넣어 만들었어.
> 진우: 몽골의 침입을 부처의 힘으로 이겨 내려고 만들었어.
> 강호: 오늘날 전해지는 금속 활자 인쇄본 중 가장 오래된 것이야.

① 세리 ② 진우
③ 강호 ④ 세리, 진우
⑤ 진우, 강호

12 금속 활자의 특징으로 알맞은 것을 <u>두 가지</u> 고르시오. (,)

① 보관하기가 어렵다.
② 서양에서 먼저 만들어졌다.
③ 부서지거나 휘어지기 쉽다.
④ 단단하여 오래 사용할 수 있다.
⑤ 필요한 활자를 골라 짜 맞춰 인쇄할 수 있다.

※ 점수 표시가 없는 문항은 8점입니다.

01 다음 ( ) 안에 들어갈 알맞은 말을 쓰시오. [6점]

> 신라 말에 견훤이 후백제를, 궁예가 후고구려를 세우면서 신라와 함께 ( )을/를 이루었다.

( )

02 다음 사건들을 일어난 순서대로 바르게 나열한 것은 어느 것입니까? ( )

> ㉠ 신라가 고려에 항복하였다.
> ㉡ 왕건이 궁예를 몰아내고 고려를 세웠다.
> ㉢ 고려가 후백제를 물리치고 후삼국을 통일하였다.

① ㉠-㉡-㉢ ② ㉠-㉢-㉡
③ ㉡-㉠-㉢ ④ ㉡-㉢-㉠
⑤ ㉢-㉠-㉡

서술형
03 태조 왕건이 다음과 같은 정책을 실시한 까닭을 쓰시오. [12점]

태조 왕건은 호족들과 혼인 관계를 맺었어요.

선생님

04 다음 대화로 알 수 있는 거란의 침입 목적으로 알맞은 것은 어느 것입니까? ( )

> 소손녕: 고려는 우리와 국경을 접하고 있으면서 왜 바다 건너 있는 송과 교류하는가?
> 서 희: 여진이 고려와 거란 사이를 막고 있어 당신들과 교류할 수 없으니, 여진을 쫓아내고 우리가 그 땅을 가질 수 있다면 교류하지 않을 까닭이 없다.

① 몽골과 강화를 맺기 위해서
② 고려와 송의 관계를 끊기 위해서
③ 강동 6주 지역을 돌려받기 위해서
④ 사신이 피살된 것을 항의하기 위해서
⑤ 한반도 전체를 차지하려는 욕심이 생겨서

05 다음 ㉠에 들어갈 내용으로 알맞은 것은 어느 것입니까? ( )

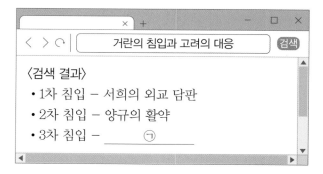

〈검색 결과〉
· 1차 침입 – 서희의 외교 담판
· 2차 침입 – 양규의 활약
· 3차 침입 – ㉠

① 귀주 대첩 ② 기벌포 전투
③ 매소성 전투 ④ 동북 9성 축조
⑤ 강동 6주 지역 확보

06 다음 ( ) 안에 들어갈 알맞은 말을 쓰시오. [6점]

> 고려의 북쪽에서 흩어져 살던 여진이 점차 세력을 키워 고려를 위협하자, 고려는 특별 부대인 ( )을/를 만들었습니다.

( )

07 다음 ( ) 안에 들어갈 지역은 어디입니까? ( )

> 몽골의 침입 이후 고려는 개경에서 ( )(으)로 수도를 옮기고 몽골과 싸웠다.

① 부여　　　② 진도　　　③ 서경
④ 강화도　　⑤ 제주도

08 다음 내용에 해당하는 인물은 누구입니까? ( )

> 나는 몽골이 침입했을 때 처인성과 충주성에서 백성들과 힘을 합쳐 몽골군을 물리쳤습니다.

① 궁예　　　② 윤관　　　③ 김윤후
④ 소손녕　　⑤ 강감찬

09 몽골이 고려에 침입한 이후에 일어난 일로 가장 알맞은 것은 어느 것입니까? ( )

① 별무반이 편성되었다.
② 여진이 고려에 침입하였다.
③ 지방에서 호족이 등장하였다.
④ 고려가 몽골의 정치적 간섭을 받았다.
⑤ 국경 지역에 천리장성을 쌓아 침입에 대비하였다.

10 다음에서 설명하는 문화유산은 무엇입니까? ( )

> 고려를 대표하는 공예품으로, 초기에는 중국의 기술을 받아들여 만들었지만 상감 기법이 활용되면서 고려만의 독창적인 예술품이 만들어졌다.

① 천마도　　　　② 첨성대
③ 고려청자　　　④ 금동 대향로
⑤ 금동 연가 7년명 여래 입상

서술형
11 팔만대장경을 통해 알 수 있는 고려 시대 목판 인쇄술의 우수함을 쓰시오. [12점]

_____

_____

_____

12 다음 문화유산에 대한 설명으로 알맞은 것은 어느 것입니까? ( )

▲ 『직지심체요절』

① 몽골의 침입으로 파괴되었다.
② 합천 해인사에 보관되어 있다.
③ 몽골의 침입을 부처의 힘으로 이겨 내려고 만들었다.
④ 경주 불국사 삼층 석탑의 보수 과정에서 발견되었다.
⑤ 오늘날 전해지는 금속 활자 인쇄본 중 가장 오래된 것이다.

※ 점수 표시가 없는 문항은 5점입니다.

01 다음 ( ) 안에 들어갈 알맞은 말을 쓰시오. [4점]

고려 말에는 외적이 자주 침입하여 나라가 혼란스러웠고, 당시 지배 세력인 ( )의 횡포로 땅과 곡식을 빼앗겨 백성이 살기 어려웠다.

( )

02 다음 ( ) 안에 들어갈 지역은 어디입니까? ( )

요동 정벌에 나섰던 이성계는 ( )에서 군대를 되돌려 반대 세력을 몰아내고 권력을 잡았다.

① 진도 ② 개경 ③ 위화도
④ 강화도 ⑤ 제주도

03 다음에서 설명하는 정치 세력으로 알맞은 것은 어느 것입니까? ( )

고려 말에 등장한 새로운 정치 세력으로, 성리학을 공부하고 관리가 되었다.

① 호족 ② 상민 ③ 의병
④ 삼별초 ⑤ 신진 사대부

04 다음 ( ) 안에 들어갈 말로 알맞은 것은 어느 것입니까? ( )

조선은 건국 이후 ( ) 사상에 따라 한양의 주요 건물의 위치와 이름을 정하고, 왕과 신하들도 백성을 위한 정치를 하려고 노력하였다.

① 불교 ② 도교 ③ 유교
④ 천주교 ⑤ 8조법

05 다음 퀴즈의 정답을 쓰시오. [4점]

〈역사 퀴즈〉
세종이 확대·개편한 학문 연구 기관으로, 뛰어난 학자들이 연구를 통해 나라를 다스리는 일과 백성의 일에 도움되는 업적을 남겼습니다. 이 기관의 이름은 무엇인가요?

( )

06 훈민정음에 대한 설명으로 알맞은 것은 어느 것입니까? ( )

① 불교 이념을 담은 문화유산이다.
② 여러 종류의 책을 인쇄할 수 있다.
③ 목판 인쇄물 중 가장 오래된 것이다.
④ '백성을 가르치는 바른 소리'라는 뜻이다.
⑤ 부처의 힘으로 몽골의 침입을 이겨 내고자 만들었다.

07 밑줄 친 '이 기구'의 이름은 무엇입니까? ( )

이 기구는 세종 대에 발명된 것으로 해, 달, 별 등의 움직임과 위치를 관측하는 기구이다.

① 첨성대 ② 자격루
③ 측우기 ④ 혼천의
⑤ 앙부일구

08 다음 내용에 해당하는 인물은 누구입니까? ( )

> 나는 과학 기구를 만드는 재능을 인정받아 노비에서 풀려나 관리가 되어 자격루, 앙부일구 등 여러 과학 기구를 만드는 데 참여하였습니다.

① 서희   ② 윤관   ③ 광해군
④ 장영실   ⑤ 정도전

09 『칠정산』에 대한 설명으로 알맞은 것은 어느 것입니까? ( )

① 비의 양을 측정하는 기구이다.
② 우리나라에 맞는 농사법을 정리한 책이다.
③ 조선에서 나는 약재와 치료 방법을 소개하였다.
④ 조선의 날짜와 계절의 변화를 계산한 역법서이다.
⑤ 모범이 될 만한 효자와 충신 등의 이야기를 실은 책이다.

서술형
10 세종 때 북쪽 지역에 4군 6진 지역이 개척되면서 나타난 변화를 쓰시오. [6점]

_____

_____

_____

11 다음에서 설명하는 조선 시대의 신분으로 알맞은 것은 어느 것입니까? ( )

> 주로 유학을 공부하고 관리가 되어 나랏일을 하였다.

① 양반   ② 중인   ③ 상민
④ 천민   ⑤ 노비

12 다음에서 설명하는 인물의 이름을 쓰시오. [4점]

> 율곡 이이의 어머니로 시와 그림, 글씨에 뛰어났다. 대표적으로 풀과 곤충을 그린 「초충도」가 알려져 있다.

( )

13 다음 ㉠에 들어갈 내용으로 알맞은 것은 어느 것입니까? ( )

> 부산으로 쳐들어온 일본군이 빠르게 한양으로 향하자 선조는 _____㉠_____

① 의주로 피란하였다.
② 강화도로 도읍을 옮겼다.
③ 중립 외교 정책을 펼쳤다.
④ 일본에 강화 회담을 제안하였다.
⑤ 수군을 정비하고 공격에 대비하였다.

서술형
14 임진왜란 당시 수군의 활약을 쓰시오. [6점]

_____

_____

15 다음 ( ) 안에 들어갈 인물은 누구입니까? ( )

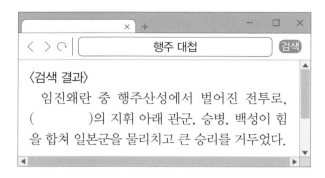

〈검색 결과〉
　임진왜란 중 행주산성에서 벌어진 전투로, ( )의 지휘 아래 관군, 승병, 백성이 힘을 합쳐 일본군을 물리치고 큰 승리를 거두었다.

① 권율　　　　　② 선조
③ 곽재우　　　　④ 이순신
⑤ 광해군

서술형
16 임진왜란으로 조선이 입은 피해를 쓰시오. [6점]

_____

_____

_____

17 다음 ㉠에 들어갈 내용으로 알맞은 것은 어느 것입니까? ( )

　광해군은 ____㉠____ 명과 후금 중 어느 한쪽에도 치우치지 않는 외교 정책을 펼쳤다.

① 전쟁을 피하기 위해
② 천리장성을 쌓기 위해
③ 일본의 침략을 막기 위해
④ 강동 6주 지역을 확보하기 위해
⑤ 요동으로 세력을 확장하기 위해

18 다음 사건들을 일어난 순서대로 바르게 나열한 것은 어느 것입니까? ( )

　㉠ 인조가 왕위에 올랐다.
　㉡ 조선과 후금이 형제 관계를 맺었다.
　㉢ 후금이 나라 이름을 청으로 바꾸었다.

① ㉠-㉡-㉢　　　② ㉠-㉢-㉡
③ ㉡-㉠-㉢　　　④ ㉡-㉢-㉠
⑤ ㉢-㉠-㉡

19 병자호란에 대한 설명으로 알맞은 것은 어느 것입니까? ( )

① 일본이 조선에 침입하였다.
② 인조가 남한산성으로 피신하였다.
③ 명이 조선에 지원군을 파견하였다.
④ 조선군이 한산도에서 일본군에 승리하였다.
⑤ 조선과 명의 연합군이 평양성에서 승리하였다.

20 밑줄 친 '이곳'은 어디입니까? ( )

이 비석은 이곳에서 조선의 항복을 받은 청의 황제가 자신의 업적을 기록해 세우게 한 것입니다.

선생님

① 한양　　　　　② 삼전도
③ 위화도　　　　④ 경복궁
⑤ 남한산성

01 밑줄 친 '이 사람'의 이름을 쓰시오. [4점]

> 이 사람은 고려 말 왜구와 홍건적을 물리치며 백성들의 지지를 받았고, 요동 정벌에 나섰다가 위화도에서 군대를 되돌려 권력을 잡았다.

(   )

02 신흥 무인 세력에 대해 바르게 말한 친구를 모두 고른 것은 어느 것입니까? (   )

> 태환: 과거를 통해 관리가 되었어.
> 윤지: 홍건적과 왜구를 물리치며 성장하였어.
> 지민: 신라 말 지방에서 성장한 경제력과 군사력을 갖춘 세력이야.

① 태환   ② 윤지
③ 지민   ④ 태환, 윤지
⑤ 윤지, 지민

03 다음 사건들을 일어난 순서대로 바르게 나열한 것은 어느 것입니까? (   )

> ㉠ 조선 건국
> ㉡ 위화도 회군
> ㉢ 토지 제도 개혁

① ㉠-㉡-㉢   ② ㉠-㉢-㉡
③ ㉡-㉠-㉢   ④ ㉡-㉢-㉠
⑤ ㉢-㉠-㉡

04 다음 (   ) 안에 들어갈 인물은 누구입니까? (   )

> 고려 말의 대표적인 신진 사대부였던 (   ) 은/는 개혁을 위해 고려 왕조를 없애고 새로운 나라를 세워야 한다고 주장하였다.

① 권율   ② 강감찬   ③ 김윤후
④ 정도전   ⑤ 곽재우

서술형
05 조선을 건국한 태조가 나라 이름을 '조선'으로 정한 까닭을 쓰시오. [6점]

_____

_____

_____

06 다음 건물의 공통점으로 알맞은 것은 어느 것입니까? (   )

> 경복궁   사직단   숭례문
> 종묘   흥인지문

① 경주에 세워진 건물이다.
② 유교 사상에 따라 지어졌다.
③ 임진왜란 때 불에 타 없어졌다.
④ 세종 대에 확대된 학문 연구 기관이다.
⑤ 몽골의 침입을 이겨 내기 위해 만들어졌다.

07 세종이 훈민정음을 창제한 까닭을 쓰시오. [6점]

_____

_____

_____

08 다음 ㉠에 들어갈 문화유산으로 알맞지 <u>않은</u> 것은 어느 것입니까? ( )

〈한국사 묻고 답하기〉
질문: 세종 대에 만들어진 과학 기구에는 어떤 것이 있나요?
답변: _____㉠_____ 등이 있습니다.

① 측우기　　　　② 자격루
③ 혼천의　　　　④ 앙부일구
⑤ 상감 청자

09 다음에서 설명하는 책의 이름을 쓰시오. [4점]

중국과 우리나라에서 모범이 될 만한 효자와 충신 등의 이야기를 실은 책으로, 백성이 일상생활에서 유교 윤리를 쉽게 실천할 수 있도록 하였다.

(　　　　　　　)

10 다음 내용에 해당하는 사람의 신분으로 알맞은 것은 어느 것입니까? ( )

저는 조선 시대에 살았으며, 아픈 사람의 병을 치료하는 일을 하였습니다.

① 양반　　　　② 중인　　　　③ 상민
④ 천민　　　　⑤ 호족

11 다음 (　　) 안에 들어갈 말로 알맞은 것은 어느 것입니까? ( )

조선 전기에는 신분 질서가 점차 자리잡으면서, (　　　　) 중심의 문화가 발달하였다.

① 양반　　　　② 여성　　　　③ 불교
④ 서민　　　　⑤ 과학 기술

12 조선 시대 천민의 대부분을 차지했던 노비의 생활 모습을 쓰시오. [6점]

_____

_____

_____

13 선생님의 질문에 대한 답변으로 가장 알맞은 것은 어느 것입니까? ( )

선생님: 이순신이 이끄는 수군이 전쟁 초반부터 승리할 수 있었던 까닭은 무엇일까요?

① 조총으로 무장했기 때문입니다.
② 삼별초가 저항했기 때문입니다.
③ 명의 지원을 받았기 때문입니다.
④ 관군과 승병의 도움을 받았기 때문입니다.
⑤ 배와 무기를 미리 만들어 대비했기 때문입니다.

14 다음 (   ) 안에 들어갈 지역은 어디입니까? (   )

> 조선 수군은 (   )에서 일본군을 넓은 바다로 유인해 학이 날개를 펼친 듯이 적을 둘러싸고 공격하는 학익진 전법으로 승리하였다.

① 옥포   ② 사천   ③ 명량
④ 강화도   ⑤ 한산도

15 임진왜란 당시 활약한 의병에 대한 설명으로 알맞은 것은 어느 것입니까? (   )

① 강동 6주 지역을 확보하였다.
② 자기 고장을 지키기 위해 일어났다.
③ 별무반을 이끌고 여진을 정벌하였다.
④ 천리장성을 쌓아 외세에 대비하였다.
⑤ 승려 김윤후가 처인성에서 활약하였다.

16 다음 (   ) 안에 들어갈 알맞은 말을 쓰시오. [4점]

> 행주 대첩에서 패배한 일본은 조선과 명에 강화 회담을 제안하였으나 회담이 실패하자 다시 조선을 침략하였는데, 이를 (   )(이)라고 한다.

(   )

17 임진왜란의 전개 과정을 순서대로 나열할 때, 가장 마지막에 일어난 사건은 어느 것입니까? (   )

> ㉠ 선조가 의주로 피란하였다.
> ㉡ 조선 수군이 노량에서 일본군을 무찔렀다.
> ㉢ 이순신이 한산도에서 큰 승리를 거두었다.
> ㉣ 조선과 명의 연합군이 평양성에서 승리하였다.
> ㉤ 명으로 가는 길을 빌려 달라는 구실로 일본이 침입하였다.

① ㉠   ② ㉡   ③ ㉢
④ ㉣   ⑤ ㉤

18 다음 ㉠에 들어갈 내용으로 알맞은 것은 어느 것입니까? (   )

> 명이 후금을 물리치기 위해 조선에 군사 지원을 요청하자 당시 왕이었던 광해군은 ___㉠___

① 강화도로 도읍을 옮겼다.
② 중립 외교 정책을 펼쳤다.
③ 후금과 형제 관계를 맺었다.
④ 일본에 강화 회담을 제안하였다.
⑤ 수군을 정비하고 공격에 대비하였다.

19 다음 (   ) 안에 들어갈 알맞은 곳은 어디입니까?
(   )

> 청의 침입으로 한양이 함락될 위기에 처하자 인조와 신하들은 (   )(으)로 피신하였다.

① 의주   ② 강화도   ③ 경복궁
④ 남한산성   ⑤ 행주산성

20 다음 질문에 대한 답변으로 알맞은 것은 어느 것입니까? (   )

선생님: 병자호란의 결과로 어떤 일이 일어났나요?

① 광해군이 왕위에 올랐어요.
② 도요토미 히데요시가 죽었어요.
③ 전국 각지에서 의병이 일어났어요.
④ 많은 백성이 청에 인질로 끌려갔어요.
⑤ 불국사와 경복궁 등 많은 문화유산이 파괴되었어요.

01 영조가 탕평책을 실시한 까닭으로 알맞은 것은 어느 것입니까? (　　)

① 신분 차별이 심했기 때문에
② 일본이 조선을 침략했기 때문에
③ 붕당 간에 대립이 심해졌기 때문에
④ 외세의 통상 요구가 많아졌기 때문에
⑤ 나라의 평화가 오래 지속되었기 때문에

서술형
02 정조가 수원 화성을 건설한 까닭을 쓰시오. [12점]

_____

_____

_____

03 밑줄 친 '이 학문'의 이름을 쓰시오. [6점]

　　이 학문은 임진왜란과 병자호란 이후 기존에 있던 학문이 사회 문제를 해결할 방법을 제시하지 못하자 등장한 것으로, 실생활 문제에 관심을 둔 학문이라는 의미를 가지고 있다.

（　　　　　　　）

04 다음 ㉠에 들어갈 인물은 누구입니까? (　　)

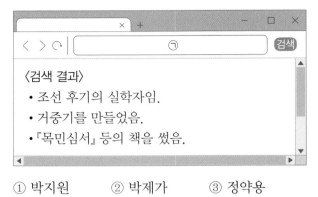

〈검색 결과〉
• 조선 후기의 실학자임.
• 거중기를 만들었음.
• 『목민심서』 등의 책을 썼음.

① 박지원　　② 박제가　　③ 정약용
④ 김정호　　⑤ 안정복

05 조선 후기 서민 문화에 대해 바르게 말한 친구를 모두 고른 것은 어느 것입니까? (　　)

여진: 한문으로 쓴 소설이 유행하였어.
기온: 김홍도와 신윤복은 대표적인 풍속화가야.
지나: 판소리는 이야기를 노래로 들려주는 공연을 말해.

① 여진　　　　　　② 기온
③ 지나　　　　　　④ 여진, 기온
⑤ 기온, 지나

06 다음에서 설명하는 조선 후기의 서민 문화는 무엇입니까? (　　)

• 탈을 쓰고 추는 춤이나 연극을 말하며, 사람이 많이 모이는 곳에서 주로 공연을 하였다.
• 백성의 생각과 감정을 솔직하게 표현하여 서민들에게 인기가 많았다.

① 민화　　　　　　② 풍속화
③ 판소리　　　　　④ 탈놀이
⑤ 윷놀이

07 흥선 대원군의 정책에 대해 바르게 말한 친구는 누구입니까? (　　　)

① 민희: 탕평책을 실시하였어.
② 성원: 집현전을 확대하였어.
③ 경민: 규장각을 육성하였어.
④ 지운: 중립 외교 정책을 실시하였어.
⑤ 현이: 전국의 서원을 일부만 남기고 모두 없앴어.

08 다음 사건들을 일어난 순서대로 기호를 쓰시오. [6점]

> ㉠ 전국에 척화비를 세웠다.
> ㉡ 강화도 조약이 체결되었다.
> ㉢ 미국이 강화도를 침략하였다.
> ㉣ 프랑스가 강화도를 침략하였다.

(　　　　　　　　　)

서술형 09 강화도 조약의 특징을 쓰시오. [12점]

....

....

10 다음 퀴즈의 정답은 무엇입니까? (　　　)

> 〈역사 퀴즈〉
> 김옥균 등이 일본의 지원을 약속받고 우정총국 개국 축하 잔치를 이용해 정변을 일으켰으나 3일 만에 실패하였습니다. 이것은 무슨 사건인가요?

① 병인양요
② 신미양요
③ 갑신정변
④ 행주 대첩
⑤ 동학 농민 운동

11 다음 내용에 해당하는 인물은 누구입니까? (　　　)

> 나는 고부 군수의 횡포를 막으려고 농민들을 이끌고 봉기하였으나, 공주 우금치 전투에서 체포되어 사형을 당하였습니다.

① 권율
② 전봉준
③ 곽재우
④ 어재연
⑤ 유형원

12 다음 ㉠에 들어갈 내용으로 알맞은 것은 어느 것입니까? (　　　)

> 청일 전쟁을 일으키고 전쟁에서 유리해진 일본이 조선의 정치에 간섭하자 ____㉠____

① 강화도 조약을 체결하였다.
② 청이 조선에 군대를 보냈다.
③ 최제우가 동학을 창시하였다.
④ 동학 농민군이 다시 봉기하였다.
⑤ 농민군은 자기 고을에서 개혁을 추진하였다.

01 정조의 개혁 정치에 대한 설명으로 알맞은 것은 어느 것입니까? (   )

① 신문고를 다시 설치하였다.
② 명과 후금 사이에서 중립 외교를 펼쳤다.
③ 전국의 서원을 일부만 남기고 정리하였다.
④ 수원 화성을 건설하여 개혁 도시로 삼았다.
⑤ 탕평책을 널리 알리기 위해 탕평비를 세웠다.

02 다음 ㉠에 들어갈 내용으로 알맞은 것은 어느 것입니까? (   )

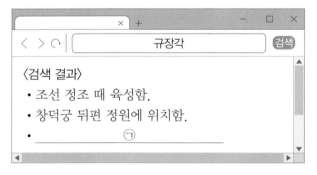

① 탕평비를 세운 장소임.
② 판소리를 공연하던 공연장임.
③ 상인들이 자유롭게 장사하던 시장임.
④ 백성들이 억울한 일을 알리던 장소임.
⑤ 학자들이 학문을 연구하던 왕실의 도서관임.

서술형
03 조선 후기에 등장한 실학자 중 박제가, 박지원 등이 주장한 내용을 쓰시오. [12점]

04 다음 지도에 대한 설명으로 알맞은 것을 두 가지 고르시오. (,   )

▲ 「대동여지도」

① 금속 활자로 인쇄되었다.
② 김정호가 만든 지도이다.
③ 중국을 중심으로 그렸다.
④ 거중기를 이용하여 제작하였다.
⑤ 다양한 정보를 기호로 표시하였다.

05 조선 후기에 서민 문화가 발달한 까닭으로 알맞은 것은 어느 것입니까? (   )

① 신분 제도가 폐지되었기 때문에
② 경제적으로 여유가 생겼기 때문에
③ 세도 가문의 횡포가 심했기 때문에
④ 외세의 침략이 자주 일어났기 때문에
⑤ 양반에게도 세금을 부과하였기 때문에

06 다음 ㉠에 들어갈 말로 알맞은 것은 어느 것입니까?
(   )

초대장
조선 후기의 (㉠   ) 함께 보기
조선 후기의 대표적인 화가인 김홍도와 신윤복의
작품을 박물관에서 만나 보세요!

일시: 20◇◇년 ◇월 ◇◇일
장소: ○○ 박물관 제3 전시실
전시 작품: 김홍도 「서당도」, 신윤복 「미인도」 등

① 탈놀이   ② 풍속화   ③ 판소리
④ 고분 벽화   ⑤ 한글 소설

07 병인양요의 결과로 알맞은 것은 어느 것입니까?
( )

① 불평등 조약을 맺었다.
② 일본이 군함을 파견하였다.
③ 동학 농민 운동이 일어났다.
④ 어재연 장군이 희생당하였다.
⑤ 외규장각 도서를 약탈당하였다.

08 흥선 대원군이 신미양요 이후 한 일로 알맞은 것은 어느 것입니까? ( )

① 목민심서를 썼다.
② 훈민정음을 만들었다.
③ 경복궁을 다시 지었다.
④ 전국에 척화비를 세웠다.
⑤ 후금과 형제 관계를 맺었다.

09 다음 ( ) 안에 들어갈 조약의 이름을 쓰시오. [6점]

학   생: 이 사진은 어떤 모습인가요?
선생님: 조선이 일본과 ( )을/를 체결하는 모습이에요. 이 조약을 통해 조선이 개항을 하게 되었지요.

( )

10 다음 ㉠, ㉡에 들어갈 알맞은 말을 차례대로 바르게 나열한 것은 어느 것입니까? ( )

(㉠) 등의 주도로 일으킨 갑신정변은 (㉡)의 개입으로 3일 만에 실패로 끝났다.

① 유형원, 청
② 김옥균, 청
③ 김정호, 일본
④ 김옥균, 일본
⑤ 전봉준, 러시아

11 다음 사건들을 일어난 순서대로 기호를 쓰시오. [6점]

㉠ 일본이 경복궁을 점령하였다.
㉡ 동학 농민군이 우금치 전투에서 패하였다.
㉢ 동학 농민군이 정부와 협상해 개혁안을 약속받았다.
㉣ 전봉준이 고부 군수의 횡포에 저항하여 봉기를 일으켰다.

( )

12 다음 자료를 통해 알 수 있는 동학 농민 운동의 의의를 쓰시오. [12점]

재판관: 백성을 위해 탐관오리를 제거할 것을 목표로 했다고 했는데 맞는가?
전봉준: 맞습니다.
　　　　　　　……
재판관: 전주 화약 이후 다시 봉기한 이유는 무엇인가?
전봉준: 일본이 군사를 이끌고 우리 도성에 들어가 임금을 놀라게 했습니다. 나라를 사랑하는 마음으로 일본과 전투하기 위해서입니다.
　　　　　　　　　　　　　 – 전봉준 심문 기록

사회 단원평가 1 회

※ 점수 표시가 없는 문항은 5점입니다.

01 다음 사건들을 일어난 순서대로 바르게 나열한 것은 어느 것입니까? (   )

> ㉠ 일본이 명성 황후를 시해하였다.
> ㉡ 청일 전쟁에서 일본이 승리하였다.
> ㉢ 고종이 러시아 공사관으로 피신하였다.

① ㉠-㉡-㉢   ② ㉠-㉢-㉡
③ ㉡-㉠-㉢   ④ ㉡-㉢-㉠
⑤ ㉢-㉠-㉡

02 다음 ㉠에 들어갈 내용으로 알맞은 것은 어느 것입니까? (   )

① 서원을 정리하였다.
② 척화비를 건립하였다.
③ 만민 공동회를 열었다.
④ 아관 파천을 일으켰다.
⑤ 수원 화성을 건설하였다.

03 다음 (   ) 안에 들어갈 알맞은 말을 쓰시오. [4점]

> 고종은 러시아 공사관에서 경운궁으로 돌아온 이후 환구단에서 황제로 즉위하고 (   ) 수립을 선포하였다.

(   )

04 을사늑약에 대한 설명으로 알맞은 것은 어느 것입니까? (   )

① 청일 전쟁 직후 체결하였다.
② 갑신정변을 계기로 체결하였다.
③ 대한 제국이 외교권을 빼앗겼다.
④ 체결 이후 조선은 일본에 개항하였다.
⑤ 외국과 맺은 최초의 근대적 조약이었다.

05 선생님의 질문에 대한 답변으로 알맞은 것은 어느 것입니까? (   )

선생님

① 고부 군수의 횡포에 저항하였어요.
② 단발령을 취소하라고 요구하였어요.
③ 주로 만주와 연해주에서 활동하였어요.
④ 서양과의 통상 수교 거부 의지를 밝혔어요.
⑤ 신돌석 같은 평민 출신 의병장도 있었어요.

서술형
06 일본이 대규모 부대를 동원해 의병 운동을 탄압한 이후 의병 활동이 어떻게 변화하였는지 쓰시오. [6점]

07 다음 내용과 관련 있는 인물은 누구입니까? (   )

> 하얼빈역에서 이토 히로부미를 사살하고, 뤼순 감옥에 갇혀 사형을 선고받았다.

① 서재필   ② 김옥균   ③ 안중근
④ 전봉준   ⑤ 신채호

08 다음 ㉠에 들어갈 내용으로 알맞은 것은 어느 것입니까? ( )

> 대한 제국의 국권을 빼앗은 일제는 1910년대에 조선 총독부를 설치하고 ___㉠___

① 탕평비를 세웠다.
② 단발령을 선포하였다.
③ 헌병 경찰제를 실시하였다.
④ 고종을 강제로 퇴위시켰다.
⑤ 헤이그에 특사를 파견하였다.

09 다음 ( ) 안에 들어갈 알맞은 말을 쓰시오. [4점]

> 일제는 토지의 소유자를 확인한다는 구실을 내세워 ( )을/를 시행하였고, 그 결과 식민 통치에 필요한 재정을 확보하였다.

( )

10 이회영에 대한 설명으로 알맞은 것은 어느 것입니까? ( )

① 독립신문을 만들었다.
② 평민 출신 의병장이었다.
③ 조선어 학회에서 활동하였다.
④ 해외에서 독립운동을 전개하였다.
⑤ 일본의 지원을 약속받고 정변을 일으켰다.

11 3·1 운동의 전개 과정에 대한 다큐멘터리를 만들 때 들어갈 장면으로 알맞은 것을 두 가지 고르시오.
(,)

① 고종이 환구단에서 황제로 즉위하는 장면
② 탑골 공원에서 독립 선언서를 낭독하는 장면
③ 천안에서 유관순이 만세 시위를 벌이는 장면
④ 미국이 통상을 요구하며 강화도를 침략하는 장면
⑤ 프랑스군이 외규장각 도서를 약탈해 가는 장면

12 다음 ( ) 안에 들어갈 알맞은 말은 어느 것입니까?
( )

> 1919년에 ( )에서 여러 임시 정부를 통합한 대한민국 임시 정부가 수립되었다.

① 한성   ② 만주   ③ 상하이
④ 연해주   ⑤ 청산리

서술형
13 3·1 운동 이후 일제의 통치 방식이 어떻게 변화하였는지 쓰시오. [6점]

_____
_____
_____

14 다음 ㉠에 들어갈 내용으로 알맞은 것은 어느 것입니까? ( )

> 내 이름은 홍범도입니다. 나는 ___㉠___

① 한국광복군을 만들었습니다.
② 독립 협회를 설립하였습니다.
③ 대한민국 임시 정부의 대통령이었습니다.
④ 봉오동에서 일본군에 맞서 승리하였습니다.
⑤ 3·1 운동 때 일제에 체포되어 순국하였습니다.

서술형
15 일제의 탄압으로 대한민국 임시 정부의 활동이 힘들어지자 김구가 한 일을 쓰시오. [6점]

16 다음 사건들을 일어난 순서대로 바르게 나열한 것은 어느 것입니까? ( )

> ㉠ 3·1 운동
> ㉡ 중일 전쟁
> ㉢ 청산리 대첩

① ㉠-㉡-㉢
② ㉠-㉢-㉡
③ ㉡-㉠-㉢
④ ㉡-㉢-㉠
⑤ ㉢-㉠-㉡

17 일제가 1930년대 이후 우리나라에서 한 일로 알맞지 않은 것은 어느 것입니까? ( )

① 일본어를 쓰도록 하였다.
② 신사에 참배를 하도록 하였다.
③ 우리 역사를 배우지 못하게 하였다.
④ 성과 이름을 일본식으로 바꾸도록 하였다.
⑤ 대한 제국의 군대를 강제로 해산시키고 의병을 탄압하였다.

18 다음 ㉠에 들어갈 내용으로 가장 알맞은 것은 어느 것입니까? ( )

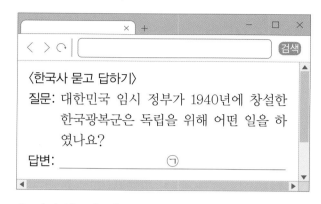

> 〈한국사 묻고 답하기〉
> 질문: 대한민국 임시 정부가 1940년에 창설한 한국광복군은 독립을 위해 어떤 일을 하였나요?
> 답변: ____㉠____

① 의병 활동을 전국적으로 확산시켰어요.
② 청산리에서 일본군을 크게 무찔렀어요.
③ 외교 활동으로 한국의 독립 의지를 널리 알렸어요.
④ 비밀 연락망을 조직해 독립운동 자금을 모았어요.
⑤ 태평양 전쟁이 일어나자 일본에 선전 포고를 하였어요.

19 다음 ( ) 안에 들어갈 단체의 이름을 쓰시오. [4점]

> ( )은/는 우리말과 글을 지키기 위해 한글 보급 운동을 하고, 우리말 『큰사전』을 펴내기 위해 많은 노력을 하였다.

( )

20 신채호에 대한 설명으로 알맞은 것은 어느 것입니까? ( )

① 한인 애국단을 조직하였다.
② 한국광복군에서 활약하였다.
③ 나라를 구한 영웅들의 전기를 썼다.
④ 연합군의 일원으로 전쟁에 참여하였다.
⑤ 우정총국 개국 축하 잔치에서 정변을 일으켰다.

※ 점수 표시가 없는 문항은 5점입니다.

01 다음 ( ) 안에 공통으로 들어갈 나라로 알맞은 것은 어느 것입니까? ( )

> • 청일 전쟁에서 승리한 일본이 조선의 정치에 간섭하자, 고종과 명성 황후는 ( )을/를 끌어들여 일본을 견제하려고 하였다.
> • 을미사변이 일어나자 고종은 ( ) 공사관으로 거처를 옮겼다.

① 청   ② 미국   ③ 영국
④ 러시아   ⑤ 프랑스

02 다음 내용에 해당하는 인물은 누구입니까? ( )

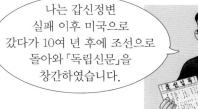
나는 갑신정변 실패 이후 미국으로 갔다가 10여 년 후에 조선으로 돌아와 「독립신문」을 창간하였습니다.

① 김옥균   ② 서재필   ③ 안창호
④ 전봉준   ⑤ 신채호

서술형
03 대한 제국이 다음과 같은 개혁을 실시한 까닭을 쓰시오. [6점]

> • 공장과 회사의 설립을 지원하였다.
> • 학교를 세우고 외국에 유학생을 파견하였다.
> • 전차, 철도, 전화 등의 교통과 통신 시설을 갖추었다.

_____

04 다음과 관련 있는 내용은 어느 것입니까? ( )

> • 대한 제국의 외교권을 빼앗겼다.
> • 신돌석 같은 평민 출신 의병장이 활약하였다.

① 갑신정변   ② 척화비 건립
③ 청산리 대첩   ④ 을사늑약 체결
⑤ 일본식 이름 사용

05 다음 ㉠에 들어갈 조약의 이름을 쓰시오. [4점]

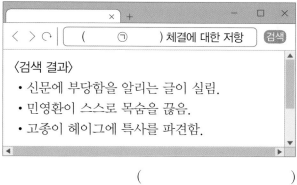
(㉠) 체결에 대한 저항 [검색]

〈검색 결과〉
• 신문에 부당함을 알리는 글이 실림.
• 민영환이 스스로 목숨을 끊음.
• 고종이 헤이그에 특사를 파견함.

( )

06 다음 사건들을 일어난 순서대로 바르게 나열한 것은 어느 것입니까? ( )

> ㉠ 을미사변과 단발령이 일어났다.
> ㉡ 대한 제국의 군대가 해산되었다.
> ㉢ 봉오동, 청산리에서 일본군을 물리쳤다.

① ㉠-㉡-㉢   ② ㉠-㉢-㉡
③ ㉡-㉠-㉢   ④ ㉡-㉢-㉠
⑤ ㉢-㉠-㉡

07 안중근에 대한 설명으로 알맞은 것은 어느 것입니까? ( )

① 독립 협회를 설립하였다.
② 한국광복군을 조직하였다.
③ 이토 히로부미를 사살하였다.
④ 을사늑약 체결을 주도하였다.
⑤ 대한 제국 수립을 선포하였다.

08 다음 (   ) 안에 들어갈 알맞은 말을 쓰시오. [4점]

> 일제는 1910년에 대한 제국의 국권을 빼앗고, 우리 민족을 지배하기 위해 최고 통치 기관인 (   )을/를 설치하였다.

(   )

09 1910년대에 이루어진 일제의 통치 내용으로 알맞은 것을 보기 에서 모두 고른 것은 어느 것입니까?

(   )

보기
> ㉠ 을사늑약을 체결하였다.
> ㉡ 토지 조사 사업을 실시하였다.
> ㉢ 대한 제국의 군대를 해산하였다.
> ㉣ 교사에게 제복을 입고 칼을 차게 하였다.

① ㉠, ㉡   ② ㉠, ㉢   ③ ㉡, ㉢
④ ㉡, ㉣   ⑤ ㉢, ㉣

10 3·1 운동에 대한 설명으로 알맞은 것을 보기 에서 모두 고른 것은 어느 것입니까? (   )

보기
> ㉠ 1919년에 일어났다.
> ㉡ 단발령에 반발해 일어났다.
> ㉢ 만주와 연해주에서 시작되었다.
> ㉣ 민족 대표들이 독립 선언서를 작성하였다.

① ㉠, ㉡   ② ㉠, ㉢   ③ ㉠, ㉣
④ ㉡, ㉢   ⑤ ㉢, ㉣

11 유관순에 대해 바르게 말한 친구를 모두 고른 것은 어느 것입니까? (   )

> 예진: 천안에서 만세 시위를 벌였어.
> 찬수: 체포되어 감옥에서 순국하였어.
> 시후: 하얼빈역에서 이토 히로부미를 저격하였어.

① 예진   ② 찬수   ③ 시후
④ 예진, 찬수   ⑤ 찬수, 시후

12 다음 (   ) 안에 들어갈 내용으로 알맞은 것은 어느 것입니까? (   )

> 일제는 (   ) 이후 무력을 활용한 강압적인 통치로는 우리 민족을 지배하기 어렵다고 생각하고, 친일파를 늘려 민족을 분열시키는 정책을 펼쳤다.

① 3·1 운동   ② 중일 전쟁
③ 봉오동 전투   ④ 동학 농민 운동
⑤ 대한민국 임시 정부 수립

13 대한민국 임시 정부에 대한 설명으로 알맞은 것은 어느 것입니까? (   )

① 3·1 운동을 주도하였다.
② 비밀 연락망을 만들었다.
③ 헌병 경찰제를 실시하였다.
④ 영은문을 헐고 독립문을 세웠다.
⑤ 광주 학생 항일 운동을 주도하였다.

14 다음 (   ) 안에 공통으로 들어갈 인물을 쓰시오.

[4점]

> 학 생: 선생님, (   )은/는 어떤 일을 하였나요?
> 선생님: (   )은/는 홍범도와 함께 독립군을 이끌고 청산리 일대에서 일본군을 크게 무찔렀어요.

(   )

15 다음 ( ) 안에 들어갈 단체는 어느 것입니까?
( )

> ( )의 단원이었던 윤봉길은 일본군의 상하이 점령 축하 기념행사가 열린 상하이 홍커우 공원에 폭탄을 던졌다.

① 독립 협회　　　② 한국광복군
③ 조선어 학회　　④ 한인 애국단
⑤ 대한민국 임시 정부

16 다음 사건들을 일어난 순서대로 바르게 나열한 것은 어느 것입니까? ( )

> ㉠ 광주 학생 항일 운동이 일어났다.
> ㉡ 대한민국 임시 정부가 수립되었다.
> ㉢ 한국광복군이 일제에 선전 포고를 하였다.

① ㉠－㉡－㉢　　② ㉠－㉢－㉡
③ ㉡－㉠－㉢　　④ ㉡－㉢－㉠
⑤ ㉢－㉠－㉡

^{서술형}
17 일제가 1930년대 후반 다음과 같은 정책을 실시한 까닭을 쓰시오. [6점]

> • 일본어를 쓰도록 강요하였다.
> • 성과 이름을 일본식으로 바꾸도록 하였다.
> • 전국에 세워진 신사에 절을 하도록 하였다.
> • 학교에서 우리 역사를 배우지 못하게 하였다.

_____

_____

_____

18 다음 ( ) 안에 들어갈 사건은 어느 것입니까?
( )

> 일제는 1937년에 ( )을/를 일으키고 우리나라 사람들을 무기 공장이나 전쟁터 등에 강제로 끌고 갔다.

① 병인양요　　　② 임진왜란
③ 러일 전쟁　　④ 중일 전쟁
⑤ 6·25 전쟁

19 조선어 학회에 대한 설명으로 알맞은 것은 어느 것입니까? ( )

① 독립신문을 발행하였다.
② 만민 공동회를 개최하였다.
③ 헤이그에 특사를 파견하였다.
④ 6·10 만세 운동을 일으켰다.
⑤ 한글 보급 운동을 전개하였다.

^{서술형}
20 신채호가 을지문덕, 이순신 등 나라를 구한 영웅들의 전기를 책으로 펴낸 까닭을 쓰시오. [6점]

_____

_____

_____

사회 단원평가 1회

01 다음 질문에 대한 답변으로 알맞은 것은 어느 것입니까? ( )

1945년 8월 15일에 있었던 우리나라의 역사적 사건에는 어떤 것이 있나요?

선생님

① 3·1 운동이 일어났어요.
② 일제에 국권을 빼앗겼어요.
③ 일본이 명성 황후를 시해하였어요.
④ 대한민국 임시 정부가 만들어졌어요.
⑤ 식민 통치에서 벗어나 광복을 맞이하였어요.

02 다음 ( ) 안에 들어갈 전쟁은 어느 것입니까?
( )

> ( )에서 연합국이 승리하면서 우리나라는 마침내 광복을 맞이하였다.

① 청일 전쟁
② 러일 전쟁
③ 중일 전쟁
④ 6·25 전쟁
⑤ 제2차 세계 대전

03 다음 ㉠, ㉡에 들어갈 알맞은 나라 이름을 쓰시오.
[6점]

> 일제가 항복하면서 38도선을 기준으로 남쪽에는 (㉠), 북쪽에는 (㉡)의 군대가 각각 주둔하게 되었다.

㉠ ( ), ㉡ ( )

04 광복 이후 우리나라에서 있었던 일로 알맞지 <u>않은</u> 것은 어느 것입니까? ( )

① 38도선이 설정되었다.
② 김구와 이승만이 귀국하였다.
③ 토지 조사 사업이 시행되었다.
④ 건국을 준비하는 단체가 만들어졌다.
⑤ 사람들이 거리에서 광복을 기뻐하였다.

서술형
05 모스크바 3국 외상 회의의 결정 내용을 두고 국내에서 갈등이 일어났는데, 그 이유가 무엇인지 쓰시오.
[12점]

06 다음 ㉠, ㉡에 들어갈 알맞은 말을 차례대로 바르게 나열한 것은 어느 것입니까? ( )

> 5·10 총선거를 통해 구성된 제헌 국회는 나라 이름을 (㉠)으로 정하고, (㉡)을/를 첫 번째 대통령으로 선출하였다.

① 대한민국, 김구
② 대한민국, 서재필
③ 대한민국, 이승만
④ 대한 제국, 김구
⑤ 대한 제국, 이승만

07 대한민국 정부 수립까지의 과정을 순서대로 나열할 때, 두 번째에 해당하는 사건의 기호를 쓰시오. [6점]

> ㉠ 8·15 광복
> ㉡ 5·10 총선거 실시
> ㉢ 대한민국 정부 수립
> ㉣ 미소 공동 위원회 개최
> ㉤ 모스크바 3국 외상 회의 개최

( )

서술형
08 대한민국 정부 수립의 의의를 쓰시오. [12점]

_____

_____

_____

09 북한이 6·25 전쟁을 일으킨 까닭으로 알맞은 것은 어느 것입니까? (　　)

① 신탁 통치를 막기 위해서
② 독립운동 자금을 모으기 위해서
③ 일제의 침략에 저항하기 위해서
④ 남북한 총선거를 실시하기 위해서
⑤ 한반도를 무력으로 통일하기 위해서

10 다음 지도에 나타난 6·25 전쟁의 상황으로 알맞은 것을 **보기** 에서 모두 고른 것은 어느 것입니까?
(　　)

보기

㉠ 중국군이 북한을 지원하였다.
㉡ 인천 상륙 작전이 전개되었다.
㉢ 국제 연합군이 남한에 파견되었다.
㉣ 국군이 낙동강 부근까지 후퇴하였다.

① ㉠, ㉡　　　② ㉠, ㉢　　　③ ㉡, ㉢
④ ㉡, ㉣　　　⑤ ㉢, ㉣

11 6·25 전쟁의 전개 과정을 순서대로 나열할 때, 가장 마지막에 일어난 사건은 어느 것입니까? (　　)

㉠ 정전 협정이 체결되었다.
㉡ 국군과 국제 연합군이 서울을 되찾았다.
㉢ 중국이 군대를 보내 북한을 지원하였다.
㉣ 38도선 부근에서 크고 작은 전쟁이 지속되었다.
㉤ 국군과 국제 연합군이 압록강 근처까지 올라 갔다.

① ㉠　　　　　② ㉡　　　　　③ ㉢
④ ㉣　　　　　⑤ ㉤

12 다음 ㉠에 들어갈 내용으로 알맞지 않은 것은 어느 것입니까? (　　)

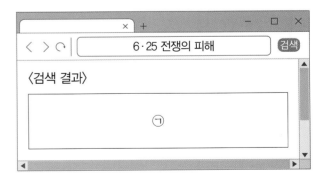

① 국토가 황폐해졌다.
② 식량과 생활용품이 부족해졌다.
③ 도로와 철도가 새롭게 만들어졌다.
④ 전쟁고아와 이산가족이 많이 생겼다.
⑤ 민간인과 군인 등 많은 사람이 다치거나 죽었다.

01 우리나라가 광복을 맞이할 수 있었던 까닭을 바르게 말한 친구를 모두 고른 것은 어느 것입니까?

( )

> 민경: 중국군이 개입하였기 때문이야.
> 화정: 연합국이 제2차 세계 대전에서 승리하였기 때문이야.
> 준호: 우리 민족이 끊임없이 독립을 위해 노력하였기 때문이야.

① 민경
② 화정
③ 준호
④ 민경, 화정
⑤ 화정, 준호

02 다음 사건들을 일어난 순서대로 바르게 나열한 것은 어느 것입니까? ( )

> ㉠ 우리 민족이 광복을 맞이하였다.
> ㉡ 대한민국 임시 정부의 독립운동가들이 귀국하였다.
> ㉢ 한국광복군이 연합국의 일원으로 전쟁에 참여하였다.

① ㉠-㉡-㉢
② ㉠-㉢-㉡
③ ㉡-㉠-㉢
④ ㉡-㉢-㉠
⑤ ㉢-㉠-㉡

03 다음 ㉠에 들어갈 내용으로 알맞은 것은 어느 것입니까? ( )

> 광복 이후 미국과 소련은 _____㉠_____을/를 이유로 한반도에 군대를 보냈다.

① 대한 제국 수립
② 제헌 국회 구성
③ 조선 총독부 설치
④ 일본군의 무장 해제
⑤ 제2차 세계 대전의 준비

04 다음 ( ) 안에 들어갈 알맞은 말을 쓰시오. [6점]

> 미군과 소련군은 ( )을/를 기준으로 각각 남쪽과 북쪽에 주둔하였다.

( )

05 모스크바 3국 외상 회의의 결과 우리나라에서 일어난 일로 알맞은 것은 어느 것입니까? ( )

① 광복을 맞이하였다.
② 한국광복군이 창설되었다.
③ 미국과 소련이 군대를 보냈다.
④ 대한민국 임시 정부가 수립되었다.
⑤ 신탁 통치를 둘러싸고 갈등이 일어났다.

서술형
06 국제 연합이 남한에서만 총선거를 실시하기로 결정한 까닭을 쓰시오. [12점]

_____

_____

07 밑줄 친 '이 사람'은 누구입니까? ( )

> 이 사람은 대한민국 임시 정부의 주요 인사로, 1930년대에 한인 애국단을 결성하였다. 광복 이후에는 통일 정부의 수립을 위해 남한만의 총선거 실시에 반대하며 북한 측의 지도자를 만나 통일 문제를 논의하기 위해 38도선을 넘기도 하였다.

① 김구   ② 이승만   ③ 서재필
④ 윤봉길   ⑤ 신채호

08 5·10 총선거에 대한 설명으로 알맞은 것을 에서 모두 고른 것은 어느 것입니까? ( )

> **보기**
> ㉠ 최초의 민주적인 선거였다.
> ㉡ 미소 공동 위원회가 설치되었다.
> ㉢ 이승만이 대통령으로 선출되었다.
> ㉣ 선거 결과 제헌 국회가 구성되었다.

① ㉠, ㉡   ② ㉠, ㉢   ③ ㉠, ㉣
④ ㉡, ㉢   ⑤ ㉢, ㉣

09 (가) 시기의 한반도 상황으로 알맞은 것은 어느 것입니까? ( )

> 대한민국 정부 수립이 선포되었다.
> ↓
> (가)
> ↓
> 인천 상륙 작전이 전개되었다.

① 38도선이 설정되었다.
② 제헌 헌법이 공포되었다.
③ 정전 협정이 체결되었다.
④ 미소 공동 위원회가 열렸다.
⑤ 북한이 38도선을 넘어 남한을 침략하였다.

서술형
10 다음과 같은 상황이 전개된 까닭을 쓰시오. [12점]

> 6·25 전쟁이 일어나자 3일 만에 서울이 함락되었고 국군은 낙동강 부근까지 후퇴하였다.

_____

_____

_____

11 다음 지도에 나타난 6·25 전쟁의 상황으로 가장 알맞은 것은 어느 것입니까? ( )

① 휴전선이 설정되었다.
② 5·10 총선거가 실시되었다.
③ 인천 상륙 작전이 성공하였다.
④ 모스크바 3국 외상 회의가 개최되었다.
⑤ 중국이 군대를 보내 북한을 지원하였다.

12 다음 ( ) 안에 들어갈 알맞은 말을 쓰시오. [6점]

> 6·25 전쟁의 결과 가족이 서로 헤어져 생사조차 알 수 없는 ( )이/가 수없이 생겨났다.

( )

과학
단원평가

※ 점수 표시가 없는 문항은 5점입니다.

01 생태계에 대한 설명으로 옳지 <u>않은</u> 것은 어느 것입니까? (   ) [4점]

① 규모가 작은 생태계는 없다.
② 지구에는 다양한 생태계가 있다.
③ 햇빛, 공기, 물은 비생물 요소이다.
④ 살아 있는 것을 생물 요소라고 한다.
⑤ 생태계에는 많은 생물 요소와 비생물 요소가 있다.

02 다음 보기의 생태계 구성 요소를 생물 요소와 비생물 요소로 분류하여 각각 기호를 쓰시오.

> **보기**
> ㉠ 흙   ㉡ 버섯   ㉢ 곰팡이
> ㉣ 햇빛   ㉤ 메뚜기   ㉥ 공기

(1) 생물 요소: (   )
(2) 비생물 요소: (   )

03 생태계의 구성 요소에 대한 설명으로 옳지 <u>않은</u> 것은 어느 것입니까? (   )

① 살아 있지 않은 것은 비생물 요소라고 한다.
② 비생물 요소인 햇빛은 식물에만 영향을 준다.
③ 생물 요소인 식물은 비생물 요소인 공기에 영향을 준다.
④ 생태계의 구성 요소에는 생물 요소와 비생물 요소가 있다.
⑤ 생태계에서 생물 요소와 비생물 요소는 서로 영향을 주고받는다.

04 다음에서 설명하는 생물 요소는 어느 것입니까? (   ) [4점]

> 스스로 양분을 만들지 못하고 다른 생물을 먹이로 하여 살아가는 생물이다.

① 생산자   ② 분해자   ③ 소비자
④ 생태계   ⑤ 비생물 요소

서술형
05 다음과 같이 생물 요소를 분류한 기준을 쓰시오. [6점]

| 벼, 옥수수, 잣나무 등 | 사마귀, 사슴, 다람쥐 등 | 곰팡이, 세균 등 |

_____

_____

06 다음 ㉠~㉢ 중 햇빛 등을 이용하여 살아가는 데 필요한 양분을 스스로 만드는 생물 요소를 골라 기호를 쓰시오.

㉠   ㉡   ㉢
▲ 사과나무   ▲ 참새   ▲ 곰팡이

(   )

07 양분을 얻는 방법에 따라 생물을 분류한 것으로 옳지 <u>않은</u> 것은 어느 것입니까? (   )

	생산자	소비자
①	토끼풀	메뚜기
②	개나리	개구리
③	해바라기	참새
④	버섯	사자
⑤	민들레	독수리

08 분해자에 대한 설명으로 옳지 <u>않은</u> 것은 어느 것입니까? (　　) [4점]

① 분해자는 생물 요소 중 하나이다.
② 분해자에는 세균, 곰팡이 등이 있다.
③ 버섯은 스스로 양분을 만들지 못한다.
④ 분해자가 사라져도 생태계에 큰 영향은 없다.
⑤ 죽은 생물이나 동물의 배출물을 분해하여 양분을 얻는다.

09 다음 (　　) 안에 들어갈 알맞은 말을 쓰시오. [4점]

> 메뚜기는 풀을 먹고, 개구리는 메뚜기를 먹는 것과 같이 생태계에서 생물의 먹이 관계가 사슬처럼 연결되어 있는 것을 (　　　)(이)라고 한다.

(　　　　　　　　　)

10 생태계 평형에 대한 설명으로 옳은 것을 보기 에서 골라 기호를 쓰시오.

> **보기**
> ㉠ 생태계 평형이 깨져도 쉽게 회복될 수 있다.
> ㉡ 생물들 사이의 먹고 먹히는 관계가 단순할 때만 이루어진다.
> ㉢ 생태계를 구성하는 생물의 수나 양이 균형을 이루며 안정된 상태를 유지하는 것이다.

(　　　　　　　　　)

11 생태계를 구성하는 생물의 먹이 관계에 대한 설명으로 옳지 <u>않은</u> 것은 어느 것입니까? (　　)

① 메뚜기는 풀을 먹어 양분을 얻는다.
② 개구리도 뱀이나 새에게 잡아먹힐 수 있다.
③ 풀은 햇빛을 이용하여 스스로 양분을 만든다.
④ 생물 요소 사이의 관계는 먹고 먹히는 관계이다.
⑤ 잡아먹는 생물은 잡아먹히는 생물보다 항상 몸집이 크다.

[12~14] 다음 그림을 보고, 물음에 답하시오.

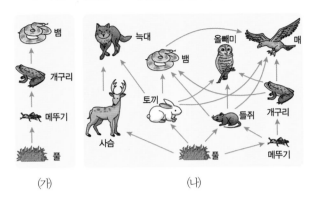

(가)　　　　　　　　　(나)

12 위 (나)와 같이 실제 생태계에서 소비자가 하나의 생물뿐만 아니라 여러 생물을 먹으며 생물들의 먹이 관계가 그물처럼 얽혀 있는 것을 무엇이라고 하는지 쓰시오. [4점]

(　　　　　　　　　)

13 위 (나)에 대한 설명으로 옳은 것을 보기 에서 골라 기호를 쓰시오.

> **보기**
> ㉠ 매는 메뚜기를 먹이로 한다.
> ㉡ 뱀을 먹이로 하는 생물은 없다.
> ㉢ 토끼는 매와 늑대의 먹이가 된다.

(　　　　　　　　　)

서술형
14 위 (가)와 (나) 중 생물이 살아가기에 더 유리한 먹이 관계를 골라 기호를 쓰고, 그 까닭을 쓰시오. [6점]

(1) 더 유리한 먹이 관계: (　　　　　　　)

(2) 까닭:

15 다음 생물들의 먹이 관계를 옳게 나타낸 것은 어느 것입니까? ( )

> 토끼풀, 참새, 올빼미, 메뚜기

① 토끼풀 → 메뚜기 → 참새 → 올빼미
② 토끼풀 → 올빼미 → 메뚜기 → 참새
③ 참새 → 메뚜기 → 올빼미 → 토끼풀
④ 올빼미 → 토끼풀 → 메뚜기 → 참새
⑤ 올빼미 → 참새 → 토끼풀 → 메뚜기

[16~17] 다음 글을 읽고, 물음에 답하시오.

> 1859년 호주의 빅토리아주 윈첼시의 지주인 토마스 오스틴은 영국에서 24마리의 야생 토끼를 수입해 사냥을 위해 야생으로 풀어주었다. 그 후 몇 년 동안 24마리의 야생 토끼는 수백만 마리로 늘어났다. 이로 인해 호주의 많은 나무가 번식할 수 없어 지역에서 멸종 위기에 처하게 되었다.

16 호주의 나무가 멸종 위기에 처한 까닭을 쓰시오. [6점]

17 만약 호주의 생태계를 이대로 둔다면 야생 토끼의 수는 앞으로 어떻게 변할지 쓰시오. [6점]

[18~19] 다음 생물의 먹이 관계를 보고, 물음에 답하시오.

생산자(벼) 1차 소비자(메뚜기) 2차 소비자(개구리) 최종 소비자(매)

18 위에서 생산자의 수가 갑자기 줄어들 때 일시적으로 일어날 수 있는 생태계의 변화로 옳은 것은 어느 것입니까? ( )

① 1차 소비자의 수가 늘어날 것이다.
② 1차 소비자의 수는 변함이 없을 것이다.
③ 2차 소비자의 수가 줄어들 것이다.
④ 최종 소비자에게 미치는 영향은 없을 것이다.
⑤ 다른 생물들은 영향을 받지 않을 것이다.

19 생태계에서 생산자의 수가 갑자기 줄어든 이후 오랜 시간이 지나면 생물의 수는 어떻게 변할지 쓰시오. [6점]

20 다음 ( ) 안에 들어갈 알맞은 말은 어느 것입니까? ( )

> 1차 소비자(메뚜기)의 수가 갑자기 증가 → 생산자(벼)의 수 감소 → 먹이(메뚜기) 증가로 2차 소비자(개구리)의 수 증가 → ( )의 수도 증가 → 생산자(벼)의 수 감소로 1차 소비자(메뚜기)의 수 감소 → 오랜 시간이 지나면 생태계는 원래 상태로 회복

① 생산자   ② 분해자
③ 1차 소비자   ④ 2차 소비자
⑤ 최종 소비자

※ 점수 표시가 없는 문항은 5점입니다.

01 생태계에 대한 설명으로 옳지 <u>않은</u> 것은 어느 것입니까? (　　)

① 지구에는 다양한 생태계가 있다.
② 사막, 바다와 같이 규모가 큰 생태계도 있다.
③ 화단, 연못과 같이 규모가 작은 생태계도 있다.
④ 우리 주변에서 살아 있는 것만 생태계의 구성 요소에 해당한다.
⑤ 어떤 장소에서 생물 요소와 비생물 요소가 서로 영향을 주고받는 것을 말한다.

[02~03] 다음 생태계를 보고, 물음에 답하시오.

02 위 생태계에서 생물 요소와 비생물 요소를 각각 두 가지씩 찾아 쓰시오.

(1) 생물 요소:

(2) 비생물 요소:

서술형
03 위 생태계를 보고 비생물 요소가 생물 요소에게 미치는 영향을 한 가지 쓰시오. [6점]

04 생태계의 구성 요소 중 생물 요소인 것은 어느 것입니까? (　　) [4점]

① 물
② 흙
③ 햇빛
④ 버섯
⑤ 공기

05 다음 보기 에서 비생물 요소를 모두 고른 것은 어느 것입니까? (　　) [4점]

보기
㉠ 흙　　　㉡ 새　　　㉢ 버섯
㉣ 물　　　㉤ 토끼　　㉥ 메뚜기

① ㉠, ㉣
② ㉡, ㉢
③ ㉡, ㉤
④ ㉢, ㉣
⑤ ㉤, ㉥

06 비생물 요소가 생물에 미치는 영향으로 옳지 <u>않은</u> 것은 어느 것입니까? (　　)

① 물은 생물의 생명 유지에 필요하다.
② 추워지면 단풍이 들거나 낙엽이 진다.
③ 물이 없고 햇빛만 있어도 식물은 잘 자랄 수 있다.
④ 햇빛은 주변을 밝게 해 동물이 볼 수 있도록 해 준다.
⑤ 철새들은 먹이를 구하기 쉽고 온도가 적절한 곳으로 이동한다.

07 다음 ( ) 안에 들어갈 알맞은 말은 어느 것입니까? ( ) [4점]

생물 요소는 (   )을/를 얻는 방법에 따라 생산자, 소비자, 분해자로 분류할 수 있다.

① 물　　　　　　② 햇빛
③ 양분　　　　　④ 공기
⑤ 알맞은 온도

08 다음 생물 요소를 관계있는 것끼리 바르게 선으로 연결하시오.

(1) 나비　•　　• ㉠ 생산자

(2) 버섯　•　　• ㉡ 소비자

(3) 벼　　•　　• ㉢ 분해자

09 다음은 배추밭 주변의 생물 요소를 양분을 얻는 방법에 따라 분류한 표입니다. ㉠에 들어갈 양분을 얻는 방법을 쓰시오. [6점]

햇빛 등을 이용하여 양분을 스스로 만듦.	배추, 느티나무
다른 생물을 먹이로 하여 양분을 얻음.	배추흰나비 애벌레, 배추흰나비, 참새
㉠	곰팡이, 세균

10 생태계의 구성 요소에 대한 설명으로 옳지 않은 것은 어느 것입니까? ( )

① 비생물 요소에는 물, 공기 등이 있다.
② 생태계의 구성 요소들은 서로 영향을 주고받는다.
③ 생물 요소는 동물과 식물처럼 살아 있는 것이다.
④ 다른 생물을 먹이로 하여 양분을 얻는 생물을 분해자라고 한다.
⑤ 어떤 공간에서 영향을 주고받는 모든 생물 요소와 비생물 요소를 생태계라고 한다.

11 다른 생물을 먹이로 하여 살아가는 생물이 **아닌** 것을 보기 에서 골라 기호를 쓰시오.

보기

㉠ ▲ 참새　　　㉡ ▲ 벼

㉢ ▲ 다람쥐　　㉣ ▲ 사마귀

( )

[12~13] 다음은 생물의 먹고 먹히는 관계를 나타낸 것입니다. 물음에 답하시오.

메뚜기 → 개구리 → 뱀 → (   )

12 위 ( ) 안에 들어갈 알맞은 생물은 어느 것입니까? ( ) [4점]

① 버섯　　　② 흙　　　③ 매
④ 토끼　　　⑤ 벼

13 위와 같이 생물의 먹이 관계가 사슬처럼 연결된 것을 무엇이라고 하는지 쓰시오. [4점]

( )

[14~16] 다음은 생물의 먹이 관계를 나타낸 것입니다. 물음에 답하시오.

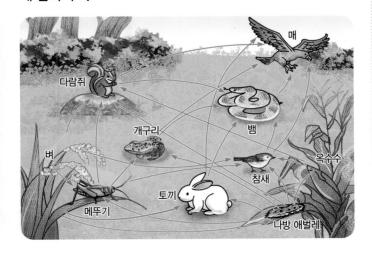

14 위와 같은 생물의 먹이 관계를 무엇이라고 하는지 쓰시오. [4점]

( )

서술형
15 위와 같은 먹이 관계의 좋은 점을 쓰시오. [6점]

_____

_____

16 위 먹이 관계를 옳게 나타낸 것은 어느 것입니까?

( )

① 토끼 → 뱀 → 벼
② 메뚜기 → 벼 → 개구리
③ 메뚜기 → 개구리 → 매
④ 뱀 → 개구리 → 메뚜기
⑤ 나방 애벌레 → 벼 → 참새

[17~18] 다음은 생물의 먹이 관계를 나타낸 것입니다. 물음에 답하시오.

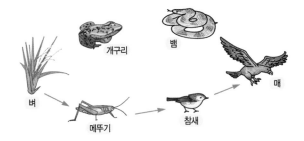

17 위 생물의 먹이 관계를 화살표를 사용하여 완성하시오. [6점]

18 위 생물의 먹이 관계에 대한 설명으로 옳은 것을 두 가지 고르시오. (,)

① 참새는 메뚜기만 먹는다.
② 뱀은 개구리 이외의 다른 먹이도 먹는다.
③ 한 종류의 생물은 한 개의 먹이만 먹는다.
④ 먹이 그물에서는 한 종류의 생물이 다양한 먹이를 먹는다.
⑤ 생물의 먹이 관계는 한 줄의 사슬처럼 연결된 형태만 있다.

[19~20] 다음 생물의 먹이 관계를 보고, 물음에 답하시오.

| 생산자
(벼) | → | 1차 소비자
(메뚜기) | → | 2차 소비자
(개구리) | → | 최종 소비자
(매) |

서술형
19 1차 소비자인 메뚜기의 수가 갑자기 늘어난다면 생산자와 2차 소비자, 최종 소비자의 수는 일시적으로 어떻게 변하는지 쓰시오. [8점]

_____

_____

20 오랜 시간이 지나면 생태계는 다시 원래 상태를 회복하는데 생태계를 구성하는 생물의 수나 양이 급격히 변하지 않고 균형을 이루며 안정된 상태를 유지하는 것을 무엇이라고 하는지 쓰시오. [4점]

( )

※ 점수 표시가 없는 문항은 5점입니다.

[01~03] 다음은 비생물 요소가 생물 요소에 미치는 영향을 알아보기 위한 실험 과정을 순서 없이 나열한 것입니다. 물음에 답하시오.

> ㈎ 콩나물이 담긴 페트병 두 개는 햇빛이 잘 드는 곳에 두고, 그중 한 개에만 물을 자주 준다.
> ㈏ 자른 페트병 네 개의 입구를 거꾸로 하고, 콩나물을 탈지면으로 감싸 페트병에 넣는다.
> ㈐ 콩나물이 자라는 모습을 일주일 이상 관찰한다.
> ㈑ 콩나물이 담긴 나머지 페트병 두 개는 바닥에 나무젓가락을 놓고 어둠상자를 덮은 후, 그중 한 개에만 물을 자주 준다.

01 위 실험 과정을 순서대로 나열한 것은 어느 것입니까?

( )

① ㈎－㈏－㈐－㈑
② ㈎－㈏－㈑－㈐
③ ㈎－㈐－㈏－㈑
④ ㈏－㈎－㈑－㈐
⑤ ㈏－㈐－㈎－㈑

02 위 실험에서 콩나물이 자라는 데 영향을 미치는 비생물 요소끼리 옳게 짝 지은 것은 어느 것입니까?

( )

① 물, 흙
② 흙, 공기
③ 햇빛, 물
④ 햇빛, 공기
⑤ 공기, 온도

서술형
03 다음은 위 실험 결과입니다. 이를 통해 알게 된 점을 쓰시오. [6점]

04 다음 설명과 관련된 비생물 요소는 어느 것입니까?

( ) [4점]

> • 물체를 볼 때 필요하다.
> • 꽃이 피는 시기에 영향을 준다.
> • 식물이 양분을 만드는 데 필요하다.

① 흙
② 물
③ 햇빛
④ 온도
⑤ 공기

05 다음 ㈎~㈐ 생물에 대한 특징으로 옳지 않은 것은 어느 것입니까? ( )

㈎   ㈏   ㈐

① 다양한 생김새와 생활 방식으로 환경에 적응한다.
② ㈎는 몸집이 작고, 귀가 크고 얇아서 열이 잘 배출되어 추운 환경에서 살아남기 유리하다.
③ ㈏는 주변 환경과 생김새가 비슷하여 몸을 숨기기에 유리하다.
④ ㈐는 몸 전체가 하얀색 털로 덮여 있다.
⑤ ㈐는 길고 뻣뻣한 털과 부드러운 털이 촘촘히 있어 온도가 낮은 환경에 적응하기 유리하다.

서술형
06 위 05번과 같이 생물이 환경에 적응한 예를 한 가지 쓰시오. [6점]

[07~08] 오른쪽은 선인장의 모습입니다. 물음에 답하시오.

07 위와 같이 선인장의 잎이 가시 모양으로 변한 것은 어떤 비생물 요소의 영향을 받은 것입니까? (   ) [4점]

① 물   ② 흙
③ 온도   ④ 햇빛
⑤ 공기

서술형
08 위의 선인장이 환경에 어떻게 적응하였는지 쓰시오. [6점]

_____

_____

09 환경 오염에 대한 설명으로 옳지 <u>않은</u> 것은 어느 것입니까? (   )

① 물이 오염되면 물고기가 죽는다.
② 환경 오염은 생태계에 해로운 영향을 준다.
③ 오염된 토양에서는 식물이 잘 자라지 못하거나 죽는다.
④ 환경이 오염되면 그곳에 살고 있는 생물의 종류와 수가 늘어난다.
⑤ 환경 오염의 종류에는 대기 오염, 수질 오염, 토양 오염 등이 있다.

[10~11] 다음은 여러 가지 환경 오염의 모습입니다. 물음에 답하시오.

(가)   (나)   (다)

10 앞의 (가)~(다) 중 다음 설명과 관련 있는 것을 찾아 기호를 쓰시오. [4점]

• 황사나 미세먼지로 호흡기에 문제가 생긴다.
• 공장이나 자동차의 매연이 주요 원인이 되어 공기가 오염된다.

(   )

11 앞의 (가)~(다)에 해당하는 환경 오염의 종류를 옳게 짝 지은 것은 어느 것입니까? (   )

	(가)	(나)	(다)
①	대기 오염	수질 오염	토양 오염
②	대기 오염	토양 오염	수질 오염
③	수질 오염	대기 오염	토양 오염
④	수질 오염	토양 오염	대기 오염
⑤	토양 오염	대기 오염	수질 오염

12 토양 오염의 직접적인 원인이 되는 것은 어느 것입니까? (   ) [4점]

① 공장의 폐수
② 가정의 생활하수
③ 땅에 묻는 쓰레기
④ 자동차의 매연 배출
⑤ 해상 사고로 인한 기름 유출

서술형
13 생태계 보전을 위해 개인이 할 수 있는 방법을 한 가지 쓰시오. [6점]

_____

14 생태계를 보전하는 행동으로 옳지 <u>않은</u> 것은 어느 것입니까? ( ) [4점]

① 가까운 거리는 걸어 다닌다.
② 샴푸는 필요한 양만큼 사용한다.
③ 쓰레기 분리배출을 철저히 한다.
④ 일회용 컵 대신 머그컵을 이용한다.
⑤ 대중교통보다는 자가용을 이용한다.

15 생태계 평형이 깨어지는 원인으로 옳지 <u>않은</u> 것은 어느 것입니까? ( )

① 홍수가 났을 때
② 일회용품 사용을 줄였을 때
③ 가뭄으로 물이 부족해졌을 때
④ 이동의 편리를 위한 도로를 건설했을 때
⑤ 전기 및 물을 공급받기 위한 댐을 건설했을 때

[16~17] 다음 글을 읽고, 물음에 답하시오.

> 패스트 패션은 옷을 만들기 시작하면서부터 소비자에게 오기까지의 소요 시간을 최소화하여 빠르고 저렴하게 공급하는 것을 말한다. 유행에 민감한 세대들에게는 새로운 패션을 빠르게 만날 수 있는 기회이지만, 티셔츠 한 벌을 만드는데 2500 L라는 많은 양의 물이 사용되는데 놀라지 않을 수 없다. 또한 의류 생산 과정에서 이산화 탄소와 쓰레기가 1억 톤 이상 발생하고 있는 상황에서 패스트 패션으로 인한 대기와 수질 오염이 심각한 수준이라고 볼 수 있다.
> 이제는 패션에서도 지속 가능한 패션을 추구해야 한다. 옷을 필요한 만큼 구매하고, 사용하지 않는 옷은 교환, 수선 등의 방법으로 환경을 지키는 슬기로운 태도가 요구된다고 볼 수 있다.

16 위 글에서 설명하는 환경 오염의 원인으로 옳은 것은 어느 것입니까? ( ) [4점]

① 자동차 매연   ② 패스트 패션
③ 슬로우 패션   ④ 일회용품 사용
⑤ 샴푸나 세제 사용하기

17 패스트 패션의 대안으로 우리가 실천할 수 있는 방법의 예를 한 가지 쓰시오. [6점]

_____

_____

18 개발과 환경 오염 사이의 관계에 대해 옳게 설명한 친구의 이름을 쓰시오.

> 지한: 환경이 오염되면 사람도 결국 살 수 없으므로 더 이상 개발을 하면 안 돼.
> 가람: 편리하게 생활하는 것이 중요하므로 환경이 훼손되더라도 개발을 해야 해.
> 주하: 생태계 훼손을 생각하면서 지속 가능한 개발을 통해 균형과 조화가 필요해.

( )

[19~20] 오른쪽은 생태계 보전을 위한 홍보 자료 포스터입니다. 물음에 답하시오.

19 위와 같이 생태계 보전을 위한 포스터를 제작하려고 합니다. 포스터에 들어갈 내용을 쓰시오. [6점]

_____

_____

20 위와 같은 생태계 보전 홍보 자료를 제작하는 방법으로 옳지 <u>않은</u> 것은 어느 것입니까? ( )

① 홍보 자료의 형태를 정한다.
② 홍보 자료 제작 시 안전에 유의하도록 한다.
③ 홍보 자료는 한 가지 형태로 하는 것이 좋다.
④ 생태계 보전을 위한 실천 방법을 잘 전달할 수 있는 형태로 제작한다.
⑤ 생태계 보전을 위해 전달하고자 하는 내용이 잘 드러나도록 홍보 자료를 제작한다.

※ 점수 표시가 없는 문항은 5점입니다.

[01~05] 다음은 콩나물이 자라는 모습을 비교하는 실험입니다. 물음에 답하시오.

구분	(가)	(나)	(다)	(라)
조건	햇빛이 잘 드는 곳에 둠.		어둠상자로 덮어 놓음.	
	물을 줌.	물을 주지 않음.	물을 줌.	물을 주지 않음.

01 실험 (가)와 (나), 그리고 실험 (다)와 (라)에서 다르게 해 준 조건은 어느 것입니까? ( )

① 콩나물의 양
② 물을 주는 양
③ 콩나물의 길이
④ 페트병의 크기
⑤ 콩나물이 받는 햇빛의 양

서술형 02 위 실험에서 콩나물을 어둠상자로 덮은 까닭을 쓰시오.

03 위 (가)~(라) 실험 결과에 해당하는 모습을 바르게 선으로 연결하시오.

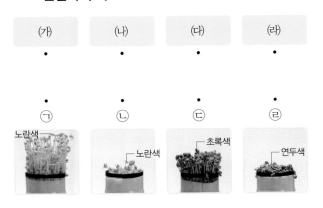

(가) • (나) • (다) • (라) •

• ㉠ • ㉡ • ㉢ • ㉣

노란색 노란색 초록색 연두색

서술형 04 앞 실험에서 물이 콩나물의 자람에 미치는 영향을 알아보기 위해 같게 해야 할 조건을 두 가지만 쓰시오.

05 앞 실험 결과로 알 수 있는 사실로 옳은 것을 보기에서 골라 기호를 쓰시오.

보기

㉠ 콩나물은 물을 주지 않아도 잘 자란다.
㉡ 콩나물이 자라는 데 햇빛과 물이 영향을 준다.
㉢ 콩나물은 자라면서 비생물 요소의 영향을 받지 않는다.

( )

06 비생물 요소에 대한 설명으로 알맞은 것끼리 바르게 선으로 연결하시오.

(1) 햇빛 •

• ㉠ 식물과 동물이 숨을 쉴 수 있게 해 준다.

(2) 공기 •

• ㉡ 식물과 동물이 살아갈 장소를 제공해 준다.

(3) 흙 •

• ㉢ 식물이 스스로 양분을 만드는 데 필요하다.

07 생물의 생김새나 생활 방식이 환경에 적응한 예로 옳지 않은 것은 어느 것입니까? (   )

① 공벌레는 몸을 오므려 몸을 보호하는 데 적합하게 적응하였다.
② 다람쥐는 추운 겨울이 되면 다른 지역으로 이동하면서 환경에 적응하였다.
③ 오리는 물갈퀴가 있어서 물을 밀치면서 헤엄을 치는 데 유리하게 적응하였다.
④ 자벌레는 가늘고 길쭉한 생김새를 통해 나뭇가지가 많은 환경에 적응하였다.
⑤ 밤송이의 가시는 밤을 먹으려고 하는 동물로부터 방어하기 적합하게 적응하였다.

[08~10] 다음은 서식지가 다른 두 여우의 모습입니다. 물음에 답하시오.

(가)   (나)

08 다음과 같은 환경에서 살아가기 유리한 여우를 찾아 기호를 쓰시오.

(1) 매우 덥고 건조한 사막: (   )
(2) 매우 추운 북극: (   )

09 위 (가)와 (나) 여우의 생김새가 다른 까닭을 서식지 환경과 관련지어 쓰시오. [6점]

_____

_____

10 위 (가)와 (나)의 여우들이 각각 생김새가 다른 것에 영향을 주는 비생물 환경 요인은 어느 것입니까?

(   ) [4점]

① 물   ② 흙   ③ 햇빛
④ 온도   ⑤ 공기

11 비생물 요소가 생물에 미치는 영향으로 옳지 않은 것은 어느 것입니까? (   ) [6점]

① 식물은 비생물 환경 요인의 영향을 받는다.
② 동물은 비생물 환경 요인의 영향을 받는다.
③ 일부 생물은 비생물 환경 요인 중 두 가지 이상에 영향을 받는 경우도 있다.
④ 생물은 비생물 환경 요인의 영향을 받아 짧은 기간에 생김새와 생활 방식이 변한다.
⑤ 생물이 오랜 기간에 걸쳐 비생물 환경 요인의 영향을 받으면 생활 방식 등이 달라지기도 한다.

12 생물이 오랜 기간에 걸쳐 특정한 서식지에서 살아가기에 적합한 특징을 갖게 되는 것을 무엇이라고 하는지 쓰시오. [4점]

(   )

13 생물에 해로운 영향을 주는 사람들의 행동이 아닌 것은 어느 것입니까? (   ) [4점]

① 일회용품 사용
② 음식물 남기기
③ 장바구니 사용
④ 합성 세제 사용
⑤ 쓰레기 무단 투기

14 환경 오염이 생태계에 미치는 영향으로 옳지 않은 것은 어느 것입니까? (   )

① 물이 오염되면 물고기가 살 수 없다.
② 환경이 오염되면 생물이 사는 곳이 변한다.
③ 오염된 토양에서는 식물이 잘 자라지 못한다.
④ 먹이 관계에 영향을 미쳐 생태계 평형이 깨어질 수도 있다.
⑤ 생태계가 파괴되어도 사람에게 미치는 영향은 거의 없다.

[15~16] 다음은 환경 오염의 원인이 되는 것입니다. 물음에 답하시오.

 ▲ 공장 매연

 ▲ 자동차 매연

15 위는 공통적으로 어떤 환경 오염의 주요 원인이 되는지 쓰시오. [4점]

(   )

서술형
16 위 15번에서 답한 환경 오염이 생물에 미치는 영향을 한 가지 쓰시오.

_____

_____

[17~18] 다음 글을 읽고, 물음에 답하시오.

플라스틱은 오늘날 가장 많이 사용되는 소재로 우리 생활에 많은 변화를 가져왔다. 유리처럼 잘 깨어지지도 않고 나무나 금속처럼 무겁지도 않으며 편리하다. 이러한 뛰어난 편리함으로 인하여 플라스틱의 사용은 갈수록 증가하고 있다.

하지만 플라스틱 사용이 증가함에 따라 쓰레기도 점점 증가하는 상황이다. 분리수거하더라도 사용한 플라스틱은 일부만 재활용되고 대부분 쓰레기로 처리가 된다. 플라스틱의 가장 큰 문제점은 잘 썩지 않는다는 데 있다. 또한 처리 과정에서도 많은 유해 물질이 발생한다. 심지어 1997년에는 태평양 한가운데 쓰레기 섬이 발견되기도 하였으며, 바닷속으로 유입된 플라스틱은 해양 생물들의 몸속으로 들어가거나 생물들의 생명을 위협하고 있다.

플라스틱을 하루아침에 사용하지 않을 수는 없다. 그러나 지구를 보호하기 위해서는 모든 사람의 노력이 필요하고 플라스틱을 올바로 사용할 수 있는 태도가 요구된다고 볼 수 있다.

17 앞의 글에 대한 설명으로 옳지 <u>않은</u> 것은 어느 것입니까? (   )

① 플라스틱 사용이 증가하고 있다.
② 플라스틱 쓰레기가 좋은 점도 있다.
③ 플라스틱을 먹고 생물들이 죽기도 한다.
④ 플라스틱은 대부분 재활용이 되지 않는다.
⑤ 플라스틱을 올바로 사용할 수 있는 태도가 필요하다.

서술형
18 내가 실천할 수 있는 플라스틱 사용을 줄이는 방법을 한 가지 쓰시오. [6점]

_____

_____

19 생태계 보전을 위해 국가나 사회가 할 수 있는 노력으로 옳지 <u>않은</u> 것은 어느 것입니까? (   )

① 생태계 보전을 위한 법을 만든다.
② 국립공원이나 개발제한 구역을 지정한다.
③ 생태계 보전의 중요성을 사람들에게 알린다.
④ 사람들의 편리를 위해 무분별한 개발을 한다.
⑤ 자원을 효율적으로 사용할 수 있는 기술을 개발한다.

서술형
20 생태계 보전을 위해 우리가 할 수 있는 일을 실천하는 것이 중요한 까닭을 쓰시오. [6점]

_____

_____

01 습도에 대한 설명으로 옳지 <u>않은</u> 것은 어느 것입니까? (   )

① 습도의 단위는 %이다.
② 습도가 낮을 때는 빨래가 잘 마른다.
③ 날씨가 맑은 날보다 비 오는 날의 습도가 높다.
④ 습도는 공기 중에 수증기가 포함된 정도를 나타낸다.
⑤ 건습구 습도계를 이용하여 습도를 잴 때는 건구 온도와 습구 온도의 차가 클수록 습도가 높다.

02 건습구 습도계를 이용하여 습도를 구하려고 합니다. 건구 온도계와 습구 온도계로 측정한 온도가 다음과 같을 때, 현재 습도는 얼마입니까? (   )

| 건구 온도: 26 ℃, 습구 온도: 23 ℃ |

(단위: %)

건구 온도 (℃)	건구 온도와 습구 온도의 차(℃)					
	0	1	2	3	4	5
24	100	92	84	77	69	62
25	100	92	84	77	70	63
26	100	92	85	78	71	64

① 70 %   ② 78 %   ③ 84 %
④ 92 %   ⑤ 100 %

03 오른쪽 건습구 습도계로 습도를 측정하는 방법은 무엇인지 쓰시오. [6점]

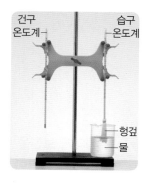

건구 온도계
습구 온도계
헝겊
물

04 공기 중의 수증기가 응결하여 나타나는 현상이 <u>아닌</u> 것을 두 가지 고르시오. (,   )

① 하늘에 구름이 생기는 현상
② 봄철 황사 바람이 불어오는 현상
③ 지표면 근처에 안개가 끼는 현상
④ 이른 아침 나뭇잎에 이슬이 맺힌 현상
⑤ 맑은 날 바닷가에서 낮과 밤에 부는 바람의 방향이 달라지는 현상

05 오른쪽과 같이 집기병에 얼음물을 절반 정도 넣어 두었습니다. 이 실험 결과 집기병 표면에서 나타나는 변화를 쓰시오. [6점]

얼음물

06 이슬이나 안개를 주로 볼 수 있는 때는 언제입니까?
(   ) [4점]

① 한낮   ② 늦은 저녁
③ 구름 낀 날   ④ 맑은 날 새벽
⑤ 비가 내리고 난 오후

[07~08] 다음은 안개 발생 실험 과정을 순서와 관계없이 나타낸 것입니다. 물음에 답하시오.

(가) 향을 피워 집기병에 연기를 넣는다.
(나) 집기병 위에 얼음을 담은 페트리 접시를 올려놓는다.
(다) 집기병에 따뜻한 물을 넣어 집기병을 데운 뒤 물을 버린다.
(라) 집기병 밖에서 일어나는 변화를 관찰한다.

07 위 실험 과정을 순서에 맞게 기호를 쓰시오.

(   ) ─ (   ) ─ (   ) ─ (라)

서술형
08 앞 실험 과정 중 ㈜의 내용은 잘못된 방법입니다. 옳게 수정하고, 관찰 결과 나타나는 변화를 쓰시오. [6점]

(1) 수정한 방법: _____

_____

(2) 관찰 결과: _____

_____

09 냉장고에서 꺼낸 물병 표면에 물방울이 맺히는 현상에 대한 설명으로 옳은 것은 어느 것입니까? (   )

① 빨래가 마르는 것과 같은 현상이다.
② 공기 중에 있는 물방울이 증발해서 생긴 현상이다.
③ 밖에 있던 물병을 냉장고 안에 넣으면 똑같이 표면에 물방울이 맺힌다.
④ 물병 표면에 물방울이 맺혔기 때문에 물병 안에 있는 물의 양이 줄어든다.
⑤ 공기 중에 있는 수증기가 차가운 물병 표면에 닿아 응결하여 생긴 현상이다.

10 다음 ㉠, ㉡에 들어갈 알맞은 말을 쓰시오. [4점]

> 구름 속 작은 얼음 알갱이가 커지면서 무거워져 떨어질 때 녹으면 (㉠   )이/가 되고, 녹지 않은 채로 떨어지면 (㉡   )이/가 된다.

㉠ (   ), ㉡ (   )

11 다음 ㉠, ㉡에 들어갈 알맞은 말을 옳게 짝 지은 것은 어느 것입니까? (   )

> 공기는 (㉠   )이/가 있기 때문에 누르는 힘이 생긴다. 이와 같이 공기의 (㉠   )(으)로 생기는 힘을 (㉡   )(이)라고 한다.

	㉠	㉡		㉠	㉡
①	양	무게	②	무게	기압
③	부피	기압	④	온도	기온
⑤	기압	기단			

[12~13] 다음은 같은 부피에서 공기의 온도에 따른 무게를 비교한 것입니다. 물음에 답하시오.

12 위 그림에서 상대적으로 차가운 공기와 따뜻한 공기에 해당하는 것을 골라 기호를 쓰시오. [4점]

(1) 차가운 공기: (   )
(2) 따뜻한 공기: (   )

13 위 그림에 대한 설명으로 옳은 것을 **보기** 에서 골라 기호를 쓰시오.

> **보기**
>
> ㉠ ㈎는 ㈏보다 무거우므로 공기의 온도가 더 높다.
> ㉡ 주변보다 온도가 낮은 공기는 온도가 높은 공기보다 더 무겁다.
> ㉢ 고기압에 해당하는 것은 ㈏이고, 저기압에 해당하는 것은 ㈎이다.

(   )

14 다음은 바람 발생 모형실험을 나타낸 것입니다. 따뜻한 물 위의 공기와 얼음물 위의 공기는 고기압과 저기압 중 어느 것이 해당되는지 빈칸에 각각 쓰시오.

15 고기압과 저기압 위치가 항상 정해져 있는 것이 아니라 상황에 따라 변하는 까닭은 무엇인지 쓰시오. [6점]

_____

_____

[16~17] 다음은 맑은 날 바닷가에서 하루 동안 육지와 바다의 기온 변화를 측정하여 나타낸 그래프입니다. 물음에 답하시오.

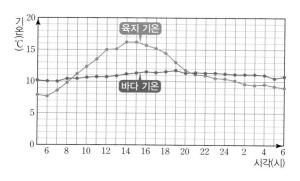

16 위 그래프에 대한 설명으로 옳은 것은 어느 것입니까? ( )

① 낮에는 육지 기온이 바다 기온보다 낮다.
② 밤에는 바다 기온이 육지 기온보다 낮다.
③ 14시부터 육지 기온은 급격히 올라간다.
④ 햇빛이 비치는 낮에는 육지가 바다보다 빨리 데워진다.
⑤ 하루 동안 바다의 기온 변화가 육지의 기온 변화보다 크다.

17 위 그래프에 대해 옳게 설명한 친구의 이름을 모두 쓰시오.

시연: 낮에는 육지 위가 저기압이 될 거야.
수민: 그렇다면 낮에는 바람이 육지에서 바다로 불겠네.
가영: 반대로 밤에는 육지 위가 고기압이 될 거야.
동희: 그렇다면 밤에는 바다에서 육지로 바람이 불겠네.

( )

[18~19] 다음은 바람 발생 모형실험입니다. 물음에 답하시오.

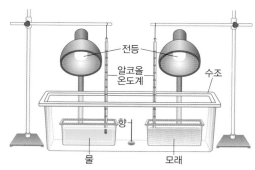

18 위 실험에 대한 설명으로 옳지 <u>않은</u> 것은 어느 것입니까? ( )

① 전등은 태양의 역할을 한다.
② 향 연기는 모래 쪽으로 움직인다.
③ 향 연기의 움직임은 바람의 방향을 나타낸다.
④ 전등으로 가열하면 물의 온도 변화가 모래의 온도 변화보다 크다.
⑤ 물 위와 모래 위에 두 전등을 설치할 때 같은 높이에 오도록 설치해야 한다.

19 다음은 위 실험 결과로 알 수 있는 사실입니다. ( ) 안에 들어갈 알맞은 말에 ○표 하시오.

물 위와 모래 위의 공기는 온도가 달라져 기압도 달라진다. 온도가 더 ㉠(낮은 , 높은) 물 위의 공기는 고기압이 되고, 온도가 더 ㉡(낮은 , 높은) 모래 위의 공기는 저기압이 된다.

20 다음은 맑은 날 바닷가에서 낮에 부는 바람의 방향을 화살표로 나타낸 것입니다. ㉠과 ㉡ 중 고기압인 곳을 골라 기호를 쓰시오. [4점]

( )

01 다음 건습구 습도계에 대한 설명으로 옳지 <u>않은</u> 것은 어느 것입니까? (   ) [6점]

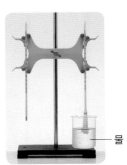
—물

① 건구 온도와 습구 온도의 차를 이용한다.
② 공기 중에 수증기가 포함된 정도를 측정한다.
③ 습구 온도계는 액체샘 부분을 헝겊으로 감싼다.
④ 건조한 날씨일수록 건구 온도와 습구 온도의 차가 크다.
⑤ 건구 온도와 습구 온도의 차에 %(퍼센트)를 붙여 습도를 구할 수 있다.

02 다음은 습도표 읽는 방법을 설명하는 것입니다. (   ) 안에 들어갈 알맞은 말에 ○표 하시오.

건구 온도 (℃)	건구 온도와 습구 온도의 차(℃)			
	0	1	2	3
16	100	90	81	71
17	100	90	81	72
18	100	91	82	73

가연: 민수야, 습도표 읽는 방법을 잘 모르겠어. 건습구 습도계로 측정해 보니, 건구 온도는 17 ℃, 습구 온도는 15 ℃였어.
민수: 습도표의 ㉠(가로줄 , 세로줄)에서 건구 온도를 찾아 표시해. 그리고 ㉡(가로줄 , 세로줄)에서 건구 온도와 습구 온도의 차를 찾아 표시해. 두 개가 만나는 지점이 현재 습도이고, 단위는 ㉢(℃ , %)야.

03 습도가 우리 생활에 영향을 주는 사례 중 옳지 <u>않은</u> 것은 어느 것입니까? (   )

① 장마철에는 습도가 높아 음식이 상하기 쉽다.
② 습도에 따라 쾌적함이나 불쾌감을 느끼기도 한다.
③ 비가 오는 날에는 습도가 높아 빨래가 잘 마르지 않는다.
④ 바람이 많이 불수록 습도가 높아 산불을 조심해야 한다.
⑤ 겨울철에는 습도가 낮아 감기에 걸리기 쉬워서 가습기를 튼다.

[04~05] 다음 실험 과정을 보고, 물음에 답하시오.

(가) 집기병에 얼음물을 $\frac{2}{3}$ 정도 채운다.
(나) 마른 수건으로 집기병 표면을 닦는다.
(다) 집기병 표면에 생기는 변화를 관찰한다.

04 위 실험은 어떤 자연 현상이 생기는 과정을 알아보는 것입니까? (   ) [4점]

① 비   ② 눈   ③ 이슬
④ 안개   ⑤ 구름

서술형
05 일상생활에서 위 실험 결과와 비슷한 원리로 발생하는 현상을 한 가지 쓰시오. [6점]

_____

06 다음은 안개에 대한 설명입니다. (   ) 안에 들어갈 알맞은 말에 ○표 하시오.

안개는 지표면 근처의 공기가 ㉠(차가워지면 , 따뜻해지면) 공기 중의 ㉡(수증기 , 물방울)이/가 ㉢(응결 , 증발)해 지표면 근처에 떠 있는 것이다.

07 이슬, 안개, 구름의 공통점을 옳게 설명한 것은 어느 것입니까? (　　　)

① 물이 증발하여 나타나는 현상이다.
② 높은 하늘에서 볼 수 있는 현상이다.
③ 수증기가 응결하여 나타나는 현상이다.
④ 새벽이나 이른 아침에만 볼 수 있는 현상이다.
⑤ 수증기가 얼음 알갱이 상태로 물체 표면에 붙어 있는 현상이다.

08 이슬, 안개, 구름이 만들어지는 위치를 바르게 선으로 연결하시오. [4점]

(1) 이슬　•　　　•㉠　하늘

(2) 안개　•　　　•㉡　물체의 표면

(3) 구름　•　　　•㉢　지표면 근처

09 다음 〈보기〉에서 비가 내리는 과정이 <u>아닌</u> 것을 골라 기호를 쓰시오.

〈보기〉
㉠ 구름 속 얼음 알갱이가 무거워져 떨어지면서 녹는다.
㉡ 구름 속 작은 물방울이 합쳐지면서 무거워져 떨어진다.
㉢ 구름 속 작은 얼음 알갱이가 커지면서 무거워져 떨어질 때 녹지 않은 채로 떨어진다.

(　　　　　　　　)

10 겨울에는 날씨에 따라 비가 내리기도 하고, 눈이 내리기도 합니다. 겨울에 눈이 내리는 까닭을 쓰시오. [6점]

_____

11 다음 (　　) 안에 들어갈 알맞은 말에 ○표 하시오.

햇볕이 내리쬐는 여름철에 운동장은 건물 안보다 상대적으로 뜨겁다. 그래서 운동장 쪽 공기의 무게가 상대적으로 ㉠(무겁고 , 가볍고), 건물 안 공기의 무게가 상대적으로 ㉡(무겁다 , 가볍다).

12 다음 공기의 상대적인 온도와 기압과의 관계를 바르게 선으로 연결하시오. [4점]

(1) 차가운 공기　•　　　•㉠　고기압

(2) 따뜻한 공기　•　　　•㉡　저기압

13 다음은 기온에 따른 공기의 무게를 비교하는 실험 과정입니다. ㈔ 과정의 (　　) 안에 들어갈 알맞은 말에 ○표 하시오.

㈎ 뚜껑을 연 플라스틱 통을 세워 머리말리개로 온도가 낮은 공기를 약 20초간 넣은 뒤 뚜껑을 닫고 무게를 잰다.
㈏ 뚜껑을 연 플라스틱 통을 뒤집어 머리말리개로 온도가 높은 공기를 약 20초간 넣은 뒤 뚜껑을 닫고 무게를 잰다.
㈐ 온도가 낮은 공기와 온도가 높은 공기의 무게를 비교한다.
㈑ 온도가 낮은 공기의 무게가 온도가 높은 공기의 무게보다 더 (무겁다 , 가볍다).

14 고기압과 저기압에 대한 설명으로 옳지 <u>않은</u> 것을 〈보기〉에서 골라 기호를 쓰시오.

〈보기〉
㉠ 상대적으로 차가운 공기는 고기압이 된다.
㉡ 차가운 공기는 따뜻한 공기보다 무게가 무겁다.
㉢ 고기압과 저기압의 위치는 늘 일정하고 큰 변화가 없다.

(　　　　　　　　)

[15~17] 다음은 바람 발생 모형실험 장치입니다. 물음에 답하시오.

15 위 바람 발생 모형실험 과정을 순서에 맞게 기호를 쓰시오.

> ㈎ 뒷면이 검은 투명한 상자에 투명한 플라스틱 그릇 두 개를 넣고 그릇 사이에 향을 세운다.
>
> ㈏ 1분~3분 정도 기다린다.
>
> ㈐ 두 개의 투명한 플라스틱 그릇에 각각 따뜻한 물과 얼음물을 $\frac{2}{3}$ 정도 넣는다.
>
> ㈑ 향에 불을 붙인 후 향 연기의 움직임을 관찰한다.

(   ) ─ (   ) ─ (   ) ─ (   )

16 위 실험에서 향 연기가 움직이는 방향을 쓰시오. [6점]

_____

_____

17 위 실험에 대한 설명으로 옳지 <u>않은</u> 것은 어느 것입니까? (   )

① 향 연기의 움직임은 공기의 이동을 보여준다.

② 얼음물 위의 공기는 온도가 낮아서 저기압이다.

③ 따뜻한 물 대신 뜨거운 모래를 이용하여 실험할 수도 있다.

④ 따뜻한 물 위의 공기 온도가 얼음물 위의 공기 온도보다 높다.

⑤ 위 실험을 통해 고기압에서 저기압으로 공기가 이동하여 바람이 부는 것을 알 수 있다.

18 바람에 대한 설명으로 옳지 <u>않은</u> 것은 어느 것입니까? (   )

① 바람은 공기의 이동이다.

② 바람은 기압 차이로 인해 생긴다.

③ 바람은 고기압에서 저기압 쪽으로 분다.

④ 바닷가에서 맑은 날 낮과 밤에 부는 바람의 방향이 다르다.

⑤ 바람은 상대적으로 따뜻한 공기 쪽에서 차가운 공기 쪽으로 분다.

19 바닷가에서 맑은 날 낮에 부는 바람에 대해 옳게 설명한 친구의 이름을 쓰시오.

> 지연: 바닷가에서 맑은 날 낮에는 바람이 바다 쪽에서 육지 쪽으로 불어와.
>
> 수미: 낮에는 바다 위 공기가 육지 위 공기보다 상대적으로 따뜻해서 그래.
>
> 민영: 낮에는 육지 쪽이 고기압이야.

(   )

20 다음은 수진이의 일기입니다. (   ) 안에 들어갈 알맞은 말에 ○표 하시오. [4점]

> 어제 낮에 해수욕장에서 가족들과 신나게 놀았다. 구름 한 점 없이 맑은 날이라서 그런지 모래사장을 걸어 다닐 때는 발이 너무 뜨거웠다. 모래성을 쌓으며 동생이랑 놀았는데, ㉠(바다 , 육지) 쪽에서 ㉡(바다 , 육지) 쪽으로 부는 바람이 땀을 식혀 주었다.

과학 단원평가 1회

01 다음 우리나라의 계절과 계절별 날씨에 영향을 주는 공기 덩어리를 바르게 선으로 연결하시오. [6점]

(1) 봄, 가을 •

(2) 여름 •

(3) 겨울 •

• ㉠ 차갑고 건조한 공기 덩어리

• ㉡ 따뜻하고 건조한 공기 덩어리

• ㉢ 덥고 습한 공기 덩어리

[02~05] 다음 그림을 보고, 물음에 답하시오.

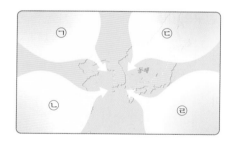

02 다음 ( ) 안에 공통으로 들어갈 알맞은 말을 쓰시오. [6점]

> • 공기가 대륙이나 바다와 같이 넓은 곳에 오랫동안 머물면 그 지역의 온도나 습도와 비슷한 성질을 갖게 되는 커다란 ( )이/가 생긴다.
> • ( )은/는 계절에 따라 강해지거나 약해지며 주변 지역 날씨에 영향을 준다.

( )

서술형

03 우리나라의 계절별 날씨에 영향을 주는 ㉠의 온도와 습도를 쓰시오. [8점]

04 앞의 ㉣이 우리나라에 영향을 미치는 계절은 언제입니까? ( ) [6점]

① 봄과 가을   ② 여름   ③ 초가을
④ 초겨울   ⑤ 겨울

05 앞의 ㉠~㉣ 중 우리나라의 겨울 날씨에 영향을 주는 것은 어느 것입니까? ( ) [6점]

① ㉠   ② ㉡   ③ ㉢
④ ㉣   ⑤ ㉠, ㉢

06 다음 ( ) 안에 들어갈 알맞은 말을 쓰시오. [6점]

> 춥고 건조한 지역에서 오랫동안 머문 공기 덩어리가 이동해 오면 그 지역은 이동해 온 공기 덩어리의 영향을 받아 춥고 ( )해질 것이다.

( )

07 우리나라 봄 날씨의 특징으로 옳지 않은 것을 보기에서 골라 기호를 쓰시오. [6점]

> **보기**
> ㉠ 따뜻한 편이다.
> ㉡ 꽃샘추위가 있다.
> ㉢ 태풍이 자주 발생한다.
> ㉣ 건조하여 산불을 조심해야 한다.

( )

08 덥고 습한 여름날 장시간 야외 활동을 할 때 나타날 수 있는 건강상의 문제는 무엇인지 보기에서 골라 기호를 쓰시오. [6점]

> **보기**
> ㉠ 일사병   ㉡ 식중독   ㉢ 비염   ㉣ 장염

( )

09 우리나라 여름철 생활 모습의 특징이 <u>아닌</u> 것을 두 가지 고르시오. (,) [8점]

① 열사병을 조심해야 한다.
② 장마철에는 우산을 준비한다.
③ 식중독 지수가 높아서 조심해야 한다.
④ 산불 발생 위험이 높아 주의해야 한다.
⑤ 꽃가루 때문에 알레르기성 비염에 걸리기 쉽다.

10 날씨에 따른 우리 생활의 모습으로 옳지 <u>않은</u> 것은 어느 것입니까? ( ) [6점]

① 여름철에는 짧은 옷을 입는다.
② 습한 날에는 가습기를 틀어놓는다.
③ 햇빛이 강한 날에는 모자나 색안경을 쓴다.
④ 비 오는 날에는 우산을 쓰고 장화를 신는다.
⑤ 눈이 오는 날에는 미끄러지지 않도록 조심한다.

11 날씨에 대한 정보를 얻을 수 있는 방법으로 옳지 <u>않은</u> 것은 어느 것입니까? ( ) [6점]

① 뉴스에서 하는 일기예보를 본다.
② 휴대 전화 앱을 통하여 날씨 정보를 찾아본다.
③ 대부분 어제의 날씨와 오늘의 날씨는 비슷하다.
④ 기상청에서 제공하는 생활기상지수를 살펴본다.
⑤ 인터넷으로 기상청에 들어가서 오늘의 날씨를 살펴본다.

[12~14] 다음은 기상청에서 제공하는 여러 가지 생활기상지수입니다. 물음에 답하시오.

> 자외선 지수, 피부 질환 지수,
> 꽃가루 농도 위험 지수, 동파 가능 지수

12 다음은 앞의 생활기상지수 중 어느 것에 대한 설명인지 쓰시오. [8점]

> 적절한 자외선은 비타민 D 합성에 도움이 되나 과도한 자외선에 노출되었을 경우 각종 피부 질환을 유발할 수 있다. 그래서 자외선이 강한 정도를 지수로 나타내며, 이 생활기상지수가 높을 때 야외 활동을 할 경우에는 자외선 차단제를 꼭 바른다.

( )

13 앞의 생활기상지수 중에서 수도관이 얼어 터지는 것을 예방하기 위해 제공하는 지수는 무엇인지 쓰시오. [8점]

( )

서술형
14 기상청에서 이와 같이 다양한 생활기상지수를 제공하는 까닭은 무엇인지 쓰시오. [8점]

_____

_____

15 날씨가 직업에 미치는 영향을 옳게 설명한 친구의 이름을 쓰시오. [6점]

> 지은: 농사를 짓는 사람들은 지진 피해를 조심해야 해.
> 수영: 어부들은 파도가 높거나 태풍이 부는 날에는 고기를 잡으러 바다에 나가지 않아야 해.
> 재희: 버스 기사들은 화창한 날이나 눈이 오는 날이나 상관없이 큰 속력으로 운전을 해야 해.

( )

[01~03] 다음은 우리나라 계절별 평균 기온과 평균 습도를 나타낸 그래프입니다. 물음에 답하시오.

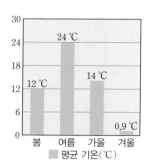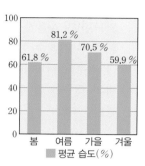

▲ 우리나라 계절별 평균 기온과 평균 습도(출처: 기상청, 2020)

서술형
01 위 그래프를 보고 알 수 있는 우리나라 여름철 날씨의 특징을 두 가지 쓰시오. [8점]

02 위 그래프에 대한 설명으로 옳지 <u>않은</u> 것은 어느 것 입니까? (   ) [8점]

① 겨울은 춥고 건조한 편이다.
② 여름철 평균 기온이 가장 높다.
③ 겨울철 평균 기온은 0.9 ℃이다.
④ 우리나라는 여름철에 가장 건조한 편이다.
⑤ 봄과 가을 두 계절의 평균 기온 차이는 다른 계절 에 비해 크지 않다.

03 위 그래프를 보고 알 수 있는 겨울철 생활 모습으로 옳지 <u>않은</u> 것은 어느 것입니까? (   ) [6점]

① 겨울철에는 추워서 따뜻한 옷을 입는다.
② 겨울철 야외 활동 시 보온에 신경 써야 한다.
③ 겨울철에는 습도가 낮아 가습기를 사용하면 좋다.
④ 겨울철에는 습한 날씨 때문에 식중독을 조심해 야 한다.
⑤ 날씨가 춥고 건조해 감기에 걸리지 않도록 조심 해야 한다.

04 우리나라의 계절별 날씨에 영향을 미치는 공기 덩어 리에 대해 옳게 설명한 친구의 이름을 쓰시오. [6점]

민지: 북서쪽 대륙에서 이동해 오는 공기 덩어리 는 차갑고 건조한 성질을 갖고 있어.
호영: 남동쪽 바다에서 이동해 오는 공기 덩어리 는 차갑고 습한 성질을 갖고 있어.

(   )

[05~06] 다음은 우리나라의 계절별 날씨에 영향을 주는 공 기 덩어리를 나타낸 것입니다. 물음에 답하시오.

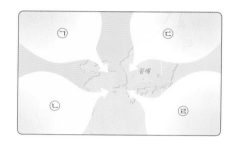

05 위 ㉠~㉣ 중 우리나라의 봄과 가을에 영향을 주는 공기 덩어리를 골라 기호를 쓰시오. [6점]

(   )

서술형
06 위 ㉣ 공기 덩어리가 우리나라에 영향을 주는 계절을 쓰고, 이 공기 덩어리의 성질을 한 가지 쓰시오. [8점]

07 우리나라 겨울 날씨의 특징으로 옳은 것을 보기 에 서 골라 기호를 쓰시오. [6점]

보기
㉠ 남동쪽에서 이동해 오는 공기 덩어리의 영향 으로 습하다.
㉡ 북서쪽에서 이동해 오는 공기 덩어리의 영향 으로 춥다.
㉢ 북동쪽에서 이동해 오는 공기 덩어리의 영향 으로 춥다.

(   )

08 건강과 날씨 사이의 관계를 바르게 선으로 연결하시오. [6점]

(1) 일사병 •

(2) 꽃가루 알레르기 •

(3) 감기 •

• ㉠ 봄철 꽃가루가 많이 날릴 때 조심한다.

• ㉡ 햇볕이 쨍쨍한 날 야외 활동을 자제한다.

• ㉢ 춥고 건조한 날에 쉽게 걸린다.

서술형
09 날씨는 우리 생활에 많은 영향을 미칩니다. 비 오는 날이 우리 생활에 미치는 영향을 한 가지 쓰시오. [8점]

_____

_____

10 우리나라의 봄, 가을 날씨가 우리 생활에 미치는 영향을 <u>잘못</u> 설명한 것은 어느 것입니까? ( ) [6점]

① 곰팡이가 잘 생기므로 실내 청소를 잘한다.
② 건조한 날씨는 농사를 지을 때 영향을 준다.
③ 피부가 건조해지지 않도록 로션을 잘 바른다.
④ 건조한 날씨가 지속되면 산불을 조심해야 한다.
⑤ 가습기를 사용하여 실내 습도를 조절하면 좋다.

11 친구들과 함께 생활기상지수를 만들려고 합니다. 생활기상지수를 <u>잘못</u> 설명한 친구는 누구입니까?

( ) [6점]

① 지원: 다음 날 비가 오면 세차할 필요가 없으므로 세차 지수를 만들래.
② 시은: 야외 활동에는 날씨의 영향이 크므로 야외 활동 지수를 만들래.
③ 경수: 실내 수영장에서 운동하기 좋은 날을 알려주는 수영장 지수를 만들래.
④ 지한: 날씨가 좋은 날 운동장에서 놀기 좋으니 운동장 지수를 만들어 친구들에게 소개하고 싶어.
⑤ 미희: 바다 낚시는 날씨가 중요하니까 바다 낚시 지수를 만들어서 사람들에게 안내하고 싶어.

12 날씨 정보는 우리 생활과 밀접한 관련이 있습니다. 날씨 정보를 얻을 수 있는 방법을 옳게 설명한 친구의 이름을 쓰시오. [6점]

> 찬희: 요즘엔 잡지에서도 오늘의 날씨를 볼 수 있어.
> 가영: 나는 평소에 휴대 전화 앱을 통해 쉽게 날씨 정보를 얻어.
> 수지: 오늘의 날씨는 어제의 날씨와 크게 다르지 않아서 어제 날씨를 통해서도 잘 알 수 있어.

( )

13 날씨와 관련된 생활 용품을 <u>잘못</u> 설명한 것은 어느 것입니까? ( ) [6점]

① 양산: 비 오는 날 비에 맞지 않기 위해 쓴다.
② 장화: 비 오는 날 발이 젖지 않기 위해 신는다.
③ 마스크: 미세먼지나 황사가 심한 날 사용한다.
④ 장갑이나 목도리: 추운 날씨에 몸을 보호하기 위해 사용한다.
⑤ 색안경: 자외선이 심한 날, 자외선으로부터 눈을 보호하기 위해 사용한다.

14 기상청에서 제공하는 다양한 생활기상지수 그림과 이름을 바르게 선으로 연결하시오. [6점]

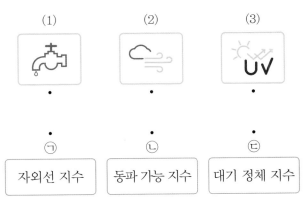

(1) • • ㉠ 자외선 지수

(2) • • ㉡ 동파 가능 지수

(3) • • ㉢ 대기 정체 지수

서술형
15 대기 정체 지수가 높으면 공기가 움직이지 않아 대기 중의 나쁜 물질도 움직이지 않고 정체되어 있습니다. 대기 정체 지수는 어떤 날씨에 참고하면 좋은 생활기상지수인지 쓰시오. [8점]

_____

_____

01 운동하는 물체는 어느 것입니까? (   ) [4점]

① 나무
② 벤치
③ 달리는 남자
④ 주차된 자동차
⑤ 의자에 앉아있는 여자

02 다음 (   ) 안에 들어갈 알맞은 말은 어느 것입니까? (   ) [4점]

> 물체의 (   )은/는 물체가 이동하는 데 걸린 시간과 이동 거리로 나타낸다.

① 장소   ② 운동   ③ 모습
④ 위치   ⑤ 종류

03 물체의 운동을 옳게 나타낸 것을 에서 골라 기호를 쓰시오.

> **보기**
> ㉠ 자동차가 동쪽으로 움직였다.
> ㉡ 자동차는 1시간 동안 이동했다.
> ㉢ 자동차는 1시간 동안 60 km를 이동했다.

(   )

04 다음 글을 읽고, 물체가 운동한다는 것은 무엇을 뜻하는지 찾아 쓰시오.

> 우리 동네 공원에서 볼 수 있는 물체 중 달리는 자전거는 시간이 지남에 따라 위치가 변하지만, 나무, 의자 등은 시간이 지남에 따라 위치가 변하지 않는다.

05 빠르기가 일정한 운동을 하는 물체는 어느 것입니까?
(   )

① 케이블카
② 롤러코스터
③ 출발하는 자전거
④ 이륙하는 비행기
⑤ 달리다가 멈추는 버스

06 여러 가지 물체의 운동을 비교한 것으로 옳지 <u>않은</u> 것은 어느 것입니까? (   )

① 치타는 사람보다 빠르게 운동한다.
② 토끼는 거북보다 빠르게 운동한다.
③ 달팽이는 로켓보다 빠르게 운동한다.
④ 자동차는 자전거보다 빠르게 운동한다.
⑤ 롤러코스터는 느리게 운동하기도 하고 빠르게 운동하기도 한다.

07 다음 운동 경기 종목에서 선수들의 빠르기를 비교하는 공통적인 방법은 무엇인지 쓰시오. [6점]

> 수영, 100 m 달리기, 스피드 스케이팅

08 다음은 같은 거리를 이동한 장난감 자동차의 빠르기를 비교하는 과정을 순서와 관계없이 나타낸 것입니다. 순서에 맞게 기호를 쓰시오.

> (가) 장난감 자동차를 출발선에 놓는다.
> (나) 바닥에 출발선과 결승선을 표시한다.
> (다) 장난감 자동차가 결승선까지 이동하는 데 걸린 시간을 측정한다.
> (라) 출발 신호에 맞춰 장난감 자동차를 출발시킨다.

(   ) → (   ) → (   ) → (   )

[09~10] 다음은 같은 시간 동안 이동한 물체의 위치를 나타 낸 것입니다. 물음에 답하시오.

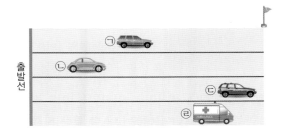

09 빠르기가 가장 빠른 것부터 순서대로 기호를 쓰시오.

[4점]

( ) – ( ) – ( ) – ( )

서술형
10 위 **09**번 답과 같이 생각한 까닭을 쓰시오. [6점]

_____

_____

11 다음 ( ) 안에 들어갈 알맞은 말에 ○표 하시오.

- 같은 거리를 이동한 물체의 빠르기는 같은 거리를 이동하는 데 걸린 시간이 ㉠(짧을수록 , 길수록) 더 빠르다.
- 같은 시간 동안 이동한 물체의 빠르기는 같은 시간 동안 이동한 거리가 ㉡(짧을수록 , 길수록) 더 빠르다.

12 다음 ( ) 안에 들어갈 알맞은 말은 어느 것입니까?
( ) [4점]

> 1초, 1분, 1시간 등과 같은 단위 시간 동안 물체가 이동한 거리를 ( )(이)라고 한다.

① 풍속
② 속력
③ 빠르기
④ 이동 거리
⑤ 물체의 운동

13 물체의 속력에 대한 설명으로 옳지 <u>않은</u> 것은 어느 것입니까? ( )

① 크기가 큰 물체일수록 속력이 작다.
② 속력의 단위로는 km/h, m/s 등이 있다.
③ 속력은 이동 거리를 걸린 시간으로 나누어 구한다.
④ 속력이 클수록 단위 시간 동안 물체가 이동한 거리가 길다.
⑤ 이동한 거리와 걸린 시간이 모두 다른 물체들의 빠르기를 비교할 때 쓰면 편리하다.

14 3시간 동안 60 km를 이동한 물체의 속력을 옳게 나타낸 것은 어느 것입니까? ( ) [4점]

① 3 km/h
② 10 km/h
③ 20 km/h
④ 40 km/h
⑤ 60 km/h

[15~17] 다음은 운동한 물체의 이동 거리와 걸린 시간을 나타낸 표입니다. 물음에 답하시오.

물체	이동 거리	걸린 시간
A	200 m	10초
B	300 m	20초
C	600 m	15초
D	900 m	30초

서술형

15 위 물체의 빠르기를 비교할 수 있는 방법을 쓰고, 그 까닭을 쓰시오. [6점]

(1) 방법:

(2) 까닭:

서술형

16 물체 B의 속력을 구하고, 읽어 보시오.

(1) 속력: (   )

(2) 읽기:

17 물체 A~D를 속력이 가장 큰 것부터 순서대로 쓰시오.

(   ) – (   ) – (   ) – (   )

18 '속력이 크다'의 의미로 옳은 것을 보기 에서 모두 골라 기호를 쓰시오.

보기
㉠ 물체가 느리다는 뜻이다.
㉡ 물체가 빠르다는 뜻이다.
㉢ 같은 시간 동안 더 짧은 거리를 이동한다는 뜻이다.
㉣ 같은 거리를 이동하는 데 더 짧은 시간이 걸린다는 뜻이다.

(   )

서술형

19 일상생활에서 속력을 나타내는 예를 한 가지 찾아 쓰시오. [6점]

20 다음은 어떤 태풍이 오후 1시에서 3시 사이에 이동한 거리를 요일별로 나타낸 표입니다. 이 자료에 대한 설명으로 옳지 않은 것은 어느 것입니까? (   ) [6점]

요일	이동 거리(km)
월	120
화	190
수	300
목	360

① 월요일 오후 1시에서 3시 사이에 태풍이 이동한 거리는 120 km이다.
② 월요일 오후 1시에서 3시 사이에 태풍의 이동 속력은 60 km/h이다.
③ 목요일은 화요일보다 오후 1시에서 3시 사이에 태풍이 이동한 거리가 더 길다.
④ 수요일 오후 1시에서 3시 사이보다 월요일 오후 1시에서 3시 사이에 태풍의 이동 속력이 더 작았다.
⑤ 오후 1시에서 3시 사이에 측정한 태풍의 이동 속력은 월요일에서 목요일로 갈수록 작아졌다.

과학 단원평가 2 회

※ 점수 표시가 없는 문항은 5점입니다.

01 운동하는 물체에 대한 설명으로 옳은 것은 어느 것입니까? ( ) [4점]

① 시간이 지나도 제자리에 있다.
② 위치가 변하지 않는 운동도 있다.
③ 시간이 지남에 따라 위치가 변한다.
④ 제자리에서 아령을 드는 것도 운동이다.
⑤ 시간이 지남에 따라 위치가 변하지 않는다.

02 다음 ㉠, ㉡에 들어갈 알맞은 말을 옳게 짝 지은 것은 어느 것입니까? ( ) [4점]

물체의 운동을 나타내는 방법은 물체가 이동하는 데 걸린 (㉠)와/과 이동 (㉡)(으)로 나타낸다.

　　㉠　　　㉡
① 거리　　장소
② 거리　　거리
③ 시간　　시간
④ 시간　　거리
⑤ 시간　　장소

03 다음 그림을 보고, 자전거의 운동을 옳게 나타낸 것은 어느 것입니까? ( )

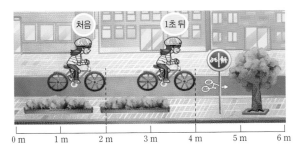

① 자전거가 2 m를 이동했다.
② 자전거가 2 m를 운동했다.
③ 자전거가 1초 동안 이동했다.
④ 자전거가 1초 동안 운동했다.
⑤ 자전거가 1초 동안 2 m를 이동했다.

04 다음 운동하는 물체를 빠르기가 변하는 물체와 빠르기가 일정한 물체로 구분하여 쓰시오. [6점]

출발하는 자전거, 케이블카, 자동길,
롤러코스터, 자동계단

(1) 빠르기가 변하는 물체:

(2) 빠르기가 일정한 물체:

05 이륙하는 비행기의 운동을 설명한 것으로 옳은 것을 보기 에서 모두 골라 기호를 쓰시오.

 보기

㉠ 빠르기가 일정한 운동을 한다.
㉡ 이륙하는 동안 빠르기가 점점 빨라진다.
㉢ 이륙하는 동안 빠르기가 빨라졌다 느려진다.
㉣ 이륙하는 동안 빠르기가 변하는 운동을 한다.

( )

서술형
06 물체의 운동에 대해 잘못 설명한 친구의 이름을 쓰고, 바르게 고쳐 쓰시오. [6점]

하은: 롤러코스터는 내리막길에서 점점 느리게 운동해.
민경: 컬링 스톤은 빠르게 미끄러져 가다가 점점 느려지면서 결국 멈춰.
도영: 비행기는 활주로에서 천천히 움직이다가 하늘로 날아갈 때쯤 더 빨라져.

07 같은 거리를 이동한 물체의 빠르기를 비교하는 운동 경기가 <u>아닌</u> 것을 보기 에서 골라 기호를 쓰시오. [4점]

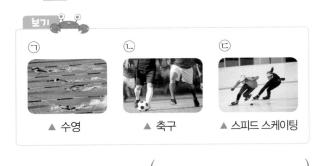

보기

ⓒ ▲ 수영　　ⓒ ▲ 축구　　ⓒ ▲ 스피드 스케이팅

(　　　　　　)

[08~09] 다음 그림을 보고, 물음에 답하시오.

(가) ▲ 출발하는 자전거

(나) ▲ 회전목마

08 위 (가)와 (나) 중에서 빠르기가 변하는 운동을 하는 물체의 기호를 쓰시오.

(　　　　　　)

서술형
09 위 (가)와 (나) 물체의 빠르기에 대해 쓰시오. [6점]

(가): _____

(나): _____

10 다음은 **50 m** 달리기 경기에 출전한 선수들의 기록입니다. 가장 빠른 선수의 이름을 쓰시오. [4점]

이름	걸린 시간
이수지	10초 8
김가람	9초 6
성하윤	11초 2
김솔지	12초 3

(　　　　　　)

[11~12] 다음은 같은 시간 동안 여러 교통수단이 이동한 거리를 비교한 것입니다. 물음에 답하시오.

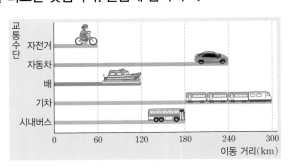

11 위 교통수단에 대한 설명으로 옳지 <u>않은</u> 것은 어느 것입니까? (　　)

① 자전거가 가장 느리다.
② 기차는 배보다 빠르다.
③ 시내버스는 자전거보다 빠르다.
④ 자동차와 기차는 빠르기가 같다.
⑤ 자동차는 시내버스보다 빠르고, 기차보다 느리다.

서술형
12 위 교통수단 중 가장 빠른 물체를 쓰고, 그렇게 생각한 까닭을 쓰시오. [6점]

(1) 가장 빠른 물체: (　　　　　　)

(2) 까닭: _____

13 속력을 구하기 위해 필요한 것을 보기 에서 모두 골라 기호를 쓰시오. [4점]

보기

ⓒ 방향　　　　ⓒ 걸린 시간
ⓒ 현재 시간　　ⓒ 이동 거리

(　　　　　　)

14 다음 ㉠, ㉡에 들어갈 알맞은 말을 옳게 짝 지은 것은 어느 것입니까? (   ) [4점]

$$(속력)=(\ \ ㉠\ \ )\div(\ \ ㉡\ \ )$$

	㉠	㉡
①	이동 거리	걸린 시간
②	이동 거리	단위 시간
③	이동 거리	현재 시간
④	걸린 시간	이동 거리
⑤	단위 시간	이동 거리

15 자동차가 버스보다 속력이 크다라는 말을 설명한 것으로 옳지 <u>않은</u> 것은 어느 것입니까? (   )

① 버스가 자동차보다 느리다.
② 버스가 자동차보다 크기가 크다.
③ 같은 시간 동안 자동차가 버스보다 더 긴 거리를 이동한다.
④ 같은 거리를 가는 데 버스가 자동차보다 더 긴 시간이 걸린다.
⑤ 자동차와 버스가 동시에 출발했을 때 결승선에 자동차가 더 빨리 도착한다.

[16~17] 2시간 동안 2200 km를 이동하는 비행기가 있습니다. 물음에 답하시오.

16 이 비행기의 속력을 구하시오.

(   )

17 위 **16**번에서 구한 비행기의 속력을 읽어 보시오.

18 다음 속력에 대한 설명으로 옳지 <u>않은</u> 것은 어느 것입니까? (   )

$$50\ km/h$$

① 60 km/h보다 작다.
② 50 m/s와 같은 속력이다.
③ 시속 오십 킬로미터라고 읽는다.
④ 오십 킬로미터 매 시라고 읽는다.
⑤ 1시간 동안 50 km를 이동한 물체의 빠르기를 의미한다.

[19~20] 다음은 교통수단 A~D의 속력을 나타낸 표입니다. 물음에 답하시오.

교통수단	속력
A	10 km/h
B	20 km/h
C	30 km/h
D	50 km/h

19 철수는 오후 2시에 집에서 출발하여 100 km 떨어진 외할머니댁에 오후 4시에 도착하였습니다. 철수가 이용한 교통수단을 찾아 기호를 쓰시오. [6점]

(   )

20 철수가 외할머니댁에서 집으로 돌아올 때는 B 교통수단을 타고 이동하였습니다. 철수가 집에 도착하는 데 걸린 시간을 구하시오. [6점]

(   )

01 일상생활에서 속력을 나타내는 예가 <u>아닌</u> 것을 보기 에서 골라 기호를 쓰시오. [6점]

> 보기
> ㉠ 바람의 빠르기를 나타낼 때
> ㉡ 자동차의 빠르기를 나타낼 때
> ㉢ 음식을 먹는 양을 빠르기로 나타낼 때
> ㉣ 투수가 던진 공의 빠르기를 나타낼 때

(   )

02 다음 ( ) 안에 들어갈 알맞은 말에 ○표 하시오. [6점]

> 자동차의 속력이 ㉠(작을수록 , 클수록) 충돌할 때 큰 충격을 받아 자동차 탑승자와 보행자가 크게 다칠 수 있고, 자동차 운전자가 제동 장치를 밟더라도 바로 멈출 수 ㉡(없다 , 있다).

[03~04] 다음은 자동차의 속력에 따라 정지하는 데 걸린 시간과 이동한 거리를 나타낸 것입니다. 물음에 답하시오.

● 정지시간(초) ▬ 정지거리(m)

	정지시간(초)	정지거리(m)
50 km/h	2.46	16.62
60 km/h	3.58	27.86
70 km/h	5.90	43.78
100 km/h	10~11	70~80

03 위 자료에 대한 설명으로 옳은 것을 보기 에서 골라 기호를 쓰시오. [6점]

> 보기
> ㉠ 속력이 클수록 바로 멈출 수 있다.
> ㉡ 속력이 클수록 정지하는 데 시간이 오래 걸린다.
> ㉢ 속력이 클수록 정지하는 데 짧은 거리를 이동한다.

(   )

서술형
04 도로마다 자동차가 일정 속력 이상으로 달리지 못하도록 하는 까닭을 앞의 자료와 관련지어 쓰시오. [8점]

_____

_____

05 도로 주변에서 지켜야 할 교통안전 수칙으로 옳지 <u>않은</u> 것은 어느 것입니까? (   ) [6점]

① 길을 건널 때는 신호등을 확인한다.
② 도로 주변에서 공은 공 주머니에 넣고 다닌다.
③ 인도와 횡단보도에서는 자전거를 타고 건넌다.
④ 횡단보도를 건널 때는 휴대 전화를 보지 않는다.
⑤ 길을 건너기 전에 자동차가 멈췄는지 확인한다.

06 다음은 자동차에 설치된 어떤 안전장치에 대한 설명인지 쓰시오. [6점]

> 탑승자를 좌석에 고정하는 끈 형태로 된 안전장치로, 사고가 발생했을 때 탑승자가 좌석에서 튕겨 나가지 않도록 도와주는 역할을 한다.

(   )

07 오른쪽 안전장치에 대한 설명으로 옳은 것은 어느 것입니까? (   ) [6점]

① 자동차 운전 중 비상시 정차하는 장소이다.
② 자동차의 속력을 줄이기 위해 설치한 턱이다.
③ 이 구간에서 보행자는 조심해서 지나가라는 표시이다.
④ 보행자가 길을 안전하게 건널 수 있도록 하는 표시이다.
⑤ 빙판길이나 빗길에서 자동차가 미끄러지지 않도록 하는 장치이다.

[08~10] 다음 그림을 보고, 물음에 답하시오.

(가)

(나)

서술형
08 위 (가)는 도로를 지나가는 차량의 속력을 측정하는 교통경찰의 모습입니다. 속력을 측정하는 까닭을 쓰시오. [8점]

09 위 (나)에 대한 설명으로 옳은 것은 어느 것입니까? ( ) [6점]

① 자동차는 30 km/h 이하로 운행해야 한다.
② 자동차는 30 km/h 이하로 운행하면 안 된다.
③ 주로 고속도로에 설치하는 어린이 보호 구역 표지판이다.
④ 자동차 운전자만을 위한 교통 표지판으로 보행자는 조심하지 않아도 된다.
⑤ 길을 건널 때는 꼭 보호자와 함께 길을 건너야 한다고 알려주는 교통 표지판이다.

서술형
10 위 (가), (나) 이외에 교통안전을 위해 시청이나 경찰서에서 하는 일을 한 가지 쓰시오. [8점]

11 교통안전 수칙에 대한 설명으로 옳지 <u>않은</u> 것은 어느 것입니까? ( ) [6점]

① 횡단보도가 아니라도 차가 없으면 건넌다.
② 자전거를 탈 때는 자전거 도로를 이용한다.
③ 주차한 자동차 주변에서 공놀이를 하지 않는다.
④ 횡단보도를 건널 때는 휴대 전화를 보지 않는다.
⑤ 자전거, 킥보드, 인라인스케이트 등을 타기 전에 보호 장구를 착용한다.

12 어린이들이 지켜야 할 교통안전 수칙으로 옳은 것을 보기 에서 모두 골라 기호를 쓰시오. [6점]

보기
㉠ 도로에서 친구와 장난치지 않는다.
㉡ 버스를 기다릴 때는 차도에서 기다린다.
㉢ 신호등의 초록색 불이 켜지자마자 횡단보도를 건넌다.
㉣ 횡단보도를 건널 때, 좌우를 살피며 손을 들고 길을 건넌다.

( )

13 자동차의 속력을 줄이기 위한 안전장치를 보기 에서 모두 골라 기호를 쓰시오. [6점]

보기

㉠
㉡
㉢
㉣

( )

서술형
14 오른쪽과 같이 자전거를 탈 때 착용하는 ㉠의 이름을 쓰고, ㉠과 같은 보호 장구를 착용해야 하는 까닭을 물체의 속력과 관련지어 쓰시오. [8점]

15 다음은 무엇에 대한 설명인지 쓰시오. [8점]

유치원, 어린이집, 초등학교, 학원 등 만 13세 미만의 어린이가 이용하는 시설의 주변 도로 가운데 일정 구간을 보호 구역으로 지정하여 자동차의 통행 속력을 30 km/h 이내로 제한하고 어린이 교통사고를 예방하기 위한 제도이다.

( )

과학 단원평가 2 회

[01~02] 다음은 어린이 보호 구역 내 학년별 교통사고에 대한 그래프입니다. 물음에 답하시오.

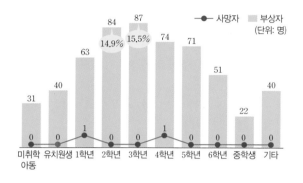

01 위 자료에 대한 설명으로 옳지 <u>않은</u> 것을 에서 골라 기호를 쓰시오. [6점]

> 보기
> ㉠ 6학년은 교통사고로 51명이 부상을 당했다.
> ㉡ 미취학 아동이 교통 규칙을 가장 잘 지킨다.
> ㉢ 1학년보다 4학년이 교통사고에 의한 부상자가 더 많다.
> ㉣ 교통사고로 인한 부상을 가장 많이 당한 학년은 3학년이다.

( )

02 위 자료를 보고, 어린이 보호 구역 내 교통사고를 예방할 수 있는 방법을 한 가지 쓰시오. [8점]

[03~05] 다음은 자동차의 속력에 따라 운전자가 장애물을 보고 멈출 때까지의 이동 거리를 나타낸 표입니다. 물음에 답하시오.

속력	이동 거리
40 km/h	8 m
60 km/h	16 m
80 km/h	27 m

03 앞의 표에 대한 설명으로 옳은 것은 어느 것입니까?
( ) [6점]

① 속력이 클수록 빨리 멈춘다.
② 속력이 클수록 멈추는 데 걸린 시간이 짧다.
③ 속력이 클수록 멈출 때까지 이동한 거리가 길다.
④ 속력과 상관없이 제동 장치를 세게 밟으면 멈출 때까지 이동한 거리는 똑같다.
⑤ 속력이 100 km/h인 자동차가 멈출 때까지 이동한 거리는 속력이 60 km/h인 자동차가 멈출 때까지 이동한 거리보다 짧을 것이다.

04 다음에서 설명하는 안전장치는 무엇인지 쓰시오. [6점]

> 이동 거리를 기준으로 차량의 평균 속력을 계산하여 과속 차량을 단속하는 카메라를 말한다.

( )

05 위 04번에서 설명한 안전장치를 설치하는 까닭을 앞의 표와 관련지어 쓰시오. [8점]

06 교통안전 수칙에 대해 <u>잘못</u> 설명한 친구의 이름을 쓰시오. [6점]

> 지한: 도로 주변에서 공놀이를 하면 안 돼.
> 지현: 횡단보도를 건널 때 휴대 전화를 보면 안 돼.
> 은수: 급할 때는 꼭 횡단보도가 아니라도 건너도 돼.

( )

07 다음 ( ) 안에 들어갈 말로 가장 적절한 것은 어느 것입니까? ( ) [6점]

> ( ) 수칙은 도로 주변에서 운전자나 보행자가 지켜야 할 규칙을 말한다.

① 보행자 ② 운전자 ③ 교통사고
④ 교통안전 ⑤ 안전사고

08 횡단보도를 안전하게 건너는 방법으로 옳지 <u>않은</u> 것은 어느 것입니까? ( ) [6점]

① 신호등이 초록색 불일 때 건넌다.
② 횡단보도를 벗어나서 건너지 않는다.
③ 초록색 불이 깜빡일 때는 빨리 뛰어서 건넌다.
④ 횡단보도를 건널 때는 친구들과 장난치지 않는다.
⑤ 횡단보도를 건널 때는 자전거에서 내려 자전거를 끌고 간다.

[09~10] 다음은 도로 주변의 모습입니다. 물음에 답하시오.

09 위 그림을 보고, 위험하게 행동하는 어린이를 모두 찾아 기호를 쓰고, 고쳐야 할 점을 한 가지 쓰시오. [8점]

10 위 그림의 교통 표지판에서 '30'이 나타내는 의미에 대해 옳게 설명한 것은 어느 것입니까? ( ) [6점]

① 이 도로에서는 30분 동안 주차할 수 있다.
② 운전자는 30초 동안 기다렸다가 출발한다.
③ 교통 표지판으로부터 30 m 떨어진 부근에 주차할 수 있다.
④ 이 도로에서는 자동차의 속력을 30 km/h 이하로 운행해야 한다.
⑤ 이 도로에서는 자동차의 속력을 30 km/h 이상으로 운행해야 한다.

[11~12] 다음은 자전거를 가지고 횡단보도에서 길을 건널 때의 모습입니다. 물음에 답하시오.

(가)  (나)  (다)

11 안전하게 길을 건너는 순서대로 옳게 나열한 것은 어느 것입니까? ( ) [6점]

① (가)-(나)-(다) ② (가)-(다)-(나)
③ (나)-(가)-(다) ④ (나)-(다)-(가)
⑤ (다)-(가)-(나)

12 자전거를 탈 때 지켜야 하는 교통안전 수칙을 한 가지 쓰시오. [8점]

13 교통 안전사고를 예방하기 위해 자동차에 설치된 안전 장치로 옳지 <u>않은</u> 것은 어느 것입니까? ( ) [6점]

① 에어백
② 안전띠
③ 과속 방지 턱
④ 자동 긴급 제동 장치
⑤ 차간 거리 유지 장치

[14~15] 다음은 학교 도로 주변의 모습입니다. 물음에 답하시오.

14 위의 학교 도로 주변에서 위험하게 행동하는 어린이를 두 명 이상 찾아 ○표 하시오. [6점]

15 우리가 지켜야 할 교통안전 수칙을 한 가지 쓰시오. [8점]

※ 점수 표시가 없는 문항은 5점입니다.

01 다음과 같은 성질을 가진 용액은 어느 것입니까?
( ) [4점]

> 투명하고, 색깔이 없다.

① 식초 　　② 탄산수 　　③ 레몬즙
④ 빨랫비누 물 　⑤ 오렌지 주스

02 용액을 분류할 때 겉보기 성질만으로 분류하기 어려운 용액끼리 옳게 짝 지은 것은 어느 것입니까? ( )

① 석회수와 식초
② 식초와 유리 세정제
③ 빨랫비누 물과 레몬즙
④ 묽은 염산과 제빵 소다 용액
⑤ 묽은 수산화 나트륨 용액과 석회수

[03~04] 다음 여러 가지 용액을 보고, 물음에 답하시오.

▲ 식초 　▲ 레몬즙 　▲ 석회수 　▲ 묽은 염산 　▲ 유리 세정제 　▲ 빨랫비누 물

03 위의 용액을 '색깔이 있는가?'라는 분류 기준으로 분류할 때, '그렇지 않다'에 해당하는 용액의 이름을 모두 쓰시오.

( )

04 위 03번의 분류 기준 이외에 위의 용액을 분류할 수 있는 기준을 두 가지 쓰시오. [6점]

_____

_____

05 '냄새가 나는가?'라는 분류 기준으로 분류할 때, 나머지 넷과 다른 무리로 분류할 수 있는 것은 어느 것입니까? ( ) [4점]

① 식초 　　② 레몬즙 　　③ 석회수
④ 묽은 염산 　⑤ 빨랫비누 물

[06~07] 다음은 여러 가지 용액을 성질이 비슷한 것끼리 분류한 것입니다. 물음에 답하시오.

(가)	(나)
식초, 유리 세정제, 묽은 염산	레몬즙, 빨랫비누 물

06 위 (가) 용액의 공통된 성질을 보기 에서 골라 기호를 쓰시오.

> **보기**
> ㉠ 투명하다. 　　㉡ 연한 노란색이다.
> ㉢ 흔들었을 때 거품이 3초 이상 유지된다.

( )

07 묽은 수산화 나트륨 용액은 위 (가)와 (나) 중 어디에 해당하는지 기호를 쓰시오.

( )

08 다음 용액들을 두 그룹으로 분류하기 위한 기준으로 옳은 것을 두 가지 고르시오. (,)

> • 식초: 연한 노란색이고, 투명하다.
> • 레몬즙: 연한 노란색이고, 불투명하다.
> • 유리 세정제: 연한 푸른색이며, 투명하고, 흔들었을 때 거품이 3초 이상 유지된다.
> • 빨랫비누 물: 하얀색이며, 불투명하고, 흔들었을 때 거품이 3초 이상 유지된다.

① 투명한가? 　　　② 냄새가 나는가?
③ 색깔이 있는가? 　④ 비교적 무거운 편인가?
⑤ 흔들었을 때 거품이 3초 이상 유지되는가?

09 겉보기 성질을 이용하여 용액을 분류하는 경우 주의해야 하는 내용으로 옳지 <u>않은</u> 것은 어느 것입니까?

( )

① 함부로 맛보지 않는다.
② 맨손으로 용액을 함부로 만지지 않는다.
③ 색깔을 잘 보기 위해서는 흰 종이를 대고 본다.
④ 냄새를 맡을 경우 코에 직접 대고 냄새를 맡는다.
⑤ 용액이 옷이나 피부에 떨어지지 않도록 조심한다.

10 푸른색 리트머스 종이를 붉은색으로 변화시키는 용액이 아닌 것은 어느 것입니까? ( )

① 식초 　② 레몬즙 　③ 탄산수
④ 석회수 　⑤ 묽은 염산

11 지시약을 이용하여 용액의 성질을 구분할 수 있는 까닭은 무엇인지 쓰시오. [6점]

[12~14] 여러 가지 용액을 지시약을 이용하여 다음과 같이 분류하였습니다. 물음에 답하시오.

구분	(㉠) 용액	(㉡) 용액
(㉢) 종이 색깔 변화	• 붉은색 → 변화 없음. • 푸른색 → 붉은색	• 붉은색 → 푸른색 • 푸른색 → 변화 없음.
예	식초, 레몬즙, 탄산수	석회수, 유리 세정제

12 위 ㉠, ㉡에 들어갈 알맞은 용액의 성질을 쓰시오.

㉠ ( ), ㉡ ( )

13 위 ㉢에 들어갈 알맞은 지시약은 무엇인지 쓰시오.

( )

14 위 ㉠, ㉡ 용액에 페놀프탈레인 용액을 떨어뜨렸을 때 나타나는 변화를 비교하여 쓰시오. [6점]

15 산성 용액에 대한 설명으로 옳지 <u>않은</u> 것을 보기 에서 골라 기호를 쓰시오.

㉠ 식초, 석회수, 탄산수 등이 있다.
㉡ 푸른색 리트머스 종이를 붉은색으로 변화시킨다.
㉢ 붉은 양배추 지시약을 넣으면 붉은색 계열의 색깔로 변하게 한다.
㉣ 페놀프탈레인 용액을 넣으면 페놀프탈레인 용액의 색깔 변화가 없다.

( )

16 산성 용액과 염기성 용액을 구분하는 지시약을 만들 수 없는 천연 재료는 어느 것입니까? ( ) [4점]

① 백합 　② 비트 　③ 검은콩
④ 포도 껍질 　⑤ 자주색 고구마

17 다음은 붉은 양배추 지시약을 만드는 방법을 순서와 관계없이 나열한 것입니다. 순서대로 기호를 쓰시오.

(가) 붉은 양배추를 잘게 자른다.
(나) 붉은 양배추를 우려낸 용액을 식힌 후 거른다.
(다) 비커에 자른 붉은 양배추와 뜨거운 물을 넣는다.

( ) - ( ) - ( )

[18~20] 다음은 여러 가지 용액에 붉은 양배추 지시약을 떨어뜨렸을 때 지시약의 색깔 변화입니다. 물음에 답하시오.

탄산수	묽은 염산	빨랫비누 물	묽은 수산화 나트륨 용액
연한 붉은색	( )	연한 푸른색	노란색

18 위 표의 ( ) 안에 들어갈 색깔을 쓰시오. [4점]

( )

19 위와 같이 지시약의 색깔이 다르게 변한 까닭을 쓰시오. [6점]

20 위 실험으로 알 수 있는 사실로 옳은 것은 어느 것입니까? ( )

① 탄산수와 묽은 염산은 서로 다른 성질을 지닌 용액이다.
② 산성 용액에서는 붉은 양배추 지시약이 노란색 계열의 색깔로 변한다.
③ 염기성 용액에서는 붉은 양배추 지시약이 붉은색 계열의 색깔로 변한다.
④ 붉은 양배추 지시약으로 산성 용액과 염기성 용액으로 분류할 수 있다.
⑤ 빨랫비누 물은 원래 색깔이 하얀색이라서 붉은 양배추 지시약으로 구분할 수 없다.

※ 점수 표시가 없는 문항은 5점입니다.

01 용액의 분류 기준으로 옳지 <u>않은</u> 것은 어느 것입니까? (   )

① 투명한가?   ② 양이 많은가?
③ 냄새가 나는가?   ④ 색깔이 있는가?
⑤ 흔들었을 때 거품이 3초 이상 유지되는가?

02 다음과 같은 성질을 가진 용액은 어느 것입니까?
(   )

> • 하얀색이고, 불투명하다.
> • 흔들었을 때 거품이 3초 이상 유지된다.

① 탄산수   ② 묽은 염산   ③ 레몬즙
④ 빨랫비누 물   ⑤ 유리 세정제

03 다음은 여러 가지 용액을 분류하는 방법입니다. (   ) 안에 들어갈 알맞은 말을 쓰시오. [4점]

> 여러 가지 용액의 성질을 관찰한 뒤, 용액을 분류할 수 있는 (   )을/를 세우고 여러 가지 용액을 분류한다.

(   )

04 다음 용액을 '투명한가?'라는 분류 기준으로 분류할 때, ㈎와 ㈏에 들어갈 용액의 이름을 모두 쓰시오.

㈎ 그렇다.	㈏ 그렇지 않다.

05 '색깔이 있는가?'를 분류 기준으로 할 때, 다르게 분류되는 용액은 어느 것입니까? (   ) [4점]

① 식초   ② 묽은 염산   ③ 포도 주스
④ 오렌지 주스   ⑤ 빨랫비누 물

06 여러 가지 용액을 관찰한 내용으로 옳지 <u>않은</u> 것은 어느 것입니까? (   )

① 탄산수: 투명하고, 색깔이 없다.
② 묽은 염산: 투명하고, 색깔이 없다.
③ 레몬즙: 투명하고, 연한 노란색이다.
④ 유리 세정제: 냄새가 나고, 투명하다.
⑤ 빨랫비누 물: 냄새가 나고, 불투명하다.

07 용액을 분류하기 위해 관찰하는 방법을 잘못 설명한 친구의 이름을 쓰시오.

> 수지: 검은색 종이를 대고 색깔을 관찰했어.
> 가은: 흔들고 나서 거품이 유지되는지 3초 이상 시간을 두고 관찰했어.
> 동수: 용액의 냄새를 맡을 때는 직접적으로 맡지 않고 손으로 바람을 일으켜서 맡았어.

(   )

서술형 08 여러 가지 용액을 분류할 때, 용액의 무게나 부피가 분류 기준으로 알맞지 않은 까닭을 쓰시오. [6점]

_____

_____

09 다음과 같이 용액을 분류하였을 때, 분류 기준이 될 수 있는 것을 두 가지 고르시오. (,   )

① 투명한가?   ② 색깔이 있는가?
③ 냄새가 나는가?   ④ 기포가 발생하는가?
⑤ 흔들었을 때 거품이 3초 이상 유지되는가?

서술형 10 용액을 색깔, 냄새, 투명한 정도 등과 같은 겉보기 성질만으로 분류하기 어려운 까닭을 쓰시오. [6점]

_____

11 다음 용액을 붉은색 리트머스 종이에 묻혔을 때의 변화로 옳은 것은 어느 것입니까? ( )

> 유리 세정제, 석회수, 빨랫비누 물

① 아무런 변화가 없다.
② 붉은색 리트머스 종이가 노란색으로 변한다.
③ 붉은색 리트머스 종이가 푸른색으로 변한다.
④ 붉은색 리트머스 종이가 검정색으로 변한다.
⑤ 붉은색 리트머스 종이가 보라색으로 변한다.

12 푸른색 리트머스 종이를 붉은색으로 변화시키는 용액을 두 가지 쓰시오.

(,)

[13~14] 오른쪽은 서로 성질이 다른 두 가지 용액입니다. 물음에 답하시오.

13 위 (가) 용액을 붉은색 리트머스 종이에 묻혔더니 푸른색으로 변하였고, 페놀프탈레인 용액을 떨어뜨렸더니 붉은색으로 변하였습니다. (가) 용액의 성질을 쓰시오.

( )

14 위 (나) 용액을 푸른색 리트머스 종이에 묻혔더니 붉은색으로 변하였습니다. (나) 용액이 될 수 없는 것을 에서 골라 기호를 쓰시오. [4점]

> **보기**
> ㉠ 탄산수   ㉡ 석회수   ㉢ 묽은 염산

( )

15 페놀프탈레인 용액을 이용하여 염기성 용액인지 확인할 수 있는 방법을 쓰시오. [6점]

_____

16 다음 ( ) 안에 공통으로 들어갈 알맞은 말을 쓰시오.

> • ( )을/를 이용하여 여러 가지 용액을 산성 용액과 염기성 용액으로 분류할 수 있다.
> • ( )의 종류에는 리트머스 종이, 페놀프탈레인 용액 등이 있다.

( )

[17~18] 다음 표를 보고, 물음에 답하시오.

구분	(㉠) 용액	(㉡) 용액
붉은 양배추 지시약의 색깔 변화	붉은색 계열	푸른색 계열

17 위 ㉠와 ㉡에 들어갈 용액의 성질을 쓰시오. [6점]

㉠ ( ), ㉡ ( )

18 위 ㉡의 성질을 띠지 <u>않는</u> 용액을 두 가지 고르시오.

(,)

① 식초   ② 묽은 염산
③ 빨랫비누 물   ④ 유리 세정제
⑤ 묽은 수산화 나트륨 용액

19 지시약으로 사용할 수 <u>없는</u> 것은 어느 것입니까?

( ) [4점]

① 리트머스 종이
② 비트를 우려낸 물
③ 페놀프탈레인 용액
④ 붉은 양배추를 우려낸 물
⑤ 유리 세정제를 희석시킨 물

20 염기성 용액에 대한 설명으로 옳지 <u>않은</u> 것은 어느 것입니까? ( )

① 지시약으로 사용된다.
② 페놀프탈레인 용액이 붉은색으로 변한다.
③ 석회수, 묽은 수산화 나트륨 용액 등이 있다.
④ 붉은색 리트머스 종이가 푸른색으로 변한다.
⑤ 붉은 양배추 지시약이 푸른색 계열로 변한다.

※ 점수 표시가 없는 문항은 5점입니다.

[01~02] 다음은 산성 용액과 염기성 용액의 성질을 비교하기 위한 실험입니다. 물음에 답하시오.

> (가) 비커에 각각 묽은 염산과 묽은 수산화 나트륨 용액을 $\frac{1}{3}$ 정도 넣는다.
> (나) 대리석 조각을 묽은 염산과 묽은 수산화 나트륨 용액이 든 비커에 각각 넣고 변화를 관찰한다.

01 위 실험을 할 때 주의해야 할 점으로 옳지 <u>않은</u> 것은 어느 것입니까? (   )

① 안전을 위하여 실험용 장갑을 착용한다.
② 유리 기구를 깨뜨리지 않도록 조심한다.
③ 실험을 한 후 폐기물은 세면대에 버린다.
④ 용액을 맛보거나 맨손으로 만지지 않는다.
⑤ 묽은 염산과 묽은 수산화 나트륨 용액이 비커 밖으로 튀지 않도록 대리석 조각을 조심스럽게 넣는다.

02 묽은 염산과 묽은 수산화 나트륨 용액에 넣은 대리석 조각 중 기포가 발생하면서 대리석 조각이 녹는 용액은 무엇인지 쓰시오.

(   )

03 산성 용액에 넣었을 때 녹는 것끼리 옳게 짝 지은 것은 어느 것입니까? (   ) [4점]

① 달걀 껍데기, 두부
② 두부, 대리석 조각
③ 두부, 삶은 달걀흰자
④ 대리석 조각, 달걀 껍데기
⑤ 달걀 껍데기, 삶은 달걀흰자

04 묽은 수산화 나트륨 용액에 넣었을 때 변화가 일어나는 것은 어느 것입니까? (   )

① 달걀 껍데기   ② 조개 껍데기
③ 대리석 조각   ④ 삶은 달걀흰자
⑤ 탄산 칼슘 가루

[05~07] 오른쪽은 어떤 용액에 삶은 달걀흰자를 넣은 다음 시간이 지난 후 변화된 모습입니다. 물음에 답하시오.

05 위 용액은 산성 용액과 염기성 용액 중 어떤 용액인지 쓰시오.

(   )

서술형
06 위 용액에 붉은 양배추 지시약을 넣었을 때 색깔 변화를 쓰시오. [6점]

07 위 용액에 달걀 껍데기를 넣으면 어떻게 되는지 옳게 설명한 것은 어느 것입니까? (   )

① 달걀 껍데기가 녹는다.
② 달걀 껍데기가 흐물흐물해진다.
③ 달걀 껍데기에서 기포가 발생한다.
④ 달걀 껍데기는 아무런 변화가 없다.
⑤ 달걀 껍데기의 색깔이 초록색으로 변한다.

08 산성 용액에 대한 설명으로 옳지 <u>않은</u> 것은 어느 것입니까? (   )

① 묽은 염산은 산성 용액이다.
② 두부를 넣으면 아무런 변화가 없다.
③ 달걀 껍데기는 산성 용액에서 녹는다.
④ 조개 껍데기를 산성 용액에 넣으면 기포가 발생한다.
⑤ 산성 용액은 페놀프탈레인 용액을 붉은색으로 변화시킨다.

서술형
09 야외에 있는 대리석으로 만든 조각상이 산성비와 동물의 배설물 때문에 시간이 지날수록 부식되고 있습니다. 그 까닭을 쓰시오. [6점]

10 묽은 염산에 넣었을 때 아무런 변화가 없는 물질을 보기 에서 모두 골라 기호를 쓰시오.

보기
㉠ 두부   ㉡ 대리석 조각
㉢ 달걀 껍데기   ㉣ 삶은 달걀흰자

( )

[11~13] 묽은 수산화 나트륨 용액 50 mL가 든 비커에 페놀프탈레인 용액을 떨어뜨린 뒤, 묽은 염산을 10 mL씩 여섯 번 넣었습니다. 물음에 답하시오.

11 위 실험 결과, 용액의 성질은 어떻게 변하였는지 쓰시오.

( ) 용액 → ( ) 용액

12 위 실험에서 페놀프탈레인 용액을 떨어뜨린 묽은 수산화 나트륨 용액에 묽은 염산을 계속 넣었을 때 색깔 변화로 옳은 것은 어느 것입니까? ( )

① 무색 → 붉은색   ② 무색 → 노란색
③ 붉은색 → 무색   ④ 푸른색 → 붉은색
⑤ 푸른색 → 노란색

13 다음은 위 실험 결과를 설명한 것입니다. ( ) 안에 들어갈 알맞은 말에 ○표 하시오. [4점]

묽은 수산화 나트륨 용액에 페놀프탈레인 용액을 떨어뜨린 뒤, 묽은 염산을 계속 넣었더니 색깔 변화가 있었다. 이는 묽은 수산화 나트륨 용액의 염기성이 점점 (약해 , 강해)진다는 것을 의미한다.

14 묽은 염산에 묽은 수산화 나트륨 용액을 계속 넣으면 용액의 성질이 어떻게 변하는지 쓰시오. [6점]

15 우리 생활에 이용하는 산성 용액을 두 가지 고르시오. (,) [4점]

① 린스   ② 제산제   ③ 유리 세정제
④ 변기용 세제   ⑤ 하수구 세정제

[16~17] 치아 건강을 위하여 사이다나 요구르트를 마시고 난 다음 치약으로 양치질을 하는 것이 좋은데, 이는 용액의 성질과 관련이 있습니다. 물음에 답하시오.

16 사이다와 요구르트를 푸른색 리트머스 종이에 몇 방울 떨어뜨렸더니 붉은색으로 변하였습니다. 사이다와 요구르트는 어떤 성질의 용액인지 쓰시오.

( )

17 치약의 성질을 알아보기 위하여 물에 녹인 치약에 페놀프탈레인 용액을 떨어뜨렸더니 붉은색으로 변하였습니다. 물에 녹인 치약은 어떤 성질의 용액인지 쓰시오.

( )

18 변기용 세제에 페놀프탈레인 용액을 떨어뜨리면 아무런 색깔 변화가 없는데, 그 까닭을 쓰시오. [6점]

19 우리 생활에서 자주 쓰이는 용액 중 염기성 용액끼리 옳게 짝 지은 것은 어느 것입니까? ( )

① 제산제 — 식초
② 치약 — 유리 세정제
③ 변기용 세제 — 유리 세정제
④ 빨랫비누 물 — 변기용 세제
⑤ 구연산을 녹인 물 — 하수구 세정제

20 다음 ( ) 안에 들어갈 용액의 성질을 쓰시오. [4점]

생선을 손질하고 난 도마를 식초를 이용하여 소독하는 까닭은 식초가 ( ) 용액이어서 염기성 성질을 가진 비린내를 없애주기 때문이다.

( )

※ 점수 표시가 없는 문항은 5점입니다.

[01~02] 다음은 산성 용액과 염기성 용액의 성질을 비교하기 위한 실험입니다. 물음에 답하시오.

> ㈎ 비커에 각각 묽은 염산과 묽은 수산화 나트륨 용액을 $\frac{1}{3}$ 정도 넣는다.
> ㈏ 삶은 달걀흰자를 묽은 염산과 묽은 수산화 나트륨 용액이 든 비커에 각각 넣고 변화를 관찰한다.

01 위 실험 결과를 옳게 설명한 것을 보기 에서 골라 기호를 쓰시오. [6점]

> 보기
> ㉠ 묽은 염산이 든 비커에 넣은 삶은 달걀흰자는 기포가 발생하면서 녹았다.
> ㉡ 묽은 수산화 나트륨 용액이 든 비커에 넣은 삶은 달걀흰자는 흐물흐물해졌다.
> ㉢ 묽은 수산화 나트륨 용액이 든 비커에 넣은 삶은 달걀흰자는 푸른색으로 변하였다.

( )

02 위 01번 답과 같은 결과를 얻을 수 있는 물질은 어느 것입니까? ( ) [4점]

① 빵   ② 두부   ③ 감자
④ 조개 껍데기   ⑤ 달걀 껍데기

03 여러 가지 물질을 산성 용액에 넣었을 때 생기는 변화로 옳은 것은 어느 것입니까? ( )

① 달걀 껍데기: 더 두꺼워진다.
② 조개 껍데기: 기포가 발생한다.
③ 대리석 조각: 아무런 변화가 없다.
④ 두부: 시간이 많이 지나면 뿌옇게 변한다.
⑤ 탄산 칼슘 가루: 돌처럼 딱딱하게 뭉쳐진다.

서술형 04 어떤 용액에 페놀프탈레인 용액을 떨어뜨렸더니 붉은색으로 변하였습니다. 이 용액에 산성 용액을 계속 넣으면 색깔이 어떻게 변하는지 쓰시오. [6점]

05 어떤 용액에 삶은 달걀흰자를 넣었더니 녹아서 흐물흐물해졌습니다. 다음 ( ) 안에 들어갈 알맞은 말에 ○표 하시오.

> 이 용액은 ㉠(산성 , 염기성) 용액이다. ㉡(두부 , 대리석 조각)을/를 넣어도 같은 결과가 나온다.

서술형 06 위 05번 용액에 붉은 양배추 지시약을 떨어뜨렸을 때의 색깔 변화를 쓰시오. [4점]

[07~09] 다음 실험 과정을 보고, 물음에 답하시오.

> ㈎ 비커에 묽은 염산 20 mL를 넣고 페놀프탈레인 용액을 몇 방울 떨어뜨린다.
> ㈏ ㈎의 비커에 묽은 수산화 나트륨 용액을 5 mL씩 일곱 번 떨어뜨리며 색깔 변화를 관찰한다.

07 위 실험에서 페놀프탈레인 용액 대신에 쓸 수 있는 지시약을 한 가지 쓰시오. [6점]

( )

08 위 실험에서 페놀프탈레인 지시약의 색깔은 무색에서 붉은색으로 변하였습니다. 용액의 성질은 어떻게 변하였는지 쓰시오.

( ) 용액 → ( ) 용액

09 위 실험을 통해 알 수 있는 사실로 옳은 것은 어느 것입니까? ( )

① 묽은 염산에 묽은 수산화 나트륨 용액을 넣으면 산성이 더 강해진다.
② 묽은 염산에 묽은 수산화 나트륨 용액을 넣으면 산성이 약해진다.
③ 묽은 염산에 묽은 수산화 나트륨 용액을 넣으면 아무런 변화가 없다.
④ 묽은 염산에 묽은 수산화 나트륨 용액을 넣으면 지시약의 색깔이 변하지 않는다.
⑤ 묽은 염산에 묽은 수산화 나트륨 용액을 계속 넣으면 산성과 염기성을 모두 나타낸다.

10 다음 ( ) 안에 들어갈 알맞은 말에 ○표 하시오.

> 염산 누출 사고가 나면 소석회를 뿌리는데, 이는 ㉠(염기성 , 산성) 용액인 염산에 ㉡(염기성 , 산성)을 띤 소석회를 뿌리면 염산의 성질이 점점 약해지기 때문이다.

[11~12] 오른쪽은 대리석으로 만든 서울 원각사지 십층 석탑을 보호하기 위해 유리로 막아 놓은 모습입니다. 물음에 답하시오.

11 위와 같이 유리로 막아 놓은 것은 산성 물질과 염기성 물질 중 어떤 성질의 물질로부터 탑을 보호하기 위한 것인지 쓰시오. [4점]

( )

12 원각사지 십층 석탑을 부식시키는 물질에는 어떤 것이 있는지 한 가지만 쓰시오.

( )

13 다음 ( ) 안에 들어갈 용액의 성질을 쓰시오. [4점]

> 대리석으로 만든 조각품은 구연산을 녹인 물로 닦으면 부식되는데, 이는 구연산을 녹인 물이 ( ) 용액이기 때문이다.

( )

14 다음 ( ) 안에 들어갈 알맞은 말에 ○표 하시오.

> ㉠(산성 , 염기성)을 띤 빗물로 인해 성질이 변한 토양에 ㉡(산성 , 염기성)인 석회를 뿌리면 그 다음 해 농사가 잘 된다.

15 하수구 세정제에 페놀프탈레인 용액과 붉은 양배추 지시약을 넣었을 때 색깔 변화를 각각 쓰시오. [6점]

16 우리 생활에서 많이 사용하는 용액과 용액의 성질을 옳게 짝 지은 것은 어느 것입니까? ( )

① 식초: 염기성 용액
② 사이다: 산성 용액
③ 요구르트: 염기성 용액
④ 치약 녹인 물: 산성 용액
⑤ 하수구 세정제: 산성 용액

17 다음 ( ) 안에 들어갈 알맞은 말에 ○표 하시오.

> 위산이 너무 많이 분비되어 속이 쓰릴 때에는 제산제를 먹는다. 그 까닭은 위산은 ㉠(산성 , 염기성) 용액이고, 제산제는 ㉡(산성 , 염기성) 용액이기 때문이다.

18 산성 용액과 염기성 용액이 만나면 서로의 성질이 약해지는 것을 실생활에 적용한 예를 두 가지 고르시오. (,)

① 커피를 탈 때 설탕을 조금 넣었다.
② 생선을 다듬은 도마를 식초로 씻었다.
③ 레몬을 이용하여 차를 만들어 마셨다.
④ 요구르트를 마시고 난 후 치약으로 양치질을 했다.
⑤ 대리석으로 만든 야외 조각품을 유리로 막아 놓았다.

19 주전자를 오래 쓰다 보면 안쪽에 석회 가루가 생기는데, 이때 산성 용액인 식초를 탄 물을 넣어 끓이면 석회 가루가 사라집니다. 석회 가루와 같은 성질을 가진 물질을 두 가지 고르시오. (,)

① 두부   ② 치약   ③ 제산제
④ 레몬즙   ⑤ 묽은 염산

20 우리 생활에서 산성 용액이나 염기성 용액을 이용하는 예가 아닌 것은 어느 것입니까? ( )

① 속이 쓰려 제산제를 먹었다.
② 간장을 담글 때 소금을 넣는다.
③ 생선을 손질한 도마를 식초로 씻었다.
④ 변기용 세제를 사용하여 변기를 청소하였다.
⑤ 빨랫비누 물로 빨래를 하면 때가 잘 지워진다.

서술형
수행 평가

[01~02] 다음 글을 읽고, 물음에 답하시오.

"현욱아, 혹시 프라이팬도 닦았니?"

"예. 제가 철 수세미로 문질러 깨끗이 닦았어요."

"뭐라고? 철 수세미로 문질렀다는 말이니?"

"예. 수세미로는 잘 닦이지 않아서 철 수세미를 썼어요."

엄마는 한숨을 한 번 쉬시고는 다시 웃음을 띠고 말씀하셨다.

"우리 아들이 집안일을 도와주려는 마음으로 설거지를 열심히 했구나. 그렇지만 금속으로 프라이팬 바닥을 긁으면 바닥이 벗겨져서 못 쓰게 된단다."

엄마의 말씀을 듣고 나니 부모님의 일을 도와드렸다는 생각에 뿌듯했던 나는 금세 부끄러워졌다.

"죄송해요, 엄마. 집안일을 도와드리려다가 오히려 프라이팬만 망가뜨렸어요."

엄마는 웃으며 나를 꼭 안아 주셨다.

"미안해하지 않아도 돼. 집안일을 도와주려고 한 현욱이 마음이 엄마는 정말 고마워."

01 엄마가 현욱이를 안아 준 까닭은 무엇이고, 그때 현욱이의 마음은 어떠하였을지 각각 쓰시오.

(1) 엄마가 현욱이를 안아 준 까닭	
(2) 현욱이의 마음	

02 엄마와 현욱이의 대화에서 두 사람이 서로에게 공감하는 내용을 한 가지 찾아 쓰고, 그렇게 생각한 까닭도 쓰시오.

(1) 공감하는 내용	
(2) 그 까닭	

[03~04] 다음 그림을 보고, 물음에 답하시오.

03 이 그림의 상황과 비슷한 자신의 경험을 떠올려 쓰시오.

04 이 그림에서 사용된 누리 소통망 대화가 직접 하는 대화와 어떤 점이 다른지 쓰시오.

01 줄다리기를 하거나 본 경험, 줄다리기와 관련한 지식 등을 떠올려 생각그물에 써넣으시오.

예 줄다리기를 할 때에는 손에 장갑을 끼고 하는 것이 좋다.

줄다리기

02 다음 글을 읽으며 떠오른 생각을 표에 정리하여 쓰시오.

보물 제66호인 경주 석빙고는 1738년에 만들었으며, 입구에서부터 점점 깊어져 창고 안은 길이 14미터, 너비 6미터, 높이 5.4미터이다. 석빙고는 온도 변화가 적은 반지하 구조로 한쪽이 긴 흙무덤 모양이며, 바깥 공기가 들어오지 않도록 출입구의 동쪽은 담으로 막고 지붕에는 구멍을 뚫었다.

지붕은 이중 구조인데 바깥쪽은 열을 효과적으로 막아 주는 진흙으로, 안쪽은 열전달이 잘되는 화강암으로 만들었다. 천장은 반원형으로 기둥 다섯 개에 장대석이 걸쳐 있고, 장대석을 걸친 곳에는 밖으로 통하는 공기구멍이 세 개가 나 있다. 이 구멍은 아래쪽이 넓고 위쪽은 좁은 직사각형 기둥 모양인데, 이렇게 함으로써 바깥에서 바람이 불 때 빙실 안의 공기가 잘 빠져나온다. 즉, 열로 데워진 공기와 출입구에서 들어오는 바깥의 더운 공기가 지붕의 구멍으로 빠져나가기 때문에 빙실 아래의 찬 공기가 오랫동안 머물 수 있어 얼

음이 적게 녹는 것이다. 또한 지붕에는 잔디를 심어 태양열을 차단했고, 내부 바닥 한가운데에 배수로를 5도 경사지게 파서 얼음에서 녹은 물이 밖으로 흘러 나갈 수 있는 구조를 갖추어 과학적이다.

(1) 알고 싶은 것	
(2) 짐작한 것	
(3) 새롭게 안 것	

03 체험한 일을 떠올리며 감상이 드러나는 글을 쓸 계획을 세우려고 합니다. 글로 쓸 체험 내용과 글을 쓰기 전에 조사할 내용, 글에 들어갈 감상 등을 다음 표에 정리하여 쓰시오.

(1) 체험한 일	
(2) 조사할 내용	
(3) 조사하는 까닭	
(4) 감상	

01 다음 토의 장면에서 친구들이 고쳐야 할 점은 무엇인지 각각 쓰시오.

(1) 그림 **가**	
(2) 그림 **나**	

02 발표 상황에서 그림 **가**보다 그림 **나**와 같이 자료를 제시하면 좋은 점은 무엇인지 쓰시오.

03 다음 그림에서 자신의 의견을 뒷받침할 자료를 찾고 있는 연서와 민호에게 알맞은 자료 읽기 방법은 무엇인지 각각 쓰시오.

(1) **연서**	
(2) **민호**	

04 다음 그림에서 해결해야 할 문제를 두 가지 쓰고, 그 문제를 해결하기 위한 자신의 의견과 근거를 쓰시오.

(1) 해결해야 할 문제	· ·
(2) 의견	
(3) 근거	

[01~02] 다음 글을 읽고, 물음에 답하시오.

> "아함! 졸려."
> ㉠어제저녁에 방에서 컴퓨터를 하는데 졸음이 밀려온다. 안방으로 가서 가만히 누워 있는데 내 동생 용준이가 나를 툭툭 치며 장난을 걸어왔다. 나는 용준이가 또 덤빌까 봐 용준이 손을 잡고 안 놓아주었다. 그러다가 그만 내 눈에 쇳덩어리(용준이 머리)가 '쿵' 하고 부딪쳤다.
> "아야!"
> 나는 너무 아파서 눈물을 글썽였다. 그랬더니 용준이가 혼날까 봐 따라 울려고 그랬다. 나는 결코 용준이를 아프게 한 적이 없는데도 말이다.
> "야, 네가 왜 울어?"
> 그때였다. 아버지께서 눈을 크게 뜨며
> "진윤서, 너 왜 동생 울려?"
> 하고 큰소리를 내셨다. 나한테만 뭐라고 하시는 아버지를 이해할 수 없었다. 나는 화가 나서 울며 내 방으로 들어가 침대에 누웠다.
> '쳇, 나한테만 뭐라고 하고……'

01 ㉠이 잘못된 문장인 까닭을 쓰고, 바르게 고쳐 쓰시오.

(1) 잘못된 문장인 까닭	
(2) 고쳐 쓴 문장	

02 윤서가 글머리를 어떻게 썼는지 살펴보고, 같은 방법으로 겪은 일이 드러나는 글의 글머리를 쓰시오.

> "아함! 졸려."
> 어제저녁에 방에서 컴퓨터를 하는데 졸음이 밀려온다.

03 다음 낱말들의 공통점은 무엇인지 쓰고, 각 낱말을 사용하여 짧은 글을 쓰시오.

• 전혀 • 별로 • 결코

공통점	(1)
짧은 글	(2) 전혀: (3) 별로: (4) 결코:

04 다음은 매체를 활용해 겪은 일이 드러나는 글 쓰기 과정입니다. 그림 ㉮와 ㉯에 나타난 문제점과 주의할 점을 표에 정리해 쓰시오.

	그림 ㉮	그림 ㉯
문제점	글자 크기가 작고 줄 간격이 좁아 읽기 어렵습니다.	(1)
주의할 점	(2)	누가 쓴 글인지 이름을 밝힙니다.

[01~02] 다음 물음에 답하시오.

(가)

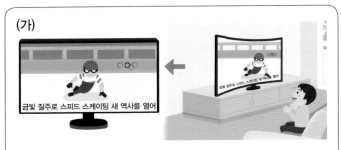

금빛 질주로 스피드 스케이팅 새 역사를 열어

(나) 김득신은 열 살에 처음 글을 배우기 시작했다. 김득신은 정삼품 부제학을 지낸 김치의 아들로 태어났다. 주변에서는 우둔한 김득신을 포기하라고 했다. 하지만 김득신의 아버지는 공부를 포기하지 않는 김득신을 대견스럽게 여겼다.

김득신은 스무 살에 처음으로 작문을 했다. 김득신의 아버지는 공부란 꼭 과거를 보기 위한 것만이 아니니 더욱 노력하라고 김득신을 격려했다. 김득신은 같은 책을 반복해서 여러 번 읽으며 공부했으나 하인도 외우는 내용을 기억하지 못하는 한계를 드러냈다. 김득신은 자신의 한계를 극복하기 위해 만 번 이상 읽은 책에 대한 기록을 남겼다.

김득신은 59세에 문과에 급제해 성균관에 입학했다. 김득신은 많은 책과 시를 읽었지만 자신만의 시어로 시를 썼다. 많은 사람이 김득신의 시를 높이 평가했다.

01 (가)에 나타난 매체 자료의 종류와 특성은 무엇인지 쓰시오.

(1) 매체 자료의 종류	
(2) 매체 자료의 특성	

02 (나)의 내용을 (가)와 같은 매체로 표현할 때, 도입부에 어울리는 음악과 그 효과는 무엇인지 쓰시오.

(1) 도입부에 어울리는 음악:

(2) 그 효과:

[03~04] 다음 글을 읽고, 물음에 답하시오.

(가) **앞부분 이야기**

전학 온 서영이는 성격이 좋아 금세 친구들과 잘 어울렸다. 그런 서영이가 부러운 미라는 ㉠핑공 카페에 '흑설 공주'라는 계정으로 서영이와 관련한 거짓 글을 올린다. 아이들은 서영이가 거짓으로 부모님 이야기를 한다는 '흑설 공주'의 글을 읽고 수군대기 시작한다.

한편, 미라와 친해지고 싶었던 민주는 '흑설 공주'인 미라가 거짓말을 하고 있다는 것을 알았지만 서영이에게 그 사실을 알리지 못하고 망설인다.

(나) 서영이가 핑공 카페에 아빠가 은좀베 마을에서 의료 봉사를 하는 모습과 엄마가 디자인한 옷을 입고 모델들이 패션쇼를 하는 사진을 올리자, 이번에는 서영이를 응원하는 댓글과 흑설 공주를 비난하는 댓글이 수없이 올라와 있었다.

03 ㉠의 매체 자료 종류는 무엇인지 쓰고, 그 매체 자료의 내용을 잘 이해하려면 어떤 부분을 집중해서 읽어야 하는지 쓰시오.

(1) 매체 자료의 종류: ( )

(2) 집중해서 읽어야 할 부분:

04 이 글에 등장하는 인물과 비슷한 자신의 경험을 떠올려 쓰시오.

[01~03] 다음 그림을 보고, 물음에 답하시오.

착한 사람이 되겠습니다.

난 우리 학교에서만 하는 저 인사말이 참 좋아.

난 저 말이 내가 지금은 착한 사람이 아닌 듯해서 기분이 좋지 않아.

01 이 그림에서 토론하고 싶은 문제는 무엇인지 쓰시오.

토론하고 싶은 문제	

02 다음 토론 주제에 찬성인지 반대인지 자신의 입장을 정하고, 주장을 뒷받침할 수 있는 근거를 쓰시오.

> 토론 주제: 학교에서 인사말을 "착한 사람이 되겠 습니다."로 해야 한다.

(1) 자신의 입장: (찬성 , 반대)

(2) 근거:

03 문제 **02**의 근거를 뒷받침할 수 있는 자료로 어떤 것이 좋을지 와 같이 쓰시오.

> **보기**
>
> 인사말과 관련해 초등학생을 대상으로 설문 조사한 자료

04 다음은 토론 절차 중 '반론하기' 단계입니다. 반대편의 주장에 대한 찬성편의 반론과 반대편의 반박 내용을 정리해 쓰시오.

> 사회자: 이번에는 찬성편이 반론을 펴고, 반대편에서 찬성편의 반론을 반박해 주시기 바랍니다.
>
> 찬성편: 반대편은 학급 임원을 뽑는 기준이 올바르지 않은 까닭을 근거로 들었습니다. 하지만 반대편에서 첫 번째 자료로 제시한 설문 조사 결과는 다른 학교를 조사한 것입니다. 따라서 우리 학교의 상황과 설문 조사 결과가 반드시 같다고는 볼 수 없습니다. 우리 학교 사정을 고려해서 근거를 말씀해 주셔야 하지 않을까요?
>
> 반대편: 네, 저희가 다른 학교에서 조사한 결과를 활용한 것은 맞습니다. 그러나 그 자료는 학급 임원을 뽑는 기준에 문제가 있다고 생각하는 학생이 많다는 점을 보여 드리려는 자료입니다. 여기 우리 학교 선생님을 면담한 결과를 보여 드리겠습니다. 그 선생님께서는 "봉사 정신이 뛰어나거나 모범적인 행동을 보이는 학생보다는 인기가 많은 학생이 학급 임원이 되는 경우가 종종 있다."라고 말씀하셨습니다. 이러한 점을 모두 고려해 학생 대표로서의 학급 임원이 필요한지 의문입니다.

(1) 찬성편의 반론	
(2) 반대편의 반박	

[01~03] 다음 글을 읽고, 물음에 답하시오.

제일 먼저 닥나무를 베어다 푹푹 찐 뒤, 나무껍질을 훌러덩훌러덩 벗겨서 물에 불려. 그러고는 다시 거칠거칠한 겉껍질을 닥칼로 긁어내고 보들보들 하얀 속껍질만 모아.

이렇게 모은 속껍질은 삶아서 더 보드랍게, 더 하얗게 만들어야 해. 먼저 닥솥에 물을 붓고 속껍질을 담가. 그리고 콩대를 태워 만든 잿물을 붓고 보글보글 부글부글 삶아. 푹 삶은 다음에는 건져 내서 찰찰찰 흐르는 맑은 물에 깨끗이 씻어.

이제 보드랍고 하얗게 바랜 속껍질을 나무판 위에 올려놓고 닥 방망이로 찧어 가닥가닥 곱게 풀어야 해. 쿵쿵 쾅쾅! 솜처럼 풀어진 속껍질은 다시 물에 넣고 잘 풀어지라고 휘휘 저어. 그런 다음 닥풀을 넣고 다시 잘 엉겨 붙으라고 휘휘 저어 주지.

아, 한지를 물들이려면 지금 준비해야 해. 잇꽃으로 물들이면 붉은 한지 되고 치자로 물들이면 노랑, 쪽물은 파랑, 먹으로 물들이면 검은 한지 되지.

이번에는 엉겨 붙은 속껍질을 물에서 떠내야 해. 촘촘한 대나무 발을 외줄에 걸어서 앞뒤로 찰방, 좌우로 찰방찰방 건져 올리면 물은 주룩주룩 빠지고 발 위에는 하얀 막만 남아. 젖은 종이처럼 말이야. 이렇게 한 장 한 장 떠서 차곡차곡 쌓은 다음 무거운 돌로 하루 정도 눌러서 남은 물기를 빼.

마지막으로 차곡차곡 눌러둔 걸 한 장 한 장 떼어서 판판하게 말려야 해. 따뜻한 온돌 방바닥이나 판판한 벽에 쫙쫙 펴서 말리면 드디어 숨 쉬는 종이, 한지 완성!

01 이 글에서 글의 구조를 알 수 있는 말들을 세 가지 이상 찾아 쓰고, 어떤 구조의 글인지 쓰시오.

(1) 글의 구조 를 알 수 있는 말	
(2) 글의 구조	

02 다음은 이 글의 내용을 구조 틀에 요약한 것입니다. 빈칸에 알맞은 말을 써넣으시오.

한지가 만들어지는 과정
닥나무를 푹 찌고, 겉껍질을 긁어내어 속껍질만 모은다.

↓

속껍질을 더 보드랍고 하얗게 만든다.

↓

속껍질을 나무판 위에 올려놓고 찧는다.

↓

(1)

↓

(2)

↓

(3)

03 문제 **01~02**의 내용을 참고하여, 이 글의 전체 내용을 요약하는 글을 완성하시오.

한지를 만드는 과정은 먼저, 닥나무를 베어다 쪄서 겉껍질을 긁어내어 보드라운 속껍질만 모은다. 속껍질을 삶고 씻어서 나무판 위에 올려놓고 찧는다.

[01~02] 다음 그림을 보고, 물음에 답하시오.

「거북이」라는 영화 봤어?

응, 노잼이었어.

주문하신 사과주스 나오셨습니다.

01 이 그림에서 우리말을 바르게 사용하지 <u>못한</u> 부분을 한 가지 더 찾아, 와 같이 그렇게 생각한 까닭과 함께 쓰시오.

> 보기
>
> "주문하신 사과주스 나오셨습니다."는 사물을 높이는 표현으로 우리말 규칙에 맞지 않는다.

_____

_____

02 문제 01에서 답한 표현을 바른 표현으로 고쳐 쓰시오.

잘못 사용한 표현		바른 표현
	→	

03 다음은 잘못된 우리말 사용 실태와 관련해 조사 주제를 정한 것입니다. 이렇게 정했을 때의 문제점은 무엇인지 한 가지 쓰시오.

> 우리나라 사람들이 하루 동안 잘못 사용하는 우리말 찾아보기

_____

04 다음 그림에서 여자아이가 발표할 때 잘못한 점을 생각해 보고, 발표할 때 자료를 제시하는 알맞은 방법은 무엇인지 쓰시오.

(1) 여자아이가 잘못한 점:

_____

(2) 알맞은 자료 제시 방법:

_____

_____

05 발표를 듣는 사람이 주의해야 할 점을 <u>두 가지</u> 쓰시오.

• _____

_____

• _____

_____

01 어느 날 우리나라 미세먼지 농도를 나타낸 그림입니다. 미세먼지 농도가 보통에 해당하는 지역은 모두 몇 군데인지 풀이 과정을 쓰고 답을 구해 보세요.

서울특별시 100
강원특별자치도 72
인천광역시 125
경기도 105
충청북도 82
세종특별자치시 82
경상북도 90
충청남도 86
대전광역시 81
대구광역시 89
울산광역시 81
전북특별자치도 84
경상남도 68
부산광역시 78
광주광역시 96
전라남도 80

구분	좋음	보통	나쁨	매우 나쁨
미세먼지 농도 (마이크로 그램)	30 이하	31 이상 80 이하	81 이상 150 이하	151 이상

풀이

답 _____

02 어느 주차장의 주차 요금표입니다. 이 주차장에 차를 1시간 20분 동안 주차했다면 주차 요금은 얼마인지 풀이 과정을 쓰고 답을 구해 보세요.

- 1시간 이하: 3000원
- 1시간 초과 시 10분마다 500원씩 추가

풀이

답 _____

03 오늘 공연장 입장객 수는 8605명입니다. 입장객 수를 어림하였더니 9000명이 되었습니다. 어떻게 어림했는지 보기의 어림을 이용하여 두 가지 방법으로 설명해 보세요.

보기

올림   버림   반올림

방법 1 _____

_____

방법 2 _____

_____

04 어떤 수를 반올림하여 천의 자리까지 나타냈더니 24000이 되었습니다. 어떤 수가 될 수 있는 자연수 중 가장 큰 수와 가장 작은 수의 차는 얼마인지 풀이 과정을 쓰고 답을 구해 보세요.

풀이

답 _____

01 한 변의 길이가 $\frac{7}{15}$ cm인 정오각형이 있습니다. 이 정오각형의 둘레는 몇 cm인지 풀이 과정을 쓰고 답을 구해 보세요.

풀이

_____

_____

_____

답 _____

02 지현이네 가족의 몸무게의 합은 몇 kg인지 풀이 과정을 쓰고 답을 구해 보세요.

엄마	48 kg
지현	엄마 몸무게의 $\frac{1}{3}$배
아빠	지현이 몸무게의 $4\frac{1}{2}$배

풀이

_____

_____

답 _____

03 주어진 낱말과 분수를 모두 한 번씩 사용하여 분수의 곱셈 문제를 만들고 답을 구해 보세요.

| 리본 | 상자 | $\frac{8}{9}$ | $\frac{1}{5}$ |

문제

_____

_____

_____

답 _____

04 어떤 수에 $1\frac{1}{4}$을 곱해야 할 것을 잘못하여 더했더니 $3\frac{7}{10}$이 되었습니다. 바르게 계산한 값은 얼마인지 풀이 과정을 쓰고 답을 구해 보세요.

풀이

_____

_____

_____

답 _____

01 두 직사각형은 서로 합동입니다. 사각형 ㄱㄴㄷㄹ의 넓이는 몇 **cm²**인지 풀이 과정을 쓰고 답을 구해 보세요.

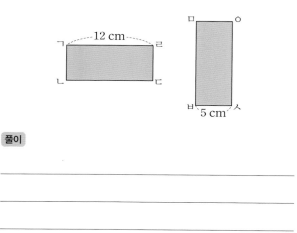

풀이

답 _____

02 슬기와 준서가 알파벳 카드를 3장씩 받은 후 점수가 5점 이상이면 이기는 놀이를 하고 있습니다. 누가 이겼는지 풀이 과정을 쓰고 답을 구해 보세요.

[점수 획득 방법]
선대칭도형 1점, 점대칭도형 2점,
선대칭도형이면서 점대칭도형 3점

슬기	준서
B X H	N T E

풀이

답 _____

03 선분 ㄱㄹ을 대칭축으로 하는 선대칭도형입니다. 삼각형 ㄱㄴㄷ의 둘레가 **26 cm**일 때 변 ㄱㄴ은 몇 **cm**인지 풀이 과정을 쓰고 답을 구해 보세요.

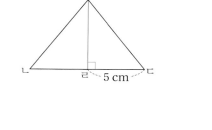

풀이

답 _____

04 점 ㅇ을 대칭의 중심으로 하는 점대칭도형입니다. 변 ㄱㅇ과 변 ㄹㅇ의 길이가 같을 때 각 ㄱㅇㄴ은 몇 도인지 풀이 과정을 쓰고 답을 구해 보세요.

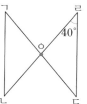

풀이

답 _____

01 길이가 **9.6 cm**인 색 테이프 7장을 **0.4 cm**씩 겹치게 한 줄로 길게 이어 붙였습니다. 이어 붙인 색 테이프 전체의 길이는 몇 **cm**인지 풀이 과정을 쓰고 답을 구해 보세요.

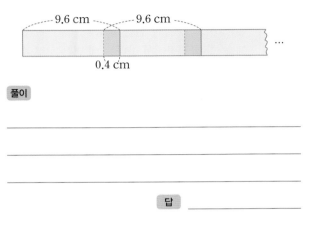

풀이

답 _____

02 지희는 30×0.82를 다음과 같이 <u>잘못</u> 계산했습니다. 잘못 계산한 이유를 쓰고 바르게 계산한 값을 구해 보세요.

> 3과 82를 곱하면 246이고 곱하는 수가 소수 두 자리 수니까 246에서 소수점을 왼쪽으로 두 자리 옮기면 2.46이 될 거야.

지희

이유

답 _____

03 윤하네 아파트 놀이터의 가로와 세로를 각각 **1.25배**씩 늘여 새로운 놀이터를 만들었습니다. 새로운 놀이터의 넓이는 몇 **m²**인지 풀이 과정을 쓰고 답을 구해 보세요.

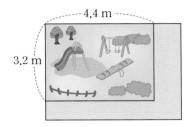

풀이

답 _____

04 보기와 같은 방법으로 $5.7 ☆ 160$을 계산하면 얼마인지 풀이 과정을 쓰고 답을 구해 보세요.

보기

$$㉠ ☆ ㉡ = ㉠ \times 100 + ㉡ \times 0.1$$

풀이

답 _____ 소수의 곱셈

01 도형은 직육면체가 아닙니다. 그 이유를 써 보세요.

이유

_____

_____

03 직육면체에서 수직으로 만나는 면의 성질에 대해 <u>잘못</u> 설명한 사람을 찾아 이름을 쓰고, 바르게 고쳐 보세요.

> 희선: 한 모서리에서 만나는 두 면이 이루는 각도는 90°야.
> 정규: 서로 수직인 면은 모양과 크기가 같아.
> 예슬: 한 꼭짓점에서 만나는 세 면은 서로 수직이야.
> 윤아: 한 면에 수직인 면은 모두 4개야.

이름 _____

바르게 고치기

_____

_____

02 직육면체 모양의 피자 상자를 끈으로 묶었습니다. 매듭의 길이가 15 cm일 때 상자를 묶는 데 사용한 끈의 길이는 모두 몇 cm인지 풀이 과정을 쓰고 답을 구해 보세요.

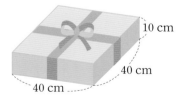

10 cm
40 cm
40 cm

풀이

_____

_____

_____

답 _____

04 전개도를 접어서 정육면체를 만들었을 때 모든 모서리의 길이의 합은 몇 cm인지 풀이 과정을 쓰고 답을 구해 보세요.

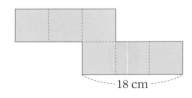

18 cm

풀이

_____

_____

_____

답 _____

수학 서술형 수행 평가

01 민주네 학교의 이번 학기 방과 후 수업별 학생 수를 나타낸 표입니다. 학생 수가 평균보다 적은 수업은 다음 학기에 개설하지 않기로 했습니다. 다음 학기에 개설하지 <u>않는</u> 수업은 모두 몇 개인지 풀이 과정을 쓰고 답을 구해 보세요.

방과 후 수업별 학생 수

수업	방송 댄스	논술	컴퓨터	미술	바둑
학생 수(명)	48	32	60	51	44

풀이

답 _____

02 어느 지역의 농장별 배추 생산량과 평균을 나타낸 표입니다. 다 농장의 배추 생산량은 몇 **kg**인지 풀이 과정을 쓰고 답을 구해 보세요.

농장별 배추 생산량

농장	가	나	다	라	평균
생산량(kg)	820	680		910	810

풀이

답 _____

03 가 모둠과 나 모둠의 학생 수와 수학 점수의 평균을 나타낸 표입니다. 유나는 표를 보고 가 모둠과 나 모둠의 전체 수학 점수의 평균을 다음과 같이 계산했습니다. 유나의 말이 <u>틀린</u> 이유를 쓰고, 바르게 계산한 값을 구해 보세요.

가 모둠	5명	84.4점
나 모둠	6명	74.5점

전체 평균을 구하려면 가 모둠의 평균 점수와 나 모둠의 평균 점수인 84.4와 74.5를 더해 2로 나누면 돼.

 유나

이유

답 _____

04 1부터 6까지의 눈이 그려진 주사위를 굴렸을 때 주사위 눈의 수가 2의 배수가 나올 가능성과 화살이 빨간색에 멈출 가능성이 같도록 회전판을 색칠하려고 합니다. 빨간색은 몇 칸에 색칠해야 하는지 풀이 과정을 쓰고 답을 구해 보세요.

풀이

답 _____

[01~02] 다음 문화유산을 보고, 물음에 답하시오.

(가)   (나)   (다)

▲ 금동 연가 7년명   ▲ 익산 미륵사지   ▲ 경주 불국사 삼층
여래 입상   석탑   석탑

01 다음 ( ) 안에 들어갈 알맞은 말을 써넣으시오.

(1) (가)는 ( )의 문화유산입니다.

(2) (나)는 ( )의 문화유산입니다.

(3) (다)는 ( )의 문화유산입니다.

02 위 문화유산을 조사하고 적은 내용입니다. 물음에 답하시오.

(1) 삼국은 절, 탑, 불상 등 ( )와/과 관련된 문화유산을 많이 만들었습니다.

(2) 위와 같은 현상이 나타난 까닭을 쓰시오.

[03~04] 다음 문화유산을 보고, 물음에 답하시오.

(가)   (나)   (다)

 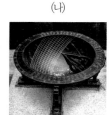 

03 다음 ( ) 안에 들어갈 알맞은 말을 써넣으시오.

(1) (가)는 비가 내린 양을 재는 기구인 ( ) 입니다.

(2) (나)는 해의 그림자를 이용해 시각을 재는 기구인 ( )입니다.

(3) (다)는 물의 흐름에 따라 스스로 종을 치거나 북소리를 내어 시각을 알리는 기구인 ( ) 입니다.

04 위 문화유산을 조사하고 적은 내용입니다. 물음에 답하시오.

(1) 조선의 제4대 왕 ( )은/는 과학 기술의 발달에도 많은 관심을 기울였고, 그 결과 많은 과학 기구가 새롭게 만들어졌습니다.

(2) 과학 기술의 발달이 백성에게 끼친 영향을 쓰시오.

[01~02] 다음 자료를 보고, 물음에 답하시오.

> (가) • 청에 돈이나 물건을 바치던 허례를 폐지할 것
> • 국가에 해를 끼치는 탐관오리를 처벌할 것
> • 신분이나 지위를 없애 백성이 평등한 권리를 갖는 제도를 마련할 것
> • 세금 제도를 고쳐 관리의 부정을 막고 국가의 살림살이를 튼튼히 할 것
> － 김옥균, 『갑신일록』
>
> (나) 재판관: 고부에서 봉기를 일으킨 이유는 무엇인가?
> 전봉준: 당시 고부 군수가 강제로 걷은 세금이 많았기 때문이다.
> 재판관: 다시 봉기를 일으킨 이유는 무엇인가?
> 전봉준: 일본군이 우리 궁궐에 쳐들어가 임금을 놀라게 하였기 때문이다.
> － 『전봉준 공초』

01 다음 (   ) 안에 들어갈 알맞은 말을 써넣으시오.

(1) (가)는 (   )을/를 일으킨 사람들이 만든 개혁안의 일부 내용입니다.

(2) (나)를 통해 (   ) 과정에서 농민군이 봉기한 이유를 알 수 있습니다.

02 위 자료를 바탕으로 (1), (2)에서 답한 두 사건의 공통점을 쓰시오.

_____

_____

[03~04] 다음 자료를 보고, 물음에 답하시오.

> (가) 미소 공동 위원회가 무기한 연기되었고 언제 다시 열릴지도 알 수 없습니다. 그러므로 우리 남쪽만이라도 임시 정부나 위원회 같은 것을 만들어 38도선 이북에서 소련이 물러나도록 세계의 여론에 호소해야 합니다.
>
> (나) 한국이 있어야 한국 사람이 있고 민주주의도 공산주의도 있을 수 있는 것입니다. 자주 독립적 통일 정부를 수립해야 하는 이때에 어찌 개인이나 자기 집단의 욕심을 탐해 국가 민족의 백 년 계획을 그르칠 사람이 있겠습니까.

03 다음 (   ) 안에 들어갈 알맞은 말을 써넣으시오.

(1) (   )의 결정에 따라 한반도에 임시 민주 정부 수립을 논의하기 위해 미소 공동 위원회가 열렸으나 성과 없이 끝났습니다.

(2) 이후 한반도 문제를 넘겨 받은 (   )은/는 남북한 총선거를 통한 정부 수립을 결정하였지만 소련과 북한이 거부하였습니다.

(3) 이에 (   )은/는 (가)와 같이 남한만이라도 정부를 수립해야 한다고 주장하였습니다.

(4) 하지만 김구는 (나)와 같이 남한만의 단독 선거 실시에 (   )하였습니다.

04 위 자료와 같이 정부 수립에 대해 서로 다른 주장을 하였는데, 이후 정부 수립 문제는 어떻게 진행되었는지 쓰시오.

_____

_____

01 다음 생태계를 보고, 물음에 답하시오.

(1) 위 생태계에서 생물 요소와 비생물 요소를 각각 세 가지 이상 찾아 쓰시오.

(가) 생물 요소:

(나) 비생물 요소:

(2) 위 생태계의 비생물 요소 중 한 가지를 골라 생물 요소에 미치는 영향을 쓰시오.

02 다음 생물 요소 사이의 먹이 관계를 보고, 물음에 답하시오.

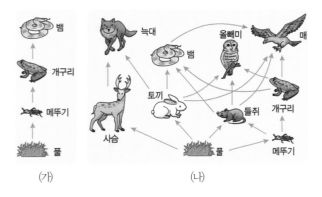

(가)   (나)

(1) 위 (가)와 (나)는 생물 요소 사이의 먹이 관계를 나타낸 것입니다. (가)와 (나)의 먹이 관계 유형을 각각 쓰시오.

(가) (   )

(나) (   )

(2) 앞의 (가)와 (나) 중에서 생물이 살아가기에 유리한 먹이 관계의 기호를 쓰고, 그 까닭을 쓰시오.

(3) 앞의 (나)에서 늑대, 토끼, 풀의 먹고 먹히는 먹이 관계를 쓰시오.

03 다음 생물의 먹이 관계를 보고, 물음에 답하시오.

생산자(벼)   1차 소비자(메뚜기)   2차 소비자(개구리)   최종 소비자(매)

(1) 위 생물의 먹이 관계에서 1차 소비자(메뚜기)의 수가 갑자기 증가하면 일시적으로 생태계는 어떻게 되는지 쓰시오.

(2) 오랜 시간이 지나면 생태계는 다시 원래 상태로 돌아오는데, 생태계를 구성하는 생물의 수나 양이 급격히 변하지 않고 안정적으로 유지되는 것을 무엇이라고 하는지 쓰시오.

(   )

과학 서술형 수행 평가

01 이슬, 안개, 구름의 차이점을 쓰시오.

02 다음 편지글을 읽고, (   ) 안에 비나 눈이 되는 과정의 알맞은 내용을 쓰시오.

안녕? 나는 구름 속에 있는 아주 작은 얼음 알갱이야. 지금은 구름 속에 있지만, (   ) 녹아서 떨어지면 비가 되고, 녹지 않은 채로 떨어지면 눈이 돼.

03 다음은 크기와 무게가 같은 플라스틱 통의 뚜껑을 열고 따뜻한 물과 얼음물이 각각 담긴 수조에 5분간 넣은 후 뚜껑을 닫고 무게를 측정한 결과를 나타낸 표입니다. 이를 통해 알 수 있는 점을 쓰시오.

구분	따뜻한 물에 넣은 플라스틱 통	얼음물에 넣은 플라스틱 통
5분 후 무게	285.3 g	285.9 g

04 다음은 우리나라의 계절별 날씨에 영향을 주는 공기 덩어리를 나타낸 것입니다. 물음에 답하시오.

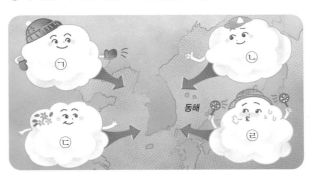

(1) 위 공기 덩어리 ㉠~㉣ 중 건조한 성질을 가진 것을 모두 골라 기호를 쓰시오.

(   )

(2) 위 ㉠~㉣ 중 우리나라의 계절별 날씨에 영향을 주는 공기 덩어리를 골라 기호를 쓰고, 계절별 날씨의 특징을 쓰시오.

㉮ 봄·가을:

㉯ 여름:

㉰ 겨울:

(3) 우리나라 겨울철의 건조한 날씨가 우리 생활에 어떤 영향을 미치는지 한 가지만 쓰시오.

(4) 위 ㉣ 공기 덩어리는 다른 공기 덩어리보다 따뜻하고 습한 성질을 가졌습니다. 어떻게 해서 따뜻하고 습한 성질을 가지게 되었는지 쓰시오.

01 다음은 **1초** 간격으로 나타낸 공원의 모습입니다. 물음에 답하시오.

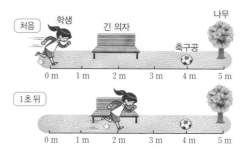

(1) 위에서 운동한 물체와 운동하지 않은 물체를 모두 쓰시오.

⑺ 운동한 물체: _____

⑴ 운동하지 않은 물체: _____

(2) 위에서 운동한 물체의 운동을 쓰시오.

_____

_____

02 다음 글을 읽고, 물음에 답하시오.

> 같은 시간 동안 이동한 물체의 빠르기는 물체의 (㉠)(으)로 비교한다. 같은 시간 동안 긴 거리를 이동한 물체가 짧은 거리를 이동한 물체보다 빠르기가 더 (㉡).

(1) 위 ㉠, ㉡에 들어갈 알맞은 말을 쓰시오.

㉠ ( ), ㉡ ( )

(2) 다음은 여러 교통수단이 같은 시간 동안 이동한 거리를 나타낸 그래프입니다. 가장 느린 교통수단을 쓰고, 그 까닭을 쓰시오.

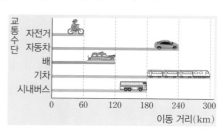

_____

03 다음 표를 보고, 물음에 답하시오.

물체	이동 거리	걸린 시간
㉠	100 km	2시간
㉡	200 km	2시간
㉢	150 km	3시간
㉣	200 km	4시간

(1) 속력이 가장 큰 물체의 기호를 쓰고, 속력을 구하시오.

⑺ 속력이 가장 큰 물체: _____

⑴ 속력: _____

(2) 위 물체의 빠르기를 비교하기 위해 속력을 구하는 까닭을 쓰시오.

_____

_____

_____

04 다음 글을 읽고, 물음에 답하시오.

> ○○시 경찰청은 주민과 학교 의견을 반영해 어린이 교통사고 위험이 큰 등하교 시간대에 ○○ 초등학교 어린이 보호 구역의 자동차 제한 속력을 시속 30 km 이하로 운영한다고 밝혔다.

(1) 어린이 보호 구역에서 자동차의 속력을 30 km/h 이하로 운영하는 까닭을 속력과 관련지어 쓰시오.

_____

_____

(2) 어린이들이 지킬 수 있는 교통안전 수칙을 두 가지 쓰시오.

• _____

• _____

01 다음은 산과 염기에 대해 알아보기 위해 준비한 여러 가지 용액입니다. 물음에 답하시오.

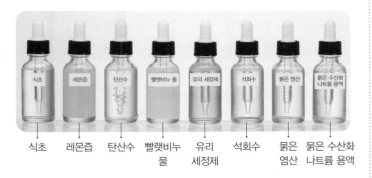

식초 레몬즙 탄산수 빨랫비누물 유리세정제 석회수 묽은염산 묽은 수산화 나트륨 용액

(1) 다음은 어떤 용액에 대한 설명인지 용액의 이름을 쓰시오.

> • 독특한 냄새가 난다.
> • 투명하고 색깔이 있다.
> • 이 용액은 푸른색 리트머스 종이를 붉은색으로 변화시킨다.
> • 이 용액에 페놀프탈레인 용액을 떨어뜨려도 페놀프탈레인 용액의 색깔 변화가 없다.

(   )

(2) 위 용액을 산성 용액과 염기성 용액으로 분류할 수 있는 지시약을 두 가지 쓰시오.

(3) 위 용액에 페놀프탈레인 용액을 각각 떨어뜨렸을 때 페놀프탈레인 용액의 색깔을 변하게 하는 용액을 모두 골라 쓰시오.

02 페놀프탈레인 용액을 몇 방울 떨어뜨린 묽은 염산에 묽은 수산화 나트륨 용액을 한 방울씩 계속 떨어뜨렸을 때의 색깔 변화를 쓰고, 이와 같은 색깔 변화가 나타나는 까닭을 쓰시오.

(1) 색깔 변화:

(2) 까닭:

03 다음은 우리 생활에서 산성 용액과 염기성 용액을 이용하는 경우입니다. 물음에 답하시오.

(1) 위에서 산성 용액과 염기성 용액을 이용하는 예를 각각 한 가지씩 쓰시오.

㉮ 산성 용액을 이용하는 예:

㉯ 염기성 용액을 이용하는 예:

(2) 산성 물질인 위액이 많이 나와 속이 쓰리고 위에 염증이 생긴 경우, 레몬차나 탄산음료를 마시는 것은 좋지 않다고 합니다. 그 까닭을 쓰시오.

국어 교과서 수록 작품 목록

메모

새 교육과정 반영

중학 내신 영어듣기,
초등부터
미리 대비하자!

영어 듣기 실전 대비서

초등 영어듣기평가 완벽대비

전국 시·도교육청 영어듣기능력평가 시행 방송사 EBS가 만든
초등 영어듣기평가 완벽대비

'듣기 - 받아쓰기 - 문장 완성'을 통한 반복 듣기 → 듣기 집중력 향상 + 영어 어순 습득

다양한 유형의 **실전 모의고사 10회** 수록 → 각종 영어 듣기 시험 대비 가능

딕토글로스* 활동 등 **수행평가 대비 워크시트** 제공 → 중학 수업 미리 적응

* Dictogloss, 듣고 문장으로 재구성하기

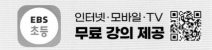

인터넷·모바일·TV
무료 강의 제공

초 | 등 | 부 | 터 **EBS**

한 권으로 끝내는 국·수·사·과 단원평가 + 수행평가

BOOK 2 **해설책**

전과목 5-2

EBS와 **교보문고**가 함께하는 듄듄한 스터디메이트!

듄듄한 할인 혜택을 담은 **학습용품**과 **참고서**를 한 번에!

기프트/도서/음반 추가 할인 쿠폰팩

COUPON
PACK

+QR코드를 스캔하시면 듄듄문고 쿠폰팩을 다운받을 수 있는 이벤트 페이지로 연결됩니다+

국어

핵심 정리 쪽지 시험

본문 10~11쪽

1단원 마음을 나누며 대화해요 ~ 4단원 겪은 일을 써요

01 (1) ○ (2) ○ (3) × 02 (1) ○ 03 누리 소통망 04 (3) ○
05 (1) ④ (2) ⑦ 06 (1) ○ (2) ○ (3) × 07 (1) 기준 (2) 의견
08 (1) 합리적 (2) 의견 09 문제, 의견, 결과, 반응 10 ⑦
→ ④ → ④ → ④ 11 (1)-① (2)-② 12 서술어 13 (1)
× (2) ○ (3) ○ 14 글감, 주제 15 ⑦ → ⑩ → ④ → ④
→ ④

본문 12~13쪽

5단원 여러 가지 매체 자료 ~ 8단원 우리말 지킴이

01 (1)-① (2)-② (3)-③ 02 (3) ○ 03 사라 04 (2) ○
05 ⓒ 06 (1) 2 (2) 1 (3) 3 07 근거 08 ④ 09 ④, ④
10 (1) ○ 11 (1) 대표 (2) 없는 (3) 옮기지 않고 12 (1) ○
13 ④ 14 책이나 글 15 (1) ④ (2) ⑦ (3) ④ 16 (1) ×

단원평가

1단원 마음을 나누며 대화해요

본문 42~43쪽

1 회

01 ①, ③ 02 ② 03 (4) × 04 ③ 05 (1) ○ 06 ⑤
07 ⑤ 08 ⑤ 09 ③ 10 예 내 꿈은 의사가 되는 것이다.
예전에 편찮으셨던 할머니가 병원에서 치료를 받고 다시 건
강해지셨는데 그 모습을 보며 의사의 꿈을 갖게 되었다.

본문 44~45쪽

2 회

01 ④ 02 ⑤ 03 ④ 04 (3) ○ 05 ④ 06 ⑤ 07 ①, ③
08 ③ 09 비행기 10 예 내가 너라도 나라를 빼앗기면 되
찾고 싶을 것이다.

2단원 지식이나 경험을 활용해요

본문 46~47쪽

1 회

01 영산 줄다리기 02 ④ 03 ③, ④, ⑤ 04 (3) ○ 05 세미
06 (1) ○ 07 ③ 08 장빙 09 (1) ④ (2) ⑦ (3) ④
10 예 체험에 비해 감상이 부족하므로 문장 중간중간에 감상
을 넣어 주면 글쓴이가 어떻게 느꼈는지 알 수 있어서 좋을
것 같다.

본문 48~49쪽

2 회

01 ⑤ 02 예 새해의 첫 달인 정월에 힘이 약해진 착한 신들
을 도울 수 있는 놀이를 하려고 했기 때문이다. 03 ④, ⑤
04 국가 무형 문화재(문화유산) 05 ⑤ 06 ⑤ 07 ⑤ 08 왕
겨, 짚 09 (1) ○ 10 ②

3단원 의견을 조정하며 토의해요

본문 50~51쪽

1 회

01 토의 02 ⑤ 03 ④ 04 현진 05 ①, ②, ③ 06 신문
기사 07 예 정보를 눈으로 직접 확인할 수 있어 의견과 근
거를 이해하기 쉽다. 08 건강 달리기 09 ①, ④ 10 ④

본문 52~53쪽

2 회

01 미세 먼지 02 ② 03 (1)-① (2)-② 04 (3) ○ 05 ⑤
06 (1)-② (2)-① 07 ⑤ 08 예 (1) 관련 기사가 너무 많아
서 다 읽기가 어렵기 때문이다. (2) 책이 많아서 한꺼번에 읽
기가 힘들기 때문이다. 09 장우 10 ④

4단원 겪은 일을 써요

본문 54~55쪽

1 회

01 ⑤ 02 ④ 03 ⑤ 04 ③ 05 예 (1) 별로 좋아하지 않
는 편이다 (2) 전혀 들어 보지 못한 내용이었다 (3) 결코 바
른 행동이 아니라고 생각한다 / 결코 바른 행동이라고 생각
하지 않는다 06 ③, ④, ⑤ 07 ③ 08 ① 09 ② 10 ④

2 회

01 ⑤ **02** (1) ✕ (2) ○ (3) ○ **03** ④ **04** ② **05** (1) 전혀 (2) 결코 **06** 예 '전혀'와 '결코'는 '–지 않다', '–지 못하다'와 같은 부정적인 서술어와 호응하는 낱말이기 때문이다. **07** ③ **08** ④ **09** (1) ㉮ (2) ㉱ (3) ㉯ **10** ④

5단원 여러 가지 매체 자료

1 회

01 ② **02** ⑤ **03** (3) ○ **04** ① **05** ⑤ **06** ④ **07** 예 고요하고 평화로운 느낌의 음악을 넣어 자신의 한계를 극복한 김득신의 삶을 돌아보는 느낌을 준다. **08** ⑤ **09** (3) ○ **10** 샘물

2 회

01 ④ **02** ②, ④ **03** ① **04** ⑤ **05** ③ **06** (2) ○ **07** 예 여러 가지 표현 방법을 활용하기 때문에 표현 요소들이 무엇을 나타내는지 생각하며 봐야 한다. **08** ⑤ **09** 흑설 공주 **10** 유나

6단원 타당성을 생각하며 토론해요

1 회

01 ⑤ **02** 아영 **03** ⑤ **04** (2) ○ **05** (1) 없다 (2) 예 학부모가 희망하는 자녀 직업은 글의 주제와 관련이 없기 때문이다. / '직업의 선택은 유행보다는 자신의 흥미와 적성, 특기를 고려해서 이루어져야 한다.'는 글쓴이의 주장과 관련이 없기 때문이다. **06** (1) 반론하기 (2) 주장 다지기 **07** ⑤ **08** 선생님, 면담 **09** (1) ㉮ (2) ㉴ **10** ⑤

2 회

01 ⑤ **02** ⑤ **03** (1) 자신의 꿈이 '연예인'으로 바뀌었다고 하는 학생 (2) 직업 평론가 ○○○ 씨 **04** ③ **05** 예 직업의 선택은 유행보다는 자신의 흥미와 적성, 특기를 고려해서 이루어져야 한다. **06** ㉴ **07** (2) ○ **08** 찬성편 **09** ⑤ **10** ⑤

7단원 중요한 내용을 요약해요

1 회

01 나루 **02** ⑤ **03** ③ **04** ⑤ **05** 예 바로 뒤에 나오는 "가슴이 부풀어 올랐다"라는 말을 통해 '기분이 좋아'로 짐작하였다. / 바로 뒤에 나오는 "가슴이 부풀어 올랐다"라는 말을 통해 '흥분되어'로 짐작하였다. **06** 볼주머니 **07** ①, ⑤ **08** ②, ⑤ **09** (2) ○ **10** 새마

2 회

01 ⑤ **02** ⑤ **03** (1) ○ **04** 서훈 **05** 예 (1) 까다로운 (2) '나'의 말을 들은 슐로스 할아버지가 충격을 받은 듯 머리를 감싸며 켈러 선생님에 대해 '마녀'라는 표현을 썼기 때문이다. **06** ⑤ **07** ⑤ **08** ⑤ **09** ① **10** (2) ○

8단원 우리말 지킴이

1 회

01 (1) ○ **02** ⑤ **03** ①, ④, ⑤ **04** ④ **05** (1) 방송에서 사용하는 영어 (2) 예 주제에 맞는 조사 대상을 생각하고 아이들에게 영향을 많이 주는 것으로 범위를 좁혀 정했다. **06** ③ **07** (1)–① (2)–③ (3)–② (4)–② **08** ⑤ **09** ①, ②, ⑤ **10** ③

2 회

01 설하 **02** (2) ○ **03** 예 우리 집 근처에는 '클린세탁소'라는 외국어를 사용한 간판이 있다. / 나는 '노잼'이라는 국적 불문의 신조어를 들은 적이 있다. **04** ⑤ **05** (1) 많이 (2) 좁혀 **06** 방송 **07** ⑤ **08** ⑤ **09** ⑤ **10** ⑤

수학

핵심 정리 쪽지 시험

본문 14쪽

1단원　수의 범위와 어림하기

01 (1)
```
+--+--+--+--+--+--+--+--+
47 48 49 50 51 52 53 54 55
```
(2)
```
+--+--+--+--+--+--+--+--+
21 22 23 24 25 26 27 28 29
```
02 12, 13, 14, 15에 ○표　03 (1) 500　(2) 5800
04 (1) 3.6　(2) 8.04　05 7250, 7200, 7000

본문 15쪽

2단원　분수의 곱셈

01 2, 8, 1, 3　02 $7 \times \dfrac{\overset{1}{8}}{\underset{3}{21}} = \dfrac{1 \times 8}{3} = \dfrac{8}{3} = 2\dfrac{2}{3}$

03 $8\dfrac{1}{8}$, $16\dfrac{2}{3}$　04 (1) $\dfrac{1}{21}$　(2) $\dfrac{10}{63}$　05 >

본문 16쪽

3단원　합동과 대칭

01 다　02 가, 다　03 ㉣　04 가, 다
05 점 ㄹ, 변 ㅁㅂ, 각 ㅂㄱㄴ

본문 17쪽

4단원　소수의 곱셈

01 5, 5, 35, 3.5　02 54, 100, 0.54　03 (1) 0.28　(2) 3.64
04 5.28　05 2.4, 0.24, 0.024

본문 18쪽

5단원　직육면체

01 직사각형, 정사각형　02 6, 12, 8　03 4개
04 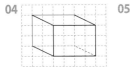　05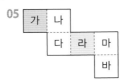

본문 19쪽

6단원　평균과 가능성

01 26, 27, 24, 4, 100, 4, 25　02 25명　03 반반이다에 ○표
04 ㉔ ～일 것 같다에 ○표　05 $\dfrac{1}{2}$

단원평가

1단원　수의 범위와 어림하기

1 회

본문 76~77쪽

01 원재, 중기, 성태, 도윤　02 진구, 원재, 상아, 성태
03 40 이상 46 미만인 수　04 풀이 참조, 6개　05 ㉢
06 7500원　07
```
+--+--+--+--+--+--+--+--+--+--+--+--+--+--+--+--+--+--+--+--+--+--+--+--+--+
0     5     10     15     20     25(kg)
```
08 241명 이상 280명 이하　09 4000, 3200, 3190에 ○표
10 2개　11 6개　12 11 cm　13 ㉡, ㉢, ㉠　14 2400개
15 풀이 참조, 7000원

2 회

본문 78~79쪽

01 5개　02
```
+--+--+--+--+--+--+--+--+
22 23 24 25 26 27 28 29 30
```
03 두부　04 풀이 참조, 11명　05 수학 보드게임
06 8세, 9세, 10세, 11세　07 5개　08 (1) 7　(2) 6.11
09 ㉢　10 <　11 2000, 1900, 1900　12 5, 6, 7, 8, 9
13 현빈　14 54번　15 풀이 참조, 210000원

2단원　분수의 곱셈

1 회

본문 80~81쪽

01 9, 4, 9, $2\dfrac{1}{4}$ / 3, 4, 9, $2\dfrac{1}{4}$ / 4, 3, 9, $2\dfrac{1}{4}$
02 ㉔ $= \dfrac{11}{4} \times 5 = \dfrac{11 \times 5}{4} = \dfrac{55}{4} = 13\dfrac{3}{4}$
03 풀이 참조, $13\dfrac{1}{8}$ L　04 (1) 8　(2) $\dfrac{6}{7}$　05 $6\dfrac{1}{3}$ m²
06 $4 \times \dfrac{6}{7}$ 에 ○표　07 ㉡　08 $\dfrac{1}{18}$
09 (1)—㉡　(2)—㉢　(3)—㉠　10 $\dfrac{15}{22}$　11 $\dfrac{1}{45}$
12 $\dfrac{3}{14}$　13 <　14 $25\dfrac{3}{10}$　15 풀이 참조, $8\dfrac{1}{3}$ km

2 회

본문 82~83쪽

01 ㉡
02 $= (3 \times 5) + \left(\dfrac{1}{2} \times 5\right) = 15 + \dfrac{5}{2} = 15 + 2\dfrac{1}{2} = 17\dfrac{1}{2}$
03 $23\dfrac{1}{3}$　04
```
+---+---+---+---+---+---+
0   1   2   3   4   5   6
```
05 은주　06 ( ) (○) ( )　07 풀이 참조, 36000원
08 $\dfrac{5}{54}$, $\dfrac{20}{99}$　09 $\dfrac{3}{28}$　10 $\dfrac{15}{32}$ cm²
11 7, 8, $\dfrac{1}{56}$ (또는 8, 7, $\dfrac{1}{56}$)　12 (1) $1\dfrac{5}{21}$　(2) 5
13 ㉢, ㉠, ㉡　14 8　15 풀이 참조, $\dfrac{5}{6}$ km

1 회 본문 84~86쪽

01 가, 바 02 풀이 참조 03 풀이 참조 04 8 cm
05 40° 06 33 cm 07 ⑤ 08 4개 09 160°
10 4 cm 11 110° 12 풀이 참조 13 21 cm²
14 ㉡, ㉣ 15 풀이 참조 16 (위에서부터) 60, 4
17 2 cm 18 42 cm 19 풀이 참조, 105° 20 풀이 참조

2 회 본문 87~89쪽

01 ㉠, ㉢ 02 풀이 참조 03 5쌍, 5쌍, 5쌍 04 70°
05 5 cm 06 30° 07 ㉠, ㉡ 08 풀이 참조
09 (1) 1개 (2) 2개 (3) 2개 10 120° 11 68 cm²
12 풀이 참조, 105° 13 풀이 참조 14 ③, ⑤ 15 ㉡
16 ㉢ 17 105° 18 풀이 참조, 12 cm 19 풀이 참조
20 80 cm²

1 회 본문 90~91쪽

01 $=\dfrac{8}{10}\times 9=\dfrac{8\times 9}{10}=\dfrac{72}{10}=7.2$

02 3.15 03 20.8 cm 04 23.75 km
05 상철, ㉮ 6×0.71은 6×0.7로 어림할 수 있으므로 계산
  결과는 4.2쯤입니다.
06 (위에서부터) 6, 15.6 07 < 08 수성에 ○표
09 (1) 0.84 (2) 10.759 10 7.7, 0.154 11 풀이 참조, ㉡
12 8, 3, 5, 4, 44.82 (또는 5, 4, 8, 3, 44.82)
13 ⑤ 14 (1)―㉡ (2)―㉠ (3)―㉢
15 0.71, 5.3 (또는 5.3, 0.71) / 7.1, 0.53 (또는 0.53, 7.1)

2 회 본문 92~93쪽

01 3, 2.4, 2.4 02 1.48 03 9개 04 48.18 m
05 ㉡, ㉢ 06 98.8 m² 07 없습니다에 ○표, 풀이 참조
08 $=\dfrac{2}{10}\times\dfrac{5}{10}=\dfrac{2\times 5}{10\times 10}=\dfrac{10}{100}=0.1$ 09 2.852
10 ㉡, ㉢, ㉠, ㉣ 11 0.95×5.6=5.32, 5.32 m²
12 풀이 참조, 31.902 13 5300, 530, 53, 5.3
14 (1) 3.2 (2) 9.17 15 10000배

1 회 본문 94~96쪽

01 ② 02 6, 12, 8 03 ⑤ 04 40 cm 05 2개
06 면 ㄱㄴㄷㄹ
07 은미, ㉮ 직육면체에서 서로 평행한 면은 3쌍 있어.
08 32 cm 09 풀이 참조 10 4 11 69 cm 12 풀이 참조
13 8 14 풀이 참조 15 면 마 16 선분 ㅋㅌ, 선분 ㅅㅂ
17 ③ 18 풀이 참조 19 풀이 참조 20 52 cm²

2 회 본문 97~99쪽

01 다, 마 02 20개 03 16 cm
04 우영, ㉮ 직육면체는 정육면체라고 할 수 없어.
05 6 06 90° 07 3가지 08 면 ㄱㄴㄷㄹ, 면 ㅁㅂㅅㅇ
09 2 10 풀이 참조 11 풀이 참조 12 ㉣ 13 104 cm
14 ( ) (○) 15 면 마 16 다, 라, 바 17 풀이 참조
18 풀이 참조 19 6 20 풀이 참조

1 회 본문 100~101쪽

01 세 번째 칸에 ○표 02 7, 6, 6 03 사랑
04 풀이 참조, 3명 05 980개 06 200 07 95점
08 163 cm 09 ㉢ 10 ㉮ ㉡
11 ㉮ ~일 것 같다에 ○표, 풀이 참조 12 (1)―㉠ (2)―㉡
13

14 1 15 26개

2 회 본문 102~103쪽

01 45, 40, 55, 45 02 0.6 L 03 44 kg, 42 kg
04 은표네 모둠 05 믿음 가게 06 풀이 참조, 2880000원
07 2개 08 14살 09 ㉡ 10 ㉡, ㉣, ㉢, ㉠ 11 다, 나, 가
12 (1) $\dfrac{1}{2}$ (2) 1 13 ㉮ 14 풀이 참조, $\dfrac{1}{2}$
15 8개

한눈에 보는 정답

사회

핵심 정리 쪽지 시험

본문 24쪽

1단원 옛사람들의 삶과 문화

01 (1) × (2) ○　02 (1)-ⓒ (2)-ⓐ (3)-ⓑ　03 해동성국
04 첨성대　05 호족　06 강감찬　07 (1) × (2) ○　08 이
성계　09 훈민정음　10 (1) × (2) ○

본문 27쪽

2단원 사회의 새로운 변화와 오늘날의 우리

01 (1)-ⓒ (2)-ⓐ　02 「대동여지도」　03 (1) × (2) ○　04
전봉준　05 독립 협회　06 외교권　07 평민　08 (1) ○ (2)
○　09 김구　10 (1) ○ (2) ×

단원평가

1단원 (1) 나라의 등장과 발전

1 회

본문 106~107쪽

01 ⑤　02 ④　03 백제　04 ③　05 ⑤　06 ⑤　07 대조영
08 예 발해가 고구려를 계승한 나라임을 알 수 있다. 등　09
①, ④　10 예 두 불상의 자세와 표정이 비슷한 것을 통해 삼
국과 일본이 교류하였음을 알 수 있다. 등　11 ④　12 ⑤

2 회

본문 108~109쪽

01 ⑤　02 예 신분 제도가 있었다는 것과 재산을 가지고 있었
다는 것을 알 수 있다. 등　03 주몽　04 ⑤　05 ④, ⑤　06 ②
07 ⓐ　08 ②　09 ①　10 예 당시 사람들의 생활 모습을 알
수 있다. 등　11 ④　12 ②

1단원 (2) 독창적 문화를 발전시킨 고려

1 회

본문 110~111쪽

01 ④　02 예 궁예가 나라를 난폭하게 다스렸기 때문이다. 등
03 ②　04 강동 6주　05 예 수도 개경 주변에 성을 쌓고 국
경 지역에는 천리장성을 쌓았다. 등　06 ②　07 ④　08 ②
09 삼별초　10 ④　11 ②　12 ④, ⑤

2 회

본문 112~113쪽

01 후삼국　02 ③　03 예 지방 호족을 자신의 편으로 만들
기 위해서이다. 등　04 ②　05 ①　06 별무반　07 ④　08
③　09 ④　10 ③　11 예 글자의 형태가 고르고 잘못된 글
자가 거의 없다. 등　12 ⑤

1단원 (3) 민족 문화를 지켜 나간 조선

1 회

본문 114~116쪽

01 권문세족　02 ③　03 ⑤　04 ③　05 집현전　06 ④　07
④　08 ④　09 ④　10 예 압록강과 두만강을 경계로 하는 오
늘날의 국경선이 만들어졌다. 등　11 ①　12 신사임당　13
①　14 예 이순신이 이끄는 수군이 판옥선, 거북선 등을 이용
하여 옥포, 한산도 등지에서 일본군을 크게 이겼다. 등　15
①　16 예 많은 사람이 죽거나 다쳤다. 우리나라의 많은 문화
유산이 훼손되었다. 등　17 ①　18 ①　19 ②　20 ②

2 회

본문 117~119쪽

01 이성계　02 ②　03 ④　04 ④　05 예 고조선을 잇는다
는 뜻을 담았다. 등　06 ②　07 예 글자를 몰라 어려움을 겪
는 백성들이 글자를 쉽게 익혀 편하게 쓸 수 있게 하려고 만
들었다. 등　08 ⑤　09 「삼강행실도」　10 ②　11 ①　12
예 재산으로 여겨졌고, 관공서나 양반집에서 허드렛일을 하였
다. 등　13 ⑤　14 ⑤　15 ②　16 정유재란　17 ②　18 ①
19 ④　20 ④

2단원 (1) 새로운 사회를 향한 움직임

본문 120~121쪽

1회

01 ③ 02 ⑩ 정치, 군사, 경제의 중심지로 삼기 위해서이다. 등
03 실학 04 ③ 05 ⑤ 06 ④ 07 ⑤ 08 ㄹ-ㄷ-ㄱ-ㄴ
09 ⑩ 강화도 조약은 조선이 외국과 맺은 최초의 근대적 조약
이지만 조선에 불리한 불평등한 조약이었다. 등 10 ③ 11
② 12 ④

본문 122~123쪽

2회

01 ④ 02 ⑤ 03 ⑩ 청의 발달된 문물을 받아들여 백성의 삶
을 풍요롭게 하는 데 이용하자. 등 04 ②, ⑤ 05 ② 06 ②
07 ⑤ 08 ④ 09 강화도 조약 10 ② 11 ㄹ-ㄷ-ㄱ-ㄴ
12 ⑩ 부정부패를 없애고 외세에 저항하려는 운동이었다. 등

2단원 (2) 일제의 침략과 광복을 위한 노력

본문 124~126쪽

1회

01 ③ 02 ③ 03 대한 제국 04 ③ 05 ⑤ 06 ⑩ 만주나
연해주로 이동해 일본에 저항하였다. 등 07 ③ 08 ③ 09
토지 조사 사업 10 ④ 11 ②, ③ 12 ③ 13 ⑩ 친일 세
력을 늘려 민족을 분열시키려 하였다. 등 14 ④ 15 ⑩ 한
인 애국단을 조직해 일제의 주요 인물을 처단하는 활동을 하
였다. 등 16 ② 17 ⑤ 18 ⑤ 19 조선어 학회 20 ③

본문 127~129쪽

2회

01 ④ 02 ② 03 ⑩ 우리나라를 자주적인 근대 국가로 만
들기 위해서이다. 등 04 ④ 05 을사늑약 06 ① 07 ③
08 조선 총독부 09 ④ 10 ③ 11 ④ 12 ① 13 ② 14
김좌진 15 ④ 16 ③ 17 ⑩ 우리의 민족정신을 없애기 위
해서이다. 등 18 ④ 19 ⑤ 20 ⑩ 우리 민족의 애국심을
드높이기 위해서이다. 등

2단원 (3) 대한민국 정부의 수립과 6·25 전쟁

본문 130~131쪽

1회

01 ⑤ 02 ⑤ 03 ㉠ 미국, ㉡ 소련 04 ③ 05 ⑩ 신탁 통
치를 둘러싸고 신탁 통치를 반대하는 사람들과 모스크바 3국
외상 회의 결정을 지지하는 사람들 간에 갈등이 일어났다. 등
06 ③ 07 ㉤ 08 ⑩ 임시 정부의 전통을 이은 독립 정부를
수립하였다. 등 09 ⑤ 10 ③ 11 ① 12 ③

본문 132~133쪽

2회

01 ⑤ 02 ⑤ 03 ④ 04 38도선 05 ⑤ 06 ⑩ 국제 연합
이 남북한 총선거를 통해 정부를 수립하려고 하였으나 소련
과 북한이 거부하였기 때문이다. 등 07 ① 08 ③ 09 ⑤
10 ⑩ 전쟁을 미리 준비하였던 북한과 달리 국군은 전쟁에 대
비하고 있지 않았기 때문이다. 등 11 ⑤ 12 이산가족

과학

핵심 정리 쪽지 시험

본문 30쪽

2단원 생물과 환경

01 생태계 **02** 공기, 햇빛, 물, 돌 **03** 바다 **04** 생산자, 소비자, 분해자 **05** 먹이 그물 **06** 생태계 평형 **07** 햇빛 **08** 적응 **09** 환경 오염 **10** 생태계 보전

본문 33쪽

3단원 날씨와 우리 생활

01 습도 **02** 76 % **03** 낮으면 **04** 안개 **05** 구름 **06** 비 **07** 이슬 **08** 기압, 저기압 **09** 바람 **10** (1) 습한 (2) 건조한

본문 36쪽

4단원 물체의 운동

01 시간, 위치 **02** 1, 5 **03** 케이블카, 자동계단 **04** (1) ○ (2) × (3) ○ **05** 이동 거리, 걸린 시간 **06** 50 km/h **07** (다) **08** 시, 시속 **09** 예 안전띠 **10** (1) ○ (2) × (3) ×

본문 39쪽

5단원 산과 염기

01 색깔이 있는가? **02** 산성, 염기성 **03** 푸른색, 푸른색 **04** 붉은색, 노란색 **05** 완두콩 **06** (1) ○ **07** 산성 **08** (1) ㉠ (2) ㉡ **09** 묽은 염산, 묽은 수산화 나트륨 용액 **10** (3) ○

단원평가

2단원 (1) 생태계

1회

본문 136~138쪽

01 ① **02** (1) ㉡, ㉢, ㉢ (2) ㉠, ㉣, ㉢ **03** ② **04** ③ **05** 예 양분을 얻는 방법에 따라 분류한 것이다. **06** ㉠ **07** ④ **08** ④ **09** 먹이 사슬 **10** ㉢ **11** ⑤ **12** 먹이 그물 **13** ㉢ **14** (1) (나) (2) 예 먹이 한 종류가 없어져도 생태계에 있는 다른 종류의 먹이를 먹고 살 수 있기 때문이다. **15** ① **16** 예 갑자기 늘어난 야생 토끼들이 나무를 먹었기 때문이다. **17** 예 야생 토끼의 수는 일시적으로 줄어들 것이다. **18** ③ **19** 예 생물의 수는 원래 상태로 회복된다. **20** ⑤

2회

본문 139~141쪽

01 ④ **02** (1) 뱀, 참새, 다람쥐 등 (2) 물, 햇빛, 돌 등 **03** 예 햇빛은 동물이 주변을 볼 수 있도록 밝게 해 준다. 물은 생물의 생명 유지에 필요하다. 등 **04** ④ **05** ① **06** ③ **07** ③ **08** (1) ㉡ (2) ㉢ (3) ㉠ **09** 예 주로 죽은 생물이나 동물의 배출물 등을 분해하여 양분을 얻는다. **10** ④ **11** ㉡ **12** ③ **13** 먹이 사슬 **14** 먹이 그물 **15** 예 먹이 한 종류가 없어져도 생태계에 있는 다른 종류의 먹이를 먹을 수 있어 여러 생물이 살아갈 수 있다. **16** ③ **17** 해설 참조 **18** ②, ④ **19** 예 생산자의 수는 일시적으로 줄어드는 반면 2차 소비자와 최종 소비자의 수는 일시적으로 늘어난다. **20** 생태계 평형

2단원 (2) 생물과 환경

1회

본문 142~144쪽

01 ④ **02** ③ **03** 예 식물이 자라는 데 햇빛과 물이 필요하다. **04** ③ **05** ② **06** 예 선인장은 잎이 가시 모양으로 변하여 건조한 환경에서 살 수 있게 적응하였다. 부레옥잠은 잎자루에 있는 공기 주머니 때문에 물에 뜰 수 있어서 물이 있는 환경에 살 수 있게 적응하였다. 등 **07** ① **08** 예 선인장은 잎이 가시 모양으로 변하여 건조한 환경에서 살 수 있게 적응하였다. **09** ④ **10** (가) **11** ① **12** ③ **13** 예 가까운 거리는 걸어 다닌다. 쓰레기를 분리배출한다. 등 **14** ⑤ **15** ② **16** ② **17** 예 오랫동안 옷을 입는다. 옷을 물려준다. 구멍이 난 옷은 수선하여 입는다. 등 **18** 주하 **19** 예 환경사랑 나라사랑, 플라스틱 제로, 가까운 거리는 걸어서 다니자. 등 **20** ③

2회

본문 145~147쪽

01 ② **02** 예 햇빛을 받지 못하게 하기 위해서이다. **03** (가) ㉢ (나) ㉣ (다) ㉠ (라) ㉡ **04** 예 콩나물의 양, 길이, 굵기, 콩나물이 받는 햇빛의 양 등 **05** ㉡ **06** (1) ㉢ (2) ㉠ (3) ㉡ **07** ② **08** (1) (가) (2) (나) **09** 예 (가) 사막여우의 큰 귀는 몸속의 열을 잘 내보내고, (나) 북극여우의 작은 귀는 몸속의 열을 잘 빼앗기지 않게 한다. **10** ④ **11** ④ **12** 적응 **13** ③ **14** ⑤ **15** 대기 오염 **16** 예 동물의 호흡 기관에 이상이 생기거나 병에 걸릴 수 있다. 식물의 성장에 영향을 준다. 등 **17** ② **18** 예 머그컵 사용하기, 텀블러 사용하기, 일회용품 사용 줄이기, 쓰레기 분리배출 잘하기 등 **19** ④ **20** 예 작은 실천부터 해야 하기 때문이다.

❶회 본문 148~150쪽

01 ⑤ **02** ② **03** 예 건구 온도계와 습구 온도계의 온도 차이를 이용한다. **04** ②, ⑤ **05** 예 집기병 표면에 물방울이 맺힌다. **06** ④ **07** (다), (가), (나) **08** (1) 예 집기병 안에서 일어나는 변화를 관찰한다. (2) 예 집기병 안이 뿌옇게 흐려진다. **09** ⑤ **10** ㉠ 비, ㉡ 눈 **11** ② **12** (1) (가) (2) (나) **13** ㉡ **14** ㉠ 저기압, ㉡ 고기압 **15** 예 고기압과 저기압은 주변 공기의 온도 변화에 따라 바뀔 수 있기 때문이다. **16** ④ **17** 시연, 가영 **18** ④ **19** ㉠ 낮은, ㉡ 높은 **20** ㉠

❷회 본문 151~153쪽

01 ⑤ **02** ㉠ 세로줄, ㉡ 가로줄, ㉢ % **03** ④ **04** ③ **05** 예 냉장고에서 꺼낸 음료수병 표면에 물방울이 맺힌다. 아이스크림이 든 포장지에 물방울이 맺힌다. 등 **06** ㉠ 차가워지면, ㉡ 수증기, ㉢ 응결 **07** ③ **08** (1) ㉡ (2) ㉢ (3) ㉠ **09** ㉢ **10** 예 기온이 낮아서 얼음 알갱이가 녹지 않고 떨어지기 때문이다. **11** ㉠ 가볍고, ㉡ 무겁다 **12** (1) ㉠ (2) ㉡ **13** 무겁다 **14** ㉢ **15** (가), (다), (나), (라) **16** 예 향 연기는 따뜻한 물 쪽으로 움직인다. **17** ② **18** ⑤ **19** 지연 **20** ㉠ 바다, ㉡ 육지

❶회 본문 154~155쪽

01 (1) ㉡ (2) ㉢ (3) ㉠ **02** 공기 덩어리 **03** 예 차갑고 건조하다. **04** ② **05** ① **06** 건조 **07** ㉢ **08** ㉠ **09** ④, ⑤ **10** ② **11** ③ **12** 자외선 지수 **13** 동파 가능 지수 **14** 예 사람들이 생활이나 건강과 관련된 기상 정보를 쉽게 알 수 있도록 하기 위해서이다. 날씨 때문에 일어나는 다양한 상황에 쉽게 대처하기 위해서이다. 등 **15** 수영

❷회 본문 156~157쪽

01 예 우리나라 여름철은 덥고, 습하다. **02** ④ **03** ④ **04** 민지 **05** ㉡ **06** 여름, 예 덥고 습하다. **07** ㉢ **08** (1) ㉡ (2) ㉠ (3) ㉢ **09** 예 비 오는 날에는 우산을 쓰고 장화를 신는다. 안전을 위하여 버스나 자동차의 속력을 줄인다. 빨래가 잘 마르지 않는다. 등 **10** ① **11** ③ **12** 가영 **13** ① **14** (1) ㉡ (2) ㉢ (3) ㉠ **15** 예 미세먼지가 많은 날 참고하면 좋다.

❶회 본문 158~160쪽

01 ③ **02** ② **03** ㉢ **04** 시간이 지남에 따라 위치가 변하는 것을 말한다. **05** ① **06** ③ **07** 예 같은 거리를 이동하는 데 걸린 시간을 측정해서 비교한다. **08** (나), (가), (라), (다) **09** ㉢, ㉣, ㉠, ㉡ **10** 예 같은 시간 동안 이동한 거리가 긴 물체일수록 빠르기가 빠른 물체이기 때문이다. **11** ㉠ 짧을수록, ㉡ 길수록 **12** ② **13** ① **14** ③ **15** (1) 속력을 구한다. (2) 예 이동 거리와 걸린 시간이 모두 다른 경우, 이동 거리나 걸린 시간만으로 빠르기를 비교하기 어렵기 때문이다. **16** (1) 15 m/s (2) 십오 미터 매초 또는 초속 십오 미터 **17** C, D, A, B **18** ㉡, ㉣ **19** 예 자동차의 빠르기를 속력으로 나타낸다. 일기 예보에서 바람의 빠르기를 속력으로 나타낸다. 테니스 경기에서 공의 빠르기를 속력으로 나타낸다. 등 **20** ⑤

❷회 본문 161~163쪽

01 ③ **02** ④ **03** ⑤ **04** (1) 출발하는 자전거, 롤러코스터 (2) 케이블카, 자동길, 자동계단 **05** ㉡, ㉣ **06** 하은, 예 롤러코스터는 내리막길에서 점점 빠르게 운동한다. **07** ㉡ **08** (가) **09** (가) 예 빠르기가 점점 빨라진다. (나) 예 빠르기가 일정하다. **10** 김가람 **11** ④ **12** (1) 기차 (2) 예 같은 시간 동안 이동한 거리가 가장 길기 때문이다. **13** ㉡, ㉣ **14** ① **15** ② **16** 1100 km/h **17** 천백 킬로미터 매 시 또는 시속 천백 킬로미터 **18** ② **19** D **20** 5시간

❶회 본문 164~165쪽

01 ㉢ **02** ㉠ 클수록, ㉡ 없다 **03** ㉡ **04** 예 자동차의 속력이 크면 멈추는 데 긴 거리가 필요하기 때문이다. **05** ③ **06** 안전띠 **07** ② **08** 예 정해진 속력보다 빠르게 달리는 자동차를 찾아 사고를 예방하기 위해서이다. **09** ① **10** 예 교통안전 캠페인을 한다. 등 **11** ① **12** ㉠, ㉣ **13** ㉡, ㉢ **14** 안전모, 예 큰 속력으로 달리다가 부딪쳤을 때 머리가 다치는 것을 막기 위해서이다. **15** 어린이 보호 구역

2 회

01 ㉡ **02** ⑩ 길을 건널 때는 주위를 살피며 건넌다. 제한속도를 낮춘다. 교통경찰이 지도한다. 교통도우미를 배치한다. 안전하게 길을 건넌다. 등 **03** ③ **04** 과속 단속 카메라 **05** ⑩ 자동차의 속력이 크면 멈출 때까지 이동한 거리가 길어져 교통사고의 위험이 커지기 때문이다. **06** 은수 **07** ④ **08** ③ **09** ㉡, ㉢, ㉣, ⑩ 도로 주변에서는 공놀이를 하지 않고, 공은 공 주머니에 넣고 다닌다. 무단 횡단을 하지 않는다. 도로 주변에서는 킥보드를 타지 않는다. **10** ④ **11** ⑤ **12** ⑩ 자전거를 탈 때는 보호 장구를 착용한다. 횡단보도를 건널 때는 자전거에서 내려 자전거를 끌고 간다. 등 **13** ③ **14** 해설 참조 **15** ⑩ 신호등이 초록색 불일 때 건넌다. 등

---

1 회

01 ② **02** ⑤ **03** 석회수, 묽은 염산 **04** ⑩ 용액에서 냄새가 나는가?, 용액이 투명한가?, 흔들었을 때 거품이 3초 이상 유지되는가? 등 **05** ③ **06** ㉠ **07** (가) **08** ①, ⑤ **09** ④ **10** ④ **11** ⑩ 지시약은 용액의 성질에 따라 색깔 변화가 다르게 나타나기 때문이다. **12** ㉠ 산성, ㉡ 염기성 **13** 리트머스 **14** ⑩ 산성(㉠) 용액에서는 페놀프탈레인 용액의 색깔 변화가 없고, 염기성(㉡) 용액에서는 페놀프탈레인 용액이 붉은색으로 변한다. **15** ㉠ **16** ① **17** (가), (다), (나) **18** 붉은색 **19** ⑩ 용액의 성질에 따라 붉은 양배추에 들어 있는 물질이 서로 다른 색깔을 나타내기 때문이다. **20** ④

2 회

01 ② **02** ④ **03** 분류 기준 **04** (가) 식초, 석회수, 유리 세정제, 묽은 수산화 나트륨 용액 (나) 레몬즙, 빨랫비누 물 **05** ② **06** ③ **07** 수지 **08** ⑩ 용액의 무게나 부피는 양에 따라서 달라질 수 있으므로 분류 기준으로 적합하지 않다. **09** ①, ② **10** ⑩ 겉으로 보이는 성질이 모두 같은 용액들은 겉보기 성질로 구분하기 어렵기 때문이다. **11** ③ **12** ⑩ 식초, 탄산수, 레몬즙, 묽은 염산 등 **13** 염기성 **14** ㉡ **15** ⑩ 염기성 용액에 페놀프탈레인 용액을 떨어뜨리면 페놀프탈레인 용액의 색깔이 붉은색으로 변한다. **16** 지시약 **17** ㉠ 산성, ㉡ 염기성 **18** ①, ② **19** ⑤ **20** ①

---

1 회

01 ③ **02** 묽은 염산 **03** ④ **04** ④ **05** 염기성 용액 **06** ⑩ 푸른색 또는 노란색 계열로 변한다. **07** ④ **08** ⑤ **09** ⑩ 산성비와 동물의 배설물은 산성이기 때문에 대리석을 녹인다. **10** ㉠, ㉣ **11** 염기성, 산성 **12** ③ **13** 약해 **14** ⑩ 산성 용액에 염기성 용액을 계속 넣으면 산성이 약해지다가 염기성으로 변한다. **15** ①, ④ **16** 산성 **17** 염기성 **18** ⑩ 변기용 세제는 산성이기 때문이다. **19** ② **20** 산성

2 회

01 ㉡ **02** ② **03** ② **04** ⑩ 붉은색에서 무색으로 변한다. **05** ㉠ 염기성, ㉡ 두부 **06** ⑩ 푸른색 또는 노란색 계열로 변한다. **07** ⑩ 붉은 양배추 지시약, 붉은 장미꽃 지시약, 검은 콩 지시약 등 **08** 산성, 염기성 **09** ② **10** ㉠ 산성, ㉡ 염기성 **11** 산성 **12** ⑩ 산성비, 동물의 배설물 등 **13** 산성 **14** ㉠ 산성, ㉡ 염기성 **15** ⑩ 페놀프탈레인 용액을 넣으면 붉은색으로 변하고, 붉은 양배추 지시약을 넣으면 푸른색이나 노란색 계열로 변한다. **16** ② **17** ㉠ 산성, ㉡ 염기성 **18** ②, ④ **19** ②, ③ **20** ②

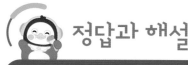

1단원 마음을 나누며 대화해요

단원평가 1회

본문 42~43쪽

01 ①, ③ **02** ② **03** (4) ✕ **04** ③ **05** (1) ○ **06** ⑤ **07** ⑤ **08** ⑤ **09** ③ **10** 예 내 꿈은 의사가 되는 것이다. 예전에 편찮으셨던 할머니가 병원에서 치료를 받고 다시 건강해지셨는데 그 모습을 보며 의사의 꿈을 갖게 되었다.

01 지윤이는 그림 ㉮에서는 명준이의 말보다 자기 일이 더 중요하다면서 자신만 생각하는 말을 했고, 그림 ㉯에서는 명준이의 기분을 생각하지 않고 말했습니다.

02 지윤이가 명준이의 기분을 고려하지 않고 말을 해서 명준이는 무시당한 것 같아 불쾌하고 화가 나서 더 이상 말을 하기 싫어질 것입니다.

03 제시된 그림에서 지윤이는 명준이의 얼굴을 직접 보며 명준이의 처지에 공감하는 대화를 하고 있습니다. 멀리 떨어져 있어도 소통할 수 있는 대화의 예로는 누리 소통망 대화가 있습니다.

04 공감하는 대화란 상대의 마음을 이해하고, 상대가 느끼는 감정과 같이 느끼며 귀 기울여 듣고, 상대를 배려하며 말하는 대화입니다. 자신이 듣고 싶은 말만 듣는 태도와는 관련이 없습니다.

05 윤서는 영진이의 말에 주의를 기울여 집중해서 듣고 영진이의 말을 반복해 주고 있습니다.

06 누리 소통망을 사용하면 만나지 않고도 대화할 수 있습니다.

07 '나'는 거리에서 독립운동을 하다 일본 경찰에 잡혔으며, 일본 경찰이 학교에 못 다니게 하였습니다.

08 '나'는 우리나라에서 독립운동을 계속할 수 없는 상황이 되자 중국에서 비행사가 되어 독립운동을 계속하기 위해 중국으로 가는 배를 타게 되었습니다.

09 '나'는 비행사가 되어 비행기를 타고 날아가서 일본과 싸우고 싶다고 생각하였습니다.

10 자신이 이루고 싶은 꿈과 그 꿈을 가지게 된 동기를 떠올려 봅니다.

> **채점 기준**
> 자신이 이루고 싶은 꿈과 그 꿈을 가지게 된 까닭을 썼으면 정답으로 합니다.

단원평가 2회

본문 44~45쪽

01 ㉯ **02** ⑤ **03** ㉯ **04** (3) ○ **05** ④ **06** ⑤ **07** ①, ③ **08** ③ **09** 비행기 **10** 예 내가 너라도 나라를 빼앗기면 되찾고 싶을 것이다.

01 공감하는 대화가 되려면 그림 대회에서 자기 그림이 뽑히지 않아 서운해하는 명준이의 마음을 이해해 주고 배려하는 말을 해 주어야 하므로 ㉯로 바꾸는 것이 가장 알맞습니다.

02 현욱이는 프라이팬이 잘 닦이지 않자 철 수세미로 프라이팬을 닦았습니다.

03 현욱이가 실수를 해서 프라이팬이 망가졌지만 엄마는 집안일을 도와주려는 현욱이의 마음을 더욱 소중하게 생각하여 고마워하였습니다.

04 엄마는 현욱이의 처지가 되어 생각해 보고 ㉡과 같이 말해 주었습니다.

05 현욱이는 프라이팬을 망가뜨린 것 때문에 엄마에게 죄송해하고 있고, 엄마는 현욱이의 마음에 공감하며 ㉢처럼 말하고 있으므로 긍정적인 표정과 행동이 어울립니다. 주먹을 불끈 쥐고 노려보는 행동은 화가 난 상황에 어울립니다.

06 원치 않게 대화방에 초대되어 중요한 일을 하는데 방해를 받고 있는 상황입니다. 누리 소통망 대화를 할 때에는 상대가 대화하고 싶은지 확인하고 말을 걸어야 합니다.

07 '나'는 비행사가 되어 나라를 빼앗아 간 일본과 싸우고 싶다고 하였습니다.

08 비행 학교에 편지를 쓴 인물은 당계요 장군(당 장군)입니다. 당계요 장군은 '나'의 말을 듣고 비행 학교에 편지를 써서 '내'가 비행 학교에 들어갈 수 있도록 해 주었습니다.

09 구름을 뚫고 날아오른 '쇳덩이 괴물'은 비행기를 뜻합니다.

10 당계요 장군이 '나'의 처지가 되어 생각했을 때 '나'에게 어떤 말을 했을지 써 봅니다.

> **채점 기준**
> '나'의 처지를 이해하는 내용을 썼으면 정답으로 합니다.

단원평가 ①회

01 영산 줄다리기 **02** ④ **03** ③, ④, ⑤ **04** (3) ○ **05** 세미 **06** (1) ○ **07** ③ **08** 장빙 **09** (1) ㉰ (2) ㉮ (3) ㉯ **10 예** 체험에 비해 감상이 부족하므로 문장 중간중간에 감상을 넣어 주면 글쓴이가 어떻게 느꼈는지 알 수 있어서 좋을 것 같다.

01 이 글은 영산 줄다리기를 준비하는 과정에 대해 설명하고 있습니다.

02 줄다리기 장소에 도착하면 양편의 줄다리기가 바로 시작되는 것이 아니라, 한동안 암줄과 수줄을 합하지 않고 어르기만 한다고 하였습니다.

03 상대편과 힘을 겨루며 줄을 당기는 것은 준비 과정에 해당하지 않으며, 줄다리기의 승리를 기원하는 제사는 준비 과정에 없습니다.

04 음력 정월은 농사일을 잠시 쉬는 농한기라서 마을 사람들이 함께 줄을 만들 수 있었습니다.

05 줄다리기를 본 경험을 말한 친구는 세미입니다. 진욱이와 종현이는 경험을 이야기한 것이 아니라 줄다리기에 대해 더 알고 싶은 것과 줄다리기에 대해 알고 있는 지식을 말했습니다.

06 우리나라에서 얼음을 보관하기 시작했다는 기록은 『삼국사기』를 통해 알 수 있고, 고려 시대에 얼음을 보관하여 사용한 기록은 『고려사』에 나타나 있습니다.

07 '동빙고'는 왕실의 제사에 쓰일 얼음을 보관하던 얼음 창고였고, 음식 저장용으로 쓸 얼음을 공급한 것은 '서빙고'였습니다.

08 한겨울의 얼음을 보관했다가 쓰는 기술을 '장빙'이라고 합니다.

09 (1)은 새롭게 안 것, (2)는 빙고의 뜻을 짐작한 것, (3)은 알고 싶은 것에 해당합니다.

10 글의 내용, 조직, 표현 면에서 부족한 점을 찾고 어떻게 고치면 좋을지 써 봅니다.

> **채점 기준**
> '감상을 보충해야 한다.'와 같이 고쳐야 할 점을 알맞게 썼으면 정답으로 합니다.

단원평가 ②회

01 ⑤ **02 예** 새해의 첫 달인 정월에 힘이 약해진 착한 신들을 도울 수 있는 놀이를 하려고 했기 때문이다. **03** ④, ⑤ **04** 국가 무형 문화재(무형유산) **05** ⑤ **06** ⑤ **07** ⑤ **08** 왕겨, 짚 **09** (1) ○ **10** ②

01 우리 조상들은 물의 신인 용을 즐겁고 기쁘게 해야 풍년이 들 것이라고 생각해서 용을 닮은 줄을 만들어 줄다리기를 하였습니다.

02 조상들은 정월에 여럿이 힘을 모아 겨루는 놀이를 하면 힘이 약해진 착한 신들을 도울 수 있다고 여겼습니다.

> **채점 기준**
> 정월에 윷놀이나 줄다리기를 한 까닭을 알맞게 썼으면 정답으로 합니다.

03 줄다리기에는 봄기운이 시작되는 정월에 풍년을 기원하고, 줄다리기라는 큰 행사를 치르면서 마을 사람들이 마음을 한데 모아 무사히 한 해 농사를 지으려는 지혜가 담겨 있다고 하였습니다.

04 영산 줄다리기는 1969년에 국가 무형 문화재(무형유산)로 지정되었습니다.

05 윤지는 영산 줄다리기에 풍년을 기원하는 뜻이 담겨 있다는 내용을 읽고 비슷한 민속놀이인 풍물놀이를 떠올렸습니다.

06 글 내용을 모두 알려면 지식이나 경험을 활용해 글을 끝까지 읽어야 합니다.

07 석빙고는 얼음 창고이므로 바깥쪽 공기나 열이 들어오지 않도록 만드는 것이 중요합니다. 그래서 바깥 공기가 들어오지 않도록 출입구의 동쪽은 담으로 막고 지붕에는 구멍을 뚫었다고 하였습니다.

08 왕겨나 짚으로 얼음을 싸면 왕겨나 짚의 안쪽 온도가 낮아져 얼음을 오랫동안 보관할 수 있다고 하였습니다.

09 주원이는 과학 시간에 배운 '열의 이동'을 활용해 빙고가 얼음을 오랫동안 보관할 수 있었던 원리를 짐작하고 있습니다.

10 민주는 '상설 전시실'이라는 어려운 낱말의 뜻을 간단히 설명해 주면 좋겠다고 하였으므로 어려운 낱말에 주의하며 읽은 것에 해당합니다.

3단원 의견을 조정하며 토의해요

단원평가 ❶ 회

본문 50~51쪽

01 토의 **02** ⑤ **03** ④ **04** 현진 **05** ①, ②, ③ **06** 신문 기사 **07** 예 정보를 눈으로 직접 확인할 수 있어 의견과 근거를 이해하기 쉽다. **08** 건강 달리기 **09** ①, ④ **10** ④

01 친구들은 미세 먼지에 대처하는 방안에 대해 토의를 하고 있습니다.

02 그림 ④와 ⑤에는 상대 의견의 장점을 받아들이지 않고 비판만 하는 문제가 나타나 있습니다.

03 그림 ⑦의 친구는 상대를 배려하지 않고 무시하듯이 말했고, 예의를 지키지 않았습니다.

04 그림 ⑧과 ⑨에서 친구들은 토의 주제와 관련 없는 근거를 말하였습니다.

05 의견을 조정하지 않으면 모두가 만족하도록 의견을 모으기 어렵습니다. 따라서 토의를 원활하게 진행할 수 없고 말하는 사람들끼리 갈등이 생기며, 문제를 합리적으로 해결할 수 없게 됩니다.

06 그림 ④에서는 '공기 청정기를 설치하자.'는 의견을 뒷받침하기 위해 신문 기사에 실린 전문가의 의견을 바탕으로 공기 청정기를 사용한 결과를 근거 자료로 제시하였습니다.

07 그림 ㉮에서는 아무런 자료 없이 의견을 말하고 있지만, 그림 ㉯에서는 신문 기사에 실린 전문가의 의견을 자료로 제시하고 있습니다. 그림 ㉯처럼 눈으로 확인하기 쉬운 자료를 사용하면 정보를 눈으로 직접 확인할 수 있어 의견과 근거를 이해하기 쉽습니다.

> **채점 기준**
> 눈으로 확인하기 쉬운 자료를 제시했을 때의 좋은 점을 알맞게 썼으면 정답으로 합니다.

08 자료 ㉮는 영국의 한 초등학교에서 실시한 프로그램과 미국의 한 학교의 예를 통해 건강 달리기의 효과에 대해 설명하는 신문 기사입니다.

09 자료 ㉯는 도형과 선, 화살표를 이용해 서로 연결하고 그 안에 자료 ㉮의 내용을 간단히 줄여서 썼습니다.

10 건강 달리기는 비만 문제를 해결하고, 집중력을 향상시킬 수 있으며, 우울증과 불안감을 감소시키는 효과가 있다고 하였습니다.

단원평가 ❷ 회

본문 52~53쪽

01 미세 먼지 **02** ② **03** (1)-① (2)-② **04** (3) ○ **05** ⑤ **06** (1)-② (2)-① **07** ⑤ **08** 예 (1) 관련 기사가 너무 많아서 다 읽기가 어렵기 때문이다. (2) 책이 많아서 한꺼번에 읽기가 힘들기 때문이다. **09** 장우 **10** ④

01 친구들은 미세 먼지에 대처하는 방안을 마련하는 것에 대해 토의하고 있습니다.

02 그림 ❶~❸에서 친구들은 토의에서 의견을 조정하는 방법으로, 해결하려는 문제가 무엇인지 정확히 파악하는 '문제 파악하기'부터 하였습니다.

03 공기 청정기를 설치하면 비용이 많이 들고 일회용 미세 먼지 마스크를 쓰면 쓰레기 문제가 일어날 수 있다고 하였습니다.

04 그림 ❿은 어떤 의견을 더 따르고 싶어 하는지 살펴보고, 의견에 대한 토의 참여자의 생각을 묻고 있으므로, 의견을 조정하는 방법 중 '반응 살펴보기'에 해당합니다.

05 이 그림에서 친구들은 서로 의견을 존중하며 토의를 진행하고 있습니다.

06 연서는 건강 달리기를 하자는 의견을, 민호는 식물을 기르자는 의견을 뒷받침할 자료를 찾고 있습니다.

07 연서는 건강 달리기를 하자는 의견을 뒷받침할 자료를 찾고 있으므로, 달리기가 건강에 어떤 효과를 미치는지에 대한 자료를 찾아야 합니다.

08 의견을 뒷받침할 자료를 찾고 있는 연서와 민호는 관련 기사와 책이 너무 많아서 한꺼번에 다 읽기 어려워하고 있습니다.

> **채점 기준**
> 연서와 민호가 곤란해한 까닭을 알맞게 썼으면 정답으로 합니다.

09 장우는 운동장을 이용하는 학생 수가 많아 발생하는 문제와는 관련이 없는 운동장을 청소한 경험에 대해 이야기하고 있습니다.

10 한꺼번에 많은 학생이 운동장을 쓰기 어렵고 안전사고가 일어날 수도 있음을 걱정하고 있으므로 문제를 해결하기 위한 토의 주제로는 '운동장을 다 같이 안전하게 쓰자.'가 가장 알맞습니다.

단원평가 1회

01 ⑤ **02** ④ **03** ⑤ **04** ③ **05** 예 (1) 별로 좋아하지 않는 편이다 (2) 전혀 들어 보지 못한 내용이었다 (3) 결코 바른 행동이 아니라고 생각한다 / 결코 바른 행동이라고 생각하지 않는다 **06** ③, ④, ⑤ **07** ③ **08** ① **09** ② **10** ④

01 과거의 시간을 나타내는 '어제저녁'과 서술어 '밀려온다'는 서로 호응하지 않으므로 '밀려온다'를 '밀려왔다'로 고쳐야 합니다.

02 동생이 잘못했는데 '나'만 아버지께 혼이 나 억울하고 서러우며 화가 나고 섭섭한 마음이 들 것입니다.

03 '별로'는 부정적인 의미의 서술어인 '-지 않다'와 어울리므로 '별로 좋아 보이지 않았다'와 같이 고칠 수 있습니다.

04 인물의 모습을 재미있게 표현하거나 대화 내용을 실감 나게 표현하는 것에 대해 생각하고 있으므로 직접 글을 쓰는 단계인 '표현하기'에 해당합니다.

05 '별로', '전혀', '결코'는 호응하는 서술어가 따로 있는 낱말로, 뒤에 부정적인 의미의 서술어가 와야 합니다.

> **채점 기준**
>
> (1), (2), (3)의 밑줄 친 부분을 모두 부정적인 서술어를 넣어 고쳐 썼으면 정답으로 합니다.

06 높임의 대상을 나타내는 말과 서술어의 호응 관계가 바르지 않은 문장이므로, 바른 문장이 되려면 '할아버지께서는 얼른 진지를 다 잡수시고'로 고쳐야 합니다.

07 시간을 나타내는 '어제저녁'과 서술어 '나간다'의 호응 관계가 바르지 않으므로 '어제저녁'에 어울리는 서술어인 '나갔다'로 고쳐야 합니다.

08 "가는 날이 장날"은 어떤 일을 하려고 하는데 뜻하지 않은 일을 공교롭게 당함을 비유적으로 이르는 속담입니다.

09 친구가 쓴 글에 의견을 쓰거나 친구가 남긴 의견을 읽으며 의견을 서로 주고받고 있습니다.

10 글 모음집의 표지와 내용을 어떻게 만들지 그 방법을 정한 것이므로 만드는 방법에 해당합니다.

단원평가 2회

01 ⑤ **02** (1) × (2) ○ (3) ○ **03** ④ **04** ② **05** (1) 전혀 (2) 결코 **06** 예 '전혀'와 '결코'는 '-지 않다', '-지 못하다'와 같은 부정적인 서술어와 호응하는 낱말이기 때문이다. **07** ③ **08** ④ **09** (1) ㉮ (2) ㉰ (3) ㉯ **10** ④

01 ㉠은 높임의 대상을 나타내는 말과 호응하는 서술어가 잘못된 문장이므로, '그때 안방에서 아버지께서 부르셨다.'로 고쳐야 합니다.

02 '웃어 버렸다'의 주어를 바르게 고쳐서 '그만 나는 피식 웃어 버렸다.'로 표현하거나 '웃음이'에 해당하는 서술어를 넣어 '그만 웃음이 나서 피식 웃어 버렸다.'로 표현할 수 있습니다.

03 윤서가 글을 어떻게 나누고 배치할지에 대해 생각하고 있으므로 쓸 내용을 나누는 단계에 해당합니다.

04 읽는 사람이 이해하기 어려운 내용은 없는지, 문장 성분의 호응이 바르지 않은 부분은 없는지 살피는 것은 '고쳐쓰기' 단계에 해당합니다.

05 '전혀'와 '결코'는 호응하는 서술어가 따로 있는 낱말입니다.

06 '전혀'와 '결코'는 부정적인 서술어와 호응하는 낱말입니다.

> **채점 기준**
>
> '전혀'와 '결코'가 서술어와 호응하지 않아서라고 썼으면 정답으로 합니다.

07 글 모음집에 싣기 위해 겪은 일이 드러난 글을 쓴다고 했으므로, 빈칸에는 '목적'이 들어가야 알맞습니다.

08 누구나 경험할 만한 것은 글을 읽는 사람의 흥미를 끌지 못하고, 주제가 잘 드러나지 않거나 내용을 자세히 풀어 쓸 수 없는 것, 장소나 등장인물의 변화가 너무 많은 것 등은 읽는 사람이 내용을 파악하는 데 어려움을 겪을 수 있으므로 좋은 글감으로 보기 어렵습니다.

09 (1)에는 의태어인 '꼼지락꼼지락'이 사용되었고, (2)에는 비 오는 날씨를 나타내는 표현이 사용되었으며, (3)에는 사건이 일어난 날의 상황이 설명되어 있습니다.

10 의견을 조정하는 방법으로 활용할 매체를 정하는 것은 '활용할 매체 정하기' 단계에서 해야 할 일입니다.

단원평가 ①회 본문 58~59쪽

01 ② **02** ⑤ **03** (3) ○ **04** ① **05** ⑤ **06** ④ **07** 예 고요하고 평화로운 느낌의 음악을 넣어 자신의 한계를 극복한 김득신의 삶을 돌아보는 느낌을 준다. **08** ⑤ **09** (3) ○ **10** 샘물

단원평가 ②회 본문 60~61쪽

01 ④ **02** ②, ④ **03** ① **04** ⑤ **05** ③ **06** (2) ○ **07** 예 여러 가지 표현 방법을 활용하기 때문에 표현 요소들이 무엇을 나타내는지 생각하며 봐야 한다. **08** ⑤ **09** 흑설 공주 **10** 유나

01 그림 ㉮에 나온 매체 자료는 글과 그림, 사진을 사용해서 정보를 전달하는 인쇄 매체 자료입니다.

02 그림 ㉯에서 민준이는 인터넷 매체 자료의 하나인 휴대 전화 문자 메시지를 이용하고 있습니다.

03 인터넷 매체 자료는 문자로만 내용을 전달하는 것보다 훨씬 실감 나고 정확하게 생각을 전달할 수 있기 때문에 사진과 동영상을 사용합니다. 따라서 글과 그림, 사진이 주는 시각 정보를 잘 살펴볼 뿐만 아니라 화면 구성과 소리에 담긴 정보도 탐색해야 합니다.

04 영상 매체 자료에서는 장면에 어울리는 음악을 넣거나 화면에 특별한 연출을 하여 내용을 전달합니다. 주인공이 밤새도록 환자를 치료하는 상황을 보여 주려면 치료하는 장면을 연달아 보여 주는 것이 좋으며, 비장한 느낌의 음악을 사용하는 것이 어울립니다.

05 김득신은 같은 책을 반복해서 여러 번 읽으며 공부했으나 하인도 외우는 내용을 기억하지 못하였습니다. 이를 극복하기 위해 만 번 이상 읽은 책에 대한 기록을 남겼습니다.

06 김득신은 책의 내용을 잘 기억하지 못했지만 책 읽기를 포기하지 않아 마침내 자신의 한계를 극복하고 자신만의 시어로 시를 지었습니다.

07 영상 매체에서는 장면에 따라 음악을 달리하여 극적인 효과를 줄 수 있습니다.

채점 기준

자신의 한계를 극복하는 마무리 내용에 어울리는 음악과 그 음악에 알맞은 효과를 썼으면 정답으로 합니다.

08 인터넷 카페인 핑공 카페에서 흑설 공주와 민서영의 진실 싸움이 벌어져 친구들이 관심 있게 보고 있습니다.

10 샘물이는 흑설 공주와 민서영의 진실 싸움을 지켜보는 친구들의 모습에 대해 알맞게 이야기했습니다.

01 인쇄 매체 자료는 소리로 내용을 전달하지 않습니다.

02 텔레비전 영상물은 영상 매체 자료이며, 성격이 비슷한 매체 자료에는 영화, 연속극 등이 있습니다.

03 영상 매체 자료는 장면과 어우러지는 음악이나 연출 기법의 의미를 생각하며 읽어야 합니다. 그리고 자막과 영상, 소리의 관계를 파악하며 보아야 합니다.

04 그림 ㉰의 매체 자료는 인터넷 매체 자료로, 인쇄 매체 자료와 영상 매체 자료에서 사용하는 방식을 모두 사용합니다. 따라서 글과 그림이 주는 시각 정보를 잘 살펴볼 뿐만 아니라 화면 구성과 소리에 담긴 정보도 탐색해야 합니다.

05 김득신은 공부를 할 때 이해가 잘되지 않아도 실망하거나 기죽지 않았습니다. 끝까지 책을 읽어 이해하려고 노력하는 모습을 보면 김득신은 쉽게 포기하지 않는 성격임을 알 수 있습니다.

06 영상 매체에서는 내용이나 상황, 인물의 마음을 표현하려고 음악을 달리합니다. 도입부에 아련한 느낌의 음악을 넣으면 우둔한 김득신이 열심히 노력하는 모습을 강조하여 표현할 수 있습니다.

07 글 중심의 인쇄 매체와 달리, 영상 매체는 소리, 자막 등의 여러 가지 연출 방법을 사용하여 정보를 전달합니다.

채점 기준

자막, 소리, 화면 구성 등 영상 매체의 표현 요소들에 주의하며 봐야 한다는 의미로 썼으면 정답으로 합니다.

08 이 글에서 아이들은 핑공 카페라는 인터넷 카페에서 글을 쓰고 올리며 이야기를 나누고 있습니다.

09 글 (나)를 통해 흑설 공주가 핑공 카페에 민서영을 거짓말쟁이라고 비난하는 글을 올렸음을 알 수 있습니다.

10 사실이 아닌 정보를 확인하지 않고 사실인 양 퍼뜨리는 일은 이 글의 내용과 비슷한 모습입니다. 인터넷 공간에서는 친구들이 사는 곳과 상관없이 대화를 나눌 수 있으며, 이 글에 선생님은 등장하지 않습니다.

단원평가 1회

본문 62~63쪽

01 ⑤ **02** 아영 **03** ⑤ **04** (2) ○ **05** (1) 없다 (2) **예** 학부모가 희망하는 자녀 직업은 글의 주제와 관련이 없기 때문이다. / '직업의 선택은 유행보다는 자신의 흥미와 적성, 특기를 고려해서 이루어져야 한다.'는 글쓴이의 주장과 관련이 없기 때문이다. **06** (1) 반론하기 (2) 주장 다지기 **07** ⑤ **08** 선생님, 면담 **09** (1) ㉮ (2) ㉱ **10** ⑤

01 학교 운동장을 외부인에게 개방해서 쓰레기가 더 많아진 문제를 이야기하는 그림입니다.

02 자신의 의견을 무조건 따르라고 하면 상대의 기분이 상할 수 있습니다.

03 이 글에는 유행보다는 자신의 흥미와 적성, 특기를 고려해서 직업의 선택이 이루어져야 한다는 글쓴이의 주장이 잘 드러나 있습니다.

04 유행에 따라 희망 직업을 바꾼 학생의 면담 자료보다 해당 분야 전문가를 면담한 자료가 더 믿을 만합니다.

05 주장을 뒷받침하기 위한 근거 자료는 글의 주제에 맞는 자료여야 합니다.

> **채점 기준**
>
> (1) 근거 자료로 활용할 수 없다고 답하고, (2) 주제에 맞지 않다거나 주장과 관련이 없다고 까닭을 썼으면 정답으로 합니다.

06 사회자의 말에서 글 (가)는 토론 절차 중 '반론하기', 글 (나)는 '주장 다지기'에 해당함을 알 수 있습니다.

07 찬성편은 반대편에서 제시한 설문 조사 결과는 다른 학교에서 조사한 결과로, 우리 학교의 상황과 반드시 같다고 볼 수 없다고 반론하였습니다.

08 찬성편의 질문에 반대편은 우리 학교 선생님을 면담한 결과를 보여 주는 것으로 답변하고 있습니다.

09 주장 다지기 단계에서 찬성편은 학급 임원은 반드시 필요하다는 주장을 하였고, 공정한 선거로 학생 대표를 뽑고, 그 대표를 도와 학교생활이 잘 이루어지도록 하는 경험을 해 보는 것은 큰 의미가 있다는 것을 근거로 들었습니다.

10 찬성편은 반대편의 반론에 반박하기 위하여 ㉡과 같이 말한 것입니다.

단원평가 2회

본문 64~65쪽

01 ⑤ **02** ⑤ **03** (1) 자신의 꿈이 '연예인'으로 바뀌었다고 하는 학생 (2) 직업 평론가 ○○○ 씨 **04** ③ **05** **예** 직업의 선택은 유행보다는 자신의 흥미와 적성, 특기를 고려해서 이루어져야 한다. **06** ④ **07** (2) ○ **08** 찬성편 **09** ⑤ **10** ⑤

01 어떤 문제에 대해 의견이 서로 다를 때 상대를 설득하기 위해 토론이 필요합니다.

02 글 (가)에서 사용한 설문 조사 결과는 우리 반 친구들을 대상으로 한 것이므로 전체 초등학생들의 장래 희망에 대한 근거 자료로는 알맞지 않습니다.

03 글 (나)에서는 자신의 꿈이 '연예인'으로 바뀌었다고 하는 한 학생을 면담했고, 글 (다)에서는 직업 평론가 ○○○ 씨를 면담했습니다.

04 면담 자료를 평가하려면 자료가 주장을 잘 뒷받침하는지 살펴보아야 하고, 믿을 만한 전문가의 의견인지 따져 보아야 합니다.

05 글 (다)의 마지막 부분에 글쓴이의 주장이 잘 드러나 있습니다.

> **채점 기준**
>
> 직업의 선택은 유행보다는 자신의 흥미와 적성, 특기를 고려해서 이루어져야 한다는 내용을 썼으면 정답으로 합니다.

06 반대편은 '학급 임원이 반드시 필요하지는 않다.'고 주장하고 있으며, 그것을 뒷받침하는 근거로 "학급 임원을 뽑는 기준이 올바르다고 보기 어렵다."는 점을 들고 있습니다.

07 찬성편은 학교 안에서 선거를 경험할 수 있다는 근거를 뒷받침하는 근거 자료로 어린이 사회 교육 잡지에 실린 한 전문가의 면담 자료를 들고 있습니다.

08 우리 지역의 초등학교 가운데에서 95퍼센트가 넘는 학교가 학급 임원을 뽑고 있다는 근거 자료는 학급 임원이 필요하다는 찬성편의 주장을 뒷받침합니다.

09 반대편은 누구나 학급을 위해 봉사할 수 있고 요즘은 기술이 발달해서 여러 사람이 동시에 회의에 참여할 수 있다고 반론하고 있습니다.

10 반대편이 찬성편에게 질문을 한 까닭은 찬성편이 제시한 근거가 타당하지 않음을 지적하기 위해서입니다.

단원평가 1 회

본문 66~67쪽

01 나루　**02** ⑤　**03** ③　**04** ⑤　**05** 예 바로 뒤에 나오는 "가슴이 부풀어 올랐다"라는 말을 통해 '기분이 좋아'로 짐작하였다. / 바로 뒤에 나오는 "가슴이 부풀어 올랐다"라는 말을 통해 '흥분되어'로 짐작하였다. **06** 볼주머니　**07** ①, ⑤　**08** ②, ⑤　**09** ⑵ ○　**10** 새마

01 대충 읽으면 낱말의 뜻을 제대로 짐작하지 못해서 글 내용을 잘 이해할 수 없습니다.

02 낱말 앞뒤의 내용을 자세히 살펴보고 낱말의 뜻을 짐작해 봅니다.

03 낱말에 날개가 달려 있다는 것은 낱말을 다양하게 잘 썼다는 뜻으로 이해할 수 있습니다.

04 '삼다'의 사전에서 찾은 뜻은 '무엇을 무엇이 되게 하거나 여기다.'입니다. ①~⑤를 ㉠ 대신 넣어 보고 뜻이 자연스럽게 통하는지 살펴봅니다.

05 '들떠'의 앞뒤 내용을 살펴보고 낱말의 뜻을 짐작해 봅니다. '들뜨다'의 사전에서 찾은 뜻은 '마음이나 분위기가 가라앉지 아니하고 조금 흥분되다.'입니다.

> **채점 기준**
> 글의 앞뒤 내용을 통해 뜻을 알맞게 짐작하여 썼으면 정답으로 합니다.

06 이 글에서 여러 번 반복해서 나타나는 중심 낱말은 '볼주머니'입니다.

07 글을 읽고 중요한 정보를 간추리는 것을 '요약하기'라고 합니다. 요약하려면 글에서 필요 없는 부분을 찾아 삭제하고, 반복해서 나타나는 낱말을 찾아 전체를 대표하는 낱말로 바꾸어야 하며, 글 내용을 그대로 옮기지 않고 자신의 말로 바꾸어서 요약해야 합니다.

08 이 글은 한지의 쓰임새에 대해 설명하는 글입니다. 한지의 쓰임새를 나열하는 방법으로 쓴 글로 나열 구조 틀에 정리할 수 있습니다.

09 글을 요약할 때에는 나열한 낱말들을 찾아 대표하는 낱말로 바꾸어 나타냅니다. '안경집, 벼룻집, 갓집, 반짇고리' 등은 생활용품입니다.

10 '반짇고리'의 앞에 나오는 "바느질 도구 넣는"이라는 말을 통해 낱말의 뜻을 짐작할 수 있습니다.

단원평가 2 회

본문 68~69쪽

01 ⑤　**02** ⑤　**03** ⑴ ○　**04** 서훈　**05** 예 ⑴ 까다로운 ⑵ '나'의 말을 들은 슐로스 할아버지가 충격을 받은 듯 머리를 감싸며 켈러 선생님에 대해 '마녀'라는 표현을 썼기 때문이다. **06** ⑤　**07** ⑤　**08** ⑤　**09** ①　**10** ⑵ ○

01 귀에 이어폰을 꽂으면 학습 내용이 기억에 잘 남지 않는다고 한 것에서 '걸림돌'의 낱말 뜻을 짐작할 수 있습니다.

02 잘 모르는 낱말의 앞뒤 내용을 자세히 살펴보면 낱말의 뜻을 짐작할 수 있습니다. 또는 이미 아는 친숙한 낱말로 바꾸었을 때 문장의 의미가 자연스러운지 살펴보며 낱말의 뜻을 짐작할 수도 있습니다.

03 ⑴에 쓰인 '손'은 '어떤 사람의 영향력이나 권한이 미치는 범위', ⑵에 쓰인 '손'은 '어떤 일을 하는 데 드는 사람의 힘이나 노력, 기술'이라는 뜻입니다.

04 켈러 선생님은 글을 읽는 사람이 글쓴이의 '진짜' 감정을 느낄 수 있어야 하고, 독창적이어야 한다고 했으며 낱말에 날개를 달아 주라고 했습니다.

05 '깐깐한'의 앞뒤 내용을 살펴보고 낱말의 뜻을 짐작해 봅니다.

> **채점 기준**
> ⑴ 사전에서 찾은 뜻인 '행동이나 성격 등이 까다로울 만큼 빈틈이 없다.'와 비슷한 내용을 쓰고, ⑵ 낱말의 앞뒤 상황 살펴보기, 뜻이 비슷하거나 반대인 낱말을 대신 넣어 보기, 낱말을 사용한 예를 떠올려 보기 중에서 한 가지 썼으면 정답으로 합니다.

06 '나'는 켈러 선생님을 생각하면 가슴이 벅찰 만큼 존경하고 사랑한다고 하였습니다.

07 이 글은 한지를 만드는 과정을 순서대로 설명한 글입니다.

08 한지는 닥나무의 속껍질로 만듭니다.

09 '먼저, 그런 다음, 이번에는, 마지막으로' 등 시간의 순서를 나타내는 말들이 쓰인 것으로 보아 시간 순서대로 쓰인 글임을 알 수 있습니다.

10 이 글은 한지를 만드는 과정을 시간 순서대로 설명하고 있으므로 ⑵의 순서 구조 틀이 알맞습니다. ⑴의 구조 틀은 주제에 대한 특징을 나열하는 나열 구조에 알맞은 틀입니다.

단원평가 1회

01 (1) ○   **02** ⑤   **03** ①, ④, ⑤   **04** ④   **05** (1) 방송에서 사용하는 영어 (2) 예 주제에 맞는 조사 대상을 생각하고 아이들에게 영향을 많이 주는 것으로 범위를 좁혀 정했다.
06 ③   **07** (1)-① (2)-③ (3)-② (4)-② **08** ⑤ **09** ①, ②, ⑤ **10** ③

01 '열공했더니'는 '열심히 공부했더니'의 줄임말이고, '삼김'은 '삼각김밥'의 줄임말입니다.

02 "주문하신 사과주스 나오셨습니다."와 같은 표현은 사물을 높이는 표현으로 우리말 규칙에 맞지 않습니다.

03 우리말을 바르게 사용하지 않으면 뜻이 통하지 않을 수 있고, 아름다운 우리말이 사라질 수 있습니다. 말에 담긴 우리의 정신도 훼손될 수 있습니다.

04 그림 ❸에서 만약 옷이 수입된 것이라면 옷에 영어가 있는 것은 당연할 것이기 때문에 조사 대상으로 알맞지 않다고 했습니다.

05 여진이네 모둠은 주제에 맞는 조사 대상을 생각하고 아이들에게 영향을 많이 주는 것으로 범위를 좁혀 정했습니다.

> **채점** **기준**
>
> ⑴ 방송에서 사용하는 영어라고 쓰고, ⑵ 주제에 맞는 조사 대상을 생각하고 아이들에게 영향을 많이 주는 것으로 범위를 좁혀 정했다는 내용을 썼으면 정답으로 합니다.

06 조사 방법 중 면담은 자세한 정보를 수집할 수 있다는 장점과 시간이 오래 걸리고 원하는 인물과 면담을 하지 못할 수도 있다는 단점이 있습니다.

07~08 글 (가)는 시작하는 말로 모둠 이름, 조사 주제, 발표 제목이 나타나 있습니다. 글 (나)는 끝맺는 말로 발표한 내용, 모둠의 의견이나 전망이 들어가 있습니다. 글 (다)는 자료, 글 (라)는 설명하는 말로 전달하려는 내용에 해당합니다.

09 그림 ㉮에서는 발표 내용만 보면서 읽듯이 발표하고 있고, 그림 ㉯에서는 너무 빠른 속도로 발표하고 있으며, 그림 ㉰에서는 알아듣지 못하게 작게 말했습니다.

10 발표자가 잘못한 점을 작은 소리로도 말해선 안 됩니다.

단원평가 2회

01 설하   **02** (2) ○   **03** 예 우리 집 근처에는 '클린세탁소'라는 외국어를 사용한 간판이 있다. / 나는 '노잼'이라는 국적 불문의 신조어를 들은 적이 있다.   **04** ⑤   **05** (1) 많이 (2) 좁혀
06 방송   **07** ⑤   **08** ⑤   **09** ⑤   **10** ⑤

01 그림 ㉮와 ㉯의 'BOOK적BOOK적'과 '4U음식점'은 우리말이 있는데도 영어를 그대로 간판에 사용한 것입니다. 이와 같은 간판이 많아지면 영어를 모르는 사람은 가게를 잘 찾지 못할 수도 있습니다.

02 'BOOK적BOOK적'은 우리말을 바르게 사용하여 '북적북적 서점'으로 바꾸는 것이 알맞습니다. '북 스토어'는 외국어가 쓰인 말입니다.

03 일상생활에서 우리말을 바르게 사용하지 못한 사례를 찾아봅니다.

> **채점** **기준**
>
> 우리말을 바르게 사용하지 못한 경우를 알맞게 쓰고, 줄임말 사용, 외국어 사용, 우리말 규칙에 맞지 않음 등 바르지 못한 까닭도 알맞게 썼으면 정답으로 합니다.

04 여진이네 모둠의 조사 주제는 '우리말이 있는데도 영어를 사용하는 예'입니다. 조사 주제를 정할 때에는 실제로 조사할 수 있는지, 조사 방법과 기간이 적절한지 주의해야 합니다.

05 여진이네 모둠은 주제에 맞는 조사 대상을 생각하고 아이들에게 영향을 많이 주는 것으로 범위를 좁혀 정했습니다.

06 여진이네 모둠은 방송에서 사용하는 영어를 조사하기로 했습니다.

07 설문지법의 장점은 여러 사람을 한꺼번에 조사할 수 있다는 것이고, 단점은 답한 내용 외에는 자세한 내용을 알기 어렵다는 것입니다.

08 여진이는 한 화면에 너무 많은 내용을 제시했습니다.

09 편의점 주인은 '삼김'이라는 줄임말을 듣고 못 알아들어서 당황하였습니다.

10 인터넷 사용 예절, 우리 전통문화, 우리 지역의 자랑거리는 우리말 사용과 관련 없는 주제입니다. '아름다운 외국어를 많이 사용하자.'는 것은 바른 우리말 사용에 어긋나는 주제입니다.

수학

단원평가 **1** 회

본문 76~77쪽

01 원재, 중기, 성태, 도윤 **02** 진구, 원재, 상아, 성태
03 40 이상 46 미만인 수 **04** 풀이 참조, 6개 **05** ㉢
06 7500원 **07** |—|—|—|—|—|—|—|—|—|—|—|
　　　　　　　　 0　　　 5　　　 10　　　 15　　　 20　　　 25(kg)
08 241명 이상 280명 이하 **09** 4000, 3200, 3190에 ○표
10 2개 **11** 6개 **12** 11 cm **13** ㉡, ㉢, ㉠ **14** 2400개
15 풀이 참조, 7000원

---

01 125 이상인 수는 125와 같거나 큰 수이므로 높이뛰기 기록이 125 cm 이상인 선수는 원재, 중기, 성태, 도윤입니다.

02 130 미만인 수는 130보다 작은 수이므로 높이뛰기 기록이 130 cm 미만인 선수는 진구, 원재, 상아, 성태입니다.

03 40을 ●으로 나타내고 46을 ○으로 나타낸 후 그 사이를 선으로 연결했으므로 40 이상 46 미만인 수입니다.

04 ㉕ 자연수 부분이 될 수 있는 수는 2, 3이고, 소수 첫째 자리 수가 될 수 있는 수는 6, 7, 8입니다.
따라서 만들 수 있는 소수 한 자리 수는 2.6, 2.7, 2.8, 3.6, 3.7, 3.8로 모두 6개입니다.

채점 기준

자연수 부분, 소수 첫째 자리 수가 될 수 있는 수를 각각 구한 경우	50 %
만들 수 있는 소수 한 자리 수는 모두 몇 개인지 구한 경우	50 %

05 ㉠ 61 이하인 수는 61과 같거나 작은 수이므로 62가 포함되지 않습니다.
㉡ 62 초과인 수는 62보다 큰 수이므로 62가 포함되지 않습니다.
㉢ 61 이상인 수는 61과 같거나 큰 수이므로 62가 포함됩니다.
㉣ 62 미만인 수는 62보다 작은 수이므로 62가 포함되지 않습니다.
따라서 62를 포함하는 수의 범위는 ㉢입니다.

06 15 kg은 10 kg 초과 15 kg 이하인 무게의 범위에 속하므로 지민이는 택배 요금으로 7500원을 내야 합니다.

07 6500원을 내는 무게의 범위는 5 kg 초과 10 kg 이하입니다.

08 학생들이 버스 6대에 가득 타고 1명 더 있다고 하면 $40 \times 6 + 1 = 241$(명)이고, 버스 7대에 가득 탔다고 하면 $40 \times 7 = 280$(명)입니다.
따라서 승준이네 학교 5학년 학생은 241명 이상 280명 이하입니다.

09 $3184 \Rightarrow 4000$, $3184 \Rightarrow 3200$, $3184 \Rightarrow 3190$

10 $6000 \Rightarrow 6000$, $5920 \Rightarrow 6000$, $6100 \Rightarrow 6100$, $6109 \Rightarrow 6200$, $6047 \Rightarrow 6100$
따라서 올림하여 백의 자리까지 나타내면 6100이 되는 수는 6100, 6047로 모두 2개입니다.

11 버림하여 천의 자리까지 나타내면 2000이 되는 네 자리 수는 2□□□입니다.
따라서 2468, 2486, 2648, 2684, 2846, 2864로 모두 6개입니다.

12 연필의 길이는 10.7 cm입니다. 10.7 cm를 반올림하여 일의 자리까지 나타내면 소수 첫째 자리 숫자가 7이므로 올림하여 11 cm입니다.

13 ㉠ $1.485 \Rightarrow 2$　　　　㉡ $2.143 \Rightarrow 2.1$
　　올림합니다.　　　　　　　버림합니다.
㉢ $2.039 \Rightarrow 2.04$
　 올림합니다.
$\Rightarrow$ ㉡ > ㉢ > ㉠

14 한 상자에 100개씩 담아야 하므로 2476개를 버림하여 백의 자리까지 나타내면 2400개입니다.
따라서 팔 수 있는 귤은 최대 2400개입니다.

15 ㉕ 현우가 산 빵값은 모두 $1800 + 3000 + 1500 = 6300$(원)입니다.
1000원짜리 지폐로 내야 하므로 6300원을 올림하여 천의 자리까지 나타내면 7000원입니다.
따라서 빵값으로 적어도 7000원을 내야 합니다.

채점 기준

현우가 산 빵값을 구한 경우	50 %
빵값으로 적어도 얼마를 내야 하는지 구한 경우	50 %

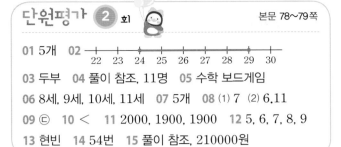

01 5개 **02**
| | | | | | | | |
|22|23|24|25|26|27|28|29|30|

03 두부 **04** 풀이 참조, 11명 **05** 수학 보드게임

06 8세, 9세, 10세, 11세 **07** 5개 **08** (1) 7 (2) 6.11

09 ⓒ **10** < **11** 2000, 1900, 1900 **12** 5, 6, 7, 8, 9

13 현빈 **14** 54번 **15** 풀이 참조, 210000원

01 75 미만인 수는 75보다 작은 수이므로 70, 69.2, 71, 67, 73.9로 모두 5개입니다.

02 24와 29를 ●으로 나타내고 그 사이를 선으로 연결합니다.

03 유통기한을 초과한 신선식품은 유통기한이 오늘인 2023년 9월 27일보다 이전 날짜인 신선식품입니다. 따라서 유통기한을 초과한 신선식품은 유통기한이 2023년 9월 25일까지인 두부입니다.

04 예 엘리베이터에 탈 수 있는 최대 인원은 17명 미만이므로 16명까지 탈 수 있습니다. 따라서 현재 5명이 타고 있으므로 16−5=11(명)까지 더 탈 수 있습니다.

채점 **기준**

엘리베이터에 최대 몇 명까지 탈 수 있는지 구한 경우	50 %
엘리베이터에 몇 명까지 더 탈 수 있는지 구한 경우	50 %

05 12세는 12세 이상 18세 이하인 나이의 범위에 속하므로 도영이가 신청할 수 있는 강좌는 수학 보드게임입니다.

06 우쿨렐레를 신청할 수 있는 나이의 범위는 8세 이상 11세 이하이므로 8세, 9세, 10세, 11세입니다.

07 첫 번째 수직선에 나타낸 수의 범위는 15 이상 22 미만인 수이므로 이 수의 범위에 속하는 자연수는 15, 16, 17, 18, 19, 20, 21입니다. 두 번째 수직선에 나타낸 수의 범위는 16 초과 23 이하인 수이므로 이 수의 범위에 속하는 자연수는 17, 18, 19, 20, 21, 22, 23입니다. 따라서 두 수의 범위에 공통으로 속하는 자연수는 17, 18, 19, 20, 21로 모두 5개입니다.

08 (1) 6.108 ➡ 7 (2) 6.108 ➡ 6.11

09 올림하여 십의 자리까지 나타내면 340이 되는 수의 범위는 330 초과 340 이하인 수입니다. 330을 ○으로 나타내고 340을 ●으로 나타낸 후 그 사이를 선으로 연결한 것을 찾으면 ⓒ입니다.

10 · 5824를 버림하여 천의 자리까지 나타내면 5824 ➡ 5000입니다. · 5824를 버림하여 백의 자리까지 나타내면 5824 ➡ 5800입니다. 따라서 어림한 수의 크기를 비교하면 5000<5800입니다.

11 올림: 1903 ➡ 2000 올림합니다. 버림: 1903 ➡ 1900 버림합니다. 반올림: 1903 ➡ 1900 버림합니다.

12 724□의 십의 자리 숫자가 4인데 반올림하여 십의 자리까지 나타낸 수는 7250으로 십의 자리 숫자가 5가 되었으므로 일의 자리에서 올림하였습니다. 따라서 □ 안에 들어갈 수 있는 숫자는 5, 6, 7, 8, 9입니다.

13 현빈: 조회 수를 반올림하여 백의 자리까지 나타내면 38500번 정도 봤습니다.

14 배 한 대에 100명씩 타고 남은 관광객까지 모두 타기 위해서는 올림해야 합니다. 관광객 5348명이 배 한 대에 100명씩 탄다면 53번을 운행한 후 남은 관광객 48명이 탈 수 있도록 배를 한 번 더 운행해야 합니다. 따라서 배는 적어도 54번 운행해야 합니다.

15 예 초콜릿 357개를 한 상자에 10개씩 담으면 35상자가 되고 초콜릿 7개가 남습니다. 따라서 초콜릿을 팔아서 받을 수 있는 돈은 최대 6000×35=210000(원)입니다.

채점 **기준**

초콜릿을 한 상자에 10개씩 담으면 몇 상자가 되고 몇 개가 남는지 구한 경우	50 %
초콜릿을 팔아서 받을 수 있는 돈은 최대 얼마인지 구한 경우	50 %

2단원 분수의 곱셈

단원평가 **1** 회 　　　본문 80~81쪽

01 $9, 4, 9, 2\frac{1}{4}$ / $3, 4, 9, 2\frac{1}{4}$ / $4, 3, 9, 2\frac{1}{4}$

02 ⑩ $=\frac{11}{4}\times5=\frac{11\times5}{4}=\frac{55}{4}=13\frac{3}{4}$

03 풀이 참조, $13\frac{1}{8}$ L　**04** ⑴ 8　⑵ $\frac{6}{7}$　**05** $6\frac{1}{3}$ m²

06 $4\times\frac{6}{7}$ 에 ○표　**07** ⓒ　**08** $\frac{1}{18}$

09 ⑴—ⓒ　⑵—ⓔ　⑶—㉠　**10** $\frac{15}{22}$　**11** $\frac{1}{45}$

12 $3\frac{3}{14}$　**13** <　**14** $25\frac{3}{10}$　**15** 풀이 참조, $8\frac{1}{3}$ km

03 ⑩ 일주일은 7일입니다.

따라서 희윤이가 일주일 동안 마신 물은 모두

$1\frac{7}{8}\times7=\frac{15}{8}\times7=\frac{105}{8}=13\frac{1}{8}$ (L)입니다.

채점 기준

일주일은 며칠인지 구한 경우	40 %
희윤이가 일주일 동안 마신 물은 모두 몇 L인지 구한 경우	60 %

04 ⑴ $\frac{4}{5}\times\overset{2}{\underset{1}{10}}=8$　⑵ $3\times\frac{2}{7}=\frac{3\times2}{7}=\frac{6}{7}$

05 (직사각형의 넓이)$=2\times3\frac{1}{6}=2\times\frac{19}{\underset{3}{6}}$

$=\frac{19}{3}=6\frac{1}{3}$ (m²)

06 4에 진분수를 곱하면 계산 결과는 4보다 작습니다.

따라서 계산 결과가 4보다 작은 식은 $4\times\frac{6}{7}$ 입니다.

07 ㉠ 1시간은 60분이므로 1시간의 $\frac{1}{3}$ 은

$\overset{20}{\underset{1}{60}}\times\frac{1}{3}=20$ (분)입니다.

ⓒ 1 m는 100 cm이므로 1 m의 $\frac{2}{5}$ 는

$\overset{20}{\underset{1}{100}}\times\frac{2}{5}=40$ (cm)입니다.

ⓔ 1 L는 1000 mL이므로 1 L의 $\frac{1}{4}$ 은

$\overset{250}{1000}\times\frac{1}{\underset{1}{4}}=250$ (mL)입니다.

09 ⑴ $\frac{5}{6}\times\frac{\overset{1}{2}}{\underset{3}{3}}=\frac{5}{9}$　⑵ $\frac{1}{3}\times\frac{\overset{1}{3}}{5}=\frac{1}{5}$

⑶ $\frac{9}{\underset{2}{10}}\times\frac{5}{8}=\frac{9}{16}$

10 $\frac{10}{11}>\frac{4}{5}>\frac{3}{4}$ 이므로 가장 큰 분수는 $\frac{10}{11}$, 가장 작은 분수는 $\frac{3}{4}$ 입니다.

➡ $\frac{10}{11}\times\frac{3}{\underset{2}{4}}=\frac{15}{22}$

11 $\frac{4}{9}\times\frac{2}{5}\times\frac{1}{\underset{\underset{1}{2}}{8}}=\frac{1}{45}$

13 $2\frac{1}{3}\times2\frac{3}{7}=\frac{7}{3}\times\frac{17}{\underset{1}{7}}=\frac{17}{3}=5\frac{2}{3}$,

$4\frac{1}{2}\times1\frac{3}{5}=\frac{9}{2}\times\frac{\overset{4}{8}}{5}=\frac{36}{5}=7\frac{1}{5}$ ➡ $5\frac{2}{3}<7\frac{1}{5}$

14 $6>5>3$ 이므로 만들 수 있는 가장 큰 대분수는 $6\frac{3}{5}$, 가장 작은 대분수는 $3\frac{5}{6}$ 입니다.

➡ $6\frac{3}{5}\times3\frac{5}{6}=\frac{\overset{11}{33}}{5}\times\frac{23}{\underset{2}{6}}=\frac{253}{10}=25\frac{3}{10}$

15 ⑩ 2시간 30분을 분수로 나타내면

2시간 30분$=2\frac{30}{60}$ 시간$=2\frac{1}{2}$ 시간입니다.

따라서 철민이는 2시간 30분 동안

$3\frac{1}{3}\times2\frac{1}{2}=\frac{10}{3}\times\frac{\overset{5}{5}}{\underset{1}{2}}=\frac{25}{3}=8\frac{1}{3}$ (km)를 걸을 수 있습니다.

채점 기준

2시간 30분은 몇 시간인지 분수로 나타낸 경우	40 %
철민이가 2시간 30분 동안 걸을 수 있는 거리는 모두 몇 km인지 구한 경우	60 %

단원평가 2회

본문 82~83쪽

01 ㉡

02 $=(3\times5)+\left(\frac{1}{2}\times5\right)=15+\frac{5}{2}=15+2\frac{1}{2}=17\frac{1}{2}$

03 $23\frac{1}{3}$　04 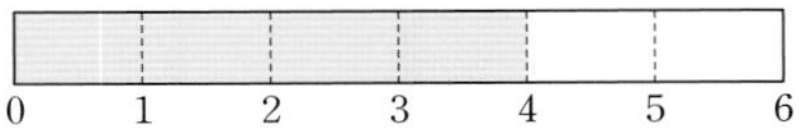

05 은주　06 ( )(○)( )　07 풀이 참조, 36000원

08 $\frac{5}{54}$, $\frac{20}{99}$　09 $\frac{3}{28}$　10 $\frac{15}{32}$ cm^2

11 7, 8, $\frac{1}{56}$ $\left(\text{또는 } 8, 7, \frac{1}{56}\right)$　12 (1) $1\frac{5}{21}$　(2) 5

13 ㉢, ㉠, ㉡　14 8　15 풀이 참조, $\frac{5}{6}$ km

01 $\frac{3}{5}\times3=\frac{3}{5}+\frac{3}{5}+\frac{3}{5}=\frac{9}{5}=1\frac{4}{5}$

03 $\frac{7}{\underset{3}{\cancel{9}}}\times\overset{4}{\cancel{12}}=\frac{28}{3}=9\frac{1}{3}$, $1\frac{3}{4}\times8=\frac{7}{\underset{1}{\cancel{4}}}\times\overset{2}{\cancel{8}}=14$

➡ $9\frac{1}{3}+14=23\frac{1}{3}$

04 6을 3등분 한 것 중 2만큼을 색칠하면 4입니다.

05 은주: $\overset{1}{\cancel{2}}\times\frac{9}{\underset{7}{\cancel{14}}}=\frac{9}{7}=1\frac{2}{7}$

소민: $8\times1\frac{2}{3}=8\times\frac{5}{3}=\frac{40}{3}=13\frac{1}{3}$

근표: $4\times2\frac{1}{5}=4\times\frac{11}{5}=\frac{44}{5}=8\frac{4}{5}$

따라서 바르게 계산한 사람은 은주입니다.

06 $\overset{8}{\cancel{16}}\times\frac{5}{\underset{3}{\cancel{6}}}=\frac{40}{3}=13\frac{1}{3}$

$\overset{3}{\cancel{24}}\times\frac{7}{\underset{1}{\cancel{8}}}=21$

$5\times1\frac{3}{10}=\overset{1}{\cancel{5}}\times\frac{13}{\underset{2}{\cancel{10}}}=\frac{13}{2}=6\frac{1}{2}$

따라서 계산 결과가 자연수인 것은 $24\times\frac{7}{8}$입니다.

07 예 할인 기간 동안 입장권 1장은

$\overset{3000}{\cancel{15000}}\times\frac{4}{\underset{1}{\cancel{5}}}=12000$(원)입니다.

따라서 할인 기간에 입장권 3장을 샀다면

$12000\times3=36000$(원)을 내야 합니다.

채점 기준

할인 기간에 입장권 1장의 금액을 구한 경우	50 %
할인 기간에 입장권 3장을 샀다면 얼마를 내야 하는지 구한 경우	50 %

09 $\frac{\overset{1}{\cancel{7}}}{\underset{2}{\cancel{10}}}\times\frac{\overset{1}{\cancel{5}}}{\underset{1}{\cancel{7}}}\times\frac{3}{14}=\frac{1}{2}\times\frac{3}{14}=\frac{3}{28}$

10 (평행사변형의 넓이)=(밑변의 길이)×(높이)

$=\frac{5}{8}\times\frac{3}{4}=\frac{15}{32}(cm^2)$

11 $\frac{1}{\square}\times\frac{1}{\square}$에서 분모에 큰 수가 들어갈수록 계산 결과가 작아지므로 수 카드 두 장을 사용하여 계산 결과가 가장 작은 식을 만들려면 수 카드 7과 8을 사용해야 합니다.

➡ $\frac{1}{7}\times\frac{1}{8}=\frac{1}{56}$ 또는 $\frac{1}{8}\times\frac{1}{7}=\frac{1}{56}$

13 ㉠ $1\frac{2}{3}\times2\frac{2}{5}=\frac{\overset{1}{\cancel{5}}}{\underset{1}{\cancel{3}}}\times\frac{\overset{4}{\cancel{12}}}{\underset{1}{\cancel{5}}}=4$

㉡ $2\frac{1}{5}\times1\frac{3}{7}=\frac{11}{\underset{1}{\cancel{5}}}\times\frac{\overset{2}{\cancel{10}}}{7}=\frac{22}{7}=3\frac{1}{7}$

㉢ $1\frac{1}{2}\times4=\frac{3}{\underset{1}{\cancel{2}}}\times\overset{2}{\cancel{4}}=6$

➡ ㉢>㉠>㉡

14 $6\frac{2}{9}\times1\frac{3}{8}=\frac{\overset{7}{\cancel{56}}}{9}\times\frac{11}{\underset{1}{\cancel{8}}}=\frac{77}{9}=8\frac{5}{9}$

➡ $\square<8\frac{5}{9}$이므로 □ 안에 들어갈 수 있는 가장 큰 자연수는 8입니다.

15 예 집에서 도서관까지의 전체 거리를 1이라 하면 남은 거리는 전체의 $1-\frac{3}{4}=\frac{1}{4}$입니다.

따라서 남은 거리는

$3\frac{1}{3}\times\frac{1}{4}=\frac{\overset{5}{\cancel{10}}}{3}\times\frac{1}{\underset{2}{\cancel{4}}}=\frac{5}{6}$(km)입니다.

채점 기준

남은 거리는 전체의 얼마인지 구한 경우	40 %
남은 거리는 몇 km인지 구한 경우	60 %

3단원 합동과 대칭

단원평가 **1** 회　　　　본문 84~86쪽

01 가, 바　**02** 풀이 참조　**03** 풀이 참조　**04** 8 cm

05 40°　**06** 33 cm　**07** ⑤　**08** 4개　**09** 160°

10 4 cm　**11** 110°　**12** 풀이 참조　**13** 21 cm²

14 ㉡, ㉣　**15** 풀이 참조　**16** (위에서부터) 60, 4

17 2 cm　**18** 42 cm　**19** 풀이 참조, 105°　**20** 풀이 참조

02 예 모양은 같지만 크기가 다르므로 두 도형은 서로 합동이 아닙니다.

> 채점 **기준**

두 도형이 서로 합동이 아닌 이유를 쓴 경우	100 %

03
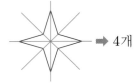

05 (각 ㄹㅂㅁ)=(각 ㄱㄴㄷ)=60°
삼각형 ㄹㅁㅂ의 세 각의 크기의 합은 180°이므로
(각 ㅁㄹㅂ)=180°−80°−60°=40°입니다.

06 (변 ㄴㄷ)=(변 ㅇㅁ)=12 cm
(변 ㄷㄹ)=(변 ㅁㅂ)=9 cm
➡ (사각형 ㄱㄴㄷㄹ의 둘레)
　　=7+12+9+5=33(cm)

07 한 직선을 따라 접었을 때 완전히 겹치지 않는 도형
은 ⑤입니다.

08
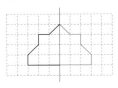 ➡ 4개

10 (변 ㄱㅂ)=(변 ㄱㄴ)=5 cm
(변 ㅂㅁ)=(변 ㄴㄷ)=4 cm
➡ (변 ㄷㄹ)=(변 ㅁㄹ)
　　　　　　=(26−5−4−5−4)÷2
　　　　　　=8÷2=4(cm)

11 한 직선이 이루는 각은 180°이므로
(각 ㅂㅁㄹ)=180°−110°=70°입니다.
사각형 ㄱㄹㅁㅂ의 네 각의 크기의 합은 360°이므로
(각 ㄱㅂㅁ)=360°−90°−90°−70°=110°입니다.

선대칭도형에서 대응각의 크기가 서로 같으므로
(각 ㄱㄴㄷ)=(각 ㄱㅂㅁ)=110°입니다.

12
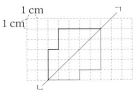

13
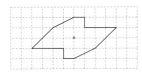

완성한 선대칭도형의 넓이는 1 cm²가 21개이므로
21 cm²입니다.

14 어떤 점을 중심으로 180° 돌렸을 때 처음 블록과 완
전히 겹치는 블록은 ㉡, ㉣입니다.

15
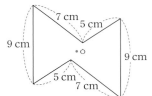

16 (변 ㄷㄹ)=(변 ㅅㅈ)=4 cm
(각 ㅂㅅㅈ)=(각 ㄴㄷㄹ)=60°

17 (선분 ㄴㅇ)=(선분 ㅁㅇ)=6 cm
➡ (선분 ㅁㅂ)=14−6−6=2(cm)

18
```
        7 cm
          5 cm
9 cm  ·ㅇ        9 cm
        5 cm
          7 cm
```
➡ (점대칭도형의 둘레)=9+5+7+9+5+7
　　　　　　　　　　=42(cm)

19 예 삼각형 ㄴㄷㄹ의 세 각의 크기의 합은 180°이므
로 (각 ㄴㄷㄹ)=180°−30°−45°=105°입니다.
점대칭도형에서 대응각의 크기가 서로 같으므로
(각 ㄹㄱㄴ)=(각 ㄴㄷㄹ)=105°입니다.

> 채점 **기준**

각 ㄴㄷㄹ의 크기를 구한 경우	50 %
각 ㄹㄱㄴ의 크기를 구한 경우	50 %

20
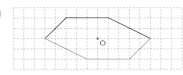

단원평가 2 회

01 ㉠, ㉢   02 풀이 참조   03 5쌍, 5쌍, 5쌍   04 70°
05 5 cm   06 30°   07 ㉠, ㉡   08 풀이 참조
09 (1) 1개 (2) 2개 (3) 2개   10 120°   11 68 cm²
12 풀이 참조, 105°   13 풀이 참조   14 ③, ⑤   15 ㉡
16 ㉢   17 105°   18 풀이 참조, 12 cm   19 풀이 참조
20 80 cm²

02

03 오각형은 점이 5개, 변이 5개, 각이 5개이므로 서로 합동인 두 오각형의 대응점은 5쌍, 대응변은 5쌍, 대응각은 5쌍입니다.

04 (각 ㅂㅅㅇ)=(각 ㄷㄹㄱ)=70°

05 (변 ㄱㄹ)=(변 ㅇㅁ)=5 cm
➡ (변 ㄷㄹ)=30−9−11−5=5(cm)

06 삼각형 ㄱㄴㄷ의 세 각의 크기의 합은 180°이므로
(각 ㄱㄷㄴ)=180°−60°−90°=30°입니다.
합동인 두 도형에서 대응각의 크기가 서로 같으므로
(각 ㄹㄴㄷ)=(각 ㄱㄷㄴ)=30°입니다.

07 한 직선을 따라 접었을 때 완전히 겹치는 문양은 ㉠, ㉡입니다.

08
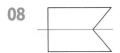

09 (1) 1개   (2) O 2개   (3) H 2개

11 오각형 ㄱㄴㄷㅁㅂ의 넓이는 사각형 ㄱㄴㄷㄹ의 넓이의 2배입니다.
(선분 ㄷㄹ)=(선분 ㅁㄹ)=4 cm
➡ (오각형 ㄱㄴㄷㅁㅂ의 넓이)
  =((7+10)×4÷2)×2=68(cm²)

12 ⓔ 선대칭도형에서 대응각의 크기가 서로 같으므로
(각 ㄹㄱㄴ)=(각 ㄹㄱㄷ)=25°입니다.
삼각형 ㄱㄴㄹ의 세 각의 크기의 합은 180°이므로
(각 ㄱㄹㄴ)=180°−25°−50°=105°입니다.

각 ㄹㄱㄴ의 크기를 구한 경우	50 %
각 ㄱㄹㄴ의 크기를 구한 경우	50 %

13

14 • 선대칭도형인 글자: ㄷ, ㅁ, ㅏ, ㅣ
• 점대칭도형인 글자: ㄹ, ㅁ, ㅣ
➡ 선대칭도형도 되고 점대칭도형도 되는 글자: ㅁ, ㅣ

15 점대칭도형에서 대응점끼리 이은 선분들이 만나는 한 점이 대칭의 중심입니다.

16 ㉢ 변 ㄱㅂ의 대응변은 변 ㄹㄷ이므로 변 ㄱㅂ은 6 cm입니다.

17 점대칭도형에서 대응각의 크기가 서로 같으므로
(각 ㅂㄱㄴ)=(각 ㄷㄹㅁ)=65°입니다.
사각형 ㄱㄴㄷㅂ의 네 각의 크기의 합은 360°이므로
(각 ㄴㄷㅂ)=360°−65°−90°−100°=105°입니다.

18 ⓔ 점대칭도형에서 대칭의 중심은 대응점끼리 이은 선분을 둘로 똑같이 나누므로
(선분 ㄴㄹ)=(선분 ㄹㅇ)×2
  =9×2=18(cm)입니다.
따라서 (선분 ㄱㅇ)=(선분 ㄷㅇ)=(42−18)÷2
  =12(cm)입니다.

선분 ㄴㄹ의 길이를 구한 경우	40 %
선분 ㄱㅇ의 길이를 구한 경우	60 %

19
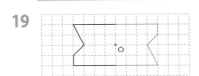

20
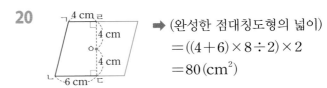
➡ (완성한 점대칭도형의 넓이)
  =((4+6)×8÷2)×2
  =80(cm²)

4단원 소수의 곱셈

단원평가 **1**회

본문 90~91쪽

01 $=\dfrac{8}{10}\times 9=\dfrac{8\times 9}{10}=\dfrac{72}{10}=7.2$

02 3.15   **03** 20.8 cm   **04** 23.75 km

05 상철, 예 6×0.71은 6×0.7로 어림할 수 있으므로 계산 결과는 4.2쯤입니다.

06 (위에서부터) 6, 15.6   **07** <   **08** 수성에 ○표

09 (1) 0.84   (2) 10.759   **10** 7.7, 0.154   **11** 풀이 참조, ○

12 8, 3, 5, 4, 44.82 (또는 5, 4, 8, 3, 44.82)

13 ⑤   **14** (1)—○ (2)—○ (3)—○

15 0.71, 5.3 (또는 5.3, 0.71) / 7.1, 0.53 (또는 0.53, 7.1)

02
$$\begin{array}{r} 0.6\,3 \\ \times\quad\ \ 5 \\ \hline 3.1\,5 \end{array}$$

03 (마름모의 둘레)=(한 변의 길이)×4
$$=5.2\times 4=20.8\,(\text{cm})$$

04 윤재는 일주일 동안 운동장 1.2 km 달리기를 3번, 자전거 4.03 km 타기를 5번 합니다.
➡ (윤재가 일주일 동안 운동하는 거리)
$$=1.2\times 3+4.03\times 5$$
$$=3.6+20.15=23.75\,(\text{km})$$

05 채점 **기준**

계산 결과를 잘못 어림한 사람을 찾아 이름을 쓴 경우	40 %
바르게 고친 경우	60 %

06 $12\times 0.5=6$, $12\times 1.3=15.6$

07 $7\times 1.9=13.3$, $5\times 2.84=14.2$ ➡ $13.3<14.2$

08 금성에서 몸무게를 재면 약 $40\times 0.91=36.4\,(\text{kg})$, 수성에서 몸무게를 재면 약 $40\times 0.38=15.2\,(\text{kg})$ 이므로 수성에서 몸무게를 재면 약 15 kg입니다.

다른 풀이

수성에서 잰 몸무게는 지구에서 잰 몸무게의 약 0.38배이므로 몸무게가 반 이하로 줄어듭니다.
따라서 몸무게가 40 kg에서 15 kg으로 반 이하로 줄었으므로 알맞은 행성은 수성입니다.

09 (1)
$$\begin{array}{r} 0.6 \\ \times\ \ 1.4 \\ \hline 0.8\,4 \end{array}$$
(2)
$$\begin{array}{r} 3.7\,1 \\ \times\quad 2.9 \\ \hline 1\,0.7\,5\,9 \end{array}$$

10 $11\times 0.7=7.7$, $7.7\times 0.02=0.154$

11 예 ○ $1.26\times 5.5=6.93$

○ $0.25\times 0.17=0.0425$

따라서 계산 결과의 소수 첫째 자리 숫자가 0인 것은 ○ 입니다.

채점 **기준**

○과 ○을 각각 구한 경우	60 %
계산 결과의 소수 첫째 자리 숫자가 0인 것의 기호를 쓴 경우	40 %

12 $\boxed{\ \textcircled{\scriptsize ㄱ}\ }.\boxed{\ \textcircled{\scriptsize ㄴ}\ }\times\boxed{\ \textcircled{\scriptsize ㄷ}\ }.\boxed{\ \textcircled{\scriptsize ㄹ}\ }$

계산 결과가 가장 큰 곱셈식을 만들려면 자연수 부분에 큰 숫자를 넣어야 합니다.
$8>5>4>3$이므로 ○과 ○에 8과 5를 넣습니다.
➡ $8.3\times 5.4=44.82$, $8.4\times 5.3=44.52$
따라서 $44.82>44.52$이므로 계산 결과가 가장 큰 곱셈식은 $8.3\times 5.4=44.82$입니다.
이때 $5.4\times 8.3=44.82$도 정답입니다.

참고 계산 결과가 가장 작은 곱셈식을 만들려면 자연수 부분에 작은 숫자를 넣어야 합니다.

13 ① $1.6\times 10=16$
② $160\times 0.1=16$
③ $0.16\times 100=16$
④ 0.016의 1000배 ➡ $0.016\times 1000=16$
⑤ 1600의 0.001 ➡ $1600\times 0.001=1.6$

14 $8\times 2=16$
(1) $0.8\times 0.2=0.16$ ○ $80\times 0.02=1.6$
(2) $0.8\times 2=1.6$ ○ $8\times 0.02=0.16$
(3) $0.8\times 200=160$ ○ $800\times 0.2=160$

참고 곱하는 두 수의 소수점 아래 자리 수를 더한 값만큼 곱의 소수점 아래 자리 수가 정해집니다.

15 $7.1\times 5.3=37.63$인데 수 하나의 소수점 위치를 잘못 눌러서 3.763이 되었으므로 곱하는 두 수 중 하나가 0.1배 되어야 합니다.
➡ $0.71\times 5.3=3.763$ 또는 $5.3\times 0.71=3.763$
$7.1\times 0.53=3.763$ 또는 $0.53\times 7.1=3.763$

01 3, 2.4, 2.4 02 1.48 03 9개 04 48.18 m
05 ㉡, ㉢ 06 98.8 m² 07 없습니다에 ○표, 풀이 참조
08 $\dfrac{2}{10} \times \dfrac{5}{10} = \dfrac{2 \times 5}{10 \times 10} = \dfrac{10}{100} = 0.1$ 09 2.852
10 ㉡, ㉢, ㉠, ㉣ 11 0.95×5.6=5.32, 5.32 m²
12 풀이 참조, 31.902 13 5300, 530, 53, 5.3
14 (1) 3.2 (2) 9.17 15 10000배

01 0.8×3은 0.8을 3번 더한 것과 같으므로
0.8×3=0.8+0.8+0.8=2.4입니다.

02
```
      0. 7 4
  ×        2
   ─────────
      1. 4 8
```

03 1.9×5=9.5
➡ 9.5>□이므로 □ 안에 들어갈 수 있는 자연수는
1, 2, 3, 4, 5, 6, 7, 8, 9로 모두 9개입니다.

04 1시간은 60분이고 60분은 10분의 6배입니다.
따라서 애벌레가 1시간 동안 기어가는 거리는
8.03×6=48.18(m)입니다.

05 ㉠ 0.9는 1보다 작으므로 2×0.9는 2보다 작습니다.
㉡ 0.7×3=2.1이므로 0.78×3은 2보다 큽니다.
㉢ 0.4×5=2이므로 0.41×5는 2보다 큽니다.
㉣ 6×0.2=1.2이므로 6×0.22는 2보다 작습니다.
따라서 어림하여 계산한 결과가 2보다 큰 것은 ㉡,
㉢입니다.

06 (평행사변형의 넓이)
=(밑변의 길이)×(높이)
=13×7.6=98.8(m²)

07 예 1 g당 13.2원인 손 세정제 500 g의 가격은
500×13.2=6600(원)입니다.
따라서 6000원으로 손 세정제를 살 수 없습니다.

채점 기준

손 세정제를 살 수 있는지 없는지 구한 경우	40 %
이유를 쓴 경우	60 %

08 소수를 분수로 바꾼 후 분자는 분자끼리, 분모는 분
모끼리 곱합니다.

09 3.1>2.7>1.8>0.92이므로 가장 큰 소수는 3.1,
가장 작은 소수는 0.92입니다.
➡ 3.1×0.92=2.852

10 ㉠ 12×0.43=5.16
㉡ 4.78×2=9.56
㉢ 9.3×0.9=8.37
㉣ 2.66×1.5=3.99
➡ ㉡>㉢>㉠>㉣

11 (5.6 L의 페인트로 칠할 수 있는 벽의 넓이)
=(1 L의 페인트로 칠할 수 있는 벽의 넓이)×5.6
=0.95×5.6=5.32(m²)

12 예 어떤 수를 □라 하면 잘못 계산한 식은
□−3.9=4.28입니다.
➡ □=4.28+3.9=8.18
따라서 바르게 계산한 값은 8.18×3.9=31.902입
니다.

채점 기준

어떤 수를 구한 경우	50 %
바르게 계산한 값은 얼마인지 구한 경우	50 %

13 곱하는 소수의 소수점 아래 자리 수가 하나씩 늘어날
때마다 곱의 소수점이 왼쪽으로 한 자리씩 이동합니다.
5300×1=5300
5300×0.1=530
5300×0.01=53
5300×0.001=5.3

14 (1) 91.7은 917의 0.1배인데 293.44는 29344의
0.01배이므로 □ 안에 알맞은 수는 32의 0.1배인
3.2입니다.
(2) 320은 32의 10배인데 2934.4는 29344의 0.1
배이므로 □ 안에 알맞은 수는 917의 0.01배인
9.17입니다.

15 • 8.6은 0.086을 100배 한 수입니다.
➡ ㉠=100
• 0.174는 17.4를 0.01배 한 수입니다.
➡ ㉡=0.01
따라서 100은 0.01의 10000배이므로 ㉠은 ㉡의
10000배입니다.

5단원 직육면체

단원평가 ① 회

본문 94~96쪽

01 ② 02 6, 12, 8 03 ⑤ 04 40 cm 05 2개
06 면 ㄱㄴㄷㄹ
07 은미, 예 직육면체에서 서로 평행한 면은 3쌍 있어.
08 32 cm 09 풀이 참조 10 4 11 69 cm 12 풀이 참조
13 8 14 풀이 참조 15 면 마 16 선분 ㅋㅌ, 선분 ㅅㅂ
17 ③ 18 풀이 참조 19 풀이 참조 20 52 cm²

---

01 직사각형 6개로 둘러싸인 도형은 ②입니다.

03 ⑤ 직육면체는 모서리의 길이가 다르지만 정육면체는 모서리의 길이가 모두 같습니다.

04 직육면체에는 길이가 5 cm, 2 cm, 3 cm인 모서리가 각각 4개씩 있습니다.
➡ (직육면체의 모든 모서리의 길이의 합)
$= (5+2+3) \times 4 = 40 \text{(cm)}$

05 정육면체는 12개의 모서리의 길이가 모두 같으므로 상자 1개를 포장하는 데 필요한 테이프의 길이는
$20 \times 12 = 240 \text{(cm)}$입니다.
따라서 6 m = 600 cm이고
$600 - 240 - 240 = 120 \text{(cm)}$이므로 상자를 2개까지 포장할 수 있습니다.

07 채점 **기준**

잘못 설명한 사람을 찾아 이름을 쓴 경우	40 %
바르게 고친 경우	60 %

08 면 ㄱㅁㅇㄹ과 평행한 면은 면 ㄴㅂㅅㄷ이고 서로 합동입니다.
➡ (면 ㄴㅂㅅㄷ의 네 변의 길이의 합)
$=$ (면 ㄱㅁㅇㄹ의 네 변의 길이의 합)
$= 6+10+6+10 = 32 \text{(cm)}$

09
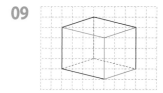

10 ㉠ 7, ㉡ 3 ➡ ㉠-㉡$= 7-3 = 4$

11 직육면체에서 보이는 모서리는 8 cm가 6개, 7 cm가 3개입니다.
➡ (보이는 모서리의 길이의 합)
$= 8 \times 6 + 7 \times 3 = 48 + 21 = 69 \text{(cm)}$

12 예
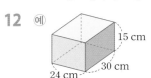
15 cm
30 cm
24 cm

13 정육면체는 모든 모서리의 길이가 같고 보이지 않는 모서리는 3개이므로 한 모서리의 길이는
$24 \div 3 = 8 \text{(cm)}$입니다.
따라서 □ 안에 알맞은 수는 8입니다.

14 예 전개도를 접었을 때 겹치는 선분의 길이가 다르므로 직육면체의 전개도가 아닙니다.

채점 **기준**

직육면체의 전개도가 아닌 이유를 쓴 경우	100 %

15 전개도를 접었을 때 면 다와 마주 보는 면을 찾으면 면 마입니다.

17 ①, ②, ④, ⑤ 서로 수직인 면입니다.
③ 서로 평행한 면입니다.

18 예
1 cm
1 cm

19 전개도를 접었을 때 1의 눈은 6의 눈, 5의 눈은 2의 눈, 3의 눈은 4의 눈과 마주 보도록 그려 넣습니다.

20 전개도를 접었을 때 꼭짓점 ㄱ에서 만나는 세 면은 면 ㄱㄴㄷㅎ, 면 ㅍㅎㅋㅌ, 면 ㅊㅅㅇㅈ입니다.
➡ (꼭짓점 ㄱ에서 만나는 세 면의 넓이의 합)
$=$ (면 ㄱㄴㄷㅎ의 넓이)$+$(면 ㅍㅎㅋㅌ의 넓이)
$+$(면 ㅊㅅㅇㅈ의 넓이)
$= 2 \times 6 + 5 \times 2 + 5 \times 6$
$= 12 + 10 + 30 = 52 \text{(cm}^2)$

01 다, 마 02 20개 03 16 cm
04 우영, 예 직육면체는 정육면체라고 할 수 없어.
05 6 06 90° 07 3가지 08 면 ㄱㄴㄷㄹ, 면 ㅁㅂㅅㅇ
09 2 10 풀이 참조 11 풀이 참조 12 ㄹ 13 104 cm
14 (　) (○) 15 면 마 16 다, 라, 바 17 풀이 참조
18 풀이 참조 19 6 20 풀이 참조

01 정사각형 6개로 둘러싸인 도형은 다, 마입니다.

02 직육면체의 모서리의 수는 12개, 꼭짓점의 수는 8개입니다.
➡ 12＋8＝20(개)

03 정육면체는 모든 모서리의 길이가 같습니다.
따라서 면 ㄷㅅㅇㄹ의 네 변의 길이의 합은
4×4＝16(cm)입니다.

04

참고 정사각형은 직사각형이라고 할 수 있으므로 정육면체는 직육면체라고 할 수 있지만 직사각형은 정사각형이라고 할 수 없으므로 직육면체는 정육면체라고 할 수 없습니다.

05 직육면체에는 길이가 3 cm, 2 cm, □ cm인 모서리가 각각 4개씩 있습니다.
➡ (3＋2＋□)×4＝44, 5＋□＝11, □＝6

08 ・면 ㄱㅁㅇㄹ과 수직인 면은 면 ㄱㄴㄷㄹ, 면 ㄷㅅㅇㄹ, 면 ㅁㅂㅅㅇ, 면 ㄴㅂㅁㄱ입니다.
・면 ㄴㅂㅁㄱ과 수직인 면은 면 ㄱㄴㄷㄹ, 면 ㄴㅂㅅㄷ, 면 ㅁㅂㅅㅇ, 면 ㄱㅁㅇㄹ입니다.
따라서 면 ㄱㅁㅇㄹ과 면 ㄴㅂㅁㄱ에 동시에 수직인 면은 면 ㄱㄴㄷㄹ, 면 ㅁㅂㅅㅇ입니다.

09 왼쪽 주사위에서 5가 쓰여진 면과 수직인 면에 쓰여진 수는 4, 6이고, 오른쪽 주사위에서 5가 쓰여진 면과 수직인 면에 쓰여진 수는 1, 3이므로 5가 쓰여진 면과 수직인 면에 쓰여진 수는 1, 3, 4, 6입니다.
따라서 5가 쓰여진 면과 평행한 면에 쓰여진 수는 2입니다.

10
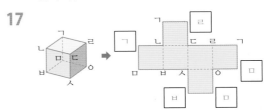

11 예 보이지 않는 모서리는 점선으로 그려야 하는데 실선으로 그렸습니다.

12 ㉠ 3개 ㉡ 3개 ㉢ 3개 ㉣ 1개
따라서 나타내는 수가 다른 하나는 ㉣입니다.

13 (직육면체의 모든 모서리의 길이의 합)
＝(보이지 않는 세 모서리의 길이의 합)×4
＝26×4＝104(cm)

16 나머지 한 면의 위치가 가, 나, 마이면 접었을 때 겹칩니다.

17
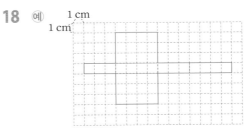

18 예
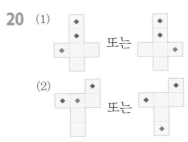

19 (선분 ㅇㅈ)＝(선분 ㅋㅊ)＝(선분 ㅋㅌ)＝9 cm
(선분 ㅅㅇ)＝(선분 ㅅㅈ)−(선분 ㅇㅈ)
＝15−9＝6(cm)
➡ (선분 ㅍㅎ)＝(선분 ㅍㅌ)＝(선분 ㅂㅋ)
＝(선분 ㅅㅇ)＝6 cm

20 (1)
[도형] 또는 [도형]
(2)
[도형] 또는 [도형]

6단원 평균과 가능성

단원평가 1 회

본문 100~101쪽

01 세 번째 칸에 ○표 **02** 7, 6, 6 **03** 사랑
04 풀이 참조, 3명 **05** 980개 **06** 200 **07** 95점
08 163 cm **09** ⓒ **10** ⑩ ⓛ
11 ⑩ ~일 것 같다에 ○표, 풀이 참조 **12** (1)―㉠ (2)―㉡
13

$$\vdash\!\!\!\!-\!\!\!\!-\!\!\!\!-\!\!\!\!\mid\!\!\!\!-\!\!\!\!-\!\!\!\!-\!\!\!\!\dashv$$
0　　　　$\frac{1}{2}$　　　　1

14 1 **15** 26개

02 (가 모둠이 넣은 화살 수의 평균)=28÷4=7(개)
(나 모둠이 넣은 화살 수의 평균)=30÷5=6(개)
(다 모둠이 넣은 화살 수의 평균)=24÷4=6(개)

03 도희: 넣은 화살 수만으로는 어느 모둠이 가장 못했
는지 알 수 없습니다.
대한: 넣은 화살 수의 평균을 보면 가 모둠이 가장 잘
했습니다.

04 ⑩ 한 학기 동안 읽은 책 수의 평균은
(20+29+16+24+26)÷5=115÷5=23(권)
입니다.
따라서 평균보다 책을 더 많이 읽은 학생은 나경, 혜
리, 성민으로 모두 3명입니다.

채점 기준

한 학기 동안 읽은 책 수의 평균을 구한 경우	60 %
평균보다 책을 더 많이 읽은 학생은 모두 몇 명인지 구한 경우	40 %

05 (일주일 동안 만든 마카롱의 수)=140×7=980(개)

06 (서준이네 모둠 학생 5명의 발길이의 합)
=213×5=1065(mm)
➡ (소원이의 발길이)
=1065-(230+220+205+210)
=1065-865=200(mm)

07 평균이 90점 이상이 되려면 5과목의 수행평가 점수
의 합이 90×5=450(점) 이상이어야 합니다.
따라서 영어 수행평가 점수를
450-(93+82+86+94)=450-355=95(점)
이상 받아야 합니다.

08 (농구부 학생 4명의 키의 평균)
=(159+157+153+163)÷4
=632÷4=158(cm)
새로 학생이 들어와 키의 평균이 1 cm 커졌으므로
키의 평균은 158+1=159(cm)가 되었습니다.
따라서 5명의 키의 합이 159×5=795(cm)이므로
새로 들어온 학생의 키는 795-632=163(cm)입
니다.

11 ⑩ 음악 재생 목록에 K-pop이 5곡, 클래식이 5곡
있을 때 랜덤 재생 버튼을 누르면 K-pop이 나올
거야.

채점 기준

일이 일어날 가능성을 말로 표현한 것에 ○표 한 경우	40 %
일이 일어날 가능성이 '반반이다'가 되도록 말을 바꾼 경우	60 %

12 (1) 빨간색, 파란색, 노란색은 각각 전체의 $\frac{1}{3}$이므로
빨강 33회, 파랑 33회, 노랑 34회인 표와 일이
일어날 가능성이 가장 비슷합니다.

(2) 빨간색, 파란색, 노란색은 각각 전체의 $\frac{1}{4}$, $\frac{1}{4}$,
$\frac{1}{2}$이므로 빨강 24회, 파랑 25회, 노랑 51회인
표와 일이 일어날 가능성이 가장 비슷합니다.

13 좌석은 A3, A4 2가지이므로 A3 좌석에 앉을 가능
성은 '반반이다'이고, 수로 표현하면 $\frac{1}{2}$입니다.

14 수 카드에 쓰인 수는 모두 8과 같거나 작은 수이므로
8 이하일 가능성은 '확실하다'이고, 수로 표현하면 1
입니다.

15 바둑돌 50개 중에서 검은색 바둑돌 2개를 꺼내면
50-2=48(개)가 남습니다. 남은 바둑돌 48개 중
에서 한 개를 꺼낼 때 흰색 바둑돌이 나올 가능성이
$\frac{1}{2}$이므로 흰색 바둑돌은 24개, 검은색 바둑돌도 24
개입니다.
따라서 바둑돌을 꺼내기 전 통에 들어 있던 검은색
바둑돌은 모두 24+2=26(개)입니다.

01 45, 40, 55, 45   **02** 0.6 L   **03** 44 kg, 42 kg

04 은표네 모둠   **05** 믿음 가게   **06** 풀이 참조, 2880000원

07 2개   **08** 14살   **09** ㉡   **10** ㉢, ㉣, ㉤, ㉠   **11** 다, 나, 가

12 ⑴ $\frac{1}{2}$ ⑵ 1   **13** ㉲

14 풀이 참조, $\frac{1}{2}$

15 8개

02 (한 컵에 담아야 하는 물의 양의 평균)
= (0.2+0.6+0.7+0.5+1)÷5
= 3÷5=0.6(L)

03 (은표네 모둠 학생들의 몸무게의 평균)
= (42+50+40+44)÷4
= 176÷4=44(kg)
(준기네 모둠 학생들의 몸무게의 평균)
= (43+41+39+55+32)÷5
= 210÷5=42(kg)

05 (희망 가게의 공책 1권의 평균 가격)
= 9000÷6=1500(원)
(믿음 가게의 공책 1권의 평균 가격)
= 7200÷4=1800(원)
따라서 믿음 가게의 공책이 더 비싸다고 할 수 있습니다.

06 ㉲ 감나무에서 열린 감은 90×64=5760(개)입니다.
따라서 감을 판 금액은 모두
500×5760=2880000(원)입니다.

채점 기준

감나무에서 열린 감은 몇 개인지 구한 경우	50 %
감을 판 금액은 모두 얼마인지 구한 경우	50 %

07 민하가 5일 동안 외운 영어 단어 수의 평균은
(14+25+23+14+9)÷5=85÷5=17(개)이고,
금요일에 영어 단어를 10개 더 외웠을 때 외운 영어 단어 수의 평균은
(14+25+23+14+19)÷5=95÷5=19(개)입니다. 따라서 5일 동안 외운 영어 단어 수의 평균은
19−17=2(개) 더 많아집니다.

08 코딩부 회원 4명의 나이의 합은 11×4=44(살)입니다. 신입 회원 2명이 더 들어와 평균 나이가 12살이 되었으므로 회원 6명의 나이의 합은 12×6=72(살)입니다. 따라서 신입 회원 2명의 평균 나이는
(72−44)÷2=28÷2=14(살)입니다.

10 ㉠ 불가능하다   ㉡ 확실하다
㉢ 반반이다   ㉣ ~일 것 같다

11 가: 불가능하다, 나: 반반이다, 다: 확실하다

12 ⑴ 주사위의 눈의 수는 1, 2, 3, 4, 5, 6으로 6가지이고 4의 약수는 1, 2, 4로 3가지이므로 눈의 수가 4의 약수로 나올 가능성은 '반반이다'이고, 수로 표현하면 $\frac{1}{2}$입니다.

⑵ 주사위의 눈의 수는 1, 2, 3, 4, 5, 6으로 6가지이고 6 이하인 수는 1, 2, 3, 4, 5, 6으로 6가지이므로 눈의 수가 6 이하인 수로 나올 가능성은 '확실하다'이고, 수로 표현하면 1입니다.

13 화살이 빨간색에 멈출 가능성은 $\frac{1}{2}$이므로 빨간색은 4칸 중 2칸만큼 색칠합니다.
화살이 노란색에 멈출 가능성은 파란색에 멈출 가능성과 같으므로 노란색과 파란색은 각각 남은 2칸 중 1칸만큼 색칠합니다.

14 ㉲ 딸기 맛 사탕을 뽑을 가능성은 '반반이다'이므로 수로 표현하면 $\frac{1}{2}$이고, 포도 맛 사탕을 뽑을 가능성은 '불가능하다'이므로 수로 표현하면 0입니다.
따라서 두 수의 차는 $\frac{1}{2}-0=\frac{1}{2}$입니다.

채점 기준

일이 일어날 가능성을 각각 수로 표현한 경우	60 %
두 수의 차를 구한 경우	40 %

15 20개의 제비 중 당첨 제비가 6개 들어 있으므로 당첨 제비가 아닌 제비는 20−6=14(개) 들어 있습니다. 따라서 이 상자에서 제비를 1개 뽑을 때 당첨 제비를 뽑을 가능성이 $\frac{1}{2}$이 되게 하려면 당첨 제비가 아닌 제비는 6개 있어야 하므로 당첨 제비가 아닌 제비를 14−6=8(개) 빼내야 합니다.

사회

단원평가 ① 회

본문 106~107쪽

01 ⑤ 02 ④ 03 백제 04 ③ 05 ⑤ 06 ⑤ 07 대조영
08 예 발해가 고구려를 계승한 나라임을 알 수 있다. 등 09
①, ④ 10 예 두 불상의 자세와 표정이 비슷한 것을 통해 삼
국과 일본이 교류하였음을 알 수 있다. 등 11 ④ 12 ⑤

04 4세기에 백제의 전성기를 이끈 근초고왕은 남해안
지역까지 진출하였고, 북쪽으로는 고구려를 공격하
여 황해도 지역까지 영토를 넓혔습니다. 또한 중국은
물론 왜, 가야와도 활발하게 교류하였습니다.

05 가야는 철이 많이 나는 지역에 위치하여 철기 문화가
발달하였는데, 백제와 신라 사이에서 어려움을 겪다
가 결국 신라에 멸망하였습니다.

06 백제와 고구려 멸망 이후 당이 한반도 전체를 차지하
려고 하자 신라는 고구려 유민과 함께 매소성·기벌
포 전투에서 당을 물리쳤습니다.

08 발해의 왕은 일본에 보낸 문서에 자신을 '고려(고구려)
국왕'이라고 표현해 발해가 고구려를 계승한 나라임을
밝혔으며, 일본도 발해를 '고려(고구려)'라고 불렀습니
다. 또한 발해의 영역에서 온돌, 기와 등 고구려 문화
유산과 비슷한 문화유산이 발견되고 있습니다.

> **채점 기준**
> 발해가 고구려를 계승하였다는 내용을 썼으면 정답으로 합
> 니다.

09 제시된 문화유산은 고구려 불상인 금동 연가 7년명
여래 입상입니다. 불상 뒷면에는 불상을 만든 시기와
나라를 알 수 있는 내용이 새겨져 있습니다.

10 삼국의 금동 미륵보살 반가 사유상과 일본의 목조 미
륵보살 반가 사유상은 만들어진 재료는 다르지만 자
세와 표정이 비슷합니다. 이를 통해 삼국과 일본이
교류하였으며, 삼국의 문화가 일본의 문화 발전에 영
향을 끼쳤음을 알 수 있습니다.

> **채점 기준**
> 삼국과 일본이 교류하였음을 알 수 있다는 내용을 썼으면 정
> 답으로 합니다.

단원평가 ② 회

본문 108~109쪽

01 ⑤ 02 예 신분 제도가 있었다는 것과 재산을 가지고 있었
다는 것을 알 수 있다. 등 03 주몽 04 ⑤ 05 ④, ⑤ 06 ②
07 ㉠ 08 ② 09 ① 10 예 당시 사람들의 생활 모습을 알
수 있다. 등 11 ④ 12 ②

01 곰을 받드는 부족과 환웅 부족이 힘을 모아 하나의
큰 세력이 되었다는 내용의 고조선의 건국 이야기는
『삼국유사』에 전해지고 있습니다.

02 도둑질한 사람은 노비로 삼는다는 내용을 통해 신분
제도가 있었다는 것을, 용서받으려면 50만 전을 내
야 한다는 내용을 통해 재산을 가지고 있었다는 것을
알 수 있습니다.

> **채점 기준**
> 신분 제도와 재산이 있었다는 내용을 썼으면 정답으로 합
> 니다.

04 제시된 지도는 고구려가 크게 발전한 5세기의 모습
을 나타낸 것입니다. 이 시기 광개토 대왕은 적극적
인 정복 활동으로 영토를 넓혔으며, 장수왕은 수도를
평양으로 옮기고 한강 유역을 모두 차지하였습니다.

07 제시된 사건들은 ㉢-㉠-㉣-㉤-㉥ 순으로 일어났
습니다.

10 고분은 옛날에 만든 무덤으로, 고분에 그려진 벽화
를 통해 옛날에 살았던 사람들의 생각이나 생활 모습
을 알 수 있습니다.

> **채점 기준**
> 당시 사람들의 생활 모습을 알 수 있다는 내용을 썼으면 정
> 답으로 합니다.

11 무령왕릉에서 나온 다양한 문화유산을 통해 당시 백
제가 중국, 일본 등과 활발히 교류하였음을 알 수 있
습니다.

12 제시된 문화유산은 경주 석굴암 석굴입니다. 석굴암
은 돌을 쌓아 동굴처럼 만든 절로, 석굴 안에 거대한
본존불이 있습니다.

단원평가 1 회 본문 110~111쪽

01 ④ 02 예 궁예가 나라를 난폭하게 다스렸기 때문이다. 등 03 ② 04 강동 6주 05 예 수도 개경 주변에 성을 쌓고 국경 지역에는 천리장성을 쌓았다. 등 06 ② 07 ④ 08 ② 09 삼별초 10 ④ 11 ② 12 ④, ⑤

01 신라 말에는 정치가 혼란스러워지면서 지방에서 경제력과 군사력을 갖춘 호족이 등장하였습니다. 그중 견훤이 완산주(전주)에서 후백제를, 궁예가 송악(개성)에서 후고구려를 세우면서 신라와 함께 후삼국을 이루었습니다.

02 후고구려를 세운 궁예는 신하들을 의심하고 나라를 난폭하게 다스렸습니다. 이에 송악의 호족이었던 왕건은 여러 신하들과 함께 궁예를 몰아내고 고려를 세웠습니다.

> **채점 기준**
> 궁예가 신하들을 의심하고 나라를 난폭하게 다스리는 등 폭정을 하였다는 내용을 썼으면 정답으로 합니다.

03 유학 지식의 수준을 평가하여 관리를 뽑는 과거제는 태조의 뒤를 이은 왕이 실시한 정책입니다.

05 거란의 침입을 모두 물리친 고려는 수도 개경을 둘러싼 성을 쌓고 국경 지역에 천리장성을 쌓아 외세의 침략에 대비하였습니다.

> **채점 기준**
> 개경을 둘러싼 성을 쌓고 국경 지역에 천리장성을 쌓았다는 내용을 썼으면 정답으로 합니다.

08 귀주 대첩은 거란의 3차 침입 때 고려의 강감찬이 이끈 고려군이 거란군에 큰 승리를 거둔 사건입니다.

09 고려 정부는 몽골과 강화를 맺고 도읍을 다시 개경으로 옮겼는데, 삼별초는 이에 반대하여 진도와 제주도로 근거지를 옮겨 가며 고려와 몽골의 연합군에 맞서 싸웠습니다.

12 금속 활자는 책의 내용에 따라 필요한 활자를 골라 짜 맞춰 인쇄할 수 있었으며, 단단하기 때문에 오래 사용할 수 있다는 특징이 있습니다.

단원평가 2 회 본문 112~113쪽

01 후삼국 02 ③ 03 예 지방 호족을 자신의 편으로 만들기 위해서이다. 등 04 ② 05 ① 06 별무반 07 ④ 08 ③ 09 ④ 10 ③ 11 예 글자의 형태가 고르고 잘못된 글자가 거의 없다. 등 12 ⑤

02 고려를 건국한 왕건은 신라의 항복을 받고 후백제를 물리치면서 후삼국을 통일하였습니다.

03 후삼국이 통일된 이후에도 각 지역에서 호족의 힘이 강했는데, 태조는 이들을 자신의 편으로 만들기 위해 호족들과 혼인 관계를 맺었습니다.

> **채점 기준**
> 지방 호족을 자신의 편으로 만들기 위해서라는 내용을 썼으면 정답으로 합니다.

05 거란의 3차 침입 때 강감찬이 이끄는 고려군은 고려에서 물러나는 거란군을 귀주에서 크게 물리쳤는데, 이를 귀주 대첩이라고 합니다.

07 고려는 몽골이 침입하자 수도를 강화도로 옮기고, 지방의 주민들에게는 산성이나 섬으로 들어가게 하였습니다.

08 몽골이 침입했을 때 승려 김윤후는 처인성에서 백성들과 함께 몽골군 대장을 죽이는 등 몽골군을 물리쳤습니다. 또한 충주성에서는 노비들을 일반 백성으로 풀어 주고 이들과 함께 몽골군과 싸웠습니다.

10 고려 시대에는 공예품인 청자를 만드는 기술이 발전하였으며, 오늘날 전해지는 다양한 고려청자를 통해 당시의 수준 높은 공예 기술을 알 수 있습니다.

11 팔만대장경은 몽골의 침입을 부처의 힘으로 이겨 내려고 만들었습니다. 팔만대장경판에는 오천만 자가 넘는 글자가 새겨져 있는데, 글자의 형태가 고르고 잘못된 글자가 거의 없습니다.

> **채점 기준**
> 글자의 형태가 고르다는 내용이나 잘못된 글자가 거의 없다는 내용을 썼으면 정답으로 합니다.

12 『직지심체요절』은 오늘날 전해지는 금속 활자 인쇄본 중 세계에서 가장 오래된 것으로, 청주 흥덕사에서 만든 것이지만 현재는 프랑스 국립 도서관에 보관되어 있습니다.

1단원 **(3) 민족 문화를 지켜 나간 조선**

단원평가 ① 회

본문 114~116쪽

01 권문세족 **02** ③ **03** ⑤ **04** ③ **05** 집현전 **06** ④ **07** ④ **08** ④ **09** ④ **10** 예 압록강과 두만강을 경계로 하는 오늘날의 국경선이 만들어졌다. 등 **11** ① **12** 신사임당 **13** ① **14** 예 이순신이 이끄는 수군이 판옥선, 거북선 등을 이용하여 옥포, 한산도 등지에서 일본군을 크게 이겼다. 등 **15** ① **16** 예 많은 사람이 죽거나 다쳤다. 우리나라의 많은 문화유산이 훼손되었다. 등 **17** ① **18** ① **19** ② **20** ②

10 세종은 영토 확장에도 힘을 써 북쪽의 여진이 조선의 국경을 침범하자 이들을 물리치고 4군 6진 지역을 개척하였습니다. 이를 통해 오늘날의 국경이 완성되었습니다.

> **채점 기준**
> 압록강과 두만강을 경계로 하는 오늘날의 국경선이 만들어졌다는 내용을 썼으면 정답으로 합니다.

14 이순신이 이끄는 수군은 판옥선, 거북선 등을 만들고 훈련을 하며 전쟁에 대비하고 있었습니다. 임진왜란이 일어나자 이순신이 이끄는 수군은 옥포, 한산도 등지에서 일본군을 크게 물리쳤습니다.

> **채점 기준**
> 이순신이 이끄는 수군이 판옥선, 거북선 등을 이용하여 옥포, 한산도 등지에서 일본군을 크게 이겼다는 내용을 썼으면 정답으로 합니다.

16 임진왜란으로 조선에서는 많은 사람이 죽거나 다쳤고 일본에 포로로 끌려가기도 하였습니다. 전국의 땅이 황폐해졌고 식량도 부족해졌습니다. 또한 불국사와 경복궁 등의 문화유산이 불탔고, 도자기 등 많은 문화유산을 빼앗겼습니다.

> **채점 기준**
> 많은 사람이 죽거나 다치고 땅이 황폐해졌으며, 우리나라의 많은 문화유산이 훼손되었다는 등의 내용을 썼으면 정답으로 합니다.

19 병자호란은 조선이 임금과 신하의 관계 요구를 거절하자 청이 침입하여 일어났습니다. 인조와 신하들은 청의 군대를 피해 남한산성으로 피신하였습니다.

단원평가 ② 회

본문 117~119쪽

01 이성계 **02** ② **03** ④ **04** ④ **05** 예 고조선을 잇는다는 뜻을 담았다. 등 **06** ② **07** 예 글자를 몰라 어려움을 겪는 백성들이 글자를 쉽게 익혀 편하게 쓸 수 있게 하려고 만들었다. 등 **08** ⑤ **09** 『삼강행실도』 **10** ② **11** ① **12** 예 재산으로 여겨졌고, 관공서나 양반집에서 허드렛일을 하였다. 등 **13** ⑤ **14** ⑤ **15** ② **16** 정유재란 **17** ② **18** ② **19** ④ **20** ④

02 신흥 무인 세력은 고려 말에 홍건적과 왜구의 침입을 물리치면서 성장한 세력으로, 신진 사대부와 손을 잡고 고려를 개혁하려 하였습니다.

05 태조 이성계는 고조선을 계승한다는 뜻에서 나라 이름을 '조선'이라고 하고 수도를 한양으로 옮겼습니다.

> **채점 기준**
> 고조선을 잇는다는 내용을 썼으면 정답으로 합니다.

07 세종은 백성들이 쉽게 읽고 쓸 수 있는 글자가 필요하다고 생각하여 오랜 연구 끝에 훈민정음을 만들어 반포하였습니다.

> **채점 기준**
> 백성들이 글자를 쉽게 익히고 편하게 쓸 수 있게 하려고 만들었다는 내용을 썼으면 정답으로 합니다.

10 조선의 신분은 법에 따라 양인과 천인으로 나뉘었는데 실제로는 양반, 중인, 상민, 천민으로 구분되었습니다. 이중 중인은 관청에서 일을 하거나 의학, 통역 등의 분야에서 전문적인 일을 하였습니다.

12 조선 시대 천민의 대부분을 차지하였던 노비는 재산으로 여겨졌고, 관공서나 양반집에서 주인을 위해 허드렛일을 하였습니다.

> **채점 기준**
> 재산으로 여겨졌으며 주인을 위해 허드렛일을 하였다는 내용을 썼으면 정답으로 합니다.

20 병자호란의 결과 인조는 남한산성에서 나와 삼전도에서 청 태종에게 항복하였습니다. 이후 조선은 청과 신하와 임금의 관계를 맺었고, 세자를 비롯한 많은 백성이 청에 인질로 끌려갔습니다.

단원평가 ① 회

본문 120~121쪽

01 ③ **02** 예 정치, 군사, 경제의 중심지로 삼기 위해서이다. 등
03 실학 **04** ③ **05** ⑤ **06** ④ **07** ⑤ **08** ㄹ-ㄷ-ㄱ-ㄴ
09 예 강화도 조약은 조선이 외국과 맺은 최초의 근대적 조약이지만 조선에 불리한 불평등한 조약이었다. 등 **10** ③ **11** ② **12** ④

단원평가 ② 회

본문 122~123쪽

01 ④ **02** ⑤ **03** 예 청의 발달된 문물을 받아들여 백성의 삶을 풍요롭게 하는 데 이용하자. 등 **04** ②, ⑤ **05** ② **06** ②
07 ⑤ **08** ④ **09** 강화도 조약 **10** ② **11** ㄹ-ㄷ-ㄱ-ㄴ
12 예 부정부패를 없애고 외세에 저항하려는 운동이었다. 등

01 처음에 붕당은 서로 다른 붕당의 차이를 인정하며 건전한 비판을 통해 나라 운영에 도움을 주었으나, 점차 붕당 간에 의견이 대립하면서 정치가 혼란해졌습니다. 이에 영조는 탕평책을 실시해 붕당 간에 조화를 이루고 왕권을 강화해 정치를 안정시키려고 하였습니다.

02 수원 화성은 정조가 정치, 군사, 경제의 중심지로 삼으려고 수원에 건설한 것으로, 정조의 개혁 정책을 뒷받침하는 계획도시였습니다.

> 채점 기준
> 정치, 군사, 경제의 중심지로 삼으려고 건설하였다는 내용을 썼으면 정답으로 합니다.

04 정약용은 조선 후기의 대표적인 실학자로, 거중기를 만들어 수원 화성을 만드는 데 도움을 주었으며, 지방관이 지켜야 할 내용을 담은 책인 『목민심서』를 쓰기도 하였습니다.

07 흥선 대원군은 세도 정치로 약해진 왕권을 강화하기 위해 서원을 정리하였고, 임진왜란 때 불에 탄 경복궁을 다시 지었습니다.

09 강화도 조약은 조선이 외국과 맺은 최초의 근대적 조약이었습니다. 하지만 일본이 자유롭게 우리 해안을 측량할 수 있고, 조선에서 죄를 지은 일본인을 일본 관리가 심판하게 하는 등 불평등한 내용을 담고 있었습니다.

> 채점 기준
> 최초의 근대적 조약이지만 불평등한 조약이었다는 내용을 썼으면 정답으로 합니다.

12 청일 전쟁에서 유리해진 일본이 조선의 정치에 간섭하자 동학 농민군은 일본을 몰아내기 위해 다시 봉기하였습니다.

03 상업과 공업에 관심을 두었던 박지원, 박제가 등의 실학자는 청의 문물과 기술을 적극적으로 받아들여야 한다고 주장하였습니다.

> 채점 기준
> 청의 발달된 문물을 받아들이자고 주장하였다는 내용을 썼으면 정답으로 합니다.

04 『대동여지도』는 김정호가 만든 지도로, 우리나라의 산, 강, 길 등의 다양한 정보를 오늘날의 지도처럼 기호로 표시하였습니다.

05 조선 후기에는 농업 생산량이 늘어나고 상업과 공업이 발달하면서 경제적으로 여유가 생기자 서민들도 문화와 예술 활동에 관심을 보여 서민 문화가 발달하였습니다.

08 흥선 대원군은 병인양요와 신미양요를 겪은 후 전국에 척화비를 세워서 서양과 통상하지 않겠다는 뜻을 분명히 하였습니다.

10 김옥균 등은 일본의 지원을 약속받고 우정총국 개국 축하 잔치에서 정변을 일으켰으나, 청의 군대가 개입하면서 3일 만에 실패로 끝났습니다.

12 제시된 자료는 동학 농민 운동을 주도하였던 전봉준의 재판 심문 기록입니다. '탐관오리를 제거할 것을 목표로 했다.'라는 부분에서 동학 농민 운동이 부정부패를 없애고자 하였음을 알 수 있습니다. 또한, 다시 봉기한 이유가 '일본과 전투하기 위해서'라는 부분을 통해 동학 농민 운동이 외세에 저항하려고 하였던 운동임을 알 수 있습니다.

> 채점 기준
> 부정부패를 없애고 외세에 저항하려고 하였다는 내용을 썼으면 정답으로 합니다.

2단원 (2) 일제의 침략과 광복을 위한 노력

단원평가 1회

본문 124~126쪽

01 ③ **02** ③ **03** 대한 제국 **04** ③ **05** ⑤ **06** 예 만주나 연해주로 이동해 일본에 저항하였다. 등 **07** ③ **08** ③ **09** 토지 조사 사업 **10** ④ **11** ②, ③ **12** ③ **13** 예 친일 세력을 늘려 민족을 분열시키려 하였다. 등 **14** ④ **15** 예 한인 애국단을 조직해 일제의 주요 인물을 처단하는 활동을 하였다. 등 **16** ② **17** ⑤ **18** ⑤ **19** 조선어 학회 **20** ③

04 일제는 고종의 동의 없이 을사늑약을 강제로 체결하여 대한 제국의 외교권을 빼앗았습니다. 이에 고종은 을사늑약의 부당함을 세계에 알리기 위해 네덜란드 헤이그에서 열린 만국 평화 회의에 특사를 파견하였습니다.

05 을사늑약 체결에 반발하여 전국에서 의병이 일어났는데, 이때 신돌석 같은 평민 출신 의병장도 강원·경상도 일대에서 활약하였습니다.

06 일본은 많은 군대를 동원해 의병을 탄압하였고, 그 결과 수많은 의병이 목숨을 잃었습니다. 하지만 남은 의병들은 만주나 연해주로 이동해 일본과의 싸움을 계속 전개하였습니다.

> **채점 기준**
> 만주나 연해주로 이동해서 계속 싸웠다는 내용을 썼으면 정답으로 합니다.

13 3·1 운동 이후 일제는 한국인들의 불만을 달래기 위해 강압적인 통치 방식을 없애 태형 제도를 폐지하고 헌병 경찰제도 없앴습니다. 하지만 친일 세력을 늘려 민족을 분열시키는 정책을 실시하였습니다.

> **채점 기준**
> 민족을 분열시키려고 하였다는 내용을 썼으면 정답으로 합니다.

15 대한민국 임시 정부가 1920년대 중반 이후에 제대로 된 활동을 할 수 없게 되자 김구는 한인 애국단을 조직하여 일제의 주요 인물을 처단하는 등의 활동을 하였습니다.

> **채점 기준**
> 한인 애국단을 조직하였다는 내용을 썼으면 정답으로 합니다.

단원평가 2회

본문 127~129쪽

01 ④ **02** ② **03** 예 우리나라를 자주적인 근대 국가로 만들기 위해서이다. 등 **04** ④ **05** 을사늑약 **06** ① **07** ③ **08** 조선 총독부 **09** ④ **10** ③ **11** ④ **12** ① **13** ② **14** 김좌진 **15** ④ **16** ③ **17** 예 우리의 민족정신을 없애기 위해서이다. 등 **18** ④ **19** ⑤ **20** 예 우리 민족의 애국심을 드높이기 위해서이다. 등

02 서재필은 갑신정변 실패 후 미국에 갔다가 다시 돌아와 정부의 지원으로 「독립신문」을 창간하였습니다. 그리고 여러 사람과 함께 독립 협회를 설립하고 조선의 자주독립을 일깨우는 일 등을 하였습니다.

03 고종은 환구단에서 황제로 즉위한 후 대한 제국 수립을 선포하며 자주적인 근대 국가를 만들겠다는 의지를 보였습니다. 이에 따라 여러 분야에 걸쳐 근대적인 개혁을 추진하였습니다.

> **채점 기준**
> 우리나라를 자주적인 근대 국가로 만들기 위해서라는 내용을 썼으면 정답으로 합니다.

13 3·1 운동 이후 중국 상하이에 세워진 대한민국 임시 정부는 국내의 독립운동을 지휘하기 위해서 비밀 연락망을 만들고 독립운동 자금을 모았습니다.

17 1930년대 후반에 중일 전쟁을 일으킨 일제는 우리의 민족정신을 말살시켜 전쟁에 동원하려 하였습니다. 이에 한국인을 충성스러운 일왕의 신민으로 만들기 위한 여러 정책을 시행하였습니다.

> **채점 기준**
> 우리의 민족정신을 없애기 위해서라는 내용을 썼으면 정답으로 합니다.

20 신채호는 우리 민족의 애국심을 드높이기 위해 『을지문덕전』, 『이순신전』 등 나라를 구한 영웅들의 전기를 책으로 썼습니다.

> **채점 기준**
> 우리 민족의 애국심을 드높이기 위해서라는 내용을 썼으면 정답으로 합니다.

단원평가 ❶ 회

01 ⑤　**02** ⑤　**03** ㉠ 미국, ㉡ 소련　**04** ③　**05** 예 신탁 통치를 둘러싸고 신탁 통치를 반대하는 사람들과 모스크바 3국 외상 회의의 결정을 지지하는 사람들 간에 갈등이 일어났다. 등　**06** ③　**07** ㉢　**08** 예 임시 정부의 전통을 이은 독립 정부를 수립하였다. 등　**09** ⑤　**10** ③　**11** ①　**12** ③

03 광복 이후 미국과 소련은 일본군의 무장 해제를 위해 한반도에 군대를 보냈으며, 그 결과 38도선을 기준으로 남쪽에는 미군이, 북쪽에는 소련군이 각각 주둔하게 되었습니다.

05 모스크바 3국 외상 회의에서 신탁 통치에 관한 방안 작성 등이 결정되었는데, 국내에서는 이를 둘러싸고 신탁 통치를 반대하는 사람들과 모스크바 3국 외상 회의 결정을 지지하는 사람들 간에 갈등이 일어났습니다.

채점 기준

신탁 통치를 반대하는 사람들과 모스크바 3국 외상 회의 결정을 지지하는 사람들 간에 갈등이 일어났다는 내용을 썼으면 정답으로 합니다.

06 5·10 총선거는 우리나라 최초의 민주 선거로, 선거 결과 구성된 제헌 국회에서 제헌 헌법을 만들고 대통령을 선출하였습니다.

07 제시된 사건을 일어난 순서대로 나열하면 ㉠-㉢-㉣-㉡-㉢이 됩니다.

08 대한민국 정부는 임시 정부의 전통을 이은 정부로, 대한민국 정부 수립은 우리 민족이 오랫동안 염원하던 독립 정부를 수립하였다는 역사적인 의의가 있습니다.

채점 기준

임시 정부의 전통을 잇고, 독립 정부를 수립하게 되었다는 내용을 썼으면 정답으로 합니다.

10 제시된 지도는 남한에 파견된 국제 연합군이 국군과 함께 반격하는 상황을 나타낸 것입니다. 이 시기 국군과 국제 연합군은 인천 상륙 작전에 성공하여 서울을 되찾은 후 압록강 부근까지 진격하였습니다.

단원평가 ❷ 회

01 ⑤　**02** ⑤　**03** ④　**04** 38도선　**05** ⑤　**06** 예 국제 연합이 남북한 총선거를 통해 정부를 수립하려고 하였으나 소련과 북한이 거부하였기 때문이다. 등　**07** ①　**08** ③　**09** ⑤　**10** 예 전쟁을 미리 준비하였던 북한과 달리 국군은 전쟁에 대비하고 있지 않았기 때문이다. 등　**11** ⑤　**12** 이산가족

06 국제 연합은 남북한 총선거로 정부를 수립하자고 결정하였지만 소련과 북한이 거부하였습니다. 남한에서는 남한만이라도 총선거를 실시하자는 주장과 통일 정부를 수립하자는 주장이 대립하였고, 결국 국제 연합은 선거가 가능한 남한에서만 총선거를 실시하기로 결정하였습니다.

채점 기준

남북한 총선거 실시를 소련과 북한이 거부하였다는 내용을 썼으면 정답으로 합니다.

09 남한과 북한에 각각 다른 정부가 수립된 후 한반도에 주둔하고 있던 미군과 소련군이 철수하였습니다. 이후 북한이 한반도를 무력으로 통일하겠다는 목표로 1950년 6월 25일에 남한을 침략하면서 6·25 전쟁이 시작되었습니다.

10 소련의 지원을 받아 군사력을 키우는 등 전쟁에 대비하고 있던 북한과 달리 국군은 전쟁에 대비하고 있지 않았고, 기습적인 침략을 당하였기 때문에 전쟁 초반에 북한군에 밀려 3일 만에 서울을 함락당하였습니다. 이에 사람들은 피란을 떠났고 국군은 낙동강 유역까지 후퇴하였습니다.

채점 기준

북한은 전쟁을 미리 준비하였으나 남한은 전쟁에 대한 대비를 하고 있지 않았다는 내용을 썼으면 정답으로 합니다.

11 국군과 국제 연합군은 서울을 되찾은 후 압록강 근처까지 올라갔으나 중국이 군대를 보내 북한을 지원하면서 다시 남쪽으로 후퇴하였습니다.

12 6·25 전쟁으로 많은 군인과 민간인이 죽거나 다쳤고, 전쟁고아와 이산가족이 많이 생겼습니다. 그리고 국토가 황폐해졌고 건물, 도로, 철도 등이 파괴되었습니다.

과학

단원평가 1회

본문 136~138쪽

01 ① **02** (1) ⓒ, ⓔ, ⓜ (2) ⓐ, ⓔ, ⓑ **03** ② **04** ③ **05** 예 양분을 얻는 방법에 따라 분류한 것이다. **06** ⓒ **07** ④ **08** ④ **09** 먹이 사슬 **10** ⓒ **11** ⑤ **12** 먹이 그물 **13** ⓒ **14** (1) (나) (2) 예 먹이 한 종류가 없어져도 생태계에 있는 다른 종류의 먹이를 먹고 살 수 있기 때문이다. **15** ① **16** 예 갑자기 늘어난 야생 토끼들이 나무를 먹었기 때문이다. **17** 예 야생 토끼의 수는 일시적으로 줄어들 것이다. **18** ③ **19** 예 생물의 수는 원래 상태로 회복된다. **20** ⑤

01 지구에는 다양한 생태계가 있으며, 화단, 연못과 같이 규모가 작은 생태계도 있고, 숲, 바다와 같이 규모가 큰 생태계도 있습니다.

03 비생물 요소인 햇빛은 식물뿐만 아니라 생물 요소 모두에게 영향을 미칩니다. 햇빛은 동물이 물체를 볼 수 있도록 주변을 밝게 해 줍니다. 생물 요소인 식물은 공기를 맑게 하거나 습도를 조절하는 역할을 합니다.

05 생물 요소는 양분을 얻는 방법에 따라 생산자, 소비자, 분해자로 분류할 수 있습니다.

> **채점 기준**
> 양분을 얻는 방법이라는 내용이 있으면 정답으로 합니다.

13 메뚜기와 매는 먹이 관계가 없고, 뱀을 먹이로 하는 생물은 매입니다.

14 먹이 그물에서는 하나의 생물이 없어지더라도 그 생물 대신 다른 생물을 먹이로 먹고 살 수 있어 여러 생물들이 살아갈 수 있습니다.

> **채점 기준**
> (나)를 쓰고, 다른 생물을 먹이로 먹고 살 수 있다라는 의미로 썼다면 정답으로 합니다.

16
> **채점 기준**
> 갑자기 늘어난 야생 토끼들로 인해 나무가 멸종 위기에 처한 까닭을 옳게 썼다면 정답으로 합니다.

17 호주의 나무가 멸종 위기에 처해 있으므로 먹이가 줄어들어 야생 토끼의 수는 일시적으로 줄어듭니다.

> **채점 기준**
> 일시적으로 줄어든다라는 내용이 있으면 정답으로 합니다.

19
> **채점 기준**
> 생물의 수가 다시 회복된다는 의미로 썼다면 정답으로 합니다.

단원평가 2회

본문 139~141쪽

01 ④ **02** (1) 뱀, 참새, 다람쥐 등 (2) 물, 햇빛, 돌 등 **03** 예 햇빛은 동물이 주변을 볼 수 있도록 밝게 해 준다. 물은 생물의 생명 유지에 필요하다. 등 **04** ④ **05** ① **06** ③ **07** ③ **08** (1) ⓒ (2) ⓒ (3) ⓒ **09** 예 주로 죽은 생물이나 동물의 배출물 등을 분해하여 양분을 얻는다. **10** ④ **11** ⓒ **12** ③ **13** 먹이 사슬 **14** 먹이 그물 **15** 예 먹이 한 종류가 없어져도 생태계에 있는 다른 종류의 먹이를 먹을 수 있어 여러 생물이 살아갈 수 있다. **16** ③ **17** 해설 참조 **18** ②, ④ **19** 예 생산자의 수는 일시적으로 줄어드는 반면 2차 소비자와 최종 소비자의 수는 일시적으로 늘어난다. **20** 생태계 평형

02 생물 요소는 동물, 식물 등과 같이 살아 있는 것이고, 비생물 요소는 공기, 물, 햇빛 등과 같이 살아 있지 않은 것을 말합니다.

03
> **채점 기준**
> 비생물 요소가 생물 요소에게 미치는 영향을 옳게 썼다면 정답으로 합니다.

04 ④ 버섯은 생물 요소 중 분해자에 해당됩니다.

09
> **채점 기준**
> 분해자가 양분을 얻는 방법을 옳게 썼다면 정답으로 합니다.

10 ④ 다른 생물을 먹이로 하여 양분을 얻는 생물을 소비자라고 합니다.

15 먹이 그물은 여러 개의 먹이 사슬이 그물처럼 복잡하게 얽혀 있는 것을 말합니다.

> **채점 기준**
> 먹이 한 종류가 없어져도 다른 종류의 먹이를 먹을 수 있다라는 내용이 있으면 정답으로 합니다.

17

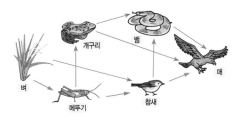

> **채점 기준**
> 그림과 같이 모두 옳게 표시하면 정답으로 합니다.

생산자는 줄어들고 소비자는 늘어난다라는 내용으로 썼다면 정답으로 합니다.

2단원 (2) 생물과 환경

단원평가 ① 회

본문 142~144쪽

01 ④ **02** ③ **03** 예 식물이 자라는 데 햇빛과 물이 필요하다. **04** ③ **05** ② **06** 예 선인장은 잎이 가시 모양으로 변하여 건조한 환경에서 살 수 있게 적응하였다. 부레옥잠은 잎자루에 있는 공기 주머니 때문에 물에 뜰 수 있어서 물이 있는 환경에 살 수 있게 적응하였다. 등 **07** ① **08** 예 선인장은 잎이 가시 모양으로 변하여 건조한 환경에서 살 수 있게 적응하였다. **09** ④ **10** (가) **11** ① **12** ③ **13** 예 가까운 거리는 걸어 다닌다. 쓰레기를 분리배출한다. 등 **14** ⑤ **15** ② **16** ② **17** 예 오랫동안 옷을 입는다. 옷을 물려준다. 구멍이 난 옷은 수선하여 입는다. 등 **18** 주하 **19** 예 환경사랑 나라사랑, 플라스틱 제로, 가까운 거리는 걸어서 다니자. 등 **20** ③

03 비생물 요소는 생물이 살아가는 데 영향을 미칩니다.
【채점 기준】
햇빛과 물이 필요하다라는 내용이 있으면 정답으로 합니다.

05 (가)는 사막여우, (나)는 대벌레, (다)는 북극곰입니다. 사막여우는 몸집이 작고, 귀가 크고 얇아서 열이 잘 배출되어 더운 환경에서 살아남기에 유리합니다.

06 【채점 기준】
생물이 환경에 적응한 예를 옳게 썼다면 정답으로 합니다.

08 선인장은 건조한 환경에서 수분을 빼앗기는 것을 최소화하기 위해 잎이 가시 모양으로 변하였습니다.
【채점 기준】
가시와 건조한 환경을 연결 지어 썼다면 정답으로 합니다.

13 【채점 기준】
개인이 실천할 수 있는 생태계 보전 방법을 옳게 썼다면 정답으로 합니다.

17 【채점 기준】
옷의 생산과 소비를 늦추기 위한 방법으로 썼다면 정답으로 합니다.

19 【채점 기준】
생태계 보전과 관련된 내용이면 정답으로 합니다.

단원평가 ② 회

본문 145~147쪽

01 ② **02** 예 햇빛을 받지 못하게 하기 위해서이다. **03** (가) ⓒ (나) ② (다) ⓐ (라) ⓒ **04** 예 콩나물의 양, 길이, 굵기, 콩나물이 받는 햇빛의 양 등 **05** ⓒ **06** (1) ⓒ (2) ⓐ (3) ⓒ **07** ② **08** (1) (가) (2) (나) **09** 예 (가) 사막여우의 큰 귀는 몸속의 열을 잘 내보내고 (나) 북극여우의 작은 귀는 몸속의 열을 잘 빼앗기지 않게 한다. **10** ④ **11** ④ **12** 적응 **13** ③ **14** ⑤ **15** 대기 오염 **16** 예 동물의 호흡 기관에 이상이 생기거나 병에 걸릴 수 있다. 식물의 성장에 영향을 준다. 등 **17** ② **18** 예 머그컵 사용하기, 텀블러 사용하기, 일회용품 사용 줄이기, 쓰레기 분리배출 잘하기 등 **19** ④ **20** 예 작은 실천부터 해야 하기 때문이다.

01 물이 콩나물의 자람에 미치는 영향을 알아보기 위하여 콩나물에 주는 물의 양을 다르게 하였습니다.

02 어둠상자를 씌운 콩나물은 햇빛을 받지 못합니다.
【채점 기준】
햇빛을 받지 못하게 하기 위해서라고 썼다면 정답으로 합니다.

04 물은 다르게 해야 하는 조건이므로 페트병의 크기, 콩나물의 양, 콩나물의 굵기와 길이, 햇빛의 양, 온도 등을 같게 해야 합니다.
【채점 기준】
물 이외에 조건을 두 가지 모두 옳게 썼다면 정답으로 합니다.

05 햇빛이 잘 드는 곳에 두고 물을 준 콩나물이 가장 잘 자랍니다.

09 사막여우는 사막의 더운 환경에 적응하여 몸집이 작고, 귀가 커서 몸속의 열을 잘 내보냅니다. 북극여우는 북극의 추운 환경에 적응하여 몸집이 크고, 귀가 작아 몸속의 열을 뺏기지 않습니다.
【채점 기준】
사막의 더운 환경과 북극의 추운 환경에 각각 적응했다고 썼다면 정답으로 합니다.

16 【채점 기준】
대기 오염으로 인한 영향을 옳게 썼다면 정답으로 합니다.

18 【채점 기준】
플라스틱을 줄이는 방법을 옳게 썼다면 정답으로 합니다.

20 【채점 기준】
우리가 할 수 있는 작은 실천이 중요하다는 의미가 전달된다면 정답으로 합니다.

3단원 (1), (2) 습도, 이슬, 안개, 구름, 비, 눈, 기압과 바람

단원평가 **1** 회

본문 148~150쪽

01 ⑤ **02** ② **03** 예 건구 온도계와 습구 온도계의 온도 차이를 이용한다. **04** ②, ⑤ **05** 예 집기병 표면에 물방울이 맺힌다. **06** ④ **07** (다), (가), (나) **08** (1) 예 집기병 안에서 일어나는 변화를 관찰한다. (2) 예 집기병 안이 뿌옇게 흐려진다. **09** ⑤ **10** ㉠ 비, ㉡ 눈 **11** ② **12** (1) (가) (2) (나) **13** ㉡ **14** ㉠ 저기압, ㉡ 고기압 **15** 예 고기압과 저기압은 주변 공기의 온도 변화에 따라 바뀔 수 있기 때문이다. **16** ④ **17** 시연, 가영 **18** ④ **19** ㉠ 낮은, ㉡ 높은 **20** ㉠

01 건구 온도와 습구 온도의 차가 클수록 습도가 낮습니다.

02 건구 온도에 해당하는 26 ℃를 세로줄에서 찾아 표시하고, 건구 온도와 습구 온도의 차인 3 ℃를 가로줄에서 찾아 만나는 지점(78 %)이 현재 습도를 나타냅니다.

03 건습구 습도계는 건구 온도계와 습구 온도계의 온도 차이를 이용하여 습도를 측정합니다.

> **채점 기준**
> 건구 온도계와 습구 온도계의 온도 차이라는 말을 썼다면 정답으로 합니다.

05 공기 중의 수증기가 차가워진 집기병 표면에 응결하여 물방울이 맺힙니다.

> **채점 기준**
> 물방울이 맺힌다는 의미로 썼다면 정답으로 합니다.

06 이슬과 안개는 주로 새벽이나 이른 아침에 볼 수 있습니다.

08 안개 발생 실험은 집기병 밖이 아니라 집기병 안에서 수증기가 응결해서 생기는 변화이기 때문입니다.

> **채점 기준**
> 집기병 밖을 집기병 안으로 고치고, 집기병 안이 뿌옇게 흐려진 것을 옳게 썼다면 정답으로 합니다.

13 상대적으로 차가운 공기는 따뜻한 공기보다 더 무거워 기압이 더 높습니다.

15 어떤 지역이 주변보다 기온이 높으면 저기압이 되고, 기온이 낮으면 고기압이 됩니다. 여러 가지 상황에 따라 기온이 달라지므로 고기압과 저기압의 위치는

변할 수 있습니다.

> **채점 기준**
> 기온에 따라 고기압과 저기압의 위치가 달라진다는 것을 옳게 썼다면 정답으로 합니다.

18 전등으로 가열하면 모래의 온도 변화가 물의 온도 변화보다 더 큽니다.

단원평가 **2** 회

본문 151~153쪽

01 ⑤ **02** ㉠ 세로줄, ㉡ 가로줄, ㉢ % **03** ④ **04** ③ **05** 예 냉장고에서 꺼낸 음료수병 표면에 물방울이 맺힌다. 아이스크림이 든 포장지에 물방울이 맺힌다. 등 **06** ㉠ 차가워지면, ㉡ 수증기, ㉢ 응결 **07** ③ **08** (1) ㉡ (2) ㉢ **09** ⑤ **10** 예 기온이 낮아서 얼음 알갱이가 녹지 않고 떨어지기 때문이다. **11** ㉠ 가볍고, ㉡ 무겁다 **12** (1) ㉠ (2) ㉡ **13** 무겁다 **14** ㉢ **15** (가), (다), (나), (라) **16** 예 향 연기는 따뜻한 물 쪽으로 움직인다. **17** ② **18** ⑤ **19** 지연 **20** ㉠ 바다, ㉡ 육지

03 ④ 바람은 습도가 아니라 기압과 관련이 있습니다.

04 집기병 바깥에 있는 공기 중의 수증기가 응결해 집기병 표면에서 물방울로 맺히는 현상으로, 이슬이 생기는 과정을 알아보는 실험입니다.

05
> **채점 기준**
> 차가워진 물체의 표면에 응결 현상으로 물방울이 맺히는 경우를 옳게 썼다면 정답으로 합니다.

08 이슬, 안개, 구름은 모두 수증기가 응결하여 나타나는 현상이지만, 만들어지는 위치가 서로 다릅니다.

10 눈은 낮은 기온으로 인해 녹지 않은 얼음 알갱이가 떨어지는 것입니다.

> **채점 기준**
> 낮은 기온 때문에 얼음 알갱이가 녹지 않았다는 것을 옳게 썼다면 정답으로 합니다.

14 공기의 무게가 계속 변하기 때문에 고기압과 저기압의 위치가 일정하지 않고 변하게 됩니다.

16 향 연기는 따뜻한 물 쪽으로 움직이는데, 따뜻한 물 위의 공기는 온도가 높아서 상대적으로 저기압이 됩니다.

> **채점 기준**
> 따뜻한 물 쪽으로 움직인다고 썼다면 정답으로 합니다.

18 바람은 상대적으로 차가운 공기 쪽에서 따뜻한 공기 쪽으로 붑니다.

19 낮에는 상대적으로 육지 쪽이 따뜻하고 저기압입니다.

3단원 **(3) 계절별 날씨와 우리 생활**

단원평가 **1** 회

본문 154~155쪽

01 (1) ㉢ (2) ㉣ (3) ㉠ **02** 공기 덩어리 **03** ㉲ 차갑고 건조
하다. **04** ② **05** ① **06** 건조 **07** ㉢ **08** ㉠ **09** ④, ⑤
10 ② **11** ③ **12** 자외선 지수 **13** 동파 가능 지수 **14** ㉲
사람들이 생활이나 건강과 관련된 기상 정보를 쉽게 알 수 있
도록 하기 위해서이다. 날씨 때문에 일어나는 다양한 상황에
쉽게 대처하기 위해서이다. 등 **15** 수영

01 우리나라는 계절별로 다른 성질을 가진 공기 덩어리
의 영향을 받아 날씨가 달라집니다.

03 ㉠은 북서쪽에서 이동해 오는 공기 덩어리로 차갑고
건조한 성질을 가졌습니다.

> **채점 기준**
> 차갑고 건조하다는 내용을 둘 다 썼다면 정답으로 합니다.

04 ㉣은 남동쪽에서 이동해 오는 공기 덩어리로, 덥고
습한 성질을 가졌으며 우리나라의 여름 날씨에 영
향을 줍니다.

09 꽃가루에 의한 알레르기성 비염은 봄철에 주의해야
합니다.

10 ② 습한 날에는 제습기를 틀어놓습니다.

11 ③ 날씨는 상황에 따라 급격히 변할 수도 있으므로 어
제의 날씨로 오늘의 날씨를 예측하기는 어렵습니다.

13 수도관이 얼어서 터지는 것을 동파라고 합니다.

14 생활기상지수는 기상청에서 우리 생활의 편리를 위
해서 제공하는 것입니다. 그래서 생활이나 건강과 관
련된 날씨 정보를 쉽게 알고 도움이 되기 위해 제공
합니다. 또, 날씨 때문에 일어나는 다양한 상황에 쉽
게 대처하기 위해 제공합니다.

> **채점 기준**
> 생활기상지수를 통해 우리 생활에 도움이 되고 편리함을 준
> 다는 내용을 썼다면 정답으로 합니다.

15 시간을 맞춰서 다니는 버스라도 눈이 오는 날에는 안
전을 위해 평소보다 속력을 줄여서 운전해야 합니다.

단원평가 **2** 회

본문 156~157쪽

01 ㉲ 우리나라 여름철은 덥고, 습하다. **02** ④ **03** ④ **04**
민지 **05** ㉡ **06** 여름, ㉲ 덥고 습하다. **07** ㉡ **08** (1) ㉡
(2) ㉠ (3) ㉢ **09** ㉲ 비 오는 날에는 우산을 쓰고 장화를 신는
다. 안전을 위하여 버스나 자동차의 속력을 줄인다. 빨래가 잘
마르지 않는다. 등 **10** ① **11** ③ **12** 가영 **13** ① **14** (1)
㉡ (2) ㉢ (3) ㉠ **15** ㉲ 미세먼지가 많은 날 참고하면 좋다.

01 그래프를 보면 우리나라 여름철에 평균 기온과 평균
습도가 가장 높은 것을 알 수 있습니다. 따라서 우리
나라 여름철 날씨는 덥고 습합니다.

> **채점 기준**
> 덥고 습하다는 내용을 둘 다 썼다면 정답으로 합니다.

03 ④ 여름철에 습하고 더운 날씨 때문에 식중독을 조심
해야 합니다.

04 남동쪽 바다에서 이동해 오는 공기는 따뜻하고 습한
성질을 갖고 있습니다.

06 우리나라 여름에는 남동쪽 바다에서 이동해 오는 따
뜻하고 습한 성질을 가진 공기 덩어리의 영향을 받아
덥고 습한 날씨가 나타납니다.

> **채점 기준**
> 여름이라고 쓰고, 덥다와 습하다 중 하나라도 썼다면 정답으
> 로 합니다.

09 > **채점 기준**
> 비 오는 날의 생활 모습 중 한 가지를 옳게 썼다면 정답으로
> 합니다.

10 ① 우리나라의 봄, 가을은 건조하여 곰팡이가 잘 생
기지 않습니다.

12 일정한 시기에 한 번씩 발행되는 잡지에는 오늘의 날
씨 정보가 없습니다.

13 ① 양산은 햇빛을 차단하기 위해 씁니다.

15 미세먼지가 많고 대기 정체 지수가 높으면 외출하지
않는 것이 건강에 좋습니다.

> **채점 기준**
> 대기 정체 지수와 관련된 날씨를 썼다면 정답으로 합니다.

4단원　(1) 물체의 운동과 빠르기
　　　 (2) 빠르기의 비교와 속력

단원평가 ❶회

본문 158~160쪽

01 ③　**02** ②　**03** ㉢　**04** 시간이 지남에 따라 위치가 변하는 것을 말한다.　**05** ①　**06** ③　**07** 예 같은 거리를 이동하는 데 걸린 시간을 측정해서 비교한다.　**08** (나), (가), (라), (다)　**09** ㉢, ㉣, ㉠, ㉡　**10** 예 같은 시간 동안 이동한 거리가 긴 물체일수록 빠르기가 빠른 물체이기 때문이다.　**11** ㉠ 짧을수록, ㉡ 길수록　**12** ②　**13** ①　**14** ③　**15** (1) 속력을 구한다. (2) 예 이동 거리와 걸린 시간이 모두 다른 경우, 이동 거리나 걸린 시간만으로 빠르기를 비교하기 어렵기 때문이다.　**16** (1) 15 m/s (2) 십오 미터 매 초 또는 초속 십오 미터　**17** C, D, A, B　**18** ㉡, ㉣　**19** 예 자동차의 빠르기를 속력으로 나타낸다. 일기 예보에서 바람의 빠르기를 속력으로 나타낸다. 테니스 경기에서 공의 빠르기를 속력으로 나타낸다. 등　**20** ⑤

---

01 운동하는 물체는 시간이 지남에 따라 위치가 변합니다.

04 　채점　기준
시간이 지남에 따라 위치가 변한다고 썼다면 정답으로 합니다.

07 같은 거리를 이동하는 선수들의 빠르기를 비교하는 운동 경기로는 수영, 스피드 스케이팅, 100 m 달리기 등이 있습니다.

　채점　기준
같은 거리를 이동한 시간을 비교한다고 썼다면 정답으로 합니다.

10 같은 시간 동안 이동한 물체의 빠르기는 이동 거리가 길수록 더 빠릅니다.

　채점　기준
같은 시간 동안 이동한 물체의 거리가 길수록 빠른 물체이기 때문이라고 썼다면 정답으로 합니다.

15 이동 거리와 걸린 시간이 모두 다른 경우 이동 거리나 걸린 시간만으로 빠르기를 비교하기 어려우므로 속력을 구해 빠르기를 비교할 수 있습니다.

　채점　기준
속력을 구한다고 쓰고, 이동 거리와 걸린 시간이 다르기 때문이라고 썼다면 정답으로 합니다.

16 (속력)＝(이동 거리)÷(걸린 시간)이므로 물체 B의 속력은 300 m÷20초＝15 m/s입니다.

　채점　기준
단위와 함께 속력을 쓰고, 속력을 읽는 방법을 옳게 썼다면 정답으로 합니다.

19 　채점　기준
일상생활에서 속력을 나타낸 예를 한 가지 옳게 썼다면 정답으로 합니다.

20 오후 1시에서 3시 사이에 측정한 태풍의 이동 속력은 월요일에서 목요일로 갈수록 커졌습니다.
- 월요일: 120 km÷2시간＝60 km/h
- 화요일: 190 km÷2시간＝95 km/h
- 수요일: 300 km÷2시간＝150 km/h
- 목요일: 360 km÷2시간＝180 km/h

단원평가 ❷회

본문 161~163쪽

01 ③　**02** ④　**03** ⑤　**04** (1) 출발하는 자전거, 롤러코스터 (2) 케이블카, 자동길, 자동계단　**05** ㉡, ㉣　**06** 하은, 예 롤러코스터는 내리막길에서 점점 빠르게 운동한다.　**07** ㉡　**08** (가)　**09** (가) 예 빠르기가 점점 빨라진다. (나) 예 빠르기가 일정하다.　**10** 김가람　**11** ④　**12** (1) 기차 (2) 예 같은 시간 동안 이동한 거리가 가장 길기 때문이다.　**13** ㉡, ㉣　**14** ①　**15** ②　**16** 1100 km/h　**17** 천백 킬로미터 매 시 또는 시속 천백 킬로미터　**18** ②　**19** D　**20** 5시간

06 　채점　기준
물체의 운동에 대해 잘못 설명한 친구의 이름을 쓰고, 바르게 고쳐 썼다면 정답으로 합니다.

09 　채점　기준
(가)와 (나)를 둘 다 옳게 썼다면 정답으로 합니다.

12 같은 시간 동안 이동한 물체의 빠르기는 이동 거리가 길수록 더 빠릅니다.

　채점　기준
가장 빠른 물체와 그렇게 생각한 까닭을 둘 다 옳게 썼다면 정답으로 합니다.

16 (속력)＝(이동 거리)÷(걸린 시간)
　　　　＝2200 km÷2시간＝1100 km/h

19 (속력)＝(이동 거리)÷(걸린 시간)＝100 km÷2시간 ＝50 km/h이므로, D 교통수단을 타고 외할머니 댁까지 이동하였습니다.

20 B 교통수단의 속력이 20 km/h이고 외할머니댁에서 집까지 거리가 100 km이므로, 20 km/h = 100 km ÷ (걸린 시간)입니다. 따라서 집으로 돌아오는 데 5시간이 걸렸습니다.

4단원 **(3) 속력과 안전**

단원평가 ❶회

본문 164~165쪽

01 ㉢ **02** ㉠ 클수록, ㉡ 없다 **03** ㉡ **04** ㉐ 자동차의 속력이 크면 멈추는 데 긴 거리가 필요하기 때문이다. **05** ③ **06** 안전띠 **07** ② **08** ㉐ 정해진 속력보다 빠르게 달리는 자동차를 찾아 사고를 예방하기 위해서이다. **09** ① **10** ㉐ 교통안전 캠페인을 한다. 등 **11** ① **12** ㉠, ㉣ **13** ㉡, ㉢ **14** 안전모, ㉐ 큰 속력으로 달리다가 부딪쳤을 때 머리가 다치는 것을 막기 위해서이다. **15** 어린이 보호 구역

04 【채점 기준】

속력이 크면 빨리 멈추지 못한다, 멈추는 데 시간이 오래 걸린다, 멈추는 데 거리가 길어진다는 의미로 썼다면 정답으로 합니다.

08 교통경찰이 도로를 지나가는 차량의 속력을 측정하는 까닭은 정해진 속력보다 빠르게 달리는 차량을 확인하여 사전에 사고를 예방하기 위해서입니다.

【채점 기준】

사고를 예방하기 위해서라는 의미가 있으면 정답으로 합니다.

10 【채점 기준】

시청이나 경찰서에서 교통안전을 위해 하는 일을 한 가지 썼다면 정답으로 합니다.

12 버스를 기다릴 때는 인도에서 기다립니다. 횡단보도를 건너기 전에는 차가 멈췄는지 확인합니다.

14 자전거, 킥보드, 인라인스케이트 등을 타고 큰 속력으로 달리다가 부딪칠 때 피해를 줄이기 위해서 보호 장구(안전모, 팔꿈치 보호대, 무릎 보호대)를 착용해야 합니다.

【채점 기준】

안전모를 쓰고, 큰 속력으로 달리다 사고가 났을 때 머리에 가한 충격을 줄이기 위해서라고 썼다면 정답으로 합니다.

단원평가 ❷회

본문 166~167쪽

01 ㉡ **02** ㉐ 길을 건널 때는 주위를 살피며 건넌다. 제한속도를 낮춘다. 교통경찰이 지도한다. 교통도우미를 배치한다. 안전하게 길을 건넌다. 등 **03** ③ **04** 과속 단속 카메라 **05** ㉐ 자동차의 속력이 크면 멈출 때까지 이동한 거리가 길어져 교통사고의 위험이 커지기 때문이다. **06** 은수 **07** ④ **08** ③ **09** ㉡, ㉢, ㉣, ㉐ 도로 주변에서는 공놀이를 하지 않고, 공은 공 주머니에 넣고 다닌다. 무단 횡단을 하지 않는다. 도로 주변에서는 킥보드를 타지 않는다. **10** ④ **11** ⑤ **12** ㉐ 자전거를 탈 때는 보호 장구를 착용한다. 횡단보도를 건널 때는 자전거에서 내려 자전거를 끌고 간다. 등 **13** ③ **14** 해설 참조 **15** ㉐ 신호등이 초록색 불일 때 건넌다. 등

02 【채점 기준】

교통안전과 관련하여 썼다면 정답으로 합니다.

03 속력이 클수록 멈출 때까지의 이동 거리가 깁니다. 따라서 속력이 100 km/h인 자동차가 멈출 때까지 이동한 거리는 속력이 60 km/h인 자동차가 멈출 때까지 이동한 거리보다 길 것입니다.

05 【채점 기준】

속력이 크면 빨리 멈추지 못한다, 멈추는 데 시간이 오래 걸린다, 멈출 때까지 이동한 거리가 길어진다와 같이 속력과 관련지어 썼다면 정답으로 합니다.

09 【채점 기준】

위험하게 행동하는 어린이를 모두 찾아 기호를 쓰고, 고쳐야 할 점을 한 가지 옳게 썼다면 정답으로 합니다.

12 【채점 기준】

자전거를 탈 때 지켜야 하는 교통안전 수칙으로 옳게 썼다면 정답으로 합니다.

13 과속 방지 턱은 도로에 설치된 안전장치입니다.

14

【채점 기준】

두 명 이상 옳게 찾으면 정답으로 합니다.

15 【채점 기준】

교통안전 수칙으로 한 가지 옳게 썼다면 정답으로 합니다.

단원평가 1회
본문 168~169쪽

01 ② **02** ⑤ **03** 석회수, 묽은 염산 **04** 예 용액에서 냄새가 나는가?, 용액이 투명한가?, 흔들었을 때 거품이 3초 이상 유지되는가? 등 **05** ③ **06** ㉠ **07** ㉮ **08** ①, ⑤ **09** ④ **10** ④ **11** 예 지시약은 용액의 성질에 따라 색깔 변화가 다르게 나타나기 때문이다. **12** ㉠ 산성, ㉡ 염기성 **13** 리트머스 **14** 예 산성(㉠) 용액에서는 페놀프탈레인 용액의 색깔 변화가 없고, 염기성(㉡) 용액에서는 페놀프탈레인 용액이 붉은색으로 변한다. **15** ㉠ **16** ① **17** ㉮, ㉰, ㉯ **18** 붉은색 **19** 예 용액의 성질에 따라 붉은 양배추에 들어 있는 물질이 서로 다른 색깔을 나타내기 때문이다. **20** ④

02 ①, ②, ③ 색깔로 구분이 가능합니다.
④ 묽은 염산과 제빵 소다 용액은 냄새와 흔들었을 때 나타나는 변화로 구분이 가능합니다.
⑤ 묽은 수산화 나트륨 용액과 석회수는 투명하고 냄새가 없으며 색깔이 없어 겉보기 성질로 분류하기 어렵습니다.

04 채점 기준
적절한 용액의 분류 기준을 두 가지 썼다면 정답으로 합니다.

09 용액의 냄새를 맡을 때는 코를 직접 대고 냄새를 맡지 않고, 손으로 물질 위에서 바람을 일으켜 냄새를 맡습니다.

11 채점 기준
용액의 성질에 따라 지시약의 색깔이 다르게 나타나기 때문이라는 의미로 썼다면 정답으로 합니다.

14 채점 기준
산성 용액에서는 색깔 변화가 없고 염기성 용액에서는 붉은색으로 색깔 변화가 나타난다고 썼다면 정답으로 합니다.

16 우리 주변에서 붉은 양배추와 같이 지시약으로 사용할 수 있는 천연 재료에는 포도 껍질, 검은콩, 자주색 고구마, 자주색 양파, 붉은 장미 꽃잎 등이 있습니다.

18 산성 용액에 붉은 양배추 지시약을 넣으면 붉은색 계열의 색깔로 변하고, 염기성 용액에 붉은 양배추 지시약을 넣으면 푸른색이나 노란색 계열의 색깔로 변합니다.

19 채점 기준
용액의 성질에 따라 붉은 양배추에 들어 있는 물질이 서로 다른 색깔을 나타내기 때문이라고 썼다면 정답으로 합니다.

단원평가 2회
본문 170~171쪽

01 ② **02** ④ **03** 분류 기준 **04** ㉮ 식초, 석회수, 유리 세정제, 묽은 수산화 나트륨 용액 ㉯ 레몬즙, 빨랫비누 물 **05** ② **06** ③ **07** 수지 **08** 예 용액의 무게나 부피는 양에 따라서 달라질 수 있으므로 분류 기준으로 적합하지 않다. **09** ①, ② **10** 예 겉으로 보이는 성질이 모두 같은 용액들은 겉보기 성질로 구분하기 어렵기 때문이다. **11** ③ **12** 예 식초, 탄산수, 레몬즙, 묽은 염산 등 **13** 염기성 **14** ㉡ **15** 예 염기성 용액에 페놀프탈레인 용액을 떨어뜨리면 페놀프탈레인 용액의 색깔이 붉은색으로 변한다. **16** 지시약 **17** ㉠ 산성, ㉡ 염기성 **18** ①, ② **19** ⑤ **20** ①

06 ③ 레몬즙은 연한 노란색이며, 불투명합니다.

07 용액의 색깔을 관찰하기 위해서는 흰색 종이를 대고 관찰하는 것이 색깔을 정확하게 확인할 수 있습니다.

08 채점 기준
용액의 양에 따라 무게나 부피가 달라진다라는 의미로 썼다면 정답으로 합니다.

10 탄산수와 석회수, 묽은 수산화 나트륨 용액은 모두 색깔이 없고 냄새가 나지 않으며 투명합니다. 이처럼 겉으로 보이는 성질이 같은 용액은 구분하기 어렵습니다.

채점 기준
겉으로 보이는 성질이 동일한 용액은 분류하기가 어렵다는 의미로 썼다면 정답으로 합니다.

12 푸른색 리트머스 종이를 붉은색으로 변화시키는 용액은 산성 용액입니다.

15 채점 기준
페놀프탈레인 용액의 색깔 변화를 옳게 썼다면 정답으로 합니다.

17 붉은 양배추 지시약을 산성 용액에 넣으면 붉은색 계열의 색깔로 변하고 염기성 용액에 넣으면 푸른색이나 노란색 계열의 색깔로 변합니다.

19 포도 껍질, 검은콩, 자주색 고구마, 자주색 양파, 비트, 붉은 장미 꽃잎 등은 붉은 양배추와 같이 지시약으로 사용할 수 있는 천연 재료입니다.
⑤ 유리 세정제를 희석시킨 물은 염기성 용액입니다.

20 ① 지시약은 리트머스 종이나 페놀프탈레인 용액과 같이 용액의 성질에 따라 색깔 변화가 나타나는 물질을 말합니다.

단원평가 ① 회

01 ③　**02** 묽은 염산　**03** ④　**04** ④　**05** 염기성 용액　**06** 예 푸른색 또는 노란색 계열로 변한다.　**07** ④　**08** ⑤　**09** 예 산성비와 동물의 배설물은 산성이기 때문에 대리석을 녹인다.　**10** ㉠, ㉣　**11** 염기성, 산성　**12** ③　**13** 약해　**14** 예 산성 용액에 염기성 용액을 계속 넣으면 산성이 약해지다가 염기성으로 변한다.　**15** ①, ④　**16** 산성　**17** 염기성　**18** 예 변기용 세제는 산성이기 때문이다.　**19** ②　**20** 산성

03 산성 용액에 두부나 삶은 달걀흰자를 넣으면 아무런 변화가 없습니다.

04 묽은 수산화 나트륨 용액에 삶은 달걀흰자를 넣으면 시간이 지나면서 녹아 흐물흐물해집니다.

06 염기성 용액에서는 붉은 양배추 지시약의 색깔이 푸른색이나 노란색 계열로 변합니다.

> **채점 기준**
> 푸른색이나 노란색으로 썼다면 정답으로 합니다.

07 산성 용액에 달걀 껍데기를 넣으면 기포가 발생하면서 껍데기가 녹지만, 염기성 용액에 달걀 껍데기를 넣으면 아무런 변화가 없습니다.

09 > **채점 기준**
> 산성 물질은 대리석을 녹이는 성질을 가지고 있다라는 의미로 썼다면 정답으로 합니다.

12 염기성 용액에서 페놀프탈레인 용액은 붉은색을 띠지만, 산성 용액에서는 무색입니다.

13 염기성 용액에 산성 용액을 넣을수록 염기성이 약해지다가 산성으로 변합니다.

14 > **채점 기준**
> 산성이 약해진다라는 의미로 썼다면 정답으로 합니다.

18 페놀프탈레인 용액이 변기용 세제에서 색깔 변화가 없으므로 변기용 세제는 산성입니다.

> **채점 기준**
> 변기용 세제가 산성이기 때문에, 페놀프탈레인 용액과 반응하여 색깔 변화가 없다는 의미로 썼다면 정답으로 합니다.

단원평가 ② 회

01 ㉡　**02** ②　**03** ②　**04** 예 붉은색에서 무색으로 변한다.　**05** ㉠ 염기성, ㉡ 두부　**06** 예 푸른색 또는 노란색 계열로 변한다.　**07** 예 붉은 양배추 지시약, 붉은 장미꽃 지시약, 검은콩 지시약 등　**08** 산성, 염기성　**09** ②　**10** ㉠ 산성, ㉡ 염기성　**11** 산성　**12** 예 산성비, 동물의 배설물 등　**13** 산성　**14** ㉠ 산성, ㉡ 염기성　**15** 예 페놀프탈레인 용액을 넣으면 붉은색으로 변하고, 붉은 양배추 지시약을 넣으면 푸른색이나 노란색 계열로 변한다.　**16** ②　**17** ㉠ 산성, ㉡ 염기성　**18** ②, ④　**19** ②, ③　**20** ②

01 묽은 염산에 삶은 달걀흰자를 넣으면 아무런 변화가 없습니다.

04 염기성 용액에서 페놀프탈레인 용액은 붉은색으로 변하지만, 산성 용액에서 페놀프탈레인 용액은 무색입니다.

> **채점 기준**
> 붉은색에서 투명하게 변한다고 썼다면 정답으로 합니다.

06 붉은 양배추 지시약은 산성 용액에서는 붉은색 계열로 변하고 염기성 용액에서는 푸른색이나 노란색 계열로 변합니다.

> **채점 기준**
> 푸른색이나 노란색으로 변한다라는 내용으로 썼다면 정답으로 합니다.

09 산성 용액에 염기성 용액을 넣을수록 산성이 약해지다가 염기성 용액으로 변하고, 염기성 용액에 산성 용액을 넣을수록 염기성이 약해지다가 산성 용액으로 변합니다.

12 산성비, 동물의 배설물 등과 같은 산성 물질은 대리석을 녹이는 성질을 가지고 있습니다.

15 > **채점 기준**
> 페놀프탈레인 용액의 색깔이 붉은색으로 변하고, 붉은 양배추 지시약의 색깔이 푸른색이나 노란색 계열로 변한다고 썼다면 정답으로 합니다.

16 식초와 요구르트는 산성 용액이고, 치약 녹인 물과 하수구 세정제는 염기성 용액입니다.

19 석회 가루, 치약, 제산제는 염기성 물질입니다.

서술형 수행 평가

본문 178쪽

01 예 (1) 집안일을 도와주려는 현욱이 마음이 고마웠기 때문이다. (2) 엄마가 고맙게 느껴졌을 것이다. **02** 예 (1) "우리 아들이 집안일을 도와주려는 마음으로 설거지를 열심히 했구나." / "집안일을 도와주려고 한 현욱이 마음이 엄마는 정말 고마워." (2) 엄마가 현욱이의 처지에서 생각하며 한 말이기 때문이다. **03** 예 동생과 싸운 뒤 직접 말로 하기에는 어색하고 부끄러워서 메신저로 사과한 적이 있다. **04** 예 얼굴을 보고 대화하지 않는다. / 글자로 대화한다. / 컴퓨터나 스마트폰이 있어야 한다.

01 현욱이가 철 수세미로 프라이팬을 닦는 바람에 프라이팬이 망가졌지만 엄마는 집안일을 도와주려는 현욱이에게 고마운 마음이 든다고 하였습니다. 현욱이 또한 자신의 입장을 이해하며 고맙다고 안아 주는 엄마에게 고마운 마음이 들었을 것입니다.

채점 기준

엄마가 현욱이를 안아 준 까닭과 현욱이의 마음을 알맞게 썼으면 정답으로 합니다.

02 "우리 아들이 집안일을 도와주려는 마음으로 설거지를 열심히 했구나."와 "미안해하지 않아도 돼. 집안일을 도와주려고 한 현욱이 마음이 엄마는 정말 고마워."에는 현욱이의 처지를 생각하고 공감하는 엄마의 마음이 담겨 있습니다.

채점 기준

엄마가 현욱이에게 공감한 내용과 그 까닭을 알맞게 썼으면 정답으로 합니다.

03 직접 대화하기 어려워 누리 소통망을 사용하여 대화한 경험을 떠올려 봅니다.

채점 기준

누리 소통망을 사용하여 대화했던 자신의 경험을 썼으면 정답으로 합니다.

04 누리 소통망 대화는 직접 하는 대화와는 달리 얼굴을 보지 않고 글자로 대화하며 컴퓨터나 스마트폰 등을 사용합니다.

채점 기준

누리 소통망 대화가 직접 하는 대화와 다른 점을 한 가지 이상 썼으면 정답으로 합니다.

서술형 수행 평가

본문 179쪽

01 예 운동회 때 다른 반과 줄다리기를 하였다. / 두 편이 나누어 힘을 겨루는 놀이이다. / 우리나라 무형유산으로 지정되었다. / 우리나라 민속놀이 가운데 하나이다. / 조상들이 정월 대보름에 풍년을 기원하며 하던 놀이이다. / 똑바로 서서 줄을 당기는 것보다 비스듬히 누워서 줄을 당기면 더 센 힘으로 줄을 당길 수 있다. **02** 예 (1) 석빙고의 구조를 그림으로 설명한 자료를 찾아보고 싶다. (2) 석빙고에서 얼음을 보관하는 원리를 보니 과학 시간에 배운 '열의 이동'과 관련이 있는 것 같다. (3) 석빙고가 과학적인 구조로 만들어졌다는 사실을 알게 되었다. **03** 예 (1) 경주에 가서 천마총, 첨성대, 불국사를 견학했던 일 (2) 첨성대에 숨겨진 조상들의 지혜 (3) 아저씨께서 첨성대에 대하여 설명해 주셨는데 이에 대해 더 알아보고 싶기 때문이다. (4) 천마총의 천마가 하늘로 날아오를 것 같았다. / 불국사의 오래된 소나무가 불국사를 지키는 군사들 같았다.

01 직접 줄다리기를 해 보았거나 매체를 통해 접한 경험, 줄다리기와 관련된 지식 등을 떠올려 생각그물에 써 봅니다.

채점 기준

줄다리기와 관련된 경험, 지식 등을 알맞게 썼으면 정답으로 합니다.

02 경주 석빙고에 대한 글을 읽으며 더 알고 싶거나 짐작한 것, 그리고 새롭게 안 것을 각각 표에 정리하여 써 봅니다.

채점 기준

글 내용과 관련지어 알고 싶은 것, 짐작한 것, 새롭게 안 것을 알맞게 나누어 썼으면 정답으로 합니다.

03 체험한 일 중에 글로 쓸 것을 정한 다음, 그때 인상 깊게 보거나 들은 것, 생각하거나 느낀 점 등을 떠올려 봅니다. 글을 읽는 사람에게 도움이 되는 내용이 무엇일지 생각하며 조사할 내용도 정해 보고 조사하는 까닭도 써 봅니다.

채점 기준

체험한 일, 조사할 내용과 조사하는 까닭, 체험에 대한 감상을 알맞게 썼으면 정답으로 합니다.

서술형 수행 평가

본문 180쪽

01 예 (1) 상대를 배려하지 않고 무시하듯이 말했다. / 상대에게 예의를 지키지 않고 말했다. (2) 문제를 해결하는 데 무관심하다. / 토의 과정에 적극적으로 참여하지 않았다. **02** 예 발표 내용 이외에도 더욱 풍부한 정보를 얻을 수 있다. **03** 예 (1) 제목을 중심으로 훑어 읽다가 의견을 뒷받침하는 글을 찾아 자세히 읽는다. (2) 차례를 살펴 건너뛰며 읽다가 의견을 뒷받침하는 내용을 찾아 자세히 읽는다. **04** 예 (1) 음식물 쓰레기가 너무 많다. / 음식을 먹을 만큼 받고 싶다. (2) 자율 배식을 하자. (3) 자신이 먹을 만큼만 음식을 가져가기 때문에 음식물 쓰레기가 생기지 않을 것이다.

01 그림 ㉮에서 남자아이는 "그깟", "정말 뭘 모르시는군요."와 같이 상대를 배려하지 않고 무시하듯 말했으며, 그림 ㉯에서 여자아이는 뭘 해도 상관없다고 무관심한 태도를 보이며 적극적으로 토의에 참여하지 않고 있습니다.

> **채점 기준**
> 토의 장면에서 고쳐야 할 점을 각각 알맞게 썼으면 정답으로 합니다.

02 그림 ㉯에서처럼 책과 같은 읽기 자료를 제시하면 발표 내용 이외에도 더욱 풍부한 정보를 얻을 수 있습니다.

> **채점 기준**
> 읽기 자료를 제시하여 발표할 때의 좋은 점을 알맞게 썼으면 정답으로 합니다.

03 신문 기사는 제목을 중심으로 훑어 읽고, 책은 차례를 중심으로 훑어 읽다가 필요한 내용이 나오면 자세히 읽습니다.

> **채점 기준**
> 신문 기사와 책에서 자료를 찾는 방법을 각각 알맞게 썼으면 정답으로 합니다.

04 점심시간에 친구들이 한 말에서 어떤 문제가 드러나 있는지 찾고, 그 문제를 해결하기 위한 의견과 근거를 써 봅니다.

> **채점 기준**
> 해결해야 할 문제를 바르게 찾고 그에 어울리는 의견과 근거를 썼으면 정답으로 합니다.

서술형 수행 평가

본문 181쪽

01 예 (1) 과거의 시간을 나타내는 '어제저녁'과 서술어 '밀려온다'가 서로 호응하지 않기 때문이다. (2) 어제저녁에 방에서 컴퓨터를 하는데 졸음이 밀려왔다. **02** 예 "주찬아, 그만 하고 나와." / 금방 게임을 시작했는데 엄마께서는 또 화가 난 목소리로 부르신다. **03** 예 (1) '–지 않다', '–지 못하다'와 같은 부정적인 서술어 또는 '안', '못'이 꾸며 주는 서술어와 호응한다. (2) 내 동생은 내 말을 전혀 듣지 않는다. (3) 나는 인스턴트 음식을 별로 좋아하지 않는다. (4) 나는 거짓말을 하는 것은 결코 바른 행동이 아니라고 생각한다. **04** 예 (1) 글 내용이 다른 책 내용과 비슷합니다. (2) 읽는 사람이 쉽게 읽을 수 있도록 글을 씁니다.

01 '어제저녁'은 과거의 시간을 나타내고 서술어 '밀려온다'는 현재의 시간을 나타내므로 서로 호응하지 않습니다. 따라서 서술어 '밀려온다'를 '밀려왔다'로 고쳐 써야 합니다.

> **채점 기준**
> (1) 시간을 나타내는 말과 서술어의 호응 관계가 바르지 않음을 밝히고 (2) 서술어를 호응 관계에 맞게 고쳐 썼으면 정답으로 합니다.

02 윤서는 큰따옴표를 사용한 문장을 넣어 대화 글로 글머리를 시작하였습니다.

> **채점 기준**
> 큰따옴표를 사용한 문장을 넣어 대화 글로 시작하는 글머리를 썼으면 정답으로 합니다.

03 '전혀', '별로', '결코'는 호응하는 서술어가 따로 있는 낱말들로, '–지 않다', '–지 못하다'와 같은 부정적인 서술어와 어울립니다.

> **채점 기준**
> (1) 부정적인 서술어와 어울린다는 공통점을 쓰고 (2) 낱말을 넣어 호응 관계에 맞게 짧은 글을 썼으면 정답으로 합니다.

04 매체를 활용하여 겪은 일이 드러나는 글을 쓸 때 어떤 점에 주의해야 하는지 생각해 봅니다.

> **채점 기준**
> 그림 ㉮와 ㉯에 나타난 문제점과 주의할 점을 빈칸에 알맞게 각각 썼으면 정답으로 합니다.

5단원 여러 가지 매체 자료

서술형 수행 평가

본문 182쪽

01 (1) 영상 매체 자료 (2) 예 소리, 자막 등의 여러 가지 연출 방법을 사용하여 정보를 전달한다. / 효과음이나 음악을 넣고 화면에 특별한 장치를 사용해 인물이나 상황을 극적으로 표현한다. **02** 예 (1) 잔잔하고 차분한 느낌의 음악 (2) 이야기의 시작을 알린다. / (1) 아련한 느낌의 음악 (2) 묵묵히 노력하는 인물의 모습을 더욱 강조한다. **03** (1) 인터넷 매체 자료 (2) 예 인쇄 매체 자료와 영상 매체 자료를 읽는 방식을 모두 사용하여 글과 그림이 주는 시각 정보를 잘 살펴볼 뿐만 아니라 화면 구성과 소리에 담긴 정보도 탐색해야 한다. **04** 예 인터넷 대화방에서 누군가를 비난하는 것을 본 적이 있다. / 인터넷 대화방에서 가짜 뉴스를 퍼뜨리는 것을 본 적이 있다.

01 영상 매체 자료가 무엇을 사용하여 정보를 전달하는지 생각해 봅니다.

채점 기준

(1) '영상 매체 자료'라고 쓰고, (2) 화면 연출이나 음향 효과 등을 이용한다는 내용이 드러나게 썼으면 정답으로 합니다.

02 글 (나)는 김득신이 자신의 한계를 극복하고 자신만의 시어로 시를 쓰기까지의 일생을 담은 내용입니다.

채점 기준

글의 내용에 어울리는 음악과 그 음악으로 기대할 수 있는 효과를 썼으면 정답으로 합니다.

03 '핑공 카페'는 인터넷 매체 자료입니다. 인터넷 매체 자료의 특성을 생각해 봅니다.

채점 기준

(1) 인터넷 매체 자료라고 쓰고, (2) 글과 그림, 화면 구성, 소리나 음악에 집중해서 읽어야 한다는 내용으로 썼으면 정답으로 합니다.

04 이 글에는 인터넷 매체 자료를 바르게 이용하지 않아서 생긴 일이 잘 드러나 있습니다.

채점 기준

인터넷 매체에서 생긴 일이나 거짓된 정보와 관련한 일 등 이 글의 내용과 비슷한 경험을 썼으면 정답으로 합니다.

6단원 타당성을 생각하며 토론해요

서술형 수행 평가

본문 183쪽

01 예 학교에서 하는 인사말로 "착한 사람이 되겠습니다."가 알맞은지에 관한 문제이다. **02** 예 (1) 반대 (2) 자신이 지금은 착한 사람이 아닌 것 같아서 인사말을 할 때 기분이 좋지 않다. / (1) 찬성 (2) "착한 사람이 되겠습니다."라고 인사말을 하면 착한 사람이 되겠다는 다짐을 하게 된다. **03** 예 초등학생들의 여러 가지 인사말이 나타난 신문 기사 자료 / "착한 사람이 되겠습니다."라고 인사를 나눈 뒤에 학교 폭력이 줄어든 통계 자료 / 다른 인사말을 사용해서 학교 분위기가 더 좋아진 다른 학교의 면담 자료 **04** 예 (1) 반대편에서 제시한 설문 조사 결과는 다른 학교에서 조사한 결과로, 우리 학교의 상황과 반드시 같다고 볼 수 없다. (2) 학급 임원을 뽑는 기준에 문제가 있다고 생각하는 학생이 많다는 점을 보여 주기 위한 자료이다.

01 그림에서 아이들은 학교에서 하는 인사말에 대해 서로 다른 의견을 말하고 있습니다.

채점 기준

학교에서 "착한 사람이 되겠습니다."라는 인사말을 사용하는 것에 관해 토론하고 싶다고 썼으면 정답으로 합니다.

02 자신의 의견을 상대가 받아들이도록 하기 위해서는 타당한 근거를 들어 말해야 합니다.

채점 기준

토론 주제에 대해 찬성과 반대 중 자신의 입장을 정하고, 그에 알맞은 근거를 들어 썼으면 정답으로 합니다.

03 토론 주제와 근거에 맞는 자료를 생각해 봅니다.

채점 기준

면담 자료, 설문 조사 자료, 통계 자료, 신문 기사 등 문제 **02**에서 자신이 제시한 근거를 뒷받침할 수 있는 자료를 썼으면 정답으로 합니다.

04 반대편의 주장에 대한 찬성편의 반론과 그것에 대한 반대편의 반박을 찾아 씁니다.

채점 기준

(1) 설문 조사 자료가 우리 학교의 상황과 같지 않다는 것과 (2) 학급 임원을 뽑는 기준에 문제가 있다고 생각하는 학생이 많다는 점을 보여 주기 위한 자료라는 내용이 드러나게 썼으면 정답으로 합니다.

서술형 수행 평가

본문 184쪽

01 예 ⑴ 제일 먼저, 그러고는, 먼저, 이제, 그런 다음, 이번에는, 마지막으로 등 ⑵ 순서 구조 **02** 예 ⑴ 풀어진 속껍질을 물에 넣어 젓고, 거기에 닥풀을 넣어 다시 젓는다. ⑵ 엉겨 붙은 속껍질을 물에서 떠내 한 장씩 쌓고 돌로 눌러둔다. ⑶ 눌러둔 한지를 한 장씩 떼어서 말린다. **03** 예 그리고 풀어진 속껍질을 물에 넣어 젓고, 거기에 닥풀을 넣어 다시 젓는다. 엉겨 붙은 속껍질을 물에서 떠내 한 장씩 쌓아 누른 다음, 그것을 한 장씩 떼어서 판판하게 말리면 한지가 완성된다.

01 시간 순서를 나타내는 낱말들을 통해 순서 구조라는 것을 알 수 있습니다.

> **채점 기준**
> ⑴ 시간 순서를 나타내는 말을 세 가지 이상 찾아 쓰고, ⑵ 순서 구조라고 썼으면 정답으로 합니다.

02 한지를 만드는 과정이 순서대로 정리되도록 마지막 세 단락의 중심 내용을 간추려 씁니다.

> **채점 기준**
> 한지를 만드는 순서에 맞게 각 단락의 중심 내용을 간추려 썼으면 정답으로 합니다.

03 이 글은 한지를 만드는 과정을 순서대로 설명하고 있습니다.

> **채점 기준**
> 글의 구조를 파악하여 글의 중심 내용이 잘 드러나게 요약하여 썼으면 정답으로 합니다.

서술형 수행 평가

본문 185쪽

01 예 "노잼이었어."는 영어와 우리말을 섞어 만든 국적 불문의 신조어이다. **02** 예 노잼이었어 → 재미가 없었어 **03** 예 우리나라 사람들을 모두 조사할 수 없다. / 조사 기간이 적절하지 않다. **04** 예 ⑴ 한 화면에 너무 많은 내용을 제시하였다. ⑵ 자료를 모두가 알아볼 수 있어야 하므로 한 화면에 너무 많은 내용을 제시하지 않아야 한다. **05** 예 발표 주제가 무엇인지 알아야 한다. / 발표 내용이 주제와 관련 있는지 판단하며 들어야 한다. / 과장되거나 거짓인 내용은 없는지, 자료는 정확한 것인지 판단하며 들어야 한다. / 새롭게 알려 주는 내용이 무엇인지 집중하며 들어야 한다. / 발표자에게 빨리하라고 하거나 야유를 보내서는 안 된다.

01 두 사람이 나눈 대화에서 잘못 사용된 우리말을 찾아 봅니다.

> **채점 기준**
> 우리말을 잘못 사용한 표현과 잘못 사용한 까닭을 알맞게 썼으면 정답으로 합니다.

02 국적 불문의 신조어를 아름다운 우리말로 바꾸어 봅니다.

> **채점 기준**
> 우리말을 잘못 사용한 표현을 찾아 바르게 고쳐 썼으면 정답으로 합니다.

03 조사 주제가 적절한지 평가할 때에는 실제로 조사할 수 있는지, 조사 방법과 기간이 적절한지에 주의하여 살펴보아야 합니다.

> **채점 기준**
> 조사 범위가 너무 넓어 실제로 조사할 수 없다거나 조사 기간이 적절하지 않다는 내용을 썼으면 정답으로 합니다.

04 발표를 듣는 사람이 자료를 잘 볼 수 있게 발표 자료를 준비해야 합니다.

> **채점 기준**
> ⑴ 여자아이가 발표할 때 잘못한 점을 정확하게 파악하여 쓰고, ⑵ 자료를 너무 복잡하게 제시하면 안 된다는 점을 밝혀 썼으면 정답으로 합니다.

05 발표 내용이 주제와 관련 있는지, 과장되거나 거짓인 내용은 없는지, 자료는 정확한지 판단하며 듣기 등 발표를 듣는 사람이 주의해야 할 점을 생각해 봅니다.

> **채점 기준**
> 발표를 들을 때 주의할 점 가운데 두 가지를 정확하게 썼으면 정답으로 합니다.

1단원 수의 범위와 어림하기

서술형 수행 평가

본문 186쪽

01 풀이 참조, 4군데 **02** 풀이 참조, 4000원
03 풀이 참조 **04** 풀이 참조, 999

01 예 보통에 해당하는 미세먼지 농도의 범위는 31 마이크로그램 이상 80 마이크로그램 이하입니다.
따라서 보통에 해당하는 지역은 강원, 전남, 경남, 부산으로 모두 4군데입니다.

채점 기준

보통에 해당하는 미세먼지 농도의 범위를 구한 경우	40 %
보통에 해당하는 지역의 수를 구한 경우	60 %

02 예 1시간 20분은 1시간＋10분＋10분이므로 주차 요금은 $3000＋500＋500＝4000$(원)입니다.

채점 기준

1시간 20분은 1시간과 10분씩 몇 번인지 구한 경우	40 %
주차 요금을 구한 경우	60 %

03 **방법 1** 예 올림하여 천의 자리까지 나타내었습니다.
방법 2 예 반올림하여 천의 자리까지 나타내었습니다.

채점 기준

한 가지 방법으로 설명한 경우	50 %
다른 한 가지 방법으로 설명한 경우	50 %

04 예 반올림하여 천의 자리까지 나타내면 24000이 되는 수의 범위는 23500 이상 24500 미만인 수이므로 어떤 자연수 중 가장 큰 수는 24499이고 가장 작은 수는 23500입니다.
➡ $24499－23500＝999$

채점 기준

반올림하여 천의 자리까지 나타내면 24000이 되는 수의 범위를 구한 경우	50 %
어떤 수가 될 수 있는 가장 큰 수와 가장 작은 수의 차를 구한 경우	50 %

2단원 분수의 곱셈

서술형 수행 평가

본문 187쪽

01 풀이 참조, $2\frac{1}{3}$ cm **02** 풀이 참조, 136 kg
03 풀이 참조, 예 $\frac{8}{45}$ m **04** 풀이 참조, $3\frac{1}{16}$

01 예 (정오각형의 둘레)＝(한 변의 길이)×5
$$＝\frac{7}{\underset{3}{15}}×\overset{1}{5}＝\frac{7}{3}＝2\frac{1}{3}\text{(cm)}$$

채점 기준

정오각형의 둘레를 구하는 식을 세운 경우	50 %
정오각형의 둘레를 구한 경우	50 %

02 예 지현이의 몸무게는 $\overset{16}{48}×\frac{1}{\underset{1}{3}}＝16$ (kg), 아빠의 몸무게는 $16×4\frac{1}{2}＝\overset{8}{16}×\frac{9}{\underset{1}{2}}＝72$ (kg)입니다.
➡ (가족의 몸무게의 합)＝$48＋16＋72＝136$ (kg)

채점 기준

지현이와 아빠의 몸무게를 각각 구한 경우	60 %
지현이네 가족의 몸무게의 합을 구한 경우	40 %

03 예 상자를 묶는 데 리본 $\frac{8}{9}$ m의 $\frac{1}{5}$ 만큼을 사용했습니다. 사용한 리본의 길이는 몇 m인가요?

채점 기준

분수의 곱셈 문제를 만든 경우	60 %
답을 구한 경우	40 %

04 예 어떤 수를 □라 하면 $□＋1\frac{1}{4}＝3\frac{7}{10}$이므로 $□＝3\frac{7}{10}－1\frac{1}{4}＝2\frac{9}{20}$ 입니다. 따라서 바르게 계산한 값은 $2\frac{9}{20}×1\frac{1}{4}＝3\frac{1}{16}$ 입니다.

채점 기준

어떤 수를 구한 경우	50 %
바르게 계산한 값을 구한 경우	50 %

서술형 수행 평가

본문 188쪽

01 풀이 참조, 60 cm² **02** 풀이 참조, 슬기
03 풀이 참조, 8 cm **04** 풀이 참조, 100°

01 ㉠ 변 ㄱㄴ의 대응변은 변 ㅂㅅ이므로
(변 ㄱㄴ)=(변 ㅂㅅ)=5 cm입니다.
따라서 사각형 ㄱㄴㄷㄹ의 넓이는
$12 \times 5 = 60 (\text{cm}^2)$입니다.

채점 기준

| 변 ㄱㄴ의 길이를 구한 경우 | 50 % |
| 사각형 ㄱㄴㄷㄹ의 넓이를 구한 경우 | 50 % |

02 ㉠ 슬기는 차례로 1점, 3점, 3점이므로
$1+3+3=7$(점)이고, 준서는 차례로 2점, 1점, 1점
이므로 $2+1+1=4$(점)입니다.
따라서 5점 이상인 슬기가 이겼습니다.

채점 기준

| 슬기와 준서의 점수를 각각 구한 경우 | 70 % |
| 누가 이겼는지 구한 경우 | 30 % |

03 ㉠ (선분 ㄴㄹ)=(선분 ㄷㄹ)=5 cm
➡ (변 ㄱㄴ)=(변 ㄱㄷ)
$= (26-5-5) \div 2 = 8 (\text{cm})$

채점 기준

| 선분 ㄴㄹ의 길이를 구한 경우 | 40 % |
| 변 ㄱㄴ의 길이를 구한 경우 | 60 % |

04 ㉠ (변 ㄱㅇ)=(변 ㄷㅇ)=(변 ㄹㅇ)=(변 ㄴㅇ)
이므로 삼각형 ㄱㄴㅇ은 이등변삼각형입니다.
(각 ㅇㄱㄴ)=(각 ㅇㄴㄱ)=(각 ㅇㄹㄷ)=40°이므
로 삼각형 ㄱㄴㅇ에서
(각 ㄱㅇㄴ)=180°-40°-40°=100°입니다.

채점 기준

| 삼각형 ㄱㄴㅇ이 어떤 삼각형인지 구한 경우 | 40 % |
| 각 ㄱㅇㄴ의 크기를 구한 경우 | 60 % |

서술형 수행 평가

본문 189쪽

01 풀이 참조, 64.8 cm **02** 풀이 참조, 24.6
03 풀이 참조, 22 m² **04** 풀이 참조, 586

01 ㉠ 겹치는 부분은 $7-1=6$(군데)입니다.
➡ (이어 붙인 색 테이프 전체의 길이)
$=9.6 \times 7 - 0.4 \times 6$
$=67.2-2.4=64.8 (\text{cm})$

채점 기준

| 겹치는 부분은 몇 군데인지 구한 경우 | 40 % |
| 이어 붙인 색 테이프 전체의 길이를 구한 경우 | 60 % |

02 ㉠ 3과 82를 곱한 값이 아니라 30과 82를 곱한 값인
2460에서 소수점을 왼쪽으로 두 자리 옮겨야 하므
로 24.6이 됩니다.

채점 기준

| 잘못 계산한 이유를 쓴 경우 | 60 % |
| 바르게 계산한 값을 구한 경우 | 40 % |

03 ㉠ 새로운 놀이터의
가로는 $4.4 \times 1.25 = 5.5 (\text{m})$이고,
세로는 $3.2 \times 1.25 = 4 (\text{m})$입니다.
따라서 새로운 놀이터의 넓이는 $5.5 \times 4 = 22 (\text{m}^2)$
입니다.

채점 기준

| 새로운 놀이터의 가로와 세로의 길이를 각각 구한 경우 | 60 % |
| 새로운 놀이터의 넓이를 구한 경우 | 40 % |

04 ㉠ ㉠ 대신에 5.7을 넣고 ㉡ 대신에 160을 넣어 봅
니다.
➡ $5.7 ☆ 160 = 5.7 \times 100 + 160 \times 0.1$
$=570+16=586$

채점 기준

| 5.7☆160을 식으로 나타낸 경우 | 60 % |
| 5.7☆160의 값을 구한 경우 | 40 % |

5단원 직육면체

서술형 수행 평가

본문 190쪽

01 풀이 참조
02 풀이 참조, 215 cm
03 정규, 풀이 참조
04 풀이 참조, 72 cm

01 ⓓ 직사각형 6개로 둘러싸인 도형이 아니므로 직육면체가 아닙니다.

채점 기준	
직육면체가 아닌 이유를 쓴 경우	100 %

02 ⓓ 사용한 끈의 길이는 40 cm씩 4번, 10 cm씩 4번이고, 매듭의 길이 15 cm입니다.
따라서 사용한 끈의 길이는 모두
$40 \times 4 + 10 \times 4 + 15 = 160 + 40 + 15 = 215$(cm)입니다.

채점 기준	
사용한 끈의 길이는 40 cm씩 몇 번, 10 cm씩 몇 번인지 각각 구한 경우	50 %
사용한 끈의 길이는 모두 몇 cm인지 구한 경우	50 %

03 ⓓ 직육면체에서 서로 수직인 면은 모양과 크기가 같을 수도 다를 수도 있어.

채점 기준	
잘못 설명한 사람을 찾아 이름을 쓴 경우	50 %
바르게 고친 경우	50 %

참고 직육면체에서 서로 평행한 면은 모양과 크기가 같습니다.

04 ⓓ 정육면체는 모든 모서리의 길이가 같으므로 한 모서리의 길이는 $18 \div 3 = 6$(cm)입니다.
따라서 정육면체의 모서리는 12개이므로 모든 모서리의 길이의 합은 $6 \times 12 = 72$(cm)입니다.

채점 기준	
정육면체의 한 모서리의 길이를 구한 경우	50 %
정육면체의 모든 모서리의 길이의 합을 구한 경우	50 %

6단원 평균과 가능성

서술형 수행 평가

본문 191쪽

01 풀이 참조, 2개
02 풀이 참조, 830 kg
03 풀이 참조, 79점
04 풀이 참조, 3칸

01 ⓓ 방과 후 수업별 학생 수의 평균은
$(48 + 32 + 60 + 51 + 44) \div 5 = 47$(명)입니다.
따라서 다음 학기에 개설하지 않는 수업은 학생 수가 평균보다 적은 논술, 바둑으로 모두 2개입니다.

채점 기준	
방과 후 수업별 학생 수의 평균을 구한 경우	50 %
다음 학기에 개설하지 않는 수업 수를 구한 경우	50 %

02 ⓓ 네 농장의 배추 생산량의 합은
$810 \times 4 = 3240$(kg)입니다.
따라서 다 농장의 배추 생산량은
$3240 - (820 + 680 + 910) = 830$(kg)입니다.

채점 기준	
네 농장의 배추 생산량의 합을 구한 경우	50 %
다 농장의 배추 생산량을 구한 경우	50 %

03 ⓓ 전체 수학 점수의 평균을 구하려면 두 모둠의 수학 점수의 합을 두 모둠의 학생 수의 합으로 나누어야 합니다.
➡ $(84.4 \times 5 + 74.5 \times 6) \div (5 + 6) = 869 \div 11 = 79$(점)

채점 기준	
유나의 말이 틀린 이유를 쓴 경우	50 %
바르게 계산한 값을 구한 경우	50 %

04 ⓓ 주사위의 눈의 수가 2의 배수가 나올 가능성은 '반반이다'이고, 수로 표현하면 $\frac{1}{2}$이므로 빨간색은 6칸 중 3칸에 색칠해야 합니다.

채점 기준	
주사위의 눈의 수가 2의 배수가 나올 가능성을 구한 경우	60 %
빨간색을 칠해야 하는 칸 수를 구한 경우	40 %

사회

서술형 수행 평가   본문 192쪽

01 (1) 고구려 (2) 백제 (3) 신라 **02** (1) 불교 (2) 예 삼국이 불교를 통해 왕의 권위를 높이고 백성의 마음을 하나로 모으려고 했기 때문이다. 등 **03** (1) 측우기 (2) 앙부일구 (3) 자격루 **04** (1) 세종 (2) 예 일상생활에서 시각이나 계절을 알 수 있어서 농사를 짓는 데 도움이 되었다. 등

01 ㈎는 고구려의 금동 연가 7년명 여래 입상으로 삼국 시대의 대표적인 금동 불상입니다. 이 불상의 뒷면에는 불상을 만든 시기와 나라를 알 수 있는 내용이 새겨져 있습니다. ㈏는 백제의 익산 미륵사지 석탑으로 우리나라에 남아 있는 석탑 중 가장 크고 오래된 석탑입니다. ㈐는 신라의 경주 불국사 삼층 석탑으로 경주 불국사 안에 자리하고 있습니다. 이 탑에서는 현재 남아 있는 목판 인쇄물 중 가장 오래된 인쇄본으로 알려진 『무구정광대다라니경』이 발견되기도 하였습니다.

02 (2) 삼국은 불교를 수용한 이후 불교를 통해 왕의 권위를 높이고 백성의 마음을 하나로 모으려고 하였습니다. 이에 따라 절, 탑, 불상 등 불교와 관련된 문화유산을 많이 만들었습니다.

> 채점 기준
>
> 불교를 통해 왕의 권위를 높이고 백성의 마음을 모으려고 하였다는 내용을 썼으면 정답으로 합니다.

03 세종 대에는 측우기, 앙부일구, 자격루, 혼천의 등 다양한 과학 기구를 만들어 백성의 생활에 도움이 되도록 하였습니다. 그리고 과학 기구를 활용해 관측한 내용을 바탕으로 조선의 날짜와 계절 변화를 계산한 역법을 담은 『칠정산』을 편찬하였습니다.

04 (2) 세종은 과학 기술의 발달에도 많은 관심을 기울였는데, 다양한 과학 기구의 발명을 통해 시각과 계절 등을 정확히 알 수 있게 되어 백성이 농사를 잘 지을 수 있도록 도움을 주었습니다.

> 채점 기준
>
> 시각이나 계절을 알게 되어 농사에 도움이 되었다는 내용을 썼으면 정답으로 합니다.

서술형 수행 평가   본문 193쪽

01 (1) 갑신정변 (2) 동학 농민 운동 **02** 예 탐관오리 처벌을 주장하였다. 세금 제도 개혁을 주장하였다. 등 **03** (1) 모스크바 3국 외상 회의 (2) 국제 연합 (3) 이승만 (4) 반대 **04** 예 국제 연합은 선거가 가능한 남한에서만 총선거를 실시하기로 결정하였고, 이에 따라 남한에서 5·10 총선거가 실시되어 대한민국 정부가 수립되었다. 등

01 ㈎는 갑신정변을 일으킨 사람들이 발표한 개혁안의 일부 내용입니다. 김옥균을 중심으로 한 사람들은 우정총국의 개국 축하 잔치를 이용해 정변을 일으켜 새 정부를 조직하고 개혁 정책을 발표하였습니다. ㈏는 전봉준이 체포된 후 재판을 받을 때의 내용으로, 고부 군수의 횡포에 저항하며 봉기한 사실과 일본군의 내정 간섭을 막기 위해 다시 봉기한 사실이 잘 나타나 있습니다.

02 제시된 자료를 통해 갑신정변과 동학 농민 운동에서는 부정부패한 관리를 처벌하고 세금 제도를 개혁할 것을 주장하고 있음을 알 수 있습니다.

> 채점 기준
>
> 탐관오리 처벌, 세금 제도 개혁 등의 내용을 썼으면 정답으로 합니다.

03 국제 연합은 남북한 총선거로 통일 정부를 수립하기로 결정하고 한국 임시 위원단을 파견하였으나 소련이 이를 거절하였습니다. 이에 이승만 등은 선거가 가능한 남한만이라도 정부를 세우자고 주장한 반면, 김구 등은 단독 정부 수립에 반대하며 통일 정부 수립을 주장하였습니다.

04 국제 연합은 선거가 가능한 남한에서만 총선거를 실시하기로 결정하였고, 1948년 5월 10일 남한에서 제헌 국회 의원을 뽑는 선거가 실시되었습니다(5·10 총선거). 제헌 국회에서는 제헌 헌법을 만들었고 이승만을 초대 대통령으로 선출하였으며 이에 따라 1948년 8월 15일에 대한민국 정부가 수립되었습니다.

> 채점 기준
>
> 선거가 가능한 남한에서만 총선거 실시 결정, 남한에서 5·10 총선거 실시 등의 내용을 썼으면 정답으로 합니다.

2단원 생물과 환경

서술형 수행 평가

본문 194쪽

01 (1) (가) 예 매, 나무, 토끼, 뱀 (나) 예 물, 공기, 햇빛, 흙, 돌
(2) 예 햇빛은 동물이 주변의 사물을 볼 수 있게 한다. 물은 생물의 생명 유지에 필요하다. 등 **02** (1) (가) 먹이 사슬 (나) 먹이 그물 (2) (나), 예 먹이 한 종류가 없어져도 생태계에 있는 다른 종류의 먹이를 먹을 수 있어서 영향을 적게 받기 때문이다. (3) 예 토끼는 풀을 먹고, 늑대에게 먹힌다. **03** (1) 예 1차 소비자(메뚜기)의 수가 갑자기 증가하면 생산자(벼)의 수는 일시적으로 감소하고, 2차 소비자(개구리)와 3차 소비자(매)의 수는 일시적으로 증가한다. (2) 생태계 평형

01 (1) 생물 요소는 동물, 식물 등과 같이 살아 있는 것이고, 비생물 요소는 물, 공기, 햇빛 등과 같이 살아 있지 않은 것입니다.

> **채점 기준**
> 생물 요소와 비생물 요소를 구분하여 세 가지 이상 쓰면 정답으로 합니다.

(2) **채점 기준**
> 비생물 요소가 생물 요소에 미치는 영향을 한 가지 옳게 썼다면 정답으로 합니다.

02 (2) 먹이 그물은 먹고 먹히는 관계가 여러 방향으로 연결되기 때문에 먹이 한 종류가 없어지더라도 다른 먹이를 먹고 살아갈 수 있습니다.

> **채점 기준**
> (나)를 쓰고, 먹이 한 종류가 없어지더라도 다른 먹이를 먹고 살아갈 수 있다라고 썼다면 정답으로 합니다.

(3) **채점 기준**
> 토끼는 풀을 먹고, 늑대는 토끼를 먹는다는 의미로 늑대, 토끼, 풀의 먹고 먹히는 관계를 옳게 썼다면 정답으로 합니다.

03 (1) 1차 소비자의 수가 갑자기 증가하면 생산자의 수는 일시적으로 감소하고 2차, 3차 소비자의 수는 일시적으로 증가하다가 오랜 시간이 지나면 생태계는 다시 원래 상태로 회복됩니다.

> **채점 기준**
> 생산자의 수와 소비자의 수 변화를 모두 옳게 썼다면 정답으로 합니다.

3단원 날씨와 우리 생활

서술형 수행 평가

본문 195쪽

01 예 이슬, 안개, 구름은 만들어지는 위치가 서로 다르다. **02** 예 작은 얼음 알갱이가 커지면서 무거워지면 떨어지는데 **03** 예 따뜻한 공기보다 차가운 공기가 더 무겁다는 것을 알 수 있다. **04** (1) ㉠, ㉢ (2) (가) 봄·가을: ㉢, 예 날씨가 따뜻하고 건조하다. (나) 여름: ㉣, 예 날씨가 덥고 습하다. (다) 겨울: ㉠, 예 날씨가 춥고 건조하다. (3) 예 습도가 낮아 피부가 쉽게 건조해진다. 호흡기 질환에 잘 걸린다. 산불이 발생하기 쉽다. 등 (4) 예 ㉣ 공기 덩어리가 따뜻하고 습한 남동쪽 바다 위에서 오래 머무르면서 온도나 습도가 그 지역과 비슷해졌다.

01 **채점 기준**
> 이슬, 안개, 구름의 차이점을 옳게 썼다면 정답으로 합니다.

02 구름 속 작은 얼음 알갱이가 커지면서 무거워지면 떨어지는데, 크기가 커진 얼음 알갱이가 녹으면서 떨어지면 비가 되고 녹지 않은 채로 떨어지면 눈이 됩니다.

> **채점 기준**
> 얼음 알갱이가 무거워지면 떨어진다는 것을 옳게 썼다면 정답으로 합니다.

03 **채점 기준**
> 같은 부피일 때 차가운 공기가 더 무겁다는 의미로 썼다면 정답으로 합니다.

04 (2) 봄·가을에는 따뜻하고 건조한 공기 덩어리의 영향을 받고, 여름에는 덥고 습한 공기 덩어리의 영향을 받으며, 겨울에는 차갑고 건조한 공기 덩어리의 영향을 받습니다.

> **채점 기준**
> 계절별 날씨에 영향을 주는 공기 덩어리를 옳게 골라 쓰고, 계절별 날씨의 특징을 옳게 썼다면 정답으로 합니다.

(3) **채점 기준**
> 겨울철의 건조한 날씨를 생활과 연관지어 썼다면 정답으로 합니다.

(4) 공기 덩어리가 대륙이나 바다와 같이 넓은 지역에 오래 머무르면 그 지역의 온도나 습도와 성질이 비슷해집니다.

> **채점 기준**
> 공기 덩어리가 오래 머무르면서 그 지역의 영향을 받는다는 내용으로 옳게 썼다면 정답으로 합니다.

과학

서술형 수행 평가

본문 196쪽

01 (1) ㉮ 학생 ㉯ 긴 의자, 축구공, 나무 (2) ⑳ 학생은 1초 동안 2 m를 이동했다. **02** (1) ㉠ 이동 거리, ㉡ 빠르다 (2) 자전거, ⑳ 같은 시간 동안 가장 짧은 거리를 이동했기 때문이다. **03** (1) ㉮ ㉡ ㉯ 100 km/h (2) ⑳ 이동 거리와 걸린 시간이 모두 다른 경우, 이동 거리나 걸린 시간만으로 물체의 빠르기를 비교하기 어렵기 때문이다. **04** (1) ⑳ 자동차의 속력이 클수록 보행자와 자동차가 부딪쳤을 때 피해가 크므로 자동차의 속력을 작게 하여 부딪치더라도 피해를 최소화하기 위해서이다. (2) ⑳ 자동차를 탈 때는 안전띠를 맨다. 횡단보도를 건널 때는 휴대 전화를 보지 않는다. 등

01 (1) **채점 기준**

운동한 물체와 운동하지 않은 물체를 모두 옳게 썼다면 정답으로 합니다.

(2) 물체의 운동은 물체가 이동하는 데 걸린 시간과 이동 거리로 나타냅니다.

채점 기준

시간과 거리를 포함하여 운동을 나타내면 정답으로 합니다.

02 (2) 같은 시간 동안 가장 긴 거리를 이동한 기차가 가장 빠르고, 가장 짧은 거리를 이동한 자전거가 가장 느립니다.

채점 기준

자전거를 옳게 쓰고, 그 까닭을 옳게 썼다면 정답으로 합니다.

03 (1) ㉠ 속력＝100 km÷2시간＝50 km/h
㉡ 속력＝200 km÷2시간＝100 km/h
㉢ 속력＝150 km÷3시간＝50 km/h
㉣ 속력＝200 km÷4시간＝50 km/h

(2) **채점 기준**

이동 거리와 걸린 시간이 다르기 때문이라는 내용을 썼다면 정답으로 합니다.

04 (1) **채점 기준**

'속력이 크면 피해가 크기 때문이다.'와 같이 속력과 관련지어 내용을 썼다면 정답으로 합니다.

(2) **채점 기준**

어린이들이 지킬 수 있는 교통안전 수칙 내용을 두 가지 썼다면 정답으로 합니다.

서술형 수행 평가

본문 197쪽

01 (1) 식초 (2) ⑳ 붉은색 리트머스 종이, 페놀프탈레인 용액, 붉은 양배추 지시약 등 (3) 빨랫비누 물, 유리 세정제, 석회수, 묽은 수산화 나트륨 용액 **02** (1) ⑳ 묽은 수산화 나트륨 용액을 계속 떨어뜨리면 무색에서 붉은색으로 변한다. (2) ⑳ 묽은 염산에 묽은 수산화 나트륨 용액을 계속 떨어뜨리면 산성이 약해지고 염기성이 강해져서 페놀프탈레인 용액의 색깔이 붉은색으로 변한다. **03** (1) ㉮ ⑳ 식초로 도마를 소독한다. 구연산 용액으로 싱크대를 소독한다. ㉯ ⑳ 치약으로 충치를 만드는 입안의 산성 물질을 없앤다. 욕실을 청소할 때 표백제를 이용한다. (2) ⑳ 위산은 산성 물질이고 레몬차나 탄산음료도 산성 물질이므로, 위산이 과다 분비하여 속이 쓰릴 경우 똑같은 산성 용액을 마시게 되면 더 안 좋을 수 있기 때문이다.

01 (2) 붉은색 리트머스 종이, 푸른색 리트머스 종이, 페놀프탈레인 용액, 붉은 양배추 지시약 외에도 포도 껍질, 검은콩, 자주색 고구마, 자주색 양파, 붉은 장미 꽃잎 등으로 지시약을 만들 수 있습니다.

채점 기준

산성 용액과 염기성 용액을 구분하는 지시약을 두 가지 옳게 썼다면 정답으로 합니다.

(3) 식초, 레몬즙, 탄산수, 묽은 염산은 산성 용액이고, 빨랫비누 물, 유리 세정제, 석회수, 묽은 수산화 나트륨 용액은 염기성 용액입니다. 페놀프탈레인 용액을 염기성 용액에 떨어뜨렸을 때 페놀프탈레인 용액이 붉은색으로 변합니다.

02 **채점 기준**

염기성 성질이 강해지면서 나타나는 색깔 변화와 그 까닭을 옳게 썼다면 정답으로 합니다.

03 (1) **채점 기준**

산성 용액이나 염기성 용액을 이용하는 예를 한 가지씩 옳게 썼다면 정답으로 합니다.

(2) 산성 물질인 위액이 많이 나와 속이 쓰리고, 위에 염증이 생긴 경우 제산제 등의 염기성 용액을 먹는 것이 좋습니다.

채점 기준

레몬차나 탄산음료가 산성 물질이라는 의미로 썼다면 정답으로 합니다.

인용 사진 및 문헌 출처

국어

ⓒ 「니 꿈은 뭐이가?」, 박은정 『니 꿈은 뭐이가?』, 웅진주니어, 2010. 43쪽, 45쪽

ⓒ 「줄다리기, 모두 하나 되는 대동 놀이」, 국가유산청 엮음 『어린이 문화재 박물관 2』, (주)사계절출판사, 2006. 46쪽, 48쪽

ⓒ 「조선의 냉장고 '석빙고'의 과학」, 윤용현 『전통 속에 살아 숨 쉬는 첨단 과학 이야기』, (주)교학사, 2012. 47쪽, 49쪽, 179쪽

ⓒ 「영국의 한 초등학교 건강 달리기 뉴스」(원제목: 「英 초등학교 '1.6 km 달리기' 도입 … 비만↓ 집중력 ↑」), 방승언 『나우뉴스』, 2016. 3. 18. 51쪽

ⓒ 「어느 독서광의 일기」 「지식 채널 이(e): 어느 독서광의 일기」, 한국교육방송공사, 2006. 61쪽

ⓒ 「마녀사냥」, 이규희 『악플 전쟁』, 별숲, 2013. 59쪽, 61쪽, 182쪽

ⓒ 「학부모가 희망하는 자녀 직업」 「초·중등 진로 교육 현황 조사」, 한국직업능력연구원, 2017. 62쪽

ⓒ 「존경합니다, 선생님」, 퍼트리샤 폴라코 글, 유수아 옮김 『존경합니다, 선생님』, 아이세움, 2015. 13쪽, 66쪽, 68쪽

ⓒ 「내 귀는 건강한가요」(원제목: 「속삭이는 소리 안 들려도 난청? …… 하루 2시간 이어폰, 귀 건강 망쳐」, 박정환 『브릿지경제신문』, 2017. 6. 26. 66쪽, 68쪽

ⓒ 「한지돌이」, 이종철 『한지돌이』, (주)보림출판사, 2017. 67쪽, 69쪽, 184쪽

사회

ⓒ 금동 연가 7년명 여래 입상 국립중앙박물관 107쪽, 192쪽

ⓒ 금동 미륵보살 반가 사유상 국립중앙박물관 107쪽

ⓒ 석굴암 본존불상 정면 국가유산청 109쪽

ⓒ 척경입비도 고려대학교박물관 110쪽

ⓒ 팔만대장경판 강화역사박물관 111쪽

ⓒ 삼강행실도 국립한글박물관 118쪽

ⓒ 재판받으러 가는 전봉준 뉴스뱅크 121쪽

ⓒ 대동여지도 성신여자대학교박물관 122쪽

ⓒ 강화도 조약 체결 모습 뉴스뱅크 123쪽

ⓒ 익산 미륵사지 석탑 국가유산청 192쪽

ⓒ 측우기 국립고궁박물관 192쪽

메모

메모

최신 교재도, 지난 교재도 한눈에!
EBS 공식 네이버 스마트스토어!

EBS
북스토어
OPEN

EBS 북스토어 🔍

https://smartstore.naver.com/ebsmain

교육부

누구보다도 빠르고 정확하게 얻는 교육 정보

함께학교에 다 있다

학생, 학부모, 교원 모두의 교육 공간
언제 어디서나 우리 함께학교로 가자!

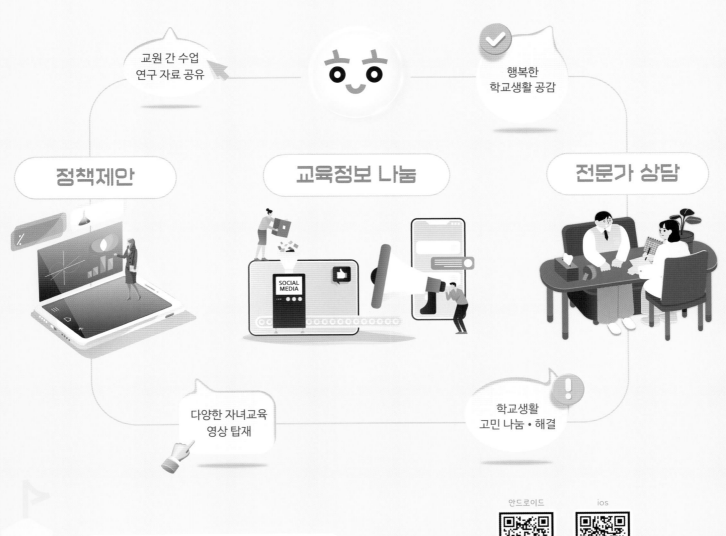

교원 간 수업
연구 자료 공유

행복한
학교생활 공감

정책제안

교육정보 나눔

전문가 상담

다양한 자녀교육
영상 탑재

학교생활
고민 나눔·해결

안드로이드
ios

교육정보 나눔 플랫폼 **함께학교**

인스타그램 @togetherschool_moe
유튜브 '함께학교_교육부'를 통해서도 함께학교에 방문할 수 있어요!

EBS와 함께하는 자기주도 학습 초등·중학 교재 로드맵

		예비 초등	1학년	2학년	3학년	4학년	5학년	6학년
전과목 기본서/평가			**BEST** 만점왕 국어/수학/사회/과학 교과서 중심 초등 기본서		만점왕 통합본 학기별(8책) **HOT** 바쁜 초등학생을 위한 국어·사회·과학 압축본			
				만점왕 단원평가 학기별(8책) 한 권으로 학교 단원평가 대비				
			기초학력 진단평가 초2~중2 초2부터 중2까지 기초학력 진단평가 대비					
국어	독해		4주 완성 독해력 1~6단계 학년별 교과 연계 단기 독해 학습					
	문학							
	문법							
	어휘		어휘가 독해다! 초등 국어 어휘 1~2단계 1, 2학년 교과서 필수 낱말 + 읽기 학습		어휘가 독해다! 초등 국어 어휘 기본 3, 4학년 교과서 필수 낱말 + 읽기 학습		어휘가 독해다! 초등 국어 어휘 실력 5, 6학년 교과서 필수 낱말 + 읽기 학습	
	한자	참 쉬운 급수 한자 8급/7급 II/7급 한자능력검정시험 대비 급수별 학습	어휘가 독해다! 초등 한자 어휘 1~4단계 하루 1개 한자 학습을 통한 어휘 + 독해 학습					
	쓰기	참 쉬운 글쓰기 1-따라 쓰는 글쓰기 맞춤법·받아쓰기로 시작하는 기초 글쓰기 연습			참 쉬운 글쓰기 2-문법에 맞는 글쓰기/3-목적에 맞는 글쓰기 초등학생에게 꼭 필요한 기초 글쓰기 연습			
	문해력	어휘/쓰기/ERI독해/배경지식/디지털독해가 문해력이다 평생을 살아가는 힘, 문해력을 키우는 학기별·단계별 종합 학습				문해력 등급 평가 초1~중1 내 문해력 수준을 확인하는 등급 평가		
영어	독해	**EBS ELT 시리즈** | 권장 학년 : 유아~중1 EBS Big Cat Collins BIG CAT 다양한 스토리를 통한 영어 리딩 실력 향상 EBS Big Cat Shinoy and the Chaos Crew 흥미롭고 몰입감 있는 스토리를 통한 풍부한 영어 독서 EBS easy learning easy learning First letters 저연령 학습자를 위한 기초 영어 프로그램		EBS랑 홈스쿨 초등 영독해 Level 1~3 다양한 부가 자료가 있는 단계별 영독해 학습			
						EBS 기초 영독해 중학 영어 내신 만점을 위한 첫 영독해		
	문법			EBS랑 홈스쿨 초등 영문법 1~2 다양한 부가 자료가 있는 단계별 영문법 학습				
							EBS 기초 영문법 1~2 **HOT** 중학 영어 내신 만점을 위한 첫 영문법	
	어휘			EBS랑 홈스쿨 초등 필수 영단어 Level 1~2 다양한 부가 자료가 있는 단계별 영단어 테마 연상 종합 학습				
	쓰기							
	듣기			초등 영어듣기평가 완벽대비 학기별(8책) 듣기 + 받아쓰기 + 말하기 All in One 학습서				
수학	연산	만점왕 연산 Pre 1~2단계, 1~12단계 과학적 연산 방법을 통한 계산력 훈련						
	개념							
	응용		만점왕 수학 플러스 학기별(12책) 교과서 중심 기본 + 응용 문제					
	심화					만점왕 수학 고난도 학기별(6책) 상위권 학생을 위한 초등 고난도 문제집		
	특화	초등 수해력 영역별 P단계, 1~6단계(14책) 다음 학년 수학이 쉬워지는 영역별 초등 수학 특화 학습서						
사회	사회 역사			초등학생을 위한 多담은 한국사 연표 연표로 흐름을 잡는 한국사 학습				
				매일 쉬운 스토리 한국사 1~2/스토리 한국사 1~2 하루 한 주제를 이야기로 배우는 한국사/ 고학년 사회 학습 입문서				
과학	과학							
기타	창체		창의체험 탐구생활 1~12권 창의력을 키우는 창의체험활동·탐구					
	AI		쉽게 배우는 초등 AI 1(1~2학년) 초등 교과와 융합한 초등 1~2학년 인공지능 입문서		쉽게 배우는 초등 AI 2(3~4학년) 초등 교과와 융합한 초등 3~4학년 인공지능 입문서		쉽게 배우는 초등 AI 3(5~6학년) 초등 교과와 융합한 초등 5~6학년 인공지능 입문서	